सर्जक कौन
कालिदास या विद्योत्तमा
विद्या की राजनगरी काशी... का पाण्डित्य

सर्जक कौन
कालिदास या विद्योत्तमा
विद्या की राजनगरी काशी... का पाण्डित्य

प्राक्कथन डॉ॰ कर्ण सिंह

सहयोग रेखा मोदी

डॉ॰ कमल किशोर मिश्र

SINCE 1903

मोतीलाल बनारसीदास
पब्लिशिंग हाउस

प्रथम संस्करण: दिल्ली, ***2025***

www.streeshakti.com
streeshaktik@gmail.com

वितरक

मोतीलाल बनारसीदास पब्लिशिंग हाउस

- 4637/20, एफ–2, हरि सदन, पहली मंजिल, अंसारी रोड, दरियागंज, दिल्ली–110 002 टेली॰ : (+91-11) 4559 7999
- पहली मंजिल, 1/2, रत्नविलस रोड, बसवनगुड़ी, पाई विस्टा कन्वेंशन हॉल के बगल में, साउथ एंड सर्कल बेंगलुरू–560004 (भारत) टेली॰ : +91-80-41275911

ISBN: 978-93-5676-006-6 (सजिल्द)
ISBN: 978-93-5676-007-3 (अजिल्द)

मुद्रक एवं प्रकाशक

राजेन्द्र प्रकाश जैन *के द्वारा*

मोतीलाल बनारसीदास पब्लिशिंग हाउस

ए–44, नारायणा इंडस्ट्रियल एरिया, फेज़–1, नई दिल्ली–110 028 **(भारत)**

Email: naraina@mlbd.in Website: www.mlbd.in Tel.: (+91-11) 4751 1592

॥ जय शिवशिक्ति ॥

नारी ईश्वर की परम चेतना का दूसरा रूप है, जिसके माध्यम से परमात्मा सृष्टि का नव सृजन करता है। अक्षर ब्रह्म के द्वारा सामाजिक उत्थान का अभिनव, साहसिक प्रयास करने वाली "विद्योत्तमा" रूपी नारी शक्ति का सदैव आह्वान किया जाता रहेगा।

(ब्रह्मर्षि मौनीबाबा, उज्जैन)

डॉ. कर्ण सिंह

वेदाहमेतं पुरुषम्महान्तं आदित्यवर्णम्

मान सरोवर,
3 न्याय मार्ग,
नई दिल्ली 110021

प्राक्कथन

महाकवि कालिदास विश्व साहित्य की महान विभूतियों में से एक के रूप में जाने जाते हैं, जो संभवत: तीसरी या चौथी शताब्दी में हुए थे। उनकी सात महान कृतियाँ, चार काव्य और तीन नाटक विश्व साहित्य की श्रेष्ठ धरोहर हैं जिनमें छ: सर्गों वाले काव्य *ऋतुसंहारम्*, दो भागों में *मेघदूतम्*, सत्रह सर्गों में *कुमारसंभवम्* तथा उन्नीस सर्गों में *रघुवंशम्*–ये दो महाकाव्य और तीन प्रसिद्ध नाटकों *मालविकाग्निमित्रम्*, *विक्रमोवर्शीयम्* तथा *अभिज्ञानशाकुंतलम्* हैं। जर्मन, अंग्रेज़ी और कई अन्य यूरोपीय भाषाओं में अनुवाद के बाद ही विशेष रूप रो *शाकुन्तलम्* को पूरी दुनिया में अत्यधिक प्रशंसा मिली। संस्कृत के एक लोकप्रिय पद के अनुसार, 'काव्यात्मक रचना में नाटक को सबसे रम्य माना गया है और नाटकों में *शाकुन्तलम्* सर्वोत्कृष्ट है।'

कालिदास के ग्रंथ तो विश्वविख्यात हैं परंतु उनके जीवन के विषय में बहुत कम जानकारी है। विडंबना यह है कि यह जनश्रुति है कि वह अनपढ़ लकड़हारे थे। यह भी जनश्रुति है कि जिन पंडितों को काशी की विदुषी

राजकुमारी विद्योत्तमा ने शास्त्रार्थ में पराजित किया था, उन्होंने गूढ़ षडयन्त्र के माध्यम से राजकुमारी विद्योत्तमा का विवाह कालिदास से करवा दिया। ऐसी जनश्रुति है कि राजकुमारी से प्रतिशोध लेने के लिए पंडितों ने कालिदास को महान विद्वान के रूप में प्रस्तुत किया जिन्होंने मूक शास्त्रार्थ में राजकुमारी को चुनौती दी। इसके बाद पाँच उंगलियों वाला विश्वविख्यात शास्त्रार्थ हुआ जिसके माध्यम से राजकुमारी विद्योत्तमा को उस व्यक्ति से विवाह करने के जाल में फंसाया गया जो इतना मूर्ख था कि उसी डाल को काट रहा था जिस पर वह बैठा था। यह एक रहस्य है कि कैसे एक अनपढ़ व्यक्ति विश्व का महानतम साहित्यकार बन गया।

डॉ. कमल किशोर मिश्र अनेक वर्षों से इस अनूठे सिद्धांत पर काम कर रहे हैं कि राजकुमारी विद्योत्तमा ही वास्तव में इन महान प्रसिद्ध ग्रंथों की रचयिता हैं जो कालिदास के द्वारा रचित कहे जाते हैं। उस काल में माना जाता था कि महिलायें रचनाकार नहीं थीं, इसीलिए उन्होंने अपने पति को उन रचनाओं का रचयिता बताया ताकि वह उन पंडितों को गलत सिद्ध कर सकें जिन्होंने शास्त्रार्थ में धोखे से उनका विवाह करवा दिया था। यह चौंकाने वाला सिद्धांत है, जिसके समर्थन में डॉ. मिश्र ने अनेक स्रोतों से सामग्री जुटाई है जिसमें भारत और श्रीलंका मुख्य हैं। ऐसा माना जाता है कि कालिदास की मृत्यु श्रीलंका में हुई थी, जहाँ स्थानीय स्तर पर तत्संबंधी लोककथायें हैं जो इस सिद्धांत को प्रमाणित करती हैं।

प्राचीन पांडुलिपियाँ और स्वयं कालिदास की कृतियों से भी साहित्यिक प्रमाण मिलते हैं। उदाहरणार्थ राजमहल के विस्तृत अनुष्ठानों, महल के भव्य भीतरी भागों, स्त्रियों का परस्पर वार्तालाप एवं षडयंत्र, महल की स्त्रियों द्वारा पहने गए मनोहर परिधानों एवं आभूषणों का विस्तृत वर्णन मिलता है। आश्चर्य है कि कालिदास यदि वास्तव में अनपढ़ होते तो ऐसी जानकारी उन्हें कैसे प्राप्त हो सकती थी?

सभी कृतियाँ तत्वतः नारी उन्मुख हैं तथा उन सभी में महिलायें प्रमुख भूमिका निभाती हैं। सामान्यतया हमारी महान् कृतियों के लेखक अज्ञात हैं परंतु कालिदास की रचनाओं में रचनाकार के रूप में उनके नाम का 51 बार उल्लेख मिलना अस्वाभाविक ही है और संभवतः इस बात की ओर संकेत करता है कि राजकुमारी ज़ोर देना चाहती थीं कि कालिदास ही रचनाकार हैं, इसे हम एक मनौवैज्ञानिक साक्ष्य मान सकते हैं। बनारस से आने वाली विदुषी राजकुमारी विद्योत्तमा स्पष्ट रूप से शिव भक्त थीं और सभी कृतियाँ शिव और पार्वती को समर्पित हैं। दूसरी ओर उनका 'कालिदास' नाम होना यह इंगित करता है कि माँ काली, कालिदास की इष्टदेवी रही हों। परंतु सातों रचनाओं में एक भी मंगलाचरण माँ काली को समर्पित नहीं है अपितु सभी मंगलाचरण वास्तविक रुप में शिव-पार्वती की आराधना करते हैं।

मैं यह निर्णय करने में सक्षम नहीं हूँ कि विदुषी राजकुमारी विद्योत्तमा ही कालिदास के नाम से विख्यात

रचनाओं की वास्तविक लेखिका थीं। इसका मूल्यांकन विशेषज्ञ ही कर सकते हैं। तथापि मैं पिछले कई वर्षों से डॉ. मिश्र द्वारा किए गए गहन अनुसंधान की प्रशंसा करता हूँ और इस कार्य को समालोचनात्मक मूल्यांकन के लिए साहित्यिक जगत के समक्ष सहर्ष प्रस्तुत करता हूँ, जिसका प्रकाशन भारतीय विद्या के प्रतिष्ठित प्रकाशक मोतीलाल बनारसीदास पब्लिशिंग हाउस ने किया है। डॉ. मिश्र के इस कार्य को विश्व के अनेक संस्कृतज्ञों तथा भारतीय विद्वानों द्वारा प्रशंसात्मक टिप्पणियाँ तथा समलोचनायें प्राप्त हुई हैं। 'स्त्री शक्ति द पैरलल फोर्स' के माध्यम से इस कार्य को प्रायोजित करने के लिए श्रीमती रेखा मोदी को साधुवाद करता हूँ।

कर्ण सिंह

9 मार्च, 2025 (डॉ. कर्ण सिंह)

अभिमत:
भारत विद्या के विद्वानों का अभिमत

आशीर्वचन

परम पूज्य अनंतश्री विभूषित द्वारकाशारदापीठाधीश्वर जगद्गुरु शङ्कराचार्य स्वामीश्री सदानन्द सरस्वतीजी महाराजश्री

काशी की राजकुमारी विदुषी विद्योत्तमा, जो महाकवि कालिदास की धर्मपत्नी के रुप में ख्यात है, के अवदान को यह कार्य स्थापित करता है। रचयिता के रुप में विद्योत्तमा की भूमिका तत्कालीन समाज की लौकिक परिस्थितियों, मन स्थितियों यथा स्त्रियोचित कुलीनता और मर्यादा इत्यादि को निश्चत रूप से महत्त्वपूर्ण आधार देती है। मुझे विश्वास है, संस्कृत साहित्य में स्त्रियों कि भूमिका एवं उनके अवदानों को लेकर भविष्य में शोध मार्ग को यह विशिष्ट अध्ययन को नई दृष्टि प्रदान करेगा। वर्तमान संदर्भ में मातृ शक्ति को विश्व में स्थापित करने में यह कार्य मानदंड की भूमिका निभाएगा।

अनन्तश्री विभूषित द्वारकाशारदापीठधीश्वर
जगद्गुरु शङ्कराचार्य, स्वामी श्री सदानन्द सरस्वती जी महाराज
पश्चिमाम्नाय श्रीशारदापीठ, द्वारका
जिला देवभूमि द्वारका–३६१३३५, गुजरात

❖❖❖

विद्यारूपेण संस्थिता

यह महत्वपूर्ण कृति, जो दो दशकों के शोध का परिणाम है, प्राच्य विद्या के अध्ययन में एक उल्लेखनीय योगदान है। महाकवि कालिदास को भारतीय साहित्य के इतिहास में महानतम कवि माना गया है, जबकि उनकी पत्नी, विदुषी विद्योतमा–काशी की विदुषी राजकुमारी और महाराज शारदानंद की पुत्री–अक्सर उपेक्षित रही हैं। यह पुस्तक उनके जीवन और कथा के विविध आयामों पर प्रकाश डालते हुए कालिदास की रचनाओं का गहन विश्लेषण प्रस्तुत करती है। यह कृति सत्यम, शिवम, सुंदरम (सत्य, कल्याण और सौंदर्य) के गहरे तत्वों को उजागर करती है और इन रचनाओं में निहित स्त्री–संवेदनशीलता को सामने लाती है।

कलकत्ता विश्वविद्यालय के संस्कृत विभागाध्यक्ष डॉ. कमल किशोर मिश्र ने अपने सूक्ष्म अध्ययन के माध्यम से यह विचार प्रस्तुत किया है कि इन कालजयी रचनाओं की वास्तविक लेखिका स्वयं विदुषी विद्योतमा हो सकती हैं। यह दृष्टिकोण स्थापित धारणाओं को चुनौती देता है और उन प्राचीन भारतीय विदुषियों की महत्ता को रेखांकित करता है, जो असाधारण बौधिक क्षमता की धनी थीं। इन रचनाओं का लिंग–संवेदनशील दृष्टिकोण से पुनर्मूल्यांकन न केवल नए शोध के द्व ार खोलता है, बल्कि यह भी दर्शाता है कि इन कृतियों में शाकुंतला, उर्वशी और मालविका जैसी नायिकाओं के संघर्ष, आकांक्षाओं और चुनौतियों का संवेदनशील चित्रण किया गया है। डॉ. मिश्र का सूक्ष्म अध्ययन इन रचनाओं में स्त्री की केंद्रीय भूमिका को रेखांकित करता है और सौंदर्य, आत्मविश्वास तथा सृजनशीलता जैसे विषयों पर प्रकाश डालता है। यह कार्य स्त्रियों की रचनात्मकता और उनके योगदान को उजागर करता है, जो पारंपरिक साहित्यिक विमर्श में अब तक उपेक्षित

रहे हैं। इस शोध में स्त्री शक्ति की संस्थापिका रेखा मोदी जी को भी साधुवाद।

कलकत्ता विश्वविद्यालय के संस्कृत विभाग ने वैदिक ऋषिकाओं-मैत्रेयी, गार्गी और खना-के साथ विदुषी विद्योतमा के नाम पर शोध कक्ष को समर्पित किया है। यह संसार के विश्वविद्यालयों में ऐसा प्रथम नवाचार है, जो वैदिक ऋषिकाओं और विदुषियों के प्रति सम्मान व्यक्त करता है। इससे आने वाली पीढ़ी भारत के इस महत्वपूर्ण सांस्कृतिक और बौधिक योगदान से प्रेरित होगी। यह कृति निश्चित रूप से भारत की आकांक्षाओं को साकार करने में सहायक सिद्ध होगी। यह हमारे साहित्यिक विरासत की गहराई को समझने की प्रेरणा देगी और उन स्त्रियों के योगदान को सम्मानित करेगी जिन्होंने इसे गढ़ा है। यह पुस्तक भारतीय ज्ञान परंपरा की समृद्धि को पुनः स्थापित करने में एक मी का पत्थर सिद्ध होगी।

प्रो. सान्ता दत्त (डे)
कुलपति, कलकत्ता विश्वविद्यालय

❖❖❖

इस रोचक पुस्तक में मिश्र न केवल कालिदास के व्यक्तिगत अनुभवों के अज्ञात पहलुओं को उजागर करते हैं और उन्हें उनके कार्यों से जोड़ते हैं, बल्कि उन कार्यों के वास्तविक लेखन पर भी सवाल उठाते हैं, जिन्हें अब तक कालिदास के नाम से जाना जाता था। यह कालिदास हैं या उनकी विदुषी पत्नी विद्योत्तमा, जो वाराणसी के राजा शारदानंद की राजकुमारी और भगवान शिव की पवित्र नगरी की निवासी थीं- यही इस शोध का केंद्रीय प्रश्न है। डॉ. मिश्र ने इसे अपने शोध के लिए एक प्रवेश बिंदु के रूप में लिया है। मुझे यकीन है कि यह पुस्तक विद्वानों की दुनिया में कई लोगों को चौंकाएगी। लेकिन डॉ. मिश्र

का गहन शोध हमें स्थापित धारणाओं पर पुनर्विचार करने के लिए प्रेरित करेगा। डॉ. करण सिंह की सटीक भूमिका ने मिश्रा के काम को और भी मूल्यवान बना दिया है। यह पुस्तक न केवल निजी संग्रहों में बल्कि सार्वजनिक संग्रहों में भी अपना स्थान अवश्य पाएगी।

प्रो. सुरंजन दास
पूर्व-कुलपति, जादवपुर विश्वविद्यालय एवं कलकत्ता विश्वविद्यालय
तथा पूर्व अध्यक्ष, भारतीय विश्वविद्यालय संघ, नई दिल्ली

❖❖❖

कालिदासस्य कतृंत्वे बभूव प्रेरणास्पदम् ।
विदग्धा सर्वतन्त्रेषु विद्योत्तमा यशस्विनी ।।
सैव विद्योत्तमा रम्या सैव शास्त्रेषु पारगा ।
सैव प्राणप्रदात्री च कालिदासीय-भारते: ।।

सर्वत्र प्रसिद्धा कवयित्री सा विद्योत्तमा क्वचिदल्पत्वेन आभाणकेषु प्रायश: श्रुतिपथं समागच्छति स्म। परं काल आधुनिके ता सर्वतोऽन्विष्य विदुषा श्रीमता **कमल-किशोर-मिश्र** वर्येण महताऽऽयासेन महान् ग्रन्थो विद्योत्तमामधिकृत्य व्यरच्यत।

अनेन किल यज्ञेन पुण्यात्मकेन कर्मणा ।
सञ्जीविनी लोकरम्या विद्या विद्योत्तमा बभौ ।।

सतां मतेन साक्षात्श्रद्धेव विधिनोपपन्ना भगवती कथञ्चित् पुनरपि पुस्तकाकारेणास्मत्पुर: समागच्छतीति महान् आनन्दविषय:। मिश्रवर्येण बहूनि गन्थरत्नानि विरचितानि। लेखाश्च लिखिता:। अनुसन्धानञ्च विहितम्। अन्तेवासिन: समुपकृता। छात्रा: पाठिता:। विद्वांसोऽनुपालिता:। तत्र नासित सन्देह:।

प्रो. काशीनाथ न्यौपाने
नेपाल-संस्कृत-विश्वविद्यालय:, काठमाण्डू, नेपाल

❖❖❖

डा. कमलकिशोर मिश्र ने कालिदास की कृतियों में उल्लिखित उत्तम, मध्यम और अधम (चेटी, दासी आदि) सभी प्रकार के स्त्री पात्रों के निरूपण को अपने अध्ययन का विषय बनाया है। अध्ययन सर्वांगीण है। कोई भी पक्ष इसमें छूटा नहीं है। स्त्री पात्रों के आभूषण, उनका शृंगार, उनके हाव-भाव, उनके गुण-दोष, विविध कार्यकलापों में उनकी भूमिका आदि इन सभी विषयों को उन्होंने अपने अध्ययन में समेकित किया है। फलस्वरूप उनका प्रस्तुत ग्रन्थ कालिदास के नारी पात्रों से सम्बद्ध समस्त जानकारी का विश्वकोष बन गया है। इस अत्यन्त परिश्रमसाध्य श्रेष्ठ ग्रन्थ के प्रणयन हेतु डा. मिश्र अनेकानेक साधुवाद के पात्र हैं।

पद्मभूषण प्रो. सत्यव्रत शास्त्री

अध्यक्ष, द्वितीय संस्कृत आयोग, भारत सरकार

❖❖❖

यह पुस्तक प्राचीन भारतीय ग्रंथों के व्यापक विश्लेषण का उपयोग करती है ताकि प्रत्यक्ष गुणों और क्षमताओं के स्त्रैण व्यक्तित्व का सर्वेक्षण किया जा सके। इन स्त्रैण गुणों का मूल्यांकन सार्वभौमिक चेतना में संतुलन और दक्षता के महत्व की पुष्टि करता है। प्रोफ़ेसर मिश्र प्राचीन कविताओं और नाटकों में लेखक द्वारा वर्णित प्रकृत्ति के स्त्रैण गुणों की त्रुटिहीनता से जाँच करते हैं। ग्रंथों के व्यापक परिप्रेक्ष्य में उचित विचार करने पर, स्त्री दर्शन, मूल्य प्रणालियों और अभिव्यक्तियों के नैदानिक मूल्यांकन में विद्योत्तमा के अनिवार्य प्रभाव को स्थापित करके लेखक ने अपने सौंपे गए कार्य के संकलन को सिद्ध किया है।

महामहिम राजदूत डॉ. रोजर गोपाल

त्रिनिदाद और टोबैगो गणराज्य का उच्चायोग, वसंत विहार, नई दिल्ली

❖❖❖

प्रोफेसर कमल किशोर मिश्र के शोध का विषय है कि राजकुमारी विद्योत्तमा के लेखन का श्रेय उनके पति कालिदास को परंपरा से मिल गया था जिन्हें विश्व का प्रसिद्ध लेखक होने का गौरव प्राप्त हुआ, जबकि इस प्रसिद्धि के वास्तविक श्रेय से विद्योत्तमा वंचित रही। अतीत में यही कहानी दुहराई जाती रही है कि अनपढ़ कालिदास ने मां काली के आशीर्वाद से संस्कृत सीखी और संस्कृत के सबसे बड़े लेखक बने। इस विषय में विद्वानों में मतैक्य का अभाव है कि कालिदास का जीवन वृत्त उनके कृतित्व से मेल नहीं खाता है फिर भी उन्हें भारत का सबसे महान कवि और नाटककार माना जाता है। ऐतिहासिक लोककथाओं, किवदंतियों और कालिदास के नाम से विख्यात कृतियों का वर्षों तक अध्ययन करने के उपरांत कमल किशोर मिश्र ने सारगर्भित निष्कर्ष निकाला कि विदुषी विद्योत्तमा, वास्तव में, कालिदास की रचनाओं की रचयिता थी। स्त्रियों की भावनाओं के चित्रण और उनके जीवन के भौतिक विवरणों से प्रेरित होकर डॉ. मिश्र को विश्वास हो गया कि एक स्त्री लेखिका ने इन पात्रों की रचना की और उनके जीवन को संरचित किया। उन्नीसवीं और बीसवीं शताब्दी में स्त्रियों को इतिहास में पुनर्स्थापित करना कोई आसान काम नहीं है हालाँकि विद्वान इस दिशा में शोध कर रहे हैं। प्रोफेसर मिश्र ने ग्रंथों, किंवदंतियों और लोककथाओं का सावधानीपूर्वक व्यापक परीक्षण करके निष्कर्ष निकाला है जो परंपरागत ज्ञान को चुनौती देता है और इतिहास के एक नए संस्करण को जन्म दे सकता है।

प्रो. गेराल्डिन फोर्ब्स

प्रोफेसर एमेरिटा

डिपार्टमेंट ऑफ हिस्ट्री, स्टेट यूनिवर्सिटी ऑफ न्यूयॉर्क, यू.एस.

❖❖❖

विद्योत्तमा, बनारस, जो कि महान राजाओं और विद्वान लेखकों की कर्मभूमि रही है, के राजा शारदानंद की बेटी, एक राजकुमारी थी। कुछ लोग उसे उज्जैन के पास एक तरह की बेटी के रूप में मानते हैं। वह प्रतिभाशाली, साहसी और ज्ञानी थी। इसके अलावा, वह राजा के दरबार के विद्वानों द्वारा अच्छी तरह से शिक्षित थी। दूसरी तरफ कालिदास एक जनसाधारण परिवार से आए हुए माने जाते हैं। यह संभव है कि विद्योत्तमा ने कालिदास के लेखन में प्रकाशन या सुधार में मदद की हो, चाहे वह कितना भी असंभव क्यों न हो। कालिदास की साहित्यिक उपलब्धियों के संबंध में विद्योत्तमा पर चर्चा कई कारणों से महत्त्वपूर्ण है। विद्योत्तमा जैसी उज्ज्वल, साहसी और बुद्धिमान महिला को अपनी कवितायें, नाटक और कहानियाँ खुद लिखनी चाहिए थीं। यह आधुनिक शिक्षित महिलाओं के लिए एक सबक है। दूसरा, विद्वानों के लिए विनम्र होना एक महत्वपूर्ण सबक है, भले ही वे उच्च पदों पर हों और ज्ञान पर व्यापक नियंत्रण रखते हों। तीसरा, बौद्धिक और पारिवारिक संसाधनों का बुद्धिमानी से उपयोग करना महत्वपूर्ण है, न कि केवल बौद्धिक रूप से, जो सामान्य रूप से लोगों को और महिलाओं को विशेष रूप से बहुत आगे ले जा सकता है। किसी भी साहित्यिक रचना के संबंध में दाहिने मस्तिष्क प्रकार की होने के कारण महिलायें आमतौर पर पुरुषों की तुलना में बहुत अधिक योगदान दे सकती हैं। विद्योत्तमा शायद कोई अपवाद नहीं थी और संभवतः एक बेहतर दृष्टान्त थीं।

प्रो. बलराम सिंह

अध्यक्ष, स्कूल ऑफ इंडिक स्टडीज,

इंस्टिट्यूट ऑफ एडवांस्ड साइंसेज, डार्टमाउथ, मैसाचुसेट्स, अमेरिका

❖❖❖

भारत और श्रीलंका के बीच बौद्धिक, सांस्कृतिक, धार्मिक और भाषाई संबंधों की विरासत 2500 वर्षों से भी अधिक पुरानी है। शास्त्रीय साहित्य की उत्कृष्ट कृतियों के लेखक की प्रामाणिकता के संदर्भ में अब तक का यह पहला शोध है। यह अकादमिक जगत के लिए एक चुनौती का विषय है कि महान कृतियों की वास्तविक रचयिता एक महिला लेखिका, राजकुमारी विद्योत्तमा है। यह स्थापना इतिहास पर पुनर्विचार और पुनर्निर्माण के लिए एक प्रस्थानबिन्दु है। अन्वेषण की इस यात्रा में श्रीलंका के राजा कुमार धर्मसेना (512–522 ईस्वी), जो कालिदास से अत्यधिक प्रभावित है, ने उन दोनों की मित्रता का एक दृष्टान्त प्रस्तुत किया है। डा. कमल के अथक परिश्रम से उनके शोध कार्य की विश्लेषणात्मक परिकल्पना संस्कृत सिंहली आख्यानों, श्रीलंका और भारत के पारंपरिक संबंधों पर आधारित है। पुस्तक के बारह अध्याय कालिदास की विदुषी पत्नी विद्योत्तमा के सम्मान में प्राचीन ग्रंथों के पुनरावलोकन हेतु एक प्रेरणा है।

सीनियर प्रोफेसर तिलक पी.डी. गामगे

निदेशक, यूजीसी श्रीलंका और अंतर्राष्ट्रीय मामलों के पूर्व निदेशक,

रूहुना विश्वविद्यालय, श्रीलंका

❖❖❖

प्रस्तुत ग्रंथ के लेखक ने सृजनात्मक रूप से एक कदम आगे बढ़कर यह दर्शाने का यत्न किया है कि एक सफल नर के पीछे एक नारी की अभूतपूर्व भूमिका होती है। कई सदियों से असंख्य विद्वान कालिदास के नाम से उनकी कृतियों का गौरवगान करते आ रहे हैं। किन्तु यथार्थ में सच्चा रचनाकार कौन है? यह गहरी चिंता व शोध का विषय था। विश्व के समस्त साहित्य व कला जगत में कालिदास की प्रतिभा को मान्यता मिली है, परंतु किसी ने भी

शिवजी की पुण्य भूमि वाराणसी के राजा शारदानंद की विदुषी राजकुमारी के हृदय में स्थित उस प्रेरक बल को कदापि अन्वेषित करने का यत्न नहीं किया। राजकुमारी विद्योत्तमा एक असली रत्न थीं । उन्हें विद्या तथा ज्ञान में अभूतपूर्व रुचि और लगन थी।

डा. केवल नायक

अध्यक्ष, संस्कृत, भारतीय विद्या विभाग, एम.जी.आई., मारीशस

❖❖❖

विद्योत्तमा, जो विद्या की महिमा का प्रतिनिधत्व करती हैं, सरस्वती की वास्तविक अवतार हैं, जिन्होंने कालिदास की सुप्त प्रतिभा को जागृत किया।

–प्रो. लोकेश चन्द्र

पूर्व अध्यक्ष, भारतीय सांस्कृतिक संबंध परिषद, भारत सरकार

प्रस्तुत सामग्री वास्तव में काफी दिलचस्प है और विषयवस्तु निश्चित रूप से लिखने लायक है। मैं आपको ऐसे विषय का चयन करने के लिए बधाई देता हूँ और इस प्रयास में आपकी सफलता की कामना करता हूँ।

–एमेरिट्स प्रो. जॉर्ज कार्डोना

अमेरिकी भाषाविद, यूनिवर्सिटी ऑफ पेन्सिलवेनिया

मैं कामना करता हूँ कि आपको अपने मूल शोधकार्य के वास्तविक अर्थवत्ता का दाय प्राप्त हो। मुझे पता है कि आपके काम की सार्वभौमिक रूप से सराहना की जाएगी आशा है कि आप अपने अभिलेखीय अनुसंधान और प्रकाशनों को जारी रखेंगे।

–एमेरिट्स प्रो. सत्येन्द्र नंदन

नेशनल यूनिवर्सिटी ऑफ कैनबरा आस्ट्रेलिया

आपका शोध बहुत अच्छा प्रतीत होता है, और लेखक के रूप में आपके अवदान और भाषा शैली की ग्राह्यता में मेरी गहरी दिलचस्पी है।

–प्रो. क्योको अमानो

इंडोलॉजिकल स्टडीज, क्योटो यूनिवर्सिटी, जापान

यह ग्रंथ वाकई दिलचस्प है। मैं इसके प्रकाशन के लिए आपको शुभकामनाएं देता हूँ और आशा करता हूँ कि आपने इसे अच्छी तरह से स्वीकार किया।

–डॉ. मार्क एनोन द

यूनिवर्सिटी ऑफ सिडनी, ऑस्ट्रेलिया

इसमें तनिक भी संदेह नहीं हो सकता कि कालिदास पर अवधारित लेखन में सावधानीपूर्वक गहन शोध किया जाना चाहिए जो आपके विशेषज्ञ मार्गदर्शन में किया जा रहा है। मैं आपके मूल्यवान अवदान की सफलता की कामना करती हूँ।

–प्रो. मारिया क्रिस्टोफर बायरस्की

पोलिश राजनयिक, संस्कृत विद्वान, वारसॉ विश्वविद्यालय, पोलैंड

डा. मिश्र, आपके द्वारा किया गया यह उत्कृष्ट शोध कार्य है। इसे निरन्तर बनाए रखें।

–प्रोफेसर सुरेंद्र प्रसाद

द यूनिवर्सिटी ऑफ साऊथ पैसिफिक, सुवा, फीजी

❖❖❖

कल्पना सजीव है यथार्थ निर्जीव

सत्य, कल्पना और अवलोकन के मध्य एक सूक्ष्म विभाजन रेखा है। प्रारम्भ में जो काल्पनिक प्रतीत होती है, ध्यान से देखने पर वह कल्पना सत्य के रूप में रूपांतरित होती है। राजकुमारी विद्योत्तमा का वर्णन श्रद्धामूर्ति, त्यागमूर्ति, तपोमूर्ति और ज्ञानमूर्ति के रूप में ही करना उचित है। गुरुकृपा से कालिदास रचित साहित्य का अवलोकन करने का अवसर मुझे मिला एवं डा. कमल किशोर मिश्र का अद्भुत शोध–सहयोग मिला। तभी हम विश्वास से यह घोषित कर सकते हैं कि सातों कृतियाँ विदुषी विद्योत्तमा की ही मौलिक रचनायें हैं। कुछ शब्दों में, वे छली गई थीं। जब हम इन रचनाओं में वर्णित सभी स्त्री पात्रों का विश्लेषण करते हैं तब अद्भुत तथ्य दृष्टिगत होता है जिसके अनुसार तत्कालीन समाज में पुरुषों का वर्चस्व रहा है जिसमें स्त्रियाँ अपनी रक्षा के लिए समूह में रहकर परस्पर सहयोग करती हैं और स्वयं की आंतरिक शक्ति से अपने आपको स्थापित करती रहती हैं।

सातों ग्रंथों की नायिकाएं व सहनायिकाएं पाठकों को चमत्कृत करती हैं। अदम्य सहनशीलता, इच्छा-शक्ति और साहस से ही उन्हें जीवन-जीने की का आती है। किसी भी विपरीत परिस्थिति को अपनी बुद्धि एवं कूटनीति से परिवर्तित कर अपने वंश का मार्ग सुगम्य करती है। ये सभी पात्र 21वीं सदी के आधुनिक युग में प्रासंगिक हैं। इनके जीवन में स्त्रियों का अंतर्संघष, वेदना, स्वाभिमान, आकांक्षाएं तथा सीमाओं को स्पष्ट और अभिव्यक्ति मिलती है। पूरे साहित्य में स्त्रियों के समूह के विश्लेषण में यह पाया गया कि कल्पनाओं के वर्णन में स्त्रियां सजग, संवेदनशील और अपनी नाजुक स्थिति से अवगत हैं। बहु विवाह प्रथा वाले समाज में पुरुषों की स्थिति शक्तिशाली रही है जबकि स्त्रियाँ अपनी परिस्थिति के प्रति सहज हैं। वे सिर्फ पुत्र के मां के रुप में ही स्वयं को स्थान दे पायेंगी चाहे पार्वती के कुमार, शकुन्तला का सर्वदमन, उर्वशी से उत्पन्न हुआ पुत्र आयुष्कुमार तथा धरणी से उत्पन्न हुआ पुत्र वसुमित्र।

स्त्रियों का प्रेम, वियोग, धोखा, प्रतिद्वन्द्विता, छल योजना, असुरक्षा, स्वयंवर-उपयुक्त जीवन साथी की खोज, विवाह, मातृत्व, वैधव्य, सतित्व, कष्ट, संघर्ष, अन्याय, कठोर प्रतिकार तथा प्रतिशोध-ये सभी पक्ष गंभीरतापूर्वक सातों ग्रंथों में अभिव्यक्त हुए हैं। तीसरी-चौथी सदी में, स्त्री की काम-वासना का लावण्यपूर्ण स्वीकार्यता, उनकी गरिमामय अभिव्यक्ति, प्रकृति के साथ स्त्री की सायुज्यता-विभिन्न सन्दर्भों, विचारों और संदेशों में खुलकर मुखरित हुई हैं।

सारांश यह है कि यह स्त्रीकेंद्रित विमर्श की कथा है। जहाँ स्त्री पात्रों का आधिपत्य, उनकी प्रभावशीलता, उनकी सक्रिय सहयोगी प्रकृति, उनका संवेदनशील मनोविज्ञान-ये सभी सारगर्भित अर्थपूर्ण माधुर्य्य और गरिमा से भरे हुए हृदयस्पर्शी हैं।

सन् 2000 में उज्जैन के मौनतीर्थ में ब्रह्मर्षि मौनीबाबा जी ने चिन्ता व्यक्ति की कि विद्योत्तमा विलुप्त हो गई हैं। सत्य की स्थापना के लिए उनका जीवित होना अत्यंत आवश्यक है। ऋषिमन का यह भाव मेरे मन में बस गया और डा. कमल किशोर मिश्र से दिल्ली में चर्चा हुई और विचार पनपने लगा।

2006 में श्रीमती वीणा सिंह के प्रयास का भी मैं आभारी हूँ जिन्होंने लाल बहादुर शास्त्री केन्द्रीय संस्कृत विश्वविद्यालय में प्रस्तुत विषय पर राष्ट्रीय संगोष्ठी का आयोजन करवाया और उसका विश्वविद्यालय से प्रकाशन भी कराया। 2007 में हमारी संस्था के सहयोग और सौजन्यता से मोहन महर्षि कृत विद्योत्तमा नाटक का मंचन करवाया गया। 2015 में प्रो. रवींद्र नागर के सहयोग से तत्कालीन – संस्कृत आयोग के अध्यक्ष प्रो. सत्यव्रत शास्त्री की अध्यक्षता में, भारतीय विद्या भवन में राष्ट्रीय संगोष्ठी का आयोजन किया गया। गत पन्द्रह वर्षों से उज्जैन स्थित, मौन तीर्थ में विदुषी विद्योत्तमा सम्मान से प्रत्येक वर्ष विद्वानों को सम्मानित किया गया। 2018 में कालिदास की प्रयाण भूमि श्रीलंका की यात्रा करने का अवसर मिला। रुहूना विश्वविद्यालय दक्षिणी श्रीलंका के सहयोग से मतारा शहर में कालिदास की दिवंगत भूमि के दर्शन हुए। नवंबर, 2021 में संस्कृत के मूर्धन्य विद्वान

डा. सत्यव्रत शास्त्री से आशीर्वचन के रूप में एक लेख भी प्राप्त हुआ जिसके लिए हम सब कृतज्ञ हैं।

2023 में भारतीय दूतावास काठमंडू के प्रांगण में प्रो. काशीनाथ न्योपाने तथा कविकुलगुरु कालिदास संस्कृत विश्वविद्यालय रामटेक के तत्कालीन कुलपति प्रो. मधुसूदन पेन्ना की अध्यक्षता में इस विषय पर एक विराट सम्मेलन का सफल आयोजन किया गया था।

मैं मूर्धन्य विद्वान डा. कर्ण सिंह का अत्यन्त आभारी हूँ कि उन्होंने इस अनुसंधान को अपने आशीर्वचन से सुशोभित किया है। डा. शोभना नारायण ने इसे अंग्रेज़ी में अनुदित किया है जो इस महत्वपूर्ण शोध को विश्व के समक्ष रखने में सहायक हुआ। इन सभी प्रयासों ने इस शोध को सघन बनाया और आज इक्कीसवीं सदी में विश्व इतिहास में देखा और समझा जा रहा है। इस समय विदुषी विद्योत्तमा के अवदान को समझा जाना अत्यन्त प्रासंगिक होगा। मेरे जीवन को इस अनुसंधान ने सार्थक किया और आज विश्व की प्रथम स्त्री रचनाकार के रूप में विदुषी विद्योत्तमा की स्थापना करते हुए मुझे अत्यन्त गौरव का अनुभव हो रहा है और निश्चित ही इक्कीसवीं शताब्दी में विदुषी का लेखन सम्पूर्ण विश्व में नारी जगत को नयी ऊर्जा और अनुपम दृष्टि प्रदान करेगा।

रेखा मोदी
संस्थापिका, स्त्री शक्ति
www.rekhamody.com
www.streeshakti.com

आभार

इस शोध यात्रा के पाथेय श्रद्धेय गुरुजनों के प्रति मैं कृतज्ञता व्यक्त करता हूँ जिन्होंने मेरी शोध यात्रा को अपने स्नेह और बहुमूल्य विचारों से मुझे आलोकित किया है–

- उज्जैन के ब्रह्मलीन सन्त ब्रह्मऋषि मौनी बाबा
- पद्मविभूषण डॉ. कर्ण सिंह
- पद्मभूषण पं विद्यानिवास मिश्र
- पद्मभूषण प्रो. सत्यव्रत शास्त्री
- प्रो. गिरीश्वर मिश्र
- श्रीमती रेखा मोदी
- प्रो. सान्ता दत्ता (डे)
- प्रो. सुरंजन दास
- प्रो. काशीनाथ न्योपाने

मनीषीगण जिन्होंने अपने अभिमत से इस कार्य को समर्थन दे कर प्रोत्साहित किया है, उनके प्रति मैं कृतज्ञता व्यक्त करता हूँ–

- पद्मश्री प्रो. एम के ब्रिश्की, यूनिवर्सिटी ऑफ वारसा, पोलैंड
- महामहीम राजदूत डॉ. रोजर गोपाल, त्रिनिदाद टोबैको, द. अमेरिका
- प्रो. जार्ज कार्डोना, प्रोफेसर एमेरिटा, अमेरिकी संस्कृत भाषाविद्, यूनिवर्सिटी ऑफ पेन्सिलवेनिया, यू.एस.

- प्रो. गेराल्डिन फोर्ब्स, प्रोफेसर एमेरिटा, न्यूयॉर्क, यू.एस.
- प्रो. सत्येन्द्र नंदन, प्रोफेसर एमेरिटा, यूनिवर्सिटी ऑफ कैनबरा, आस्ट्रेलिया
- प्रो. बलराम सिंह, अध्यक्ष, स्कूल ऑफ इंडिक स्टडी, इंस्टिट्यूट ऑफ एडवांस्ड साइंसेज, डार्टमाथ, मैसाचुसेट्स, बोस्टन, यू.एस.
- प्रो. तिलक पी.डी. गामगे, यू.जी.सी. श्रीलंका, पूर्व अध्यक्ष अंत. र्राष्ट्रीय केन्द्र, रुहुना विश्वविद्यालय, श्रीलंका
- प्रो. के. अमानो, यूनिवर्सिटी ऑफ क्योटो, जापान
- प्रो. केवल नायक, अध्यक्ष, संस्कृत एण्ड इंडिक स्टडीज़, महात्मा गांधी इंस्टीट्यूट, मॉरीशस
- प्रो. मार्क एलोन, यूनिवर्सिटी ऑफ सिडनी, आस्ट्रेलिया
- प्रो. एस. प्रसाद, यूनिवर्सिटी ऑफ साउथ पेसेफिक, सुवा, फिजी गणराज्य
- श्री आनन्द पाठक, सचिव, चुनाव आयोग, भारत सरकार
- श्री मनीष मृणाल, भारत सरकार
- श्री आलोकनंदन मिश्र, डॉ. मनोज कुमार मिश्र एवं श्री गोपी किशोर मिश्र।

उपर्युक्त विश्वविख्यात संस्कृतज्ञ-विद्वजनों के प्रति उनके हार्दिक सहयोग के लिए मैं कृतज्ञता अर्पित करता हूँ। उनका आशीर्वाद मेरे लिए सौभाग्य है। इसके अतिरिक्त संस्कृत अध्ययन तथा कलकत्ता विश्वविद्यालय के सभी सहयोगी आचार्यगण जिन्होंने मेरे प्रस्तुत अध्ययन के विभिन्न पक्षों को उन्मीलित किया उनके प्रति मैं आभार अभिव्यक्त करता हूँ।

भारतीय विद्या और संस्कृत अध्ययन के प्रतिष्ठित अंतर्राष्ट्रीय प्रकाशक मोतीलाल बनारसीदास पब्लिशिंग हाउस के संचालक

श्रीयुत राजेन्द्र प्रसाद जैन, श्री वरुण अतिका जैन तथा उनकी समस्त टीम, जिनकी सुरुचि से यह प्रस्तुति अपना स्वाभाविक आकार लेकर आप सभी के कर-कमलों में आज प्रस्तुत है। इन सहृदय महानुभवों के प्रति मेरा विनम्र आभार।

वैशाखी, 14 अप्रैल 2025 **कमल किशोर मिश्र**
विभागाध्यक्ष, संस्कृत विभाग,
कलकत्ता विश्वविद्यालय,
कोलकाता

संकेताक्षर

ईशोप.	ईशोपनिषद्
श्रीमद्. गी.	श्रीमद्भगवद्गीता
ऋतु.	ऋतुसंहारम्
ऋग्.	ऋग्वेद
अभि. शा.	अभिज्ञान शाकुन्तलम्
अष्टा.	अष्टाध्यायी
कुमार.	कुमारसंभवम्
मं. शिला.	कुमारगुप्त प्रथम का मंदसौरशिलालेख
मालविका.	मालविकाग्निमित्रम्
मेघ.	मेघदूतम्
पू. मेघ.	पूर्व मेघदूतम्
उ. मेघ.	उत्तर मेघदूतम्
यजु.	यजुर्वेद
रघु.	रघुवंशम्
विक्रमो.	विक्रमोर्वशीयम्
साम.	सामवेद

प्रस्तावना

महाकवि कालिदास की रचनाओं को संस्कृत साहित्य में अद्वितीय स्थान प्राप्त है। भारत व श्रीलंका के लोक आख्यानों और विवंदतियों में कालिदास का वर्णन अभी भी होता रहता है। एक महामूर्ख के रूप में उनकी प्रथम छवि, काशीराज की विदुषी कन्या विद्योत्तमा के साथ उनका लोकप्रसिद्ध छद्म शास्त्रार्थ, सम्राट विक्रमादित्य के साथ उनकी विभिन्न विषयों पर कर्ता व हास-परिहास, श्रीलंका में राजा कुमारदास के साथ उनकी मित्रता आदि की कथाएँ आज भी चाव के साथ कही-सुनी जाती हैं। साथ ही पिछली शताब्दियों में कुछ विद्वानों के समुदाय द्वारा यह प्रश्न अथवा शंका निरंतर उठाई गई है कि यदि कालिदास वस्तुतः इतनी सामान्य पृष्ठभूमि व बुद्धिमता के व्यक्ति थे जैसा कि लोककथाओं में वर्णित हैं तो क्या ये उत्कृष्ट रचनाएँ सचमुच कालिदास की लेखनी से अवतरित हुई हैं अथवा इनके पीछे किसी अन्य विद्वान या विदुषी का अदृश्य सहयोग रहा है जिसने किसी कारणवश स्वयं को पृष्ठभूमि में रखना उचित समझा और इन रचनाओं को अपना नाम नहीं दिया?

इन्हीं प्रश्नों के आलोक में यह विवेचन कालिदास के अद्भुत स्त्री संसार में प्रविष्ट करवाता है। आश्रमकन्या शकुंतला, दिव्य अप्सरा उर्वशी, प्रतिभाशाली राजकुमारी मालविका कूटनीतिज्ञ एवं प्रपंची रानी धारिणी, कुपिता

पटरानी औशीनरी, बांझ रानी इरावती, स्वयंवर में एक आदर्श वर की खोज मे निमग्न राजकुमारी इंदुमती, समर्पिता पार्वती, परित्यक्ता सीता, पंडिता कौशिकी, विलाप करती हुई रति तथा विरहिणी यक्षी के चरित्र इन रचनाओं में रेखांकित हैं। पारंपरिक सामाजिक विचारधाराओं से बंधी होने के बावजूद ये सभी समर्थ स्त्रियों के रूप में उभर कर आती हैं।

प्रस्तुत साहित्य में हिमालय की धवलता, कुमार का जन्म, उज्जयिनी का वैभव, काशी की ज्ञान-शिखा, विलाप मग्न अयोध्यानगरी तथा *ऋतुसंहारम्* में ग्रीष्म का ताप, वर्षा की कामोदिपकता, शरद की रमणीयता, हेमंत के नवपल्लवित कुसुमों की शोभा, शिशिर की शीतलता एवं ऋतुराज वसंत का माधुर्य-ये सभी शब्द चित्र अतुल्य हैं जो पूरी तरह स्त्रियोचित कोमलकांत पदावली भाव-भंगिमा-काम-प्रकृत्ति-गरिमा के भावों से सराबोर हैं।

भारतीय और श्रीलंकाई जनश्रुति पर आधारित आख्यान परंपरा, साहित्य का अंतः साक्ष्य, अभिलेख और तत्कालीन इतिहास प्रस्तुत शोध की आधार भूमि हैं। इस संदर्भ में, पाण्डुलिपि विज्ञान तथा तत्संबंधी अन्य तकनीकी ज्ञान के साथ स्त्री होने का अर्थ, स्त्रीत्व का अस्तित्व, स्त्री मर्यादित स्वतंत्रता और प्रेम की जीवन्त मूर्ति, स्त्री स्वयंसिद्धा, सम्मान, स्वाभिमान एवं उनके स्वभाव के विविध पक्ष, स्त्री नीति व उनकी कूटनीति; उनकी आत्मगत अभिव्यक्तियों, तथा उनके कथोपकथन का विमर्श भी किया गया है। श्रृंगार, अलंकरण, लावण्य व कुलीनता से संवलित स्त्री यौवन, प्रेम और काम की कथाएं, स्त्री मन की गरिमामय अभिव्यंजना करती है। इनमें काम के दैहिक, दैविक और आध्यात्मिक सभी पक्षों को निरूपित किया गया है। कथानक, शब्द चित्र, श्राप, पश्चाताप तथा विलाप जैसी घटनायें भी इस विमर्श में शामिल हैं। इन सभी अंतः साक्ष्यों में विद्योत्तमा के मूलार्थ, शब्दार्थ व भावार्थ सन्निहित हैं। व्यापक अन्वेषण विस्मित करने वाला है और विद्योत्तमा की उपस्थिति लक्षित करता है।

सात ग्रंथों की नायिकाएं व सहनायिकायें: मालविका जैसी स्त्रियाँ अपने यौवन एवं ललित कलाओं में कुशलता से अपने प्रिय को रिझा कर ही अपना स्थान सुरक्षित करती हैं। स्त्री मंत्रणा रानी धारणी पंडिता और कौशिकी से लेती है। यद्यपि *रघुवंशम्* में राजाओं की कथा है, वहाँ भी सुदक्षिणा, सीता, इन्दुमति द्वारा स्वयंवर के माध्यम से पति के चयन की स्वतंत्रता विवेकशीलता की पुष्टि करती है। *मेघदूतम्* में यक्षिणी का विरह, *कुमारसंभवम्* में रति का विलाप, आदि पति के बिना स्त्री की मनः दशा को व्यक्त करते हैं। बदलते हुऐ समाज के ये चिह्न स्त्रियों के अधिकार बदलने के संकेत देते हैं । *रघुवंशम्* में अग्निवर्ण की गर्भवती स्त्री का राज्यारोहण तथा *अभिज्ञान शाकुंतलम्* में दुष्यंत के द्वारा नदी में खोई हुई अंगूठी को पाने का बाद पति द्वारा अपनी स्त्री को अधिकार देना इसके स्पष्ट उदाहरण हैं।

कुमारसंभवम् में मुग्ध कर देने वाली सहजता और सौन्दर्य की प्रतिमूर्ति पार्वती की तपस्या, तथा रति का कामदेव के प्रति समर्पण, *मेघदूतम्* में यक्षी का आकर्षण, *रघुवंशम्* में कामधेनु का श्राप तथा रानी सुदक्षिणा की सहधर्मिता, स्वयंवर में रानी इंदुमति का द्वारा अपने वर का चयन तथा परित्याग होने पर देवी सीता का आक्रोश, *अभिज्ञान शाकुन्तलम्* में आश्रम कन्या शकुन्तला का गांधर्व विवाह, पति दुष्यंत के द्वारा भरे राजदरबार में श्रापवश अपनी स्त्री शकुंतला का तिरस्कार, शकुन्तला द्वारा दुष्यंत की भर्त्सना एवं अन्ततः सर्वदमन का लालन-पालन; *मालविकाग्निमित्रम्* में राजकमारी मालविका का अपनी ललित कलाओं के प्रस्तुति द्वारा अग्निमित्र को आकर्षित करना, रानी धारिणी की अंतःपुर की कूटनीति, पंडिता कौशिकी की मंत्रणाएं और संतानहीन बाँझ इरावती की वेदना; *विक्रमोवर्शीयम्* में अप्सरा कन्या उर्वशी का सौंदर्य एवं विजय के प्रसंग में उसकी प्रेम लीला और अंततः श्रापवश उसका अप्सरा लोक को वापस लौटना अत्यन्त महत्वपूर्ण प्रसंग हैं। इन सभी नायिकाओं के साथ दैववश श्राप और वरदान जुड़ा हुआ है। दैवी शक्ति इन्हें सजीव एवं सशक्त करती है।

काशी के राजा शारदानंद की विदुषी राजकन्या विद्योत्तमा विद्या और वैभव के साथ बड़ी हुई थी और वह भी शिव और पार्वती की नगरी काशी में, जो सात ग्रंथों के मंगलाचरण में विराजमान है। काशी का शाब्दिक अर्थ लोक और शास्त्र को प्रकाशित करने वाला होता है। काशी विश्वनाथ की उपस्थिति, आस्था और विश्वास के माध्यम से लोक और लोकोत्तर का एक विलक्षण धाम है जो क्षुद्रता से उबारकर विशालता का अंग बना देती है। कहते हैं शिव और शक्ति का केन्द्र काशी अद्वैत सिद्धि का केन्द्र है, जिसका शाब्दिक अर्थ शुद्ध चैतन्य है जिसका पुराणों और जातकों में विस्तृत वर्णन किया गया है। काशी जनपद की राजधानी वाराणसी थी। इसका वर्णन *शतपथ ब्राह्मण* और *जातकों* में उपलब्ध है। धार्मिक उथल-पुथल के बीच महात्मा बुद्ध का भी आगमन हुआ था। यहीं सारनाथ में बुद्ध ने ''धम्म चक्क'' का प्रवर्तन भी किया था। इसी श्रृंखला में *विद्योत्तमा तंत्रम्* भी एक महत्वपूर्ण बौद्ध कृति है। बौद्ध साहित्य में काशी के वैदुष्य और उत्तमा विद्या, दोनों का वर्णन मिलता है।

गुप्त काल में यहाँ बड़ी उन्नति हुई थी। यहाँ भगवान शिव शक्ति की देवी के संग विराजते हैं जो धर्मपरायण भारतीय जनमानस के वैदुष्य को आकृष्ट करते हैं। अतुल्य राज-वैभव, सौन्दर्य-वैभव, प्रकति वैभव, स्त्री वैभव तथा शास्त्र ज्ञान वैभव से संवलित शब्द वैभव से रचयिता ने सभी स्त्री पात्रों तथा उनके समग्र वातावरण का जो आद्योपान्त वर्णन किया है, वह संपूर्ण साहित्य में एक विलक्षण दृष्टांत है जो यह सिद्ध करता है कि रचयिता विदुषी विद्योत्तमा ही रही होगी। वह छली गई थी। उन्हें तत्कालीन विद्वानों के द्वारा छला गया था। अस्तु ।।

गणदासः मन्दोऽप्यमन्दतामेति संसर्गेण विपश्चितः।
पंकच्छिदः फलस्येव निकषेणाविलं पयः।। 7/1, *मालविका*

(चतुर मनुष्यों के सहवास से मूर्ख मनुष्य भी चतुर हो जाते हैं, जैसे निर्मल के संसर्ग से दूषित जल भी स्वच्छ हो जाता है।)

काशीराज की राजकन्या का एक प्रत्यक्ष दृष्टांत *विक्रमोवर्शीयम्* में भी मिलता है। सात रचनाओं में उत्तमा विद्या का ही उद्घोष है। विद्योत्तमा की है यत् उत्तमा विदया यस्याः सा वा विद्यासु उत्तमा विद्योत्तमा। आसक्ति विरक्ति के मध्य अत्यंत सूक्ष्म रेखा देती है। सृजन रचयिता में द्रष्टा भाव है जो द्रष्टा है वही स्रष्टा है। यदि भगवती काली की कृपा से अनुग्रहीत कालिदास साहित्य रचते तो उसमें भगवती के प्रति कृतज्ञता, त्याग, व आध्यात्म का वर्णन होता, जबकि यहाँ यौवन, श्रृंगार, काम, राजसी वैभव और उसका विलास, चंद्रशेखर शिव पार्वती का वंदन, स्त्री यौवन की कथा आदि का प्रचुर वर्णन मिलता है।

इस साहित्य का परिपाक यह संकेत देता है कि इन कालजयी ग्रंथों की रचयिता संभवत: राजसी परिवेश से संवलित कोई विदुषी हो सकती है। यदि हम कालिदास की मूढ़ता और काशी की विदुषी राजकुमारी विद्योत्तमा के विवाह संबंधी शास्त्रार्थपरक किंवदंती को ध्यान में लायें, और वहीं दूसरी ओर इन सातों ग्रंथों के विशाल साहित्य के अंतः साक्ष्यों का सूक्ष्म विश्लेषण करते हुए विचार करें, तब मन में सहज प्रश्न उठेगा कि इस साहित्य का रचयिता कौन हो सकता है? मनन करने पर इसका प्रमाण मिल जाएगा कि विदुषी विद्योत्तमा ही महाकवि कालिदास की सातों कृतियों की रचयिता है क्योंकि उन्होंने अपने पति के नाम पर साहित्य लेखन कर, स्वयं को अदृश्य करके भी अपनी सृजनात्मकता को निरन्तर अभिव्यक्त किया है। इस कालजयी साहित्य के द्वारा कालिदास तो अजर अमर हो गये और वहीं दूसरी ओर विद्योत्तमा पृष्ठभूमि में जा कर ओझल हो गईं। आज इक्कीसवीं सदी में सत्तरह सौ वर्ष बाद गहन अनुसंधान अन्वेषण के उपरांत यह तथ्य उभरकर आया है जिस पर सदियों से विद्वानों की दृष्टि नहीं जा सकी थी। अस्तु।।

अनुक्रम

समर्पण	v
प्राक्कथन- डॉ. कर्ण सिंह	vii
अभिमतः भारत विद्या के विद्वानों का अभिमत	xi
कल्पना सजीव है यथार्थ निर्जीव-रेखा मोदी	xix
आभार	xxiii
संकेताक्षार	xxvi
प्रस्तावना	xxvii

अध्याय		**पृष्ठ सं.**
प्रथम	पूर्व पीठिका	1
द्वितीय	पूर्व आख्यानः शोध की आधार भूमि	13
तृतीय	कथानकः शब्द-चित्र, शाप व विलाप	59
चतुर्थ	स्त्रीः ब्रह्मा की सर्वोत्तम कृति	87
पंचम	स्त्रीः नायिका-विमर्श	123
षष्ठ	श्रंगारः लावण्य, प्रेम, गायन, वादन व नर्तन	165
सप्त	स्त्रीः आकर्षण, कमनीयता व आत्मरति	213
अष्ट	स्त्री और प्रकृतिः साम्य के विविध आयाम	269
नव	स्त्री एवं स्वयंवरः विवाह एवं संस्कृति	317
दश	स्त्रीः कुलीनता एवं वैभव	353
एकादश	उत्तमा विद्या विद्योत्तमाः महाकवि या विदुषी	379

॥ प्रथम अध्याय ॥

पूर्व पीठिका

स्त्री लेखन पर शोध की परंपरा

साहित्य अध्ययन में, स्त्री लेखन एक कौतूहल का विषय है और यह धारणा रही है कि ऐतिहासिक दृष्टि से स्त्री की स्वयं की अनुभूति ही उसके चिन्तन को आधार देती है और यही चिन्तन और अनुभूति का संयोजन अंततः साकार रूप लेता है।

स्त्री अध्ययन की सामाजिक-सांस्कृतिक सहभागिता का एक सुदीर्घ इतिहास है लेकिन बौद्धिक रुचि के रूप में इसका विशिष्ट अध्ययन बहुत पुराना नहीं है। अध्ययन की एक विशिष्ट विधा के रूप में स्त्री अध्ययन का इतिहास 1970 से प्रारंभ होकर, विकसित होता रहा है। यूरोप और उत्तरी अमेरिका के साहित्य जगत में स्त्री द्वारा लेखन और उसका अध्ययन, एक विशिष्ट विधा के रूप में विकसित हुआ है। इस विधा में, स्त्री के रूप में उनकी गरिमा, पद और स्थिति तथा उनके जीवन के प्रति व्यवहार पर यत्र तत्र विमर्श किया जाता रहा है। पाश्चात्य अन्वेषणों में विभिन्न कई महत्वपूर्ण अध्ययन सामने आए हैं जो प्रस्तुत ग्रंथ की पूर्व पीठिका तैयार करते हैं।

भारतीय परिप्रेक्ष्य में स्त्रियों की अनुभूतियाँ, उनकी उदारता, स्वयं में उनका विशिष्ट होना, सीखने की प्रवृत्ति, गुणग्राही, शील सम्पन्न अक्षय निधि के रूप में देवियों के रूप में उनका सांस्कृतिक एवं ऐतिहासिक अवदान प्राचीन काल से देखा गया है। परिणामतः लेखन में स्त्री की परंपरा की खोज, उनके सृजनात्मक लेखन, धर्मनियमन, वंशावली, कथानकों की आवृत्ति तथा अंतः संबंधों के विकासात्मक प्रारूप में गत्यात्मकता इत्यादि मिलता है।

अनेक शोध अध्ययनों में स्त्री और पुरुष दोनों के लेखन की असमानता की पुष्टि हुई है। स्त्री लेखन में अनेक अवयव देखे गए हैं जो प्रस्तुत शोध-अध्ययन की आधारभूमि का निर्माण करते हैं। स्त्री के लेखन में स्त्रियों की प्रवृत्तियाँ प्रतिबिंबित होती हैं। अन्य स्रोतों से जब सूचनाओं को एकीकृत करना होता है तब सीधे प्रश्नों की उपेक्षा करके कल्पना, संदेह, सहानुभूति, प्रतीकों में अन्तर्निहित उनका छिपा हुआ उद्देश्य, उनकी रणनीति और दूरदर्शिता व्यापक विश्लेषण के साथ जटिल तर्क-वितर्क, सौन्दर्य, काम की भावना से संवलित उनकी सृजनात्मकता, भावनात्मकता तथा वयस्कता में सामान्यतः दिखलाई पडती है।

स्त्री अनेक रंगों से भरी हुई विविध शब्दावली, समृद्ध वाक्य-विन्यास, कोमल कान्त पदावली में जटिल विचार को अपने साहित्यिक व्यवहार, अनूठी शैली में विषय के सौष्ठव को अभिव्यक्त करती है। उनकी यह अभिव्यक्ति भावनाओं से परिपूरित और समृद्ध होती है जो संवेदनाओं को विस्तार और आकार देती है।

भारतीय परिप्रेक्ष्य

(i) स्त्री लेखन एक अनूठी और ऐतिहासिक घटना है। यह एक सामाजिक सच्चाई और अस्मिता के संघर्ष की चुनौती के रूप में प्रस्तुत है। नारी अस्तित्व, उसकी गरिमा स्वयं में अनूठी है। सामाजिक संरचना में उसे एक जीवंत मानवीय इकाई के रूप में स्वीकार किया गया है।

(ii) सामाजिक, धार्मिक, सांस्कृतिक, आर्थिक व्यवस्था और मूल्यों, मर्यादाओं, आदर्शों और संस्कारों के विभिन्न रूपों के मध्य स्त्री की भूमिका समाज की संरचना के केन्द्र में है।

(iii) लेखन की अंर्तधारा में स्त्री अस्मिता, अदम्य जिजीविषा, स्त्री स्वातंत्र्य, देह और यौन, स्वयं की पहचान के प्रति जागरूकता के साथ सामाजिक पहलुओं से जुड़े यथार्थ को भी देखा गया है। स्त्रियों की अंतरात्मा का

अवलोकन करके सभी सातों रचनायें पाठकों को उद्वेलित कर देती हैं। इन रचनाओं में रचनाकार अपने आत्मविश्वास से काम, श्रृंगार, प्रकृत्ति, वैभव, विवाह, सामाजिक मूल्य, सुख-द:ुख, आक्रोश और असहमति को व्यक्त करते हैं।

(iv) कवि की अभिव्यक्ति में स्त्री मन की व्यथा, आकांक्षा और त्रासदी का जीवंत चित्रण है। स्त्री चेतना को केवल भावनात्मक कसौटी पर ही नहीं, बल्कि बौद्धिकता के मानदंड पर पर रखा जाता है।

(v) महादेवी वर्मा लिखती हैं - पुरुष के द्वारा नारी का चरित्र अधिक आदर्श बन सकता है परंतु अधिक सत्य नहीं। विकृति के अधिक निकट पहुँच सकता है, परंतु यथार्थ के अधिक समीप नहीं। पुरुष के लिए नारीत्व अनुमान है, परंतु नारी के लिए अनुभव। अतः अपने जीवन का जैसा सजीव चित्र वह हमें दे सकेगी, वैसा पुरुष बहुत साधना के उपरांत भी शायद ही दे सके। (*घर और बाहर*, 1927)

(vi) साहित्य की स्त्री दृष्टि साहित्य-सृजन द्वारा अपनी मनोकांक्षाओं की क्रियाशील अभिव्यक्ति अनेक रूप में दिखाई देती है। स्त्री-लेखन के लिए आत्माभिव्यक्ति जरूरी है। साहित्य में सौंदर्य, विलास, वैभव और समृद्धि, जीवन और जगत के विषय में स्त्री दृष्टि, सोच, सपने और असहमतियाँ यथार्थ के ऊर्वर धरातल पर निर्मित होती हैं।

(vii) भारतीय परंपरा में स्त्री दृष्टि अपने आदर्श रूप में अर्धनारीश्वर की परिकल्पना में समाहित है। अर्धनारीश्वर, शिव और शक्ति, संवेदना और विवेक, स्त्री और पुरुष की संयुक्ति का रूपक रचता है जहाँ मनुष्य स्वयं अपने भीतर संवेदना के स्तर पर स्त्री है परंतु संयुक्ति के रूप में दृढ़ता के साथ कोमलता, स्पर्धा के साथ संरक्षण, स्वायत्तता के साथ सहभागिता के गुणों की उपस्थिति अर्धनारीश्वर की अवधारणा को बनाती है।

प्रस्तुत अध्ययन

आख्यान एवं कथा परंपरा ही प्रस्तुत शोध की आधार भूमि है जिनमें जनश्रुति-आख्यानों के विविध आयामों के माध्यम से विवेच्य विषय को विश्लेषित किया गया है। भारतीय और श्रीलंकाई दोनों ही जनश्रुति-आख्यानों के अंतः संबंध प्रस्तुत विषय के लिए सशक्त आधार भूमि तैयार करते हैं। समकालीन साहित्य और अभिलेख तत्कालीन इतिहास की रूपात्मकता को अभिव्यक्त करते हैं।

कथानक, शब्द चित्र, श्राप, पश्चात्ताप तथा तद्जनित विलाप जीवन के महत्वपूर्ण पक्षों को उद्घाटित करने का सामर्थ्य रखते हैं। स्त्री होने का अर्थ, स्त्रीत्व एवं अस्तित्व का आधार, समष्टि व निष्कर्ष, स्त्री मर्यादित स्वतंत्रता व प्रेम की पराकाष्ठा, स्त्री सम्मान, स्वाभिमान एवं स्वभाव के विविध पक्ष, स्त्री नीति, कूटनीति तथा स्त्री की बौद्धिकता के सौन्दर्यबोध आदि सभी पक्षों को रेखांकित किया गया है। इस संदर्भ में, स्त्रियों की नामावली, आत्मगत अभिव्यक्तियाँ, कथोपकथन पर भी विचार किया गया है। अलंकरण, उद्दीपन व व्यवहार लावण्यता, श्रृंगार व कुलीनता से संवलित स्त्री-यौवन, प्रेम व काम की कथाएं, स्त्रियों की मर्यादित कामेच्छा के साथ मद, मदन एवं रति-भाव को अभिव्यक्त करती हैं। स्त्री मन एवं प्रकृत्ति का सहज आत्मज्ञान स्वयं में अद्भुत है। स्वयंवर, विवाह, वैभव व संस्कृति में निहितार्थ शास्त्रार्थ और उसके भावार्थ वैभव अपनी पराकाष्ठा पर है। व्यक्त पाठों में अव्यक्त 'विद्योत्तमा' का मूलार्थ, शब्दार्थ, भावार्थ, अन्वेषण, व्यापकता व उसका नैरन्तर्य विस्मयकारी है। स्त्री के लेखन में उसकी शाश्वत चेतना, शक्ति और जीवन की गतिशीलता को अभिव्यक्ति और स्वीकार्यता प्रदान करती है। आलोच्य ग्रन्थों के विशद अध्ययन, शोध उपरान्त निम्न 31 बिन्दु सामने आए जिनसे सिद्ध होता है कि आलोच्य साहित्य विदुषी विद्योतमा की सजर्नात्मक उपलब्धि है:

1. आख्यान –उपाख्यान

भारत और श्रीलंका की लोक कथा व वाचिक परंपरा द्वारा उपलब्ध *राजा कुमारदास*, *कामिनी* और *कालिदास आख्यान*।

2. वाचिक परंपरा

परम्परा से प्राप्त किंवदन्तियों को भी प्राचीन भारतीय इतिहास का एक महत्वपूर्ण स्त्रोत माना गया है जो इतिहास को जानने और लिखने में एक महत्त्वपूर्ण भूमिका का निर्वाह करता है।

3. विद्योत्तमा

बनारस की राजकुमारी विद्योत्तमा को विदुषी माना गया है, जबकि उसके पति कालिदास को मूढ़ या अल्पज्ञ। उसके साथ छल हुआ था।

4. कालिदास

प्राचीन पाण्डुलिपि के तकनीकी पक्ष के विरुद्ध, सातों रचनाओं में 51 बार स्वयं लेखक के रूप में कालिदास शब्द का आना कदाचित उनके रचियता होने पर प्रश्न चिन्ह सा लगाता है।

5. मंगलाचरण

सातों ग्रंथों के मंगलाचरण में अर्धनारीश्वर पार्वती परमेश्वर की ही आराधना है, माँ काली की मंगलाचरण में अनुपस्थिति, कालिदास की कृति (कृतित्व) होने को ले कर संशय पैदा करता है।

6. चंद्रवंश और सूर्यवंश

स्त्री पर चन्द्र का प्रभाव स्वतः सिद्ध है जो उसकी सृजनात्मक, कामुकता और श्रृंगार को सौम्यता प्रदान कर, नारी के आकर्षक व्यक्तित्व को विशिष्ट रूप प्रदान करता है। छः रचनाओं पर चन्द्र वंश का संपूर्ण प्रभाव है जबकि रघुवंश पर सूर्यवंश का।

7. कथानक

यह इक्ष्वाकु वंश के राजा दिलीप की पवित्रता से प्रारंभ होता है और कामुक राजा अग्निवर्ण की निकृष्टता पर समाप्त होता है। कामुकता की पराकाष्ठा अग्निवर्ण की दर्दनाक मृत्यु का कारण बनती है और उसकी गर्भवती रानी स्वर्ण सिंहासन पर बैठती है। रानी के प्रसवकाल के पश्चात् वही शासक बनता है। तीनों नाटकों में, शकुन्तला का पुत्र सर्वदमन भरत, उर्वशी का पुत्र आयुष्कुमार तथा धारिणी का पुत्र वसुमित्र कालांतर में शासक बनते हैं। इस तरह तीनों ही स्त्रियों को न्याय मिलता है।

8. मार्मिक शब्द चित्र

यथा कुमार के जन्म की कथा जिसमें शिव के वीर्य का गंगा में गिरना, जिससे गंगा का जल तपना और षट् कृतिकाओं के माध्यम से षण्मुख कुमार का जन्म होना; *रघुवंशम्* में, कुश के स्वप्न में अयोध्यानगरी का क्रन्दन तथा इन्दुमति के स्वयंवर का चित्र; *ऋतुसंहारम्* में ऋतुराज वसंत से लेकर सभी ऋतुचक्रों का विस्मयकारी मृदुल प्रणय से संवलित वर्णन हैं।

9. स्त्रियों की महत्वपूर्ण भूमिका

सातों रचनाओं के विश्लेषण में यह पाया गया है कि यहाँ स्त्री पात्रों की संख्या 88 है और वे सभी प्रभावशाली और प्रासंगिक हैं, जबकि पुरुष पात्रों की संख्या मात्र 33 ही है। सामान्यतः पुरुष पात्र संस्कृत में बोलते हैं, वहीं स्त्रियाँ प्राकृत और संस्कृत दोनों ही भाषाओं का प्रयोग करती हैं। इससे रचयिता की स्त्री केन्द्रित मनः स्थिति का अभिज्ञान होता है।

10. युवा स्त्रियाँ

सातों रचनाओं के केन्द्र में युवा स्त्रियाँ ही हैं, जिनके इर्द-गिर्द घटनाओं तथा चरित्रों का ताना बाना बुना गया है।

11. स्त्री-पुरुष

स्त्री-पुरुष का सह-भाव स्वयं में अद्‌भुत है तभी गृहिणी, सचिव, सखि, प्रिय, शिष्या और ललित काम-कला के साथ जीवन को स्त्री ही संपूर्ण बनाती है। (67, VIII, रघु.)

12. राजसी परंपरा

परंपरा से राजसी परिवारों में ज्ञान के प्रति पिपासा, जिज्ञासा और विद्वत्ता का सम्मान, उनकी शोभा और जीवन का आदर्श रहा है। उनके यहाँ नवरत्न की स्थिति, ज्ञानपूर्ण वैभव के सांस्कृतिक और दार्शनिक पक्ष को अभिव्यक्त करती है।

13. राजसी वैभव

रत्नों का व्यवहार, वैभव, आचार, विचार और व्यवहार, महलों की अट्टालिकायें तथा अंतःपुर का वैभव, पाठकों को सौम्य वैभवपूर्ण संसार से परिचित कराता है।

14. सौम्य प्रकृति

विविध ऋतुयें और ऋतुराज वसंत, वर्षा काल और मलय समीर, कोमल कान्त पदावली और हृदयस्पर्शी अभिव्यक्तियाँ, वृक्ष-लतायें, कोयल-मयूर-गजगामिनी, नदियाँ, पर्वतराज हिमालय, कोमल प्रकृत्ति के साथ राजकुमारियों की कथा यात्रा, प्रकृत्ति के सौम्य पक्ष को प्रस्तुत करती हैं।

15. स्त्री-यौवन की कथा

यहाँ स्त्री-यौवन, प्रकृत्ति और श्रृंगार की अभिव्यक्ति सर्वत्र है। स्त्री की सुषुप्त मनोकांक्षाओं एवं श्रेष्ठता की महत्ता को पदे-पदे स्वीकार किया गया है।

16. प्रकृति, काम व युवा-स्त्री की कथा

प्रकृति, काम और युवा नारी केन्द्रित विषय हैं। प्रकृत्ति स्त्री तत्व है। सर्वत्र यहाँ श्रृंगार है और रति इसका स्थायी भाव। काम-उत्तेजना के विपरीत,

स्त्री की उन्मुक्त और मर्यादित कामेच्छा का आद्योपान्त सौम्य वर्णन है। यहाँ युवा स्त्री अपने सोलह श्रृंगार के साथ काम क्रीड़ा में संलग्न है।

17. सौन्दर्य एवं काम

सौन्दर्य और काम में परस्पर संबंध है। सौन्दर्य और कामुकता से परिपूर्ण युवा स्त्री की आकर्षक देहयष्टि। (22, *उ. मेघ.*)

18. स्त्री–ब्रह्मा की प्रथम सृष्टि

स्त्री ब्रह्मा की प्रथम सृष्टि है। (22, *उ. मेघ.*)

19. सौन्दर्य और आत्मविश्वास

सौन्दर्य, जो अपने प्रियरूपी सौभाग्यफल को प्राप्त कर सके, आत्मविश्वास का आधार होता है।

20. स्त्रियों का आखेट

यहाँ स्त्रियाँ, रानियाँ, राजकुमारियाँ और नायिकायें अपनी सलाहकार, मंत्रणा देने वाली परिचारिकाओं और सखियों के साथ हैं, यथा – राजकुमारी इन्दुमती स्वयंवर में सखियों की सूझ–बूझ का वर्णन। दूसरी ओर राजागण विदूषकों के साथ हैं। हस्तिनापुर के राजा दुष्यंत, राजा अग्निमित्र, अग्निवर्ण, प्रतिष्ठानपुर के चन्द्रवंशी राजा पुरूरवा अपने विदूषक माणवक के साथ हैं। बहु विवाह प्रथा के कारण ये राजागण युवा स्त्रियों का आखेट करते हैं।

21. स्वयंवर व विवाह

स्वयंवर और विवाह का वैभव राजकुमारी की बुद्धिमत्ता स्वयं में उनका शालीन वर्णन है; यथा- इन्दुमति स्वयंवर, लक्ष्मी स्वयंवर, पार्वती–शिव विवाह इत्यादि।

22. संभोग–अध्यात्म की पराकाष्ठा

एक ओर संभोग से समाधि तक की सभी अवस्थाओं में विभिन्न स्त्री पात्रों की रमणीयता साहित्य में अद्भुत है; यथा- *कुमारसंभवम्* में शिव-

पार्वती का संभोग। वहीं दूसरी ओर, निष्ठुर काम का भी वर्णन है; यथा- राजा अग्निवर्ण *रघुवंशम्* में।

23. सामन्जस्य और आत्म-सम्मान

समय और परिस्थितिजन्य सामन्जस्य बैठाकर रानियाँ, राजकुमारियाँ, अप्सरायें, परिचारिकायें, विदुषी स्त्रियाँ, नायिकायें, सह नायिकायें तथा गणिकायें मधुर वातावरण बनाये रखती हैं, पर जब उनके आत्मविश्वास व सम्मान को आघात पहुँचता है तब वे अन्याय के विरुद्ध विरोध का स्वर भी उठाती हैं, यही उनका अलंकार होता है; यथा- शकुन्तला के द्वारा राजा दुष्यंत को 'अनार्य' शब्द से संबोधित करना। पञ्चम अंक में:- अनार्य! आत्मनो हृदयानुमानेन प्रेक्षसे-यह स्त्री के आत्म-सम्मान को अभिव्यक्त करता है।

24. श्राप-पश्चात्ताप

श्राप, पश्चात्ताप, त्याग और विरह का अनेक स्थलों पर मार्मिक चित्रण है; यथा- रति विलाप, यक्षी-यक्ष की विरह-वेदना, शकुन्तला का त्यागपूर्ण जीवन, उर्वशी का श्रापित जीवन, पुरूरवा का बिलखना, अज का हृदयविदारक विलाप, सीता का परित्याग और पार्वती की साधना।

25. जीवन-मान के लिए माननीय स्त्रियों की कूटनीति

जीवन को सौम्यता देने के लिए कूटनीति एवं मंत्रणा नायिकाओं और सह नायिकाओं के चरित्रों से परिलक्षित होती है; यथा- रानी धारिणी की कूटनीति, पण्डिता कौशिकी व गौतमी का जीवन मूल्यों के प्रति निर्देशन, सखियों की मंत्रणा एवं अनेक अवसरों पर अप्सराओं का सहयोग, एक अद्भुत चित्र प्रस्तुत करता है।

26. वैधव्य

दाम्पत्य जीवन जितना ही सुखमय होता है वैधव्य उतना ही कष्टकर और दुःखद। (V, *मालविका.*)

27. सुकोमलता से सिद्धि की यात्रा

यहाँ की स्त्रियाँ सुकोमला हैं, अबला नहीं। कौमार्य काल स्त्री-जीवन की साधनावस्था है जबकि उत्तर काल इसकी सिद्धावस्था।

28. विविध विद्या और ज्ञान

राजकीय वैभव, कुलीनता, सौम्यता, ब्रह्माण्डीय विविध ज्ञान - वेद, उपनिषद्, काम-शास्त्र व लोक-शास्त्र में सातों रचनाऐं पूरी तरह संवलित हैं। सभी नायिकायें विदुषी, गुणवती और रूपवती हैं।

29. काशीराज की राजकन्या

विक्रमोर्वशीयम् में पुरूरवा की रानी काशीराज की दुहिता है।

(13.III, *विक्रमो.*)।

30. सृजन

आसक्ति-विरक्ति के मध्य विभाजक रेखा अत्यंत सूक्ष्म है। रचयिता में द्रष्टाभाव प्रधान रहता है जो द्रष्टा है वही स्रष्टा है। यदि दैवी कृपा से अनुगृहीत कालिदास साहित्य रचना करते तो त्याग, अध्यात्म और मुक्ति की कथा लिखते, न कि यौवन, श्रृंगार, काम, राजसी वैभव और भोग-विलास का वर्णन करते। यह तो विदुषी विद्योत्तमा के ही सृजन का संकेत है।

31. विदुषी विद्योत्तमा

सातों रचनाओं में वेद और उपनिषद के ब्रह्माण्डीय ज्ञान की अनुगूंज है जो रचयिता विदुषी विद्योत्तमा की साधना, वेदना और बौद्धिक विलास-उल्लास को अभिव्यक्त करती है। विदुषी विद्योत्तमा अर्थात् उत्तमा विद्या, माँ सरस्वती और विविध ब्रह्माण्डीय, ज्ञान की प्रतीक बन गई: विद्योत्तमा इत्यस्य व्युत्पत्तिः भवति यत् उत्तमा विद्या यस्याः सा अथवा विद्यासु उत्तमा, विद्योत्तमा।

❖❖❖

॥ द्वितीय अध्याय ॥

पूर्व आख्यान

शोध की आधार भूमि

विद्योत्तमा-कालिदासीय-साहित्य पर इतिहास के दृष्टिकोण से विचार करने का सबसे महत्वपूर्ण दायित्व यह है कि उस काल-खंड के समूचे तंतुजाल के रेशों का, जिसमें साहित्य के यथार्थ तथा युगीन अनुभव एक-दूसरे से गुंथे हुए हैं, समग्रता से विश्लेषण किया जाय। इसके लिए ऐतिहासिक संवेदना के साथ अतीत के अंतःसाक्ष्यों के धरातल पर विवेचन अपेक्षित है।

ऐतिहासिक-सामाजिक संदर्भों की पहचान का अंतःसाक्ष्य विशिष्ट रूप से समझने में सहायक उपादान है। वैसे साहित्य के मूल्यांकन का एक आधार इतिहास भी होता है और यदि थोड़े समय के लिए इसे छोड़ भी दें, तो मूल्यांकन का दूसरा आधार 'शास्त्रीय अंतः-साक्ष्य' होगा। ऐतिहासिक, शास्त्रीय एवं साहित्यिक अंतःसाक्ष्य तथ्यगत वास्तविकताओं के साथ एक समीचीन व्याख्या की माँग भी करता है और इसी से हमारे जीवन के वास्तविक मूल्य निर्धारित होते हैं। इतिहास के समग्र रूप का दर्शन करने के लिए भी उसके अंगों का ही निरीक्षण करना पड़ता है क्योंकि निरवयव निरपेक्ष रूप का दर्शन अकल्पनीय है। परन्तु दृष्टि की अपनी सीमायें होती हैं। वह सभी कुछ एक साथ नहीं देख सकती। साहित्य की अखण्ड-परम्परा का निरूपण ही इतिहास का लक्ष्य है। यहाँ साहित्य की उस मूलगामी धारा को पहचानना जरूरी है जो केन्द्रीय प्रवृत्ति का प्रतिनिधित्व करती है।

एक भिन्न प्रकार की ऐतिहासिक दृष्टि से इसका मूल्यांकन करें तो मूलगामी धारा में जीवन और साहित्य का मूल्यवान-तत्व प्राप्त होता है। यहाँ मानवीय प्रेम, उसकी सीमायें, संवेदना और समर्पण का गंभीर वर्णन मिलता है। समाज हमारे सांस्कृतिक जीवन का प्रभावशाली पक्ष है। नैसर्गिक एवं

दैहिक प्रेम की व्यापक चेतना का प्रसार भारतीय साहित्य, कला और समाज के विविध आयामों में हुआ था। यदि संपूर्णता से अवलोकन करें तो साहित्य, संगीत, प्रकृत्ति, चित्रकला और नृत्य में भी प्रेम की संवेदना की उपस्थिति का प्रभाव दिखलाई पड़ता है। यह स्वाभिक भी है क्योंकि प्रेम की चैतन्यता जीवन की विराट अनुभूति है।

साहित्य की वाचिक परंपरा

(i) विभिन्न विधियों से पाठ को स्मरण करना और उसे साँझा करना।

(ii) प्राचीन भारतीय वैदिक साहित्य उपर्युक्त पर आधृत है और सदियों से वैदिक साहित्य को सुरक्षित रखा जाता रहा।

(iii) उक्त परंपरा में वाचक और श्रोता दोनों की आवश्यकता होती है। स्थान और काल के अनुसार इसके स्वरूप में भी परिवर्तन आता है।

(iv) मौखिक साहित्य की अनेक भूमिकायें हैं। मनोरंजन, शिक्षा, सामाजिक रीति-रिवाज एवं संस्कृति के संरक्षण में मौखिक साहित्य के विविध उपयोग होते हैं। मौखिक साहित्य की प्राथमिक भूमिका अपनी विविध शैलियों के अनुसार भिन्न-भिन्न होती है। ऐतिहासिक तथ्यों के माध्यम से इतिहास को सुरक्षित रखते हैं, धार्मिक रीति-रिवाज और सिद्धांतों को साहित्य में सुरक्षित रखते हैं। महाकाव्य, किंवदंतियाँ एवं पौराणिक कथा-प्रसंग आम लोगों को शिक्षित करते हैं एवं मनोरंजन भी करते हैं।

लगभग समस्त मौखिक साहित्य, सांस्कृतिक दृष्टि से अत्यंत समृद्ध है। यह तत्कालीन समाज के इतिहास, धार्मिक आधार और मूल्य को प्रतिबिम्बित करते हैं। इस दृष्टि से *रामायण*, मानवीय सम्बन्धों के आदर्श की उपस्थापना करता है।

मौखिक साहित्य का पाठ निर्धारण

वैदिक आख्यान संक्षिप्त, नाटकीयता से परिपूर्ण, उतार-चढ़ाव वाले होते हैं। उनका एक मुख्य प्रतिपाठ्य होता है। भाषा का प्रयोग बहुस्तरीय एवं पारदर्शी होती है। प्रत्येक आख्यान का अंत पूर्णता के भाव से होता है। इसीलिए ये कालातीत और परिणामतः इतिहास से परे प्रतीत होते हैं। 3-4 पंक्तियों का आख्यान एक बहुत बड़ी कथा का रूप ले लेता है। यथा- दुष्यन्त-भरत का संक्षित वैदिक आख्यान *'अभिज्ञानशाकुन्तलम्'* नाटक का आधार बना। *'विक्रमोर्वशीयम्'* नाटक के संदर्भ में 'पुरूरवा-उर्वशी' के आख्यान उल्लेख्य है जो विस्तृत होकर मनुष्य और प्रकृत्ति के बीच रूपान्तर की संभावनाओं का अत्यंत संश्लिष्ट रूपक बन जाता है। उत्तरवर्ती संस्कृत साहित्य को समझने के लिए वैदिक आख्यान कुंजिका है। उदाहरण के लिए *छान्दोग्योपनिषद्* के घोर आंगिरस और देवकी पुत्र कृष्ण-संवाद का आख्यान ही गीता की आधार पीठिका है।

'विक्रमोर्वशीयम्' नाटक के कथानक का आधार अप्सरा उर्वशी और पुरूरवा का आख्यान वैदिक युग की एक रोमांचक प्रणय गाथा है। उर्वशी का राजा पुरूरवा के प्रणयपाश में बद्ध होना, पृथ्वी तल पर महारानी के रूप में निवास और अंत में राजा को अपने विरह से संतप्त कर अन्तर्ध्यान होना आदि घटनायें प्रख्यात हैं। *ऋग्वेद* के प्रख्यात सूक्त (10.95) में पुरूरवा और उर्वशी का कथनोपकथन मात्र है, परंतु *शतपथ ब्राह्मण* (1.1.5.1) में यह आख्यान रोचक विस्तार के साथ निबद्ध किया गया है तथा इस प्रणयकथा के अंकन में साहित्यिक सौंदर्य का भी परिचय मिलता है। *विष्णुपुराण* (4.6), *मत्स्यपुराण* का चौबीसवां अध्याय तथा *भागवत* (9.4) में इसी आख्यान का रोचक विवरण हम पाते हैं। इस आख्यान के विकास में एक विशेष तथ्य की रचना होती है। पुराणों में *मत्स्यपुराण* का आधार लेकर इसे प्रणयगाथा के रूप में ही अंकित किया गया है। परंतु वैदिक आख्यान में पुरूरवा यज्ञ का प्रचारक

नरपति है। *रघुवंशम्* के चतुर्थ सर्ग में इस वैदिक आख्यान को सुन्दर ढंग से अभिव्यक्त किया गया है।

कतिपय महत्वपूर्ण आख्यान

(i) **ऋग्वेदः** *ऋग्वेद* में 30 आख्यानों का स्पष्ट निर्देश किया गया है जिनमें से कतिपय प्रख्यात आख्यान इस प्रकार हैं- *शुनःशेप* (1.24), *अगस्त्य-लोपामुद्रा* (1.179), *गृत्समद* (2.12), *वसिष्ठ-विश्वामित्र* (3.53; 7.33), *सोम का अवतरण* (3.43), *त्र्यरुण वृशजान* (5.2), *अग्नि का जन्म* (5.1), *श्यावाश्व* (5.11), प्रत्येक आख्यान के अन्तस्थल में मानवों के शिक्षार्थ तथ्य अंतर्निहित हैं। *अपाला आत्रेयी* (ऋग्वेद, 8.91) का आख्यान नारी चरित्र की उदात्तता तथा तेजस्विता का विशद् प्रतिपादक है। *राजा अरुण और वृशजान का आख्यान* (ऋग्वेद, 5.2), *तांडय ब्राह्मण* (13.3.2), *ऋग्विधान* (12.52), *वृद्दवता* (5.14.23), वैदिक कालीन पुरोहित की महत्ता का संकेत करता है। *सोभरि काण्व का आख्यान* (ऋग्वेद 8.19, 8.81, *निरूक्त* 4.15, *भागवत* 9.6) संगति के महत्व का प्रतिपादन करता है। *उषस्ति चाक्रायण* (छां. प्रथम प्रपाठक, 10-11) का आख्यान अन्न के सामूहिक प्रभाव तथा गौरव की कमनीय कथा है। *श्यावाश्व आत्रेय* की कथा (*ऋग्वेद* 5.61) में ऋषि के गौरव, प्रेम की महिमा तथा कवि की साधना को बड़ी सुंदर रीति से अभिव्यक्त किया गया है। ऋग्वेद काल की यह प्रख्यात प्रणय कहानी है, जिसमें प्रेम की सिद्धि के लिए श्यावाश्व तपस्या के बल पर मंत्रद्रष्टा ऋषि बन जाते हैं। इन सभी आख्यानों के पीछे उपदेश है-ईश्वर में अटूट श्रद्धा तथा मानव से घनिष्ट प्रेम।

(ii) रामायण : *रामायण* सिर्फ राम और रावण के संघर्ष का आख्यान ही नहीं है बल्कि जीवन के अनेक पक्षों को समृद्ध करने वाली वाचिक परंपरा की एक जीवन्त कथा है। *रघुवंशम्* के राजा श्रीराम की यह गाथा 24000

श्लोकों में निबद्ध आदि महाकाव्य *रामायण* के रूप में जानी जाती है, जिसके रचयिता महर्षि वाल्मीकि हैं। इसमें सात अध्याय हैं जिन्हें 'कांड' कहा जाता है। हिन्दू गणना एवं मान्यता के आधार पर इसे त्रेता युग की कथा मानते हैं। नए शोध के अनुसार 7323 ई.पू. इसका काल निर्धारित किया जाता है।

पाठांतर : *वाल्मीकीय रामायण* के उपलब्ध पाठों में एकरूपता नहीं है, उसके चार संस्करण मुख्य रूप से उपलब्ध हैं। इनके अतिरिक्त बड़ौदा से प्रकाशित *रामायण* का 'आलोचनात्मक संस्करण' विशेष रूप से महत्वपूर्ण है। ये संस्करण हैं- (1) औदीच्य, (2) गौड़ीय, (3) दक्षिणात्य, (4) पश्चिमोत्तरीय और (5) आलोचनात्मक संस्करण।

(iii) महाभारत : *महाभारत* सुदीर्घ आख्यान परंपरा का अद्भुत स्रोत है (10वीं सदी ईसा पूर्व)। *रामायण* के साथ *महाभारत* भी प्राचीन भारत का वृहत्तर आद्य महाकाव्य है। यह ऐतिहासिक वैदिक आख्यान तथा इतिहास को अभिव्यक्त करता है। *रामायण* और *महाभारत* दोनों के कई पाठ विभिन्न क्षेत्रों से मिले हैं। ए.के.रामानुजन कहते हैं कि *रामायण* के 300 विभिन्न पाठ और पाठान्तर हैं।

महाभारत: वाचिक परंपरा, पाठ संपादन एवं आलोचनात्मक संस्करण

महाभारत के प्रमुखतः दो संस्करण प्रचलित हैंः

(क) उत्तर भारतीय संस्करण

(ख) दक्षिण भारतीय संस्करण

महाभारत के विभिन्न संस्करण : महामुनि व्यास से लेकर *महाभारत* के कई संस्करण मिलते हैं। दक्षिण एशिया में *इंडोनेशियन महाभारत, काकावीन महाभारत, कावी महाभारत* इत्यादि हैं, जबकि संस्कृत नाटकों

में *अभिज्ञानशाकुन्तलम्*, *विक्रमोर्वशीयम्*, *कर्णभार*, *अरुभंग*, *दूतवाक्य*, *दूतघटोत्कच*, *पाँच रात्र*, *मध्यमव्यायोग* *तथा* *बालचरित्र* (भास) इत्यादि महाभारत से ही निःसृत हैं। *द्रौपदी परिणय* (*नारायणीयम्*) *पांचाली स्वयंवर* (*नारायणीयम्*) इत्यादि भी *महाभारत* पर आधृत हैं।

(iv) **यूनानी महाकाव्य–*इलियड* और *ओडिसी***

(v) **पंचतंत्र** : मनोविज्ञान, व्यावहारिकता तथा राजकाज के सिद्धांतों से परिचित कराती संस्कृत नीतिकथाओं में पंचतंत्र का प्रमुख स्थान है। न केवल भारत में अपितु अन्य देशों के कथा साहित्य पर भी पंचतंत्र का प्रभाव रहा है विशेषतया इस्लामी जगत एवं यूरोप के देशों में।

पं.विष्णु शर्मा रचित *पंचतंत्र की कथायें* जीवंत हैं, लोक व्यवहार से सम्पन्न हैं तथा व्यक्तित्व में नेतृत्व को विकसित करने में इसे एक सशक्त माध्यम माना जाता है। इसको पाँच तंत्रों (भागों) में बाँटा गया है–

1. *मित्रभेद* (मित्रों में मनमुटाव)
2. *मित्रलाभ*/ *मित्रसंप्राप्ति* (मित्र प्राप्ति एवं लाभ)
3. *काकोलूकीयम्* (कौवे एवं उल्लुओं की कथा)
4. *लब्ध प्रणाश* (लब्ध का हाथ से निकल जाना)
5. *अपरीक्षित कारक* (जिसको परखा न गया हो उसे करने से पहले सावधान रहें : हड़बड़ी में कदम न उठायें।)

'पंचतंत्र : पुनर्गठक' नामक एक आलोचनात्मक संस्करण डॉ. एडजर्टन ने तैयार किया। जिसमें *पंचतंत्र* की सुदीर्घ परंपरा पाई जाती है और उसके अनेक संस्करण आज भी उपलब्ध हैं। ये आठ प्राचीन पाठ–परंपरायें हैं– तंत्राख्यायिका, दक्षिण भारतीय *पंचतंत्र*, नेपाली *पंचतंत्र*, *हितोपदेश*, *कथासरित्सार*, *वृहत्कथा–मंजरी*, *पश्चिमी भारतीय पंचतंत्र* और पूर्वभद्र कृत *पंचाख्यान*।

(vi) **पद्मपुराण** : यह 55000 श्लोकों का संग्रह है। इसमें शकुन्तला-दुष्यन्त से लेकर भगवान श्रीराम के पूर्वजों तक के इतिहास वर्णित हैं। शकुन्तला-दुष्यन्त, जो विवेच्य *'अभिज्ञानशाकुन्तलम्'* का आधार भी है, के पुत्र भरत के नाम से ही यह भू-भाग जम्बूद्वीप से भरतखण्ड एवं पश्चात् में 'भारत' हुआ। *महाभारत* की यह कथा *पद्मपुराण* में भी है।

देवदत्त-कालिदास-विद्योत्तमा: जनश्रुति-आख्यान के विविध आयाम

इस संदर्भ में जनश्रुति, विवेच्य शोध का आधार है, जिसमें प्रचलित जनश्रुतियों को ध्यान में रख विश्लेषित किया गया है। जनश्रुति एवं लोक कथाओं के अनुसार राजकुमारी विद्योत्तमा काशी नरेश विक्रमादित्य की राजकन्या रही हो या कश्मीर की राजकन्या रही हो या अवन्ती नरेश या मालव राजा शारदानन्द की राजकन्या रही हो। वह राजकन्या थी, विदुषी थी, कुलीन थी। वह देवदत्त-कालिदास की धर्मपत्नी के रूप में विख्यात है। रूप, गुण और विद्या के सायुज्य के साथ वह साक्षात् सरस्वती और परम विदुषी थी।

साहित्य, विज्ञान, कला, कुलीन संस्कृति, धार्मिक सहिष्णुता और आर्थिक समृद्धि के उत्कर्ष के समय में राजकुमारी विद्योत्तमा में कला, ज्ञान, ऐश्वर्य, वैभव, रूप एवं यौवन का संगम था। गुण बाहुल्य की उपस्थिति में प्रकारान्तर से अहं की उपस्थिति स्वाभाविक है। सुन्दर पुरुष की ओर आकर्षण उनमें सहज ही अनुमेय है। व्यक्तिगत जीवन को लेकर राजकुमारी विद्योत्तमा की प्रतिज्ञा भी स्वाभाविक ही थी कि जो पुरुष उसे शास्त्रार्थ में पराजित करेगा वह उसी से विवाह करेगी। यहाँ शास्त्रार्थ ही मुख्य था, स्वयंवर बाद में विवाह का आधार बना। वैसे भी उन दिनों शास्त्रार्थ की श्लाघनीय परंपरा थी। (17.I, *मालविकाग्नि.*)

जनश्रुति के अनुसार राजकुमारी शास्त्रार्थ में महाराज के दरबार के श्रेष्ठ विद्वानों एवं पण्डितों को परास्त कर चुकी थीं। अतएव ईर्ष्या एवं डाह के कारण वे सभी राजकुमारी के विवाह को लेकर षडयंत्र रचने लगे। प्रचलित जनश्रुति के अनुसार उन पण्डितों ने वन में किसी ऐसे सुन्दर गौरांग पुरुष को वृक्ष की उस शाखा को काटते देखा, जो वृक्ष की उसी शाखा पर स्वयं ही बैठा था। इसे देखकर उन सबों के हर्ष का ठिकाना न रहा और वे उस पुरुष को राजकुमारी के पास ले आए।

पराजित एवं कुण्ठित विद्वानों ने उसी सज्जन- देवदत्त को मौनव्रती विद्वान आगन्तुक कहते हुए, शास्त्रार्थ हेतु राजकुमारी विद्योत्तमा के समक्ष प्रस्तुत किया। राजकुमारी को यह भी सूचित किया गया कि आगन्तुक अतिथि विद्वान मौनव्रती हैं और मौन शास्त्रार्थ के ही इच्छुक हैं और शास्त्रार्थ के अन्तर्गत पूछे गए प्रश्नों का सांकेतिक भाषा में ही प्रत्युत्तर देंगे।

प्रचलित किंबदन्ती के अनुसार अपने नाम के अनुरूप विद्योत्तमा ने काशी की पाण्डित्य परंपरा का निर्वहन करते हुए नवागंतुक अतिथि विद्वान देवदत्त का यथोचित स्वागत किया और तत्सम्बन्धी शास्त्रार्थ के लिए तैयार हो गईं। शास्त्रार्थ प्रारम्भ हुआ, राजकुमारी मौन शब्दावली में गूढ़ प्रश्न पूछतीं, जिसका देवदत्त-कालिदास अपने बुद्धि-विवेक से मौन संकेतों में उत्तर दिया करते। विद्योत्तमा को यही आभास होता रहा कि देवदत्त गूढ़ प्रश्नों का गूढ़ उत्तर दे रहे हैं।

राजकुमारी ने एक अंगुली इस आशय से दिखाई कि ईश्वर एक है। अतिथि विद्वान देवदत्त को ऐसा अनुभव हुआ होगा कि राजकुमारी उनकी एक आँख फोड़ देना चाहती हैं। उन्होंने इसी अभिप्राय का आश्रय लेकर अपनी दो अंगुलियाँ उठाकर राजकुमारी को दिखाया कि वे उनकी दोनों आँखों को क्षति पहुँचा सकते हैं। उन उठी हुई दो अंगुलियों से राजकुमारी ने यह अभिप्राय निकाला कि संभवत: ये सगुण और निर्गुण ईश्वर की दोनों अवधारणाओं की

ओर अपनी दोनों अंगुलियों से संकेत कर रहे हैं। इसे जीवात्मा और परमात्मा के रूप में भी समझा जा सकता है। इसके बाद राजकुमारी ने अपनी तीन अंगुलियों को दिखाया जिसका आशय था- त्रैगुण्य : सत्व, रजस एवं तमस। इन तीन अंगुलियों के प्रत्युत्तर में अतिथि विद्वान ने अपनी चार अंगुलियों को राजकुमारी को दिखलाया। विद्वत्समाज ने तत्क्षण इन चार अंगुलियों को पुरुषार्थ चतुष्टय के रूप में परिभाषित और व्याख्यायित कर दिया।

अगले प्रश्न के रूप में राजकुमारी ने उसे अपनी खुली हुई हथेलियाँ दिखलाईं जिसका आशय था - क्षिति-जल-पावक-गगन-समीर। उन खुली पाँचों अंगुलियों से युक्त हथेलियों को देखकर देवदत्त को ऐसा आभास हुआ कि राजकुमारी उन्हें तमाचा मारना चाहती है। अतएव, अपने बचाव हेतु देवदत्त ने उन्हें मुट्ठी दिखलाई। यह देखकर सभा में उपस्थित विद्वानों ने अर्थ प्रस्तुत किया कि राजकुमारी विद्योत्तमा, जहाँ पंच-तत्वों तथा उनके अलग-अलग अस्तित्व की ओर इंगित कर रही हैं जबकि ये पंचतत्व मन के अधीन और मन द्वारा ही संचालित होते हैं। ये सभी पाँचों तत्व आपस में समन्वय करके ही सृष्टि को रचते हैं।

एतादृश शास्त्रार्थ से राजकुमारी विद्योत्तमा अत्यधिक प्रभावित हुईं और उनका विवाह, आगन्तुक अतिथि मौनव्रती विद्वान देवदत्त से सम्पन्न हो गया। विवाह के उपरान्त सत्य का सामने आना स्वाभाविक था। सत्य उस शाश्वत सूर्य की तरह तेजस्वी है जो मेघ से कुछ समय के लिए छिप सकता है, परन्तु असत्यरूपी मेघ, सत्यरूपी सूर्य के तेज के सामने टिक न सका। वास्तव में मौनव्रती देवदत्त, विवाहोपरान्त कुछ दिनों तक मौन साधना का ढोंग करता रहा, लेकिन एक दिन उसके अशुद्ध उच्चारण के कारण विवाह के षड्यंत्र का पटाक्षेप हो गया। क्रुद्ध विद्योत्तमा ने अपने पति देवदत्त का तिरस्कार कर दिया। दु:ख, लज्जा और आत्मग्लानि से दग्ध देवदत्त गृह त्याग कर वन को चले गए।

ऐसा कहा जाता है कि वन में देवदत्त ने काली देवी की उपासना-आराधना की। जनश्रुत्यात्मक आख्यान के अनुसार कुछ काल व्यतीत हो जाने के पश्चात् देवदत्त पर काली देवी प्रसन्न होती हैं और ज्ञान और वैदुष्य का प्रसाद देती हैं। देवदत्त कालिदास के नाम से कवि के रूप में विख्यात होते हैं। अपनी विदुषी धर्मपत्नी विद्योत्तमा के गृह वापस आते हैं। अंदर से ही विद्योत्तमा पूछ बैठती है-''अस्ति कश्चित् वाग्विशेषः?'' अर्थात् वाणी में कोई वैशिष्ट्य है क्या? ऐसी मान्यता है कि इस प्रश्नावली में प्रयुक्त पदत्रय 'अस्ति' 'कश्चित्' 'वाक्' से काली के आराधक उपासक देवदत्त- कालिदास ने क्रमशः काव्यत्रय की रचना की।

- अस्त्युत्तरस्यां दिशि देवतात्मा-*कुमारसंभवम्*
- कश्चित्कान्ता विरह गुरुणा-*मेघदूतम्*
- वागार्थविव संपृक्तौ-*रघुवंशम्*

यह जनश्रुति यहीं तक प्रचलित है। इस जनश्रुति के परिप्रेक्ष्य में विद्योत्तमा को केन्द्र में रखकर गवेषणा की आवश्यकता है। इसमें कुछ बिन्दु स्पष्ट होते हैं, यथा-

(i) कल्पनामात्र से अन्तर्मन काँप उठता है कि जब विदुषी विद्योत्तमा को कुण्ठित विद्वानों के षड्यंत्र एवं देवदत्त रूपी छली का पता चला होगा तब उसके कोमल मन की क्या दशा हुई होगी? जिसका साधन-साध्य दोनों ही 'उत्तमा विद्या' थी। उनके शास्त्रार्थ का ऐसा षड्यंत्र और तत्जनित विवाह, कुछ ऐसा ही था जैसे आत्मा को विदीर्ण कर देने वाली कुंठा। मन की ऐसी विषम अवस्था में व्यक्ति, यहाँ तक सखी, पिता, गुरु, सहोदर से भी स्वयं की मनोव्यथा-कथा कह न पाए।

(ii) जीवन जीने के लिए कहीं से भी शक्ति एवं शान्ति प्राप्तव्य है। यह अवस्था विषम एवं चुनौतीपूर्ण है। पारम्परिक कुल धर्म से बंधी हुई

राजकुमारी विद्योत्तमा के समक्ष खड़ी हो गई –''जीवन निर्वहन की विडम्बना''। यहाँ से एक कठिन एवं संघर्षशील यात्रा प्रारम्भ होनी थी। उपलब्ध विकल्प सीमित थे। यह स्मरण रहे कि छल को जान लेने के पश्चात् भी विद्योत्तमा ने अपने पति देवदत्त का तिरस्कार किया, परन्तु त्याग नहीं, क्योंकि तत्कालीन समय में विवाह विच्छेद का प्रचलन देखने को नहीं मिलता था। वास्तव में राजकुमारी के लिए कुलीन परंपरा एवं धर्मानुसार विवाह का निर्वहन ही एक मात्र विकल्प था, चाहे वह विवाह छल से ही क्यों न घटित हुआ हो।

(iii) यह भी संभव है कि विवाह के समय, राजकुमारी कोमलमना रही हों। विषम मानसिक परिस्थिति में किस तरह से अपने आपको संयमित रख, अपने सृजनात्मक मन को अभिव्यक्ति दें – यह उनके समक्ष एक यक्ष प्रश्न था। निश्चिय ही की षडयंत्रपूर्ण विवाह के दुःखद घटना क्रम के उपरांत, उनकी स्वयं की सृजन शक्ति एवं कुलीनता ने ही राजकुमारी विद्योत्तमा के मन को आधार एवं संबल प्रदान किया हो, पुनर्निर्माण की प्रेरणा में आत्मिक संबल और कुलीनता ही रही हो।

अपने सृजनात्मक–प्रतिशोध का ऐसा चूड़ांत दृष्टान्त स्वयं को ओट में रखकर विद्योत्तमा ने प्रस्तुत किया जो प्रायः अलक्षित रहा। कदाचित जनश्रुतियों, कथाओं तथा सात सृजनात्मक रचनाओं के अंतः स्थल में विदुषी विद्योत्तमा ने स्वयं को ही प्रस्थापित कर रखा है। इसी संभावना का अध्ययन और अन्वेषण प्रस्तुत शोध का साध्य है।

कालिदास, राजा कुमारदास एवं कामिनी

(i) भारतीय आख्यान एवं इतिवृत्त

प्राचीन भारतीय संस्कृत एवं इतिहासविद् आचार्य कल्हण ने अपने विश्रुत ग्रंथ *राजतरंगिणी* में कश्मीर के प्राचीन राजाओं की वंशावलियों का विशद् एवं

शास्त्रीय विवेचन प्रस्तुत करते हुए जनश्रुति को प्राचीन भारतीय इतिहास लेखन का एक महत्वपूर्ण आधार माना है– 'नाऽमूला जनश्रुतिः' –*राजतरंगिणी*। परंपरा एवं प्रचलन से जनश्रुतियाँ या आख्यान या किंवदन्तियाँ निराधार नहीं होतीं वरन् प्रतीकों एवं संदेशों का पुंज हुआ करती हैं। यहाँ सत्य का गोपन रहता है। वस्तुतः कतिपय शंका, संदेह और अतिशयोक्ति के विवर्तों में सत्य लिपटा रहता है, जिन्हें समाज विशेष, समय, आवश्यकता तथा दृष्टि के अनुसार परस्पर जोड़ता है। समीक्षकों का कर्तव्य है कि जनश्रुतियों का तथ्य के निष्कर्ष पर परीक्षण करें, तथा पाठालोचन में अनुद्घाटित तथ्यों को समुद्घाटित करें। जनश्रुतियों को भारतीय इतिहास की कसौटी पर ही परखा जा सकता है, जिसका प्राचीन भारतीय इतिहास लेखन एवं अनुशीलन में पर्याप्त महत्व है।

(ii) सिंहल (श्रीलंका) जनश्रुति, इतिवृत्त एवं संदर्भ

तत्कालीन शिलालेख, संस्कृत–पालि एवं सिंहल साहित्य भारतीय सम्बन्धों का उद्घोष करती है। सम्राट समुद्रगुप्त के समय से सिंहल देश की चर्चा प्रकारान्तर से शिलालेखों में अभिव्यक्त है। जनश्रुति के अनुसार प्रसिद्ध कवि कुमारदास सिंहल द्वीप के नरेश थे। इन्हें कुमारदास, कुमारभट्ट या कुमार भी कहा जाता था। इनके पिता राजा कुमारमणि थे। कहते हैं कि जिस दिन राजा कुमारमणि युद्ध में मारे गए थे उसी दिन बालक कुमार का जन्म हुआ था और उनके दोनो मातुल–श्रीमेंघ एवं अग्रबोधि ने ही इनका पालन–पोषण किया था। कालान्तर में *रघुवंशम्* से प्रभावित होकर उन्होंने *जानकीहरणम्* नामक महाकाव्य की रचना की। 920 ईस्वी के राजा भोज के राजकवि राजेश्वर ने कुमारदास के *जानकीहरणम्* की प्रशंसा की है, साथ ही उनकी रचना पर *रघुवंशम्* एवं *कुमारसम्भवम्* के प्रभाव को भी बताया गया है।

कहा जाता है कि कविबंधु राजा कुमारदास के आमंत्रण पर कालिदास सिंहलद्वीप (श्रीलंका) पहुँचे। स्वभावतः स्थानीय जनजीवन एवं संस्कृति के प्रति उनके कौतूहल के कारण उन्होनें उसे देखना, जानना और अनुभव करना चाहा।

राजा कुमारदास स्वयं एक अच्छे कवि तथा एक धनाढ्य गणिका 'कामिनी' से प्रेम करते थे। प्रणय-प्रसंग के क्रम में, कुमारदास ने समस्यापूर्ति हेतु कविता की एक पंक्ति कामिनी को देकर यह वचन दिया था कि यदि वह उसे पूरी कर देती है तब राजा उससे विवाह कर लेगा।

समस्यापूर्ति हेतु पंक्ति निम्नांकित है, यथा-

पहली पंक्ति : 'कमले कमलोत्पत्तिः श्रूयते न तु दृश्यते।।'

(अर्थ- कमल में कमल की उत्पत्ति न तो सुनी गई और न ही देखी गई।)

यह महज एक संयोग था कि कालिदास उस गणिका कामिनी के घर पर अधूरी पंक्ति की समस्या देखकर, उसे पूर्ण कर देते हैं। समस्या पूर्ति हेतु दूसरी और अन्तिम पंक्ति निम्नवत् है-

दूसरी पंक्ति : 'बाले! तव मुखाम्भोजे कथमिन्दीवरद्वयम्।।'

(अर्थ- हे बाले! तुम्हारे मुखकमल में दो नीलकमल कैसे?)

दूसरी पंक्ति देख, विस्मित होकर कामिनी का हृदय हर्ष से भर जाता है। तत्क्षण उसका मन इस भय से ग्रसित हो उठता है कि कहीं कुमारदास को इस पंक्तिपूर्तिकर्त्ता की वास्तविक जानकारी न मिल जाए। अतएव विषपान करा कर कालिदास की हत्या कर देती है और दूसरी पंक्ति, स्वरचित होने का उद्घोष कर बैठती है।

दुर्भाग्यवश गणिका कामिनी के कारण कालिदास की मृत्यु होती है। यह दुःखद समाचार जैसे ही राजा कुमारदास तक पहुँचता है, वह अपने कविबन्धु एवं अतिथि की इस जघन्य हत्या से खिन्न होकर, उसी चिताग्नि में स्वयं को भी भस्म कर डालते हैं। इस प्रकार दो कवि बन्धुओं का एक ही चिता में अन्तिम संस्कार हो जाता है।

सिंहल जनश्रुति के अनुसार राजा कुमारदास अत्यंत प्रसिद्ध थे। संस्कृत के विशिष्ट विद्वान राजा कुमारदास की कृति 'जानकीहरणम्' को विशिष्ट स्थान प्राप्त है। सिंहलदेश के कुमारदास का मातरा-युग, इतिहास का एक गौरवपूर्ण अध्याय रहा है। यह नीलवाला बेसिन पर स्थित है, जो आज के श्रीलंका का दक्षिणी भाग है।

स्थानीय सिंहल जनश्रुति यह बतलाती है कि कालिदास, राजा कुमारदास के मित्र तथा अतिथि थे। जब कालिदास दक्षिण भारत से सिंहल देश पहुँचे, वहाँ की प्रसिद्ध गणिका कामिनी राजा कुमारदास से अत्यंत प्रेम करती थी तथा उसकी पहचान कुमारदास की प्रेमिका के रूप में की गई है, जो राजा कुमारदास से विवाह करना चाहती थी।

कुमारदास की पाँच रानियाँ थीं। परन्तु कामिनी के लिए उन्होंने छन्द-पूर्ति करने के लिए एक शर्त रखी थी। यदि वह उसे शुद्ध रूप से पूरा कर दे तभी वह उनकी राजपत्नी बन सकती है। कालिदास परिश्रम से विद्वान हो चले थे, परंतु सिंहल देश पहुँच कर वे कामिनी के घर अनायास पहुँच गए। उन अधूरे पद्यों को उन्होंने पूरा कर दिया, जिसकी बेसब्री के साथ कामिनी को प्रतीक्षा थी।

गणिका कामिनी के पद्यों को पूरा देख अत्यंत हर्ष से भर गई और स्वयं उसका श्रेय लेने के लिए उन्होंने कालिदास को विष देकर, अपने रास्ते से उसी रात हटा दिया, जिससे कालिदास की मृत्यु हो गई और अगले ही दिन छन्दपूर्ति कर उस पद्य को राजा कुमारदास तक पहुँचवा दिया।

राजा कुमारदास छन्द पूर्ति से प्रभावित तो हुए, लेकिन प्रेमिका कामिनी की प्रतिभा पर संशय भी था। अतएव उसने अपने आगन्तुक मित्र कालिदास को खोजना प्रारम्भ किया। कालान्तर में पता चला कि उनकी हत्या हो गई है और अंतिम संस्कार के लिए जहाँ नीलवाला नदी समुद्र से मिलती है उस मुहाने

पर जिसे आज 'तोरामोना' (मतारा जिला) कहा जाता है, वहीं कालिदास की अग्नि-संस्कार अन्त्येष्टि की प्रक्रिया प्रारम्भ की जाने वाली है। यह दुलसुक-न्यूपे जंक्शन के समीप बेसोडोला वाटर-स्ट्रीम कहलाता है।

इस घटना से राजा कुमारदास अत्यंत क्षुब्ध हुए और अपनी अन्य पाँचों रानियों के साथ, उसी चिता में जहाँ कालिदास की अन्त्येष्टि की जा रही थी, अपने को उस अग्नि में समर्पित कर दिया। इस प्रकार अन्त्येष्टि क्रिया हेतु उस अग्नि में कालिदास, कुमारदास तथा उनकी पाँचों पत्नियाँ सभी भस्म हो जाते हैं। इन सातों की पुण्य स्मृति में उस नीलवाला बेसिन के मतारा शहर में सात बोधि वृक्ष, सात विभिन्न जगहों पर लगाए गए। आज भी ये सातों बोधि वृक्ष हैं और बड़ी ही श्रद्धा से बौद्ध एवं हिन्दू धर्मावलम्बी उनकी पूजा आराधना करते हैं। यहाँ कालिदास मार्ग और कुमारदास मार्ग भी है। यह श्रुति परंपरा यहाँ सदियों से चली आ रही मौखिक कथा की जीवन्तता की प्रामाणिकता को सिद्ध करती है। इस संदर्भ में हमने मकाविता मतारा लेक भी देखा जहाँ जनश्रुति के अनुसार गणिका कामिनी का निवास था और वह वहाँ रहा करती थी। इस संदर्भ में स्थानीय गामिनी दयानन्द और सुनील प्रियतिलका ने हमें स्थानीय जनश्रुति से भलीभांति अवगत कराया।

विक्षुब्ध शोकाकुल राजा कुमारदास का भी, कालिदास की अग्निचिता-अन्त्येष्टि में ही स्वयं का अंत कर लेना, साहित्य के इतिहास की ऐसी लोमहर्षक घटना है जो अन्यत्र कहीं नहीं मिलती। इस अनोखी अंतरंगता के क्या निहितार्थ हो सकते हैं, यह भी विचारणीय प्रश्न है।

इन श्लोकों में अर्जुन के कथन की एकाधिक व्याख्यायें संभव हैं, साथ ही आत्मीयता और अनोखी अंतरंगता के कई स्तरों पर पड़ताल की पृष्ठभूमि दृश्यमान होती है जो शोध और विचार का विषय भी है।

स्थानीय सिंहल साहित्य का विहंगावलोकन

सोलहवीं-सत्रहवीं सदी की रचना *परकुम्बा सिरित* (*Paerakumba Sirita*) कालिदास और राजा कुमारदास की परस्पर मित्रता पर प्रकाश डालती है। इस संदर्भ में स्थानीय राजा पराक्रम बाहु, जो राजा कुमारदास का वंशज था, की प्रशस्ति ऐतिहासिक दृष्टिकोण से महत्वपूर्ण है। इस प्रशस्ति के अनुसार राजा कुमारदास ने अपनी मित्रता हेतु स्वयं के जीवन की आहुति दे दी थी।

अर्थ : राजा कुमारदास ने 18 मंदिरों तथा 18 तालाबों का निर्माण करवाया। उसी दिन उनके जीवन में तीन पवित्र घटनायें घटीं। उन्होंने *जानकीहरण* नामक काव्य लिखा और अपने मित्र कालिदास के लिए स्वयं के जीवन का उत्सर्ग किया। (संदर्भ : 23 pp 74 सिरितिलकसिरि संपादित (2016), गोडगे एण्ड ब्रदर्स प्रा. लि. द्वारा प्रकाशित)

तिस्सम्हराम, किरिन्दा श्रीलंका के हम्बन्टोरा जिले में है। यह स्थानीय राजवंश 'महागमपुरा' से भी इसका संबंध जोड़ देता है। महावंश का नायक दुट्टगामिनि अनुराधापुर राज्य का राजा था। यह पूरा क्षेत्र किरिन्दा के आसपास का ही है जहाँ पर कालिदास और कुमारदास की धर्मपत्नियों सहित सबका एक साथ अंतिम संस्कार किया गया था। आज भी मतारा शहर के सात विभिन्न भागों में उनकी स्मृतियों में बोधिवृक्ष और जीवन्त मंदिर विद्यमान हैं।

कालिदासीय प्रसंगों का उल्लेख ऐतिहासिक सिगिरि ग्रफिटी में भी मिलता है, शिलाओं पर लिखे गए *मेघदूतम्* प्रसंग अत्यन्त लोकप्रिय हैं जिससे वहाँ की तत्कालीन चित्र कलाओं पर *मेघदूतम्* का प्रभाव स्पष्टतः पता चलता है। इस संदर्भ में यत्र-तत्र अभिलेखीय-शिलालेखी प्रमाण भी हैं जो *Epigraphica Ceylonica* (I - IV Vol.), *Ceylon inscriptional* (I-XVols.), Royal Asiatic Society of Shri Lanka तथा प्रो. शिविमलरानावाला

कृत *Dictionary for inscriptional Words of Shri Lanka* में मिलता है।

स्थानीय सिंहल लोक संस्कृति इस कथा एवं वाचिक परंपरा से अच्छी तरह परिचित है। इस अनुसंधान हेतु सितम्बर 2018 में श्रीलंका यात्रा हुई। इस क्रम में राजा कुमारदास का मतारायुग, नीलवाला-बेसिन, वीहरेन-नाभिमन, सात हद बोधिवत् (मतारा क्षेत्र), मलगम ग्राम, रूम्मसाला मंदिर, श्री विवेकराम्या (गाले) तथा अनुराजपुर-अनुराधपुर-अंततः अनुराधापुरा राजवंश की लोक कथा से विषय के सम्बन्ध का अभिज्ञान हुआ।

स्थानीय लेखक जयतीश कुलतुंग (2010) ने अपने ग्रंथ *अतीत मातर* में भी इस प्रसंग पर प्रकाश डाला है। गणिका कामिनी का सम्बन्ध मकाविता मतारा लेक से भी है। स्थानीय बुजुर्ग गामिनी दयानन्द तथा सुनील प्रियतिलका (7 सितम्बर, 2018) ग्रामीणों ने विस्तार से इस लोक कथा पर प्रकाश डाला। ऐसी स्थानीय मान्यता है कि तोरामाना (Thotamna) नीलवाला नदी और उसके बेसिन में जहाँ नदी समुद्र से मिलती है वहीं कालिदास-कुमारदास का अंतिम अग्निसंस्कार सम्पन्न हुआ था। दलुशिखा के नजदीक यह स्थल चिन्हित किया गया है। इन सब प्रमाणों से यह सिद्ध होता है कि अपनी धर्मपत्नी विदुषी विद्योत्तमा से दूर कालिदास श्रीलंका चले जाते हैं और दुर्भाग्यवश उनका अंत श्रीलंका में ही होता है।

विद्योत्तमाकालीन भारतवर्ष: साहित्य, इतिहास एवं अभिलेख

आख्यान परम्परा एवं जनश्रुति के अनुसार काशिराज की राजकुमारी तथा उज्जयिनी निवासिनी विद्योत्तमा की शिवदर्शन एवं साहित्य में गहरी आस्था है जिसका साक्षात् निदर्शन कालिदास की रचनाओं के रूप में ख्यात सभी

सातों ग्रंथों के मंगलाचरण में मिलता है। विद्योत्तमा-कालिदास को गुप्तकाल के अंतर्गत ही रखा गया है जिसकी कालावधि ईसा की तीसरी-पाँचवीं सदी है। इस काल खंड में बौद्धधर्म के साथ-साथ वैष्णवों एवं शैवों के मध्य अद्भुत समन्वय था, जिसका शासन विस्तार दक्षिण में सिंहलदेश (श्रीलंका) तक माना गया है।

संस्कृत, पालि, प्राकृत एवं सिंहल भाषा में शताब्दियों पूर्व उत्कीर्णित प्राचीन शिलालेख, राजकीय शासनपत्र, ताम्र पत्र, समकालीन साहित्य एवं प्रचलित जनश्रुतियाँ- ये सभी प्राचीन भारतीय इतिहास लेखन की आधार भूमि हैं, जिसमें तत्कालीन समाज एवं संस्कृति का निदर्शन होता है।

संदर्भतः विद्योत्तमाकालीन भारतवर्ष, कालिदास तथा श्रीलंका-इन के मध्य अन्योन्याश्रित सम्बन्ध विद्यमान है। गुप्तकालीन राजाओं एवं प्रशासिकाओं के रूप में रानियों का राज शासन पत्राभिलेख अनेक प्रकार की महत्वपूर्ण जानकारियाँ उपलब्ध कराता है। इन उपलब्ध जानकारियों से विद्योत्तमाकालीन भारतवर्ष की एक रूपरेखा प्रस्तुत होती है। विवेच्य विषय के संदर्भ में गुप्तकालीन सम्राट का वंश वृक्ष निम्नांकित है-

- समुद्रगुप्त (335-79 सदी/प्रयाग)
- रामगुप्त
- चंद्रगुप्त द्वित्तीय विक्रमादित्य (380-412 सदी/उज्जैन)
- कुमारगुप्त/मंदसौर प्रभावती गुप्ता (436-50 सदी, पूना/दक्षिण भारत)
- दिवाकर सेन, दामोदर सेन (बाल-भ्राताद्वय के अंशकालिक शिक्षक कालिदास)

विवेच्य विषय के संदर्भ में समद्रगुप्त की *प्रयाग प्रशस्ति*; चंद्रगुप्त द्वित्तीय *उदयगिरि गुहालेख, सांची पाषाणलेख* एवं *मथुरालेख*; कुमारगुप्त प्रथम का *कर्मदण्डा शिवलिंग अभिलेख* एवं पट्टवाय श्रेणी का *मंदसौर (दशपुर)*

अभिलेख और प्रभावती गुप्ता का पूना *ताम्र पत्र अभिलेख* इत्यादि से अनेक ऐतिहासिक तथ्य एवं विवरण प्राप्त हैं जिनका संक्षिप्त परिचय इस प्रकार है–

1. **सैंहलकादिभिश्च सर्व्वद्वीप वासिभि–** (संदर्भ : पं. 23, *प्रयाग प्रशस्ति*) सिंहल (श्रीलंका) के साथ समुद्रगुप्त का संबंध। दिग्विजय के अन्तर्गत सिंहल तथा जावा–सुमात्रा आदि प्रदेशों के राजाओं का आत्म समर्पण।

2. **यमुनापथे** : (संदर्भ : पं. 34, *प्रयाग प्रशस्ति*) यह जलमार्ग को द्योतित करता है। यात्रा के लिए यह जल–पथ सुगम एवं द्रुतगामी था।

   रूद्रदेव मतिल नागदत्त. ..(संदर्भ : पं. 21, *प्रयाग प्रशस्ति*) : दक्षिण भारतीय वाकाटक नरेश रूद्रसेन को द्योतित करता है जिससे कालान्तर में वैवाहिक संबंध भी स्थापित हुए।

3. **चंद्रगुप्त द्वित्तीय** : धारण गोत्र में उत्पन्न एवं 'विक्रमादित्य' का उपाधिग्रहणकर्त्ता, उज्जैन। समुद्रगुप्त का पुत्र तथा प्रभावती गुप्त के पिता। विद्या प्रेमी, अतएव अपनी राजसभा में विभिन्न विद्यायों के मर्मज्ञों को नौ रत्नों में रखा, जिनमें 'कालिदास' की भी गणना की जाती है।

4. **महादेवणादमूले आयोध्यक नाना गोत्र चरण तपः** *स्वाध्याय–मंत्र सूक्त–* प्रवचन–01 (संदर्भ : पं. 10, *कर्मदण्डा शिवलिंग अभिलेख*)

   शैवभक्त कुमारगुप्त प्रथम के अनुसार अयोध्यानगर विद्या व्यसनी था। अनेक शास्त्रों के पारंगत विद्वान तथा 'छान्दोग्याचार्य' यहाँ के निवासी थे।

5. **संस्कृत अभिलेखः** कुमारगुप्तकालीन 472 ई. सन् के मंदसौर का *पट्टवाय श्रेणी अभिलेख* की निम्न पंक्तियाँ द्रष्टव्य हैं। (20, *म. शिला.*)

   मंदसौर (दशपुर) की नारियाँ उच्चकोटि का रेशमी वस्त्र प्रचलित परिधान के रूप में धारण करती थीं। यौवन से भरपूर होने पर भी, सुवर्ण निर्मित

हारों, सुगन्धित एवं अलंकृत होने पर भी दशपुर की ये स्त्रियाँ, तब तक अपने प्रियजनों एवं प्रियतमों से नहीं मिलती थीं, जब तक रेशमी पट्टमय वस्त्र धारण नहीं करती थीं। यह इनका प्रिय परिधान था जो इनकी कुलीनता की अभिवृद्धि में सहायक बनता था। रेशमी वस्त्र के व्यवसायिक संघ को यहाँ 'श्रेणी' कहा जाता था।

मालवा प्रदेश के मंदसौर शहर जहाँ तत्कालीन व्यापार का प्रसिद्ध केन्द्र था वहीं उज्जैन महाकाल की नगरी के रूप में अपने आध्यात्मिक महत्व को रखती थी। यहाँ की श्रेष्ठ वनिताएँ, स्त्रियाँ तत्कालीन सांस्कृतिक-सामाजिक-व्यापारिक परिदृश्य को द्योतित करती हैं।

6. मालवा प्रदेश से सम्बन्धित उड़ीसा प्रदेश से प्राप्त प्रथम सदी के *राजा खारवेल के हाथीगुम्फा शिलालेख* में वर्णित 'चीनवतानि' चीन देश से आयातित चीनी सिल्क वस्त्र के स्थानीय प्रचलन को व्यक्त करता है। दूसरी ओर विक्रमादित्यकालीन *अभिज्ञानशाकुन्तलम्* के तृत्तीय अंक में 'चीनांशुक' शब्द आया है और चीनांशुक उत्कृष्ट सिल्क वस्त्र से ही राजा दुष्यंत के रथ की पताका निर्मित की गई है। अतएव समाज और संस्कृति में सिल्क वस्त्र परिधान एवं व्यवहार के रूप में उच्च स्थान रखता था। *पट्टवाय श्रेणी शिलालेख* की पंक्तियाँ- 'चलत्पताकान्यबला' तथा मेघदूत की पंक्तियाँ 'विद्युतवन्तं ललितवनिताः' में एक दूसरे का प्रभाव अभिलक्षित होता है।

7. कुमारगुप्त की भगिनी रानी प्रभावती गुप्त ने दक्षिण भारत में 13 वर्षों तक राज्य किया। वह अपने पिता चंद्रगुप्त विक्रमादित्य के 'धारण' गोत्र को ही धारण करती थी न कि पति रुद्रसेन के गोत्र को। राजकुमारी विद्योत्तमा भी अपने पिता की राजकुलीन परंपरा के साथ ही रहीं, न कि पति के साथ। यह स्मरण रहे कि प्रभावती गुप्त भी अपने पिता के गौरव के साथ

सम्बद्ध रही, न कि पति के वंश एवं गोत्र के साथ। प्रभावती गुप्ता के पूना ताम्रपत्र अभिलेख के अनुसार, उनके पति रूद्रसेन द्वित्तीय का अल्पायु में निधन हो गया तथा उनके दोनों बाल राजकुमारों– दिवाकर सेन तथा दामोदर सेन की संरक्षिका के रूप में उन्होंने लम्बे समय तक राज्य किया। इन दोनों बाल राजकुमारों की अंशकालीन शिक्षा हेतु कालिदास को नियुक्त किया गया। स्मरण रहे कि विवाह पश्चात् ही रचनाओं के माध्यम से कालिदास प्रसिद्ध हुए और चन्द्रगुप्त विक्रमादित्य के नवरत्नों के रूप में सम्मानित किए गए। कालिदास को अपनी पुत्री प्रभावती गुप्ता के पास दक्षिण भारत भेजा गया। इसके पीछे विद्योत्तमा की सहमति और अन्योन्य विशेष कारण रहे होंगे। अंशकालीन शिक्षा दिलवाने के लिए कालिदास का स्थान परिवर्तन किया जाना या कोई अनुद्घाटित व्यापक कारण रहा हो– यह अनुसंधान एवं विश्लेषण का विषय है। ऐसा भी उल्लेख मिलता है कि रामटेक के देवता 'रामगिरिस्वामिन्' के दर्शन हेतु रानी प्रभावती गुप्ता के साथ कालिदास रामटेक (नागपुर) भी गए।

8. उपर्युक्त विवरण के आलोक में खारवेल से लेकर प्रभावती गुप्त तक के कालक्रम एवं ऐतिहासिकता में निम्न भौगोलिक केन्द्र महत्वपूर्ण थे :

नाम	**स्थान**	**विशेष विवरण**
खारवेल (प्रथम सदी)	उड़ीसा	रेशमी वस्त्रों का प्रचलन (हाथीगुम्फा शिलालेख)
समुद्रगुप्त (तृत्तीय सदी)	प्रयाग, उत्तर प्रदेश	जल मार्ग
चंद्रगुप्त **'विक्रमादित्य'** (चतुर्थ सदी)	उज्जैन, म.प्र.	महाकाल/शैव परंपरा चंद्रवंशियों की मुख्य नगरी नवरत्नों में कालिदास

नाम	**स्थान**	**विशेष विवरण**
कालिदास	i) उज्जैन/हिमालय प्रक्षेत्र/बंगाल ii) दक्कन प्रदेश iii) सिंहलदेश	(मृत्यु/समाधि/पुण्यतिथि) प्रत्येक वर्ष पुण्यतिथि मतारा, श्रीलंका
विद्योत्तमा	i) बनारस (विश्वनाथ) ii) उज्जैन (महाकाल)	कर्म भूमि बनारस के राजा शारदानंद की पुत्री
कुमारगुप्त (चतुर्थ-पंचम सदी)	i) अयोध्या, उ.प्र. ii) मंदसौर (दशपुर) म.प्र.	विद्या व्यसनियों की नगरी भगवान राम की जन्मस्थली सूर्यवंश की नगरी व्यापार का मुख्य केन्द्र उत्कृष्ट कोटि के रेशमी वस्त्रों का प्रचलन/मालवा प्रदेश का मुख्य नगर
प्रभावती गुप्ता	दक्षिण भारत/ दक्कन/ पूना	अंशकालीन शिक्षक के रूप (चतुर्थ-पंचम सदी) में कालिदास की उपस्थिति

विद्योत्तमातंत्रम्

पूर्व के प्रकाश के रूप में भगवान बुद्ध ने 'बौद्ध धर्म' के रूप में समस्त संसार को अपने ज्ञान की आभा से आभासित किया था। छठी सदी ईसा पूर्व गौतम बुद्ध का अवतरण एक अविस्मरणीय घटना है। बौद्ध साहित्य, दर्शन और कला का तत्कालीन समाज एवं संस्कृति में, विशेष प्रभाव एवं आदर रहा है। एतादृश ज्ञान की विविध धाराओं से संसार लाभान्वित होता रहा है। एतादृश गवेषणा के भ्रम में इस प्रश्न का उठना स्वाभाविक है कि 'विद्योत्तमा' शब्द

का प्रथम शास्त्रीय उल्लेख कब हुआ? यह स्मरण रहे कि विदुषी राजकुमारी विद्योत्तमा, शास्त्रार्थ के उपरांत कालिदास की धर्मपत्नी बनी जैसा कि जनश्रुति एवं आख्यान है। उन दिनों *मंजूश्री तंत्र* तथा *विद्योत्तमातंत्र* के सन्दर्भ उल्लेखनीय हैं।

तिब्बती बौद्धों की शाक्य परम्परा में यद्यपि अनेक दार्शनिक ग्रंथों का प्रणयन हुआ, उनमें *विद्योत्तमा तंत्रम्*, एक महत्वपूर्ण दार्शनिक ग्रंथ तथा उत्तम विद्या का निर्वचन है। विद्याधारा और क्रिया योग की शास्त्रीयता इस ग्रंथ की विशेषता है जिसे बज्रयानी परम्परा में विशेष आदर प्राप्त है। वास्तव में बज्रयान 'तांत्रिक बौद्ध चिंतन' का अनन्यतम रूप है जिसे 'मंत्रयान', 'सहजयान' एवं 'कालचक्रयान' भी कहा जाता है। यहाँ यान, 'ज्ञान और मुक्ति' के मार्ग को द्योतित करता है। यह तिब्बत, स्वात (आधुनिक पाकिस्तान व अफगानिस्तान), बंगाल एवं उड़ीसा तक विस्तृत था। बज्रयान पर शैवमत एवं दर्शन का गहरा प्रभाव है। शिव की ध्यानस्थ 'पर्यंक मुद्रा' का उल्लेख भी *कुमारसंभवम्* में है। पौराणिक आख्यानों में काशी को शिव की नगरी माना गया है अर्थात् विश्वनाथ की नगरी काशी और महाकाल की नगरी उज्जयिनी।

अस्ति कश्चित् वाग्विशेषः?

जनश्रुति के अनुसार कालिदास को अपनी स्वयं की विदुषी धर्मपत्नी विद्योत्तमा से अपमानित होना पड़ा, क्योंकि तथाकथित विद्वतगण द्वारा विवाह-प्रसंग में विद्योत्तमा का विवाह, विद्वानों द्वारा छल पूर्वक कराया गया था। 'कविकुल गुरु शिरोमणि' के रूप में कालिदास विख्यात हैं। इनकी गणना प्रसिद्ध नाटककार एवं कवि के रूप में होती है जो सदियों से प्रेरणा के अजस्र स्रोत रहे हैं। इनकी सभी कृतियाँ, समग्र रूप से 'नवोन्मेष' की तरह हैं।

नाटकों के साथ इनके काव्य भारतीय सांस्कृतिक परंपरा के शिखर को द्योतित करते हैं। इन अप्रतिम कृतियों के साहित्यिक सौन्दर्य एवं वैचारिक

परिपाक और गंभीरता के विषय में बहुत कुछ लिखा गया है। लेकिन इन प्रसिद्ध कृतियों के रचयिता पर अनुसंधान अपेक्षित है, जिन्होंने संस्कृत की पांडित्य परंपरा में न केवल विशिष्ट योगदान दिया है वरन् समस्त साहित्यजगत को प्रेरित एवं अनुप्राणित किया है।

इक्कीसवीं सदी में विद्योत्तमा की भूमिका एवं उनके अवदान को नई दृष्टि से देखने एवं इसे केन्द्र में रख कर अनुसंधान प्रारम्भ किया गया है। स्त्री–पक्ष की दृष्टि से अनुसंधान में समग्र रचनाकारिता के साथ न्याय करना होगा। अनुसंधान के क्रम में अनेक रोचक तथ्यों का आविर्भाव हुआ है। जैसा कि ज्ञात है इनके तीन नाटकों का नाम, इनकी तीन मुख्य नायिकाओं को केन्द्र में रख कर किया गया है, यथा– *अभिज्ञानशाकुन्तलम्*, *विक्रमोर्वशीयम्* तथा *मालविकाग्निमित्रम्*।

एतादृश उदाहरण सिर्फ प्रथम सदी के महाकवि नाटककार भास कृत *स्वप्नवासवदत्तम्* में ही मिलता है अन्यत्र नहीं। ये तीनों प्रसिद्ध नाटक नारी विषयक चिंतनधारा को उकेरते हैं और तीनों नायिकायों शकुन्तला, उर्वशी एवं मालविका का संघर्ष, चुनौतियाँ तथा अभिलाषाएँ बखूबी रेखांकित हुई हैं।

यहाँ ग्रंथकार की स्त्री के प्रति संवेदना और सहानुभूति व्यक्त होती है, जो इन सभी रचनाओं और उनके चरित्रों में 70 प्रतिशत स्थान रखती है। उदाहरण के लिए पुरुष पात्रों में केवल 33 महत्वपूर्ण हैं जबकि नारी पात्रों में सभी 88 स्त्री पात्र अपनी अर्थपूर्ण गंभीर भूमिका में हैं। सभी कथानक स्त्री विमर्श पर केन्द्रित हैं। भाषा की दृष्टि से यह जानना, समझना, रोचक और अर्थपूर्ण होगा कि नारी पात्र प्राकृत भाषा में अपने मनोभावों एवं कथोपकथन को अभिव्यक्त करती हैं जबकि पुरुष पात्र संस्कृत में। यहाँ विदुषियाँ एवं पंडित संस्कृत में संवाद करते हैं।

नारी सम्बन्धित अनेक पहलू एवं चुनौतियाँ व्यापकता के साथ दृष्टिगत होती हैं। स्त्री सम्बन्धित अंतःधारा, इन सभी रचनाओं को परस्पर जोड़ती

है। इस संदर्भ में, कतिपय महत्वपूर्ण बिन्दु द्रष्टव्य हैं, यथा- प्रेम, वियोग, विश्वासघात, प्रतिद्वन्द्विता, छलयोजना, असुरक्षा, स्वयंवर (उपर्युक्त जीवन साथी की खोज), विवाह, मातृत्व, वैधव्य, सतीत्व, कष्ट, संघर्ष, अन्याय, प्रतिकार, प्रतिशोध- ये सभी गम्भीरता एवं व्यापकता के साथ इन कृतियों में स्थान पाए हैं। आत्म-सम्मान एवं स्वाभिमान, मान-मर्यादा, माधुर्यलावण्य, सामाजिक सरोकार एवं उनके दायित्व, करुणा, न्याय तथा लैंगिक समानता के प्रति विशेष आदर एवं आग्रह-यहाँ की विभिन्न घटनाओं तथा कथानकों में मुखरित हुये हैं।

विदुषी विद्योत्तमा, जिन्होंने समस्त शास्त्रों- वेदों, उपनिषदों, पुराणों तथा काम शास्त्रों का गहन अनुशीलन कर कालजयी साहित्य की रचना की तथा स्वेच्छा से अपने पति कालिदास की छाया में अदृश्य हो गयीं।

ऋतुसंहारम्

ऋतुसंहार का अर्थ है - ऋतुओं का समूह। प्रकृत्ति का स्त्रैण रूप एवं भाव। इसमें सभी छः भारतीय ऋतुएँ स्वयं में शृंगारिक नायिका के रूप में जीवन्त हो उठी हैं। विभिन्न ऋतुओं में प्रकृत्ति का कोमल मनभावन रूप तथा मानव हृदय को अनायास ही प्रभावित करने वाली-भावभूमि इस प्रथम कृति में उपस्थित है। इसमें छहः सर्ग हैं जिसमें 144 श्लोक हैं। ऋतुसंहार में ग्रीष्म, वर्षा, शरद, हेमन्त, शिशिर और वसंत का हृदयग्राही वर्णन हुआ है।

(1.I, *ऋतु.*, 2.II, *ऋतु.*)

मेघदूतम्

यह एक गीतकाव्य है जिसमें यक्ष द्वारा मेघ से सन्देश ले जाने की प्रार्थना और उसे दूत बना कर अपने प्रिय के पास संदेश भेजने का वर्णन है। *मेघदूतम्* के दो भाग हैं - *पूर्वमेघ एवं उत्तरमेघ*। संदेश वाहक मेघ

का होना। कामी यक्ष द्वारा, अपनी कामिनी यक्षिणी के पास मेघ को दूत बनाकर प्रेषित करना। उज्जयिनी में महाकाल शिव की पूजा। अवन्ती नगरी के कान्ताओं और वल्लभाओं का सूक्ष्म वर्णन करना, *मेघदूतम्* का वर्ण्य विषय है।

रघुवंशम्

उन्नीस सर्गों का यह महाकाव्य रामायणकालीन प्राचीन भारतीय इतिहास के सूर्यवंशी राजाओं का विवरण-चित्रण प्रस्तुत करता है, यथा-

1-9 सर्ग : राजा दिलीप, नन्दिनी की सेवा, रघु, अज एवं दशरथ

10-15 सर्ग : *रामायण*-सीता परित्याग

16-17 सर्ग : कुश-अतिथि

18वां सर्ग : 19 राजाओं का एक साथ वर्णन

19 वां सर्ग : *रघुवंशम्* के अन्तिम राजा अग्निवर्ण का वर्णन/अत्यन्त भोग-विलासी/पर स्त्रीगामी/अत्यन्त कामी होने के कारण क्षयरोगी और अंततः अग्निवर्ण की अकाल मृत्यु के उपरांत, गर्भवती रानी राज्यसिंहासन पर बैठ शास्त्रीय एवं कुलीन विधि से राज्य का पालन करने लगी।

इक्ष्वाकु राजवंश के 300 से अधिक राजाओं में सिर्फ 29 राजाओं को ही यहाँ क्यों लिया गया? यह भी रोचक व अनुसंधान का विषय है कि यहाँ वर्णित पहला राजा अत्यंत पवित्र एवं धीरोदात्त है जबकि अन्तिम राजा अत्यंत कामुक एवं निकृष्ट। यही इस वंश के राजाओं के अंत की भूमिका को तैयार कर देता है। यहाँ स्त्रियों में प्रमुख - सुदक्षिणा, इन्दुमती, रति, सुनन्दा, कुमुदनी, प्रियंवदा, सीता, अनसूया, माण्डवी, अप्सरा, त्रिपथगा, ताड़का, श्रुतकीर्ति, कौशल्या, अहिल्या, शूर्पणखा, सुमित्रा, कैकयी, अरुन्धती, नन्दिनी तथा दक्षिणा हैं।

कुमारसंभवम्

यह महाकाव्य है इसमें शिव एवं पार्वती के विवाह का वर्णन है तथा युद्ध के देवता कुमार कार्तिकेय के जन्म की कथा है। प्रथम श्लोक में कवि कालिदास ने हिमालय प्रदेश की संस्कृति को विश्व की संस्कृति का मानदण्ड बताते हुए कहा है। (1.I, *कुमार.*)

उत्तर दिशा में देवताओं में पर्वतराज हिमालय हैं, जिसकी भुजायें पूर्व और पश्चिम में समुद्र पर्यंत फैली हुई हैं और जो पृथ्वी के मानदंड की तरह स्थित है। यह एक महत्वपूर्ण महाकाव्य है। इसकी विषय-वस्तु में शिव-पार्वती की प्रणय कथा तथा कार्तिकेय का जन्म है जिसमें पर्वतराज हिमालय की राजकुमारी पार्वती, मैना, जया, विजया, रति, अरुन्धती तथा नन्दी मुख्य हैं।

अभिज्ञानशाकुन्तलम्

इस नाटक का अनुवाद अंग्रेज़ी और जर्मन के अलावा दुनिया के अनेक भाषाओं में हुआ है। *शकुन्तला* शृंगार रस से भरे सुंदर काव्य का एक अनुपम नाटक है। कहा जाता है – काव्येषु नाटकं रम्यं तत्र रम्या शकुन्तला। कविता के अनेक रूपों में अगर सबसे सुन्दर नाटक है तो नाटकों में सबसे अनुपम शकुन्तला है। विश्वामित्र-मेनका की पुत्री शकुन्तला का राजा दुष्यन्त से प्रेम, गंधर्व-विवाह, श्राप तथा पुर्नमिलन अभिव्यंजित हैं। यहाँ शकुन्तला, अनुसूया, प्रियंवदा, गौतमी, नटी, चतुरिका, परभृतिका, मधुरिका, सानुमती, अदिति, प्रतिहारी एवं यवनी हैं। इसमें सभी प्रमुख पात्र स्त्रियाँ हैं।

मालविकाग्निमित्रम्

मालविका और अग्निमित्र की प्रेम गाथा तथा महलों की अंतःपुर की कूटनीति। मालविका, धारिणी, इरावती, पंडिता कौशिकी, बकुल-बालिका, म

धुरिका, कौमुदिका, समाहितिका, निपुणिका, वसुलक्ष्मी, माधविका, जयसेना, मदनिका तथा ज्योत्स्निका की प्रभावशाली भूमिका है।

विक्रमोर्वशीयम्

पुरूरवा और उर्वशी के प्रणय एवं विवाह का वर्णन है। *विक्रमोर्वशीयम्* काव्यगत सौंदर्य और शिल्प से भरपूर, परोपकारी राजा पुरूरवा एवं इन्द्रलोक की अप्सरा उर्वशी की प्रणय, विरह तथा पुनर्मिलन की कथा है। प्रतीकों एवं रहस्यों से भरे इस नाटक में उर्वशी, रम्भा, चित्रलेखा, औशीनारी, मेनका, सहजन्या, निपुणिका, तापसी, चेरी एवं यवनी प्रभृति स्त्री पात्र ही कथानक को एक दिशा देते हैं। उपर्युक्त सप्त रचनाओं में स्त्री संसार तथा उससे सम्बन्धित कथानकों, घटनाओं और प्रतीकों को समझना–विद्योत्तमा को समझने में सहायक सिद्ध होगा।

रचनाओं का आतंरिक क्रम

सातों रचनाओं में ज्ञान से ओतप्रोत उक्तियाँ भरत वाक्य, मंगलाचरण, पुष्पिका हमें सोचने के लिए बाध्य करती हैं कि यह सहज साहित्य नहीं है। यहाँ वेदों का सार है, उपनिषदों का ज्ञान–दर्शन एवं पौराणिक इतिवृत्तों का ताना बाना है जो ऋषियों के आशीर्वाद से ही वर्षों की साधना के उपरांत प्राप्त होता है। क्या यह कालिदास की रचना हो सकती है? संभवतः नहीं। यह तो विदुषी विद्योत्तमा की वर्षों की साधना का प्रतिफल है। रचयिता कौन? प्रश्न के अन्वेषण के क्रम में तकनीकी शब्दावली, उसकी प्रसंगानुकूल व्यवस्था, प्रस्तुत शोध को व्यापक आधार प्रदान करती है। यहाँ तकनीकी दृष्टि से मंगलाचरण, पुष्पिका, सूत्रधार, विषकम्भक, भरतवाक्य तथा विदूषक का अध्ययन व विश्लेषण करेंगे।

मंगलाचरण

भारतीय संस्कृति में किसी भी कार्य का प्रारंभ दैवीय मंगलाचरण से होता है जिसमें कार्य के सकुशल निष्पादन की भावना निहितार्थ होती है।

यह व्यवस्था भी देखी जाती है कि कार्य की उत्कृष्टता हेतु प्रारम्भ, मध्य व अंत में भी मंगलाचरण दिये जाते हैं। मंगलाचरण का सीधा संबंध लेखक के स्वयं के इष्ट देवी देवता से ही होता है। इन सातों रचनाओं में शिव पार्वती का मंगलाचरण सर्वत्र है न कि किसी और देवी देवता का जिसका संदर्भगत् उल्लेख आगे की पंक्तियों में आप पायेंगे। वेद ज्ञान से निहित मंगलाचरण से ज्ञात सूक्ष्म तथ्य निम्नवत् है। (1.I, *पू.मेघ.*)

एक यक्ष कुबेर के यहाँ अलकापुरी में सेवा करता था, परन्तु उसका मन दिन-रात अपनी स्त्री में ही आसक्त रहता था। उसी बेसुधी में एक बार उसने कुबेर को पूजा के लिए बासी फूल ला कर दे दिये, जिससे कुबेर ने कुपित होकर उसे श्राप दे डाला और...अलकापुरी हिमालय स्थित कुबेर की नगरी, सारांशतः, मंगलाचरण शिवमय ही है। विद्योत्तमा की नगरी काशी या कश्मीर या नेपाल या पशुपतिनाथ, अलकापुरी या महाकालेश्वर उज्जैन- यही विवेच्य पाठों में केन्द्रीय नगरी है, जिसका साभिप्राय एवं साशय 'शिव' ही हैं न कि काली। रचनाकार के आराध्य शिव हैं जिसके मंगलाचरण से ही उसके सभी काव्यों का प्रारम्भ होता है। (1.I, *कुमार.*)

-उत्तर दिशा में शिव स्वरूप पूज्यनीय हिमालय नाम का पर्वतों का राजा है, जो पूर्व एवं पश्चिम के समुद्र तक फैला हुआ है। उसे देखकर ऐसा लगता है कि मानो वह पृथ्वी को नापने का मापदंड हो। (1.I, *रघु.*)

-जैसे वाणी अर्थ अलग होते हुए भी एक ही कहलाती है, वैसे ही पार्वती एवं शिवजी कहने को दो रूप हैं, परन्तु वस्तुतः वे एक ही हैं। अतः वाणी और अर्थ को ठीक से समझने और उनका उचित उपयोग करने के लिए मैं संसार के माता-पिता शिव और पार्वती जी को प्रणाम करता हूँ, जो शब्द और अर्थ के समान रूप हैं। शिव वाणी रूपी पार्वती और अर्थ रूपी शिव एकत्ववाची है। (1.I, *अभि.शा.*)

ग्रन्थ के आरम्भ में शिव-पार्वती की वन्दना है। जो स्त्रष्टा की प्रथमसृष्टि है, वह अग्नि और विधिपूर्वक हवन की हुई आहुति का वहन करती है, जो हवि है और जो होत्री है, जो दो सूर्य और चन्द्र का विधान करते हैं, जो शब्द - गुण से मुक्त होकर आकाश और सम्पूर्ण विश्व को व्याप्त किए हुए हैं, जिसे पृथ्वी के सम्पूर्ण बीजों का मूल कहा जाता है और जिस वायु के कारण प्राणी, प्राण को धारण करते हैं, भगवान शिव प्रसन्न होकर अपने इन आठ रूपों के द्वारा हमारी रक्षा करें।

'शिव'- (क) जलरूप अष्टमूर्ति शिव

(ख) अग्नि रूप की उपासना एवं उपास्य

(ग) होतृ रूप यज्ञ

(घ) चंद्र

(ड.) सूर्य रूप

(च) आकाश रूप शब्द रूप

(छ) पृथ्वी रूप जन्मदातृ

(ज) वायु रूप

अपने भक्तों को मनोवांछित फल देने के लिए अपने पास अपार भण्डार होते हुए भी जो केवल हाथी की खाल ओढ़कर ही अपना काम चला लेते हैं, अपने आधे शरीर में अपनी पत्नी गौरी को बसाए रहने पर भी, जो संसार के भोगों से अपना मन दूर हटाए रहते हैं, और अपने आठों रूपों से सम्पूर्ण संसार का पालन करते हुए भी जो अभिमान को पास नहीं फटकने देते, ऐसे संसार के स्वामी शंकर भगवान, पाप की ओर ले जाने वाली आप लोगों की बुद्धि को इस प्रकार नष्ट कर दें कि आप लोगों का मन अच्छे कार्यों के सम्पादन में उन्मुख हो जाए। (1.I, *मालविका.*)

-वेदान्तों (द्वैत, अद्वैत, विशिष्टाद्वैत आदि) में से एक ऐसा पुरुष कहा गया है, जो आकाश तथा पृथ्वी में व्याप्त है, जिसका ईश्वर नाम सार्थक है

और इस ईश्वर नाम से अन्य कोई नहीं पुकारा जा सकता, मोक्ष प्राप्ति के इच्छुक पुरुष जिसे प्राणायाम द्वारा अपने हृदय के भीतर ढूँढा करते हैं, वह स्थिर भक्तियोग द्वारा प्राप्त होने वाला शिव आप सब का कल्याण करे।

(1.I, *विक्रमो.*)

भगवान् शिव उस जल के रूप में हमें प्रत्यक्ष दिखलाई देते हैं, जिसे ब्रह्मा ने सबसे पहले बनाया था। वे उस अग्नि के रूप में दिखलाई देते हैं, जो विधि के साथ दी हुई हवन-सामग्री को ग्रहण करती है। वे उस होता के रूप में दिखलाई देते हैं, जिसे यज्ञ करने का काम मिला हुआ है। वे उन चंद्र और सूर्य के रूप में दिखलाई देते हैं, जो दिन और रात का समय निश्चित करते हैं। वे उस आकाश के रूप में दिखलाई देते हैं, जिनका गुण शब्द है और संसार भर में रमा हुआ है। वे शिव उस पृथ्वी के रूप में दिखलाई देते हैं, जो सब बीजों को उत्पन्न करने वाली बतलाई गई है और उस वायु के रूप में दिखलाई पड़ते हैं, जिसके कारण सब जीव होते हैं। इन जल, अग्नि, होता, सूर्य, चन्द्र, आकाश, पृथ्वी और वायु के आठ रूपों में जो भगवान् शिव सबको प्रत्यक्ष दीखते हैं, वे आप सबका कल्याण करें। 'शिव' का ही दूसरा नाम 'ईश्वर' है, समस्त वेदान्तों का पुरुष रूप, जो ईश्वर आकाश एवं पृथ्वी तत्व, व्याप्त, स्थिर भक्तियोग द्वारा प्राप्त, 'शिव' मोक्ष प्राप्ति के इच्छुक प्राणायाम-योगविद्या के द्वारा जिन्हें अपने अंतः स्थल में ढूँढ़ते हैं।

पुष्पिका

विवेच्य सप्तग्रंथों में *पुष्पिका* संस्कृत की शास्त्रीय परम्परा में पाठालोचन महत्वपूर्ण आधार तैयार करता है। इसके अनुसार प्राचीन संस्कृत की विविध पाण्डुलिपियों में तिथि एवं लेखक का नाम प्रतीकात्मक रखने की समृद्ध परंपरा रही है। स्वनाम का उल्लेख परंपरा के विपरीत माना जाता रहा है। रचनाकार अपने आराध्यदेव/देवी की स्तुति से अपने स्वयं को रचनाकार के रूप में

प्रस्तुत करता या अपने वंश के माध्यम से या अपने पूर्वजों के माध्यम से ही स्वयं को शालीनता के साथ रखने की शास्त्रीय परंपरा का पालन करता है।

संदर्भों, तथ्यों, मंगलाचरण, कथानकों के परस्पर मिलान से ही हम किसी सुनिश्चित निष्कर्ष पर पहुँच सकते हैं। नामकरण के पूर्वाग्रह पूर्ण तथ्यों के विपरीत, रचनाकार के द्वारा बारंबार स्वयं का नाम लिया जाना- शास्त्रीय परंपरा के विरुद्ध जान पड़ता है।

विवेच्य सातों ग्रंथों की पुष्पिका में कालिदास का नाम कुल 46 बार उद्धृत है। इसके अतिरिक्त सूत्रधार द्वारा दी गई सूचना के द्वारा नाटकों में 5 बार उद्धृत है, यह कहते हुए कि आर्य कालिदास विरचित नाटक के मंचन को प्रबुद्ध वर्ग को दिखलाना चाहिए। अभिप्राय से स्पष्ट है कि कुल 51 बार लेखक द्वारा स्वयं का नाम लेना तर्क संगत नहीं लगता। अर्थ से स्पष्ट है कि कालिदास नाम का लेखक/रचनाकार कोई और है- वह है उनकी स्वयं की *विक्रमोर्वशीयम्* के भरत वाक्य में लक्ष्मी एवं सरस्वती की समवेत उपस्थिति, राज्यलक्ष्मी विदुषी विद्योत्तमा के प्रतीकात्मक द्योतन को द्योतित करता है, जबकि *अभिज्ञानशाकुन्तलम्* के भरत वाक्य में-'सरस्वती श्रुतिमहती महीयताम्' का उद्घोष है। विद्वानों की सभा का आदर एवं उल्लेख *शाकुन्तलम्* के *विष्कम्भक* में ही है। स्वाभाविक संकेत राज्यलक्ष्मी विदुषी, सरस्वती की वरद्पुत्री विद्योत्तमा को इंगित करता है न कि वन में यायावरी की तरह भ्रमणशील कालिदास को। विदुषी विद्योत्तमा में एक स्त्री रचनाकार की समस्त संभावनायें एवं गुण अंतर्निहित हैं, जिसने स्वयं की पहचान को गुप्त रखते हुए अपनी सभी कृतियों को अपने पति कालिदास के नाम कर दिया है।

सूत्रधार

भारतीय समाज में संसार को रंगमंच, जीवन को नाट्य, मनुष्य या जीव को अभिनेता और ईश्वर को सूत्रधार कहा जाता है। भारतीय रंग परंपरा में

सूत्रधार को अपने नाम के अनुरूप महत्व प्राप्त है। यह विषय को जोड़ता है और नाटक को गति प्रदान करता है। यह नायक का सहगामी होता है। कभी-कभी नाटक के बीच में भी उसकी उपस्थिति होती है। कभी-कभी वह मंच के पीछे अर्थात् नेपथ्य से भी नाटक का संचालन करता है, नाटक के सभी सूत्र अपने हाथों में धारण करता है। वही नाटक का प्रारंभ और अंत करता है। रचयिता ने *मालविकाग्निमित्रम्* के प्रारम्भ में ही सूत्रधार से कहलवाया है। (1.I, *मालविका.*)

पुरानी होने से ही न तो सभी वस्तुएँ अच्छी होती हैं और न नयी होने से बुरी तथा हेय। विवेकशील व्यक्ति अपनी बुद्धि से परीक्षा करके श्रेष्ठ वस्तु को अंगीकार कर लेते हैं और मूर्ख लोग दूसरों द्वारा बताने पर ग्राह्य अथवा अग्राह्य का निर्णय करते हैं।

पारंपरिक नाट्यरूपों के निर्माण और विकास में भी सूत्रधार के योगदान को रेखांकित किया जा सकता है। वह अभिनेता, दर्शक और नाटक के बीच सूत्र बनाए रखने का महत्वपूर्ण काम करता है। सूचक और बीजदर्शक के रूप में भी सूत्रधार को मान्यता मिली है। उसे सूत्रभृत, सूत्री और सूत्रकृत आदि नामों से भी यह संबोधित किया जाता रहा है। सूत्रधार ने अनेक बार कालिदास का नाम लिया है।

नाट्याचार्य भी सूत्रधार के पर्याय के रूप में प्रयुक्त होता रहा है। *नाट्यशास्त्र* में भरत मुनि सूत्रधार को भावयुक्त गीतों, वाद्य तथा पाठ्य के सूत्रों का ज्ञाता मानते हैं और उपदेष्टा भी कहते हैं। नाट्याचार्य की उपाधि उसे उपदेष्टा होने के कारण प्राप्त हुई। नृत्य, नाट्य और कथा के सूत्रों को आपस में गूँथने के कारण भी उसे सूत्रधार की संज्ञा दी गई। नायक और कवि (रूपककार या नाटककार) तथा वस्तु के वैशिष्ट्य को भी सूत्रबद्ध करता है। सूत्रधार के स्वरूप का विश्लेषण करते हुए, नाट्यशास्त्र के आचार्य मातृगुप्त उसे चार प्रकार के प्रकाश में निष्णात, अनेक भाषाओं का ज्ञाता, विविध प्रकार के

भाषणों (संवादों) का तत्वज्ञ, नीतिशास्त्र वेत्ता, वेशभूषा का जानकार, समाज का दीर्घदर्शी, गतिप्रचार जानने वाला, रसभाव विशारद, नाट्य-प्रयोग तथा विविध शिल्प कलाओं में दक्ष, छंदोविधान का मर्मज्ञ, शास्त्रों का पंडित, गीतों के लिए लय-ताल का ज्ञाता और दूसरों को शिक्षित करने में निपुण माना है। यहाँ सूत्रधार का प्रयोग विलक्षण है।

सूत्रधार : शृणता जना अवधानात् क्रियास्मिमां कालिदासस्य।। 2।।

आप सब कालिदास की इस कृति को सावधान होकर देखें तथा सुनें।।

सूत्रधार : अभिहितोऽस्मिविद्वत्परिषदा

'कालिदासग्रथितवस्तु मालविकाग्निमित्रम्नामनाटकमस्मिन्वसन्तोत्सवे प्रयोक्तव्यमिति।'

विद्वानों की सभा ने मुझसे कहलाया है कि वसन्तोत्सव के अवसर पर महाकवि कालिदास द्वारा विरचित 'मालवविकाग्निमित्रम्' नाटक का अभिनय किया जाए।

पारिपार्श्विकः प्रथितयशसां भाससौमिल्लकविपुत्रादीनां
प्रबन्धानतिक्रम्य वर्तमानकवेः कालिदासस्य क्रियायां कथं बहुमानः?

भास, सौमिल्लक और कविपुत्र जैसे महान् प्रसिद्ध कवियों के नाटक को छोड़कर, आप आजकल के इस वर्तमान कवि कालिदास के नाटक को इतना महत्व क्यों दे रहे हैं?

विष्कम्भक

इसका सामान्य अर्थ है सहायता देनेवाला। भारतीय नाटकों में एक हँसाने वाला पात्र होता है। वह स्वयं अपना एवं अपने परिवेश का मजाक उड़ाता है। उसके कथन एक तरफ हास्य को जन्म देते हैं और दूसरी तरफ उनमें कटु

सत्य का पुट होता है। वह हमेशा नायकों/ राजाओं के इर्द-गिर्द ही होता है। नाट्यशास्त्र के रचयिता भरतमुनि ने विदूषक के चरित्र एवं रूपरंग पर काफी विचार किया है। अश्वघोष ने अपने संस्कृत नाटकों में विदूषक को स्थान दिया, जो प्राकृत भाषा बोलते हैं। भास ने तीन अमर विदूषक चरित्रों का सृजन किया-वसन्तक, सन्तुष्ट और मैत्रेय।

अभिज्ञानशाकुन्तलम् में चतुर्थ अंक के आरम्भ में विष्कम्भक रखा गया है। शकुन्तला की दोनों सहेलियाँ आश्रम के नजदीक में खड़ी हैं। वृक्ष-लताओं पर से बलिकर्म के लिए आवश्यक पुष्पों का चयन कर रही हैं; और आपस में शकुन्तला-सम्बद्ध बातचीत भी कर रही हैं। उस समय वहाँ दुर्भाग्यवश दुर्वासा मुनि का आगमन होता है और श्राप-प्रसंग आकार लेता है। इस श्राप से पूर्व में और श्राप के पश्चात् प्रियंवदा तथा अनसूया का जो परस्पर संवाद होता हे, हम उसका तीन भागों में विभाजन कर उसकी समीक्षा करेंगे। यहाँ लिये गये पाठ पर राघवभट्ट ने टीका लिखी है, प्रथम भाग में जिस अंश को लिया जाता है, वह निम्नोक्त स्वरूप में प्रचलित है-

1. अनसूया : गुणवदे कण्णआ पडिवादणिज्जे त्ति अअं दाव पढमो संकप्पो। तं जइ देव्वं एव्व संपादेदि णं अप्पआसेण किदत्थो गुरुअणो।
   (गुणवते कन्यका प्रतिपादनीयेत्यं तावत्प्रथमः संकल्पः।
   तं यदि दैवमेंव सम्पादयति नन्वप्रयासेन कृतार्थो गुरुजनः।)

2. प्रियंवदा : (पुष्पभाजनं विलोक्य) सहि, अवइदाई बलिकम्मपज्जत्ताईं कुसुमाईंम्। (सखि, अवचितानि बलिकर्मपर्याप्तानि कुसुमानि।)

3. अनसूया : णं सहीए सउंदलाए सोहग्गदेवआ अच्चणीआ।
   (ननु सख्याः शकुन्तलायाः सौभाग्यदेवताऽर्चनीया।)

4. प्रियंवदा : जुज्जदि। (युज्यते।) (इति तदेव कर्मारभते।)
   (नेपथ्ये) अयमहं भोः।

5. अनसूया : (कर्णं दत्वा) सहि, अदिधीणं विअ णिवेदिदं।
(सखि, अतिथीनामिव निवेदितम्।)

6. प्रियंवदा : णं उडजसण्णिहिदा सउंदला।
(आत्मगतम्) अज्ज उण हिअएण असण्णिहिदा।
(ननूटज-संनिहिता शकुन्तला।
(आत्मगतम्) अद्य पुनर् हृदयेनासंनिहिता।)

7. अनसूया : होदु। अलं एत्तिएहिं कुसुमेंहिं।
(भवतु, अलमेंतावद्भिः कुसुमैः।) (इति प्रस्थिते)

8. (नेपथ्ये) आः, अतिथिपरिभाविनि (1.IV, अभि. शा.)

विदूषक

भारतीय नाटकों में एक हँसाने वाला पात्र होता है। वह स्वयं अपना एवं अपने परिवेश का मज़ाक उड़ाता है। उसके कथन एक तरफ हास्य को जन्म देते हैं और दूसरी तरफ उनमें कटु सत्य का पुट होता है। वह हमेशा नायकों/राजाओं के इर्द-गिर्द ही होता है। नाटयशास्त्र के रचयिता भरतमुनि ने विदूषक के चरित्र एवं रूप रंग पर काफी विचार किया है। अश्वघोष ने अपने संस्कृत नाटकों में विदूषक को स्थान दिया जो प्राकृत बोलते हैं। भास ने तीन अमर विदूषक चरित्रों का सृजन किया-वसन्तक, सन्तुष्ट और मैत्रेयी।

पाँच अंकों के नाटक *मालविकाग्निमित्रम्* में मालव देश की राजकुमारी मालविका तथा विदिशा के राजा अग्निमित्र के प्रेम और उनके विवाह का वर्णन है। वस्तुतः यह नाटक राजमहलों में चलने वाले प्रणय षड्यन्त्रों का उन्मूलक है तथा इसमें नाट्यक्रिया का समग्र सूत्र विदूषक के हाथों में समर्पित है। यह शृंगार रस प्रधान नाटक है और कालिदास की प्रथम नाट्य कृति माना जाता है। ऐसा इसलिये माना जाता है क्योंकि इसमें वह लालित्य,

माधुर्य एवं भावगाम्भीर्य दृष्टिगोचर नहीं होता है जो *विक्रमोर्वशीयम्* अथवा *अभिज्ञानशाकुन्तलम्* में है।

विक्रमोर्वशीयम् : महाराज राजधानी लौट तो आये; पर मन उनका किसी काम में नहीं लगता था। वह अनमने से रहते थे। उनकी रानी ने भी, जो काशी नरेश की कन्या थी, इस उदासी को देखा और अपनी दासी को आज्ञा दी कि वह राजा के मित्र विदूषक माणवक से इस उदासी का कारण पूछकर आए। विदूषक परिहासादि से अनेक प्रकार उनका मन बहलाने की कोशिश करने लगा, पर सब व्यर्थ हुआ। भौंरों के उड़ने से जगह-जगह फूल बिखरे पड़े थे; लेकिन उर्वशी की सुंदरता ने उनपर कुछ ऐसा जादू कर दिया कि उनकी आँखों को फूलों के भार से झुकी हुई लताएँ और कोमल पौधे भी अच्छे नहीं लगते थे। इसलिए उन्होंने विदूषक से कहा, कोई ऐसा उपाय सोचो कि मेरे मन की साध पूरी हो सके।

विदूषक ऐसा उपाय सोचने का नाटक कर ही रहा था कि अच्छे शकुन होने लगे और चित्रलेखा के साथ उर्वशी ने वहाँ प्रवेश किया। उर्वशी को उस दिन राजा पहले से भी सुंदर लगे। लेकिन उन्होंने अपने-आपको प्रकट नहीं किया। महाराज के पास खड़े होकर उनकी बातें सुनने लगीं। विदूषक तब उन्हें अपने सोचे हुए उपाय के बारे में बता रहा था। बोला, या तो आप सो जाइए, जिससे सपने में उर्वशी से भेंट हो सके, या फिर चित्र-फलक पर उसका चित्र बनाइए और उसे एकटक देखते रहिए। राजा ने उत्तर दिया कि ये दोनों ही बातें नहीं हो सकतीं। मन इतना दुखी है कि नींद आ ही नहीं सकती। आँखों में बार-बार आँसू आ जाने के कारण चित्र का पूरा होना भी संभव नहीं है।

यहाँ विश्लेषण के क्रम में कुछ महत्वपूर्ण तथ्य उभरकर आये। विदूषक के विश्लेषण में यह देखा गया कि *अभिज्ञानशाकुन्तलम्* के द्वित्तीय अंक में यह पहली बार आता है और यह अंक पूरी तरह राजा और विदूषक का संवाद ही है। उसके बाद पाँचवें व छठें अंक में विदूषक की उपस्थिति है। ठीक इसी तरह

विक्रमोर्वशीयम् के द्वित्तीय, तृत्तीय तथा पंचम अंक में विदूषक का राजा के साथ संवाद है। वहीं *मालविकाग्निमित्रम्* के पाचों अंकों में भी इसकी उपस्थिति है।

भरतवाक्य

नाटक के अन्त में नाटककार द्वारा नाट्य शास्त्र के प्रणेता भरतमुनि की स्मृति तथा सम्मान में गेय आशीर्वादात्मक श्लोक को वर्णित करना भरत वाक्य कहलाता है-भरतानां वाक्यमितिभरतवाक्यम्। यह कभी-कभी नाटकीय पात्रों की ओर से जनता के कल्याण के लिए भी प्रयुक्त होता है। राघवभट्ट इसे 'नटवाक्य' की संज्ञा देते हैं। यहाँ तीनों नाटकों-*अभिज्ञानशाकुन्तलम्*, *मालविकाग्निमित्रम्* एवं *विक्रमोर्वशीयम्* में यह तथ्य अन्तर्निहित है।

-राजा सदा अपनी प्रजा की भलाई में लगे रहें, बड़े-बड़े विद्वान कवियों की वाणी का सर्वत्र आदर हो और अपने से ही उत्पन्न होकर चारों ओर अपनी शक्ति फैलाने वाले महादेव जी ऐसी कृपा करें कि मुझे फिर जन्म न लेना पड़े। (20.V, *मालविकाग्नि.*)

-प्रजा की कोई इच्छा पूर्ण नहीं होगी, ऐसी बात तो अग्निमित्र के राजत्वकाल में होगी ही नहीं अर्थात् सम्पूर्ण इच्छाएँ पूर्ण होंगी। (24.V, *विक्रमो.*)

-जो लक्ष्मी और सरस्वती सदा परस्पर विरोधाभाव से रहती हैं, जिनका एक स्थान पर रहना दुर्लभ है, सज्जनों के कल्याण के लिए ये दोनों एक साथ रहने लगें। (35.VII, *अभि.शा.*)

स्पष्ट है कि विधिवत् मंगलाचरण का अभाव *ऋतुसंहारम्* में है। परन्तु इसका प्रारम्भ ग्रीष्म वर्णन में सूर्य की प्रचण्डता, उदीयमान चन्द्रमा की चन्द्रिका, जलराशि तथा सायंकाल की मनोरमता से होता है, जिसमें मंगलाचरण का भाव

आरोपित व सन्निहित है। अतएव सभी सातों रचनाओं का प्रारंभ मंगलाचरण से और अंत पुष्पिका से है। कालिदास का नाम आरोपित प्रतीत होता है। तीनों नाटकों की समाप्ति भरतवाक्य से होती है जबकि नाटकों का प्रारंभ सूत्रधार करता है, यथा- *अभिज्ञानशाकुन्तलम्* का प्रारंभ सूत्रधार व नटी के संवाद से होता है और यही सूत्रधार कालिदास का उल्लेख करता है। दूसरी ओर *विक्रमोर्वशीयम्* में सूत्रधार तो है पर नटी नहीं, जबकि *मालविकाग्निमित्रम्* और *विक्रमोर्वशीयम्* दोनों में सूत्रधार का सहायक है।

चंद्रवंश एवं सूर्यवंश

प्राचीन भारतीय राजाओं के इतिहास में वंश का गौरव विशेष स्थान रखता है। चंद्रवंश और सूर्यवंश, इन दोनों में से एक का सम्बन्ध और फिर उससे जुड़ी विरासत एवं परम्परा। सभी रचनायें चद्रवंशी हैं तथा केवल *रघुवंशम्* सूर्यवंशी है। चन्द्रवंश पर चंद्र और सूर्यवंश पर सूर्य का प्रभाव अभिलक्षित है। जहाँ सूर्य ओज का प्रतीक है, पुरुषत्व का द्योतक है, वहीं चन्द्र-मृदुलता तथा स्त्रैण का द्योतक है। चंद्रवंशियों की बहुलता में भी प्रतीक है। लेखक की मनःस्थिति और पृष्ठभूमि का भी यह परिचायक है। दुष्यन्त, अग्निवर्ण, अग्निमित्र तथा विक्रम स्त्रीगामी और कामुक नायक के रूप में हैं। काम-राजा की दुर्बलता एवं स्त्री-आखेट चंद्र के प्रभाव की बहुलता भी रचनाकार के रूप में कालिदास की धर्मपत्नी विदुषी विद्योत्तमा की ओर इंगित करता है।

दूसरी ओर उन दिनों विद्या के तीन केन्द्र थे, यथा-

1. अयोध्या : सूर्यवंशी राजाओं का
2. उज्जैन : चंद्रवंशी राजाओं का
3. नालन्दा : बौद्ध धर्म एवं दर्शन का; प्रस्तुत शोध के संदर्भ में, जैसा कि ज्ञात है कि विद्योत्तमा तंत्र बौद्ध धर्म एवं दर्शन से सम्बद्ध है।

ऋतुसंहारम्

–चन्द्रकिरणयुक्त रात। (2.I, *ऋतु.*)

–चन्द्रमा लजाकर पाण्डुता धारण कर रहा है। (9.I, *ऋतु.*)

–प्रचण्ड सूर्य का ताप। (10.I, *ऋतु.*)

–रवेर्मयूखैरभितापितो.. (13.I, *ऋतु.*)

–चन्द्र रूपी मुख। (7.III, *ऋतु.*)

–चन्द्रमा से सुंदर मुखों वाली। (23.III, *ऋतु.*)

–तारागण। (22.III, *ऋतु.*)

–चन्द्र किरणों। (3.V, *ऋतु.*)

मेघदूतम् (चन्द्रवंश)

–राजा उदयन एवं वासवदत्ता

–अलकानगरी– 'चंद्रमा'। (7, *पू.मे.*)

–चन्द्रमा। (48, *पू.मे.*)

–चन्द्रमा की ज्योत्सना। (3, उ.मे.)

–चन्द्रमा की ज्योत्सना। (9, उ.मे.)

–सूर्य। (20, उ.मे.)

–मेघाच्छादित चंद्रमा। (24, उ.मे.)

–चन्द्रमा के समान दुबली। (31, उ.मे.)

–चन्द्रमा के समान मुख। (46, उ.मे.)

कुमारसंभवम् (चंद्रवंशी)

–शिव के मस्तिष्क पर चंद्र, हिमालय धवल और चंद्रकार, शिव का प्रदेश

–चन्द्रमा की किरणें। (3.I, *कुमार.*)

–चन्द्रमरीचिगौरैः... (13.I, *कुमार.*)

–चन्द्रमा की कलायें। (25.I, *कुमार.*)

–चन्द्रमा की तरह आनन्द मिलना। (43.I, *कुमार.*)

–चन्द्रमा की पूर्व कला। (34.II, *कुमार.*)

–चन्द्रमा समान टेढ़े। (29.III, *कुमार.*)

–चन्द्रमा शुक्ल पक्ष में। (13.IV, *कुमार.*)

–अमृत से भरी चन्द्रमा की किरणें। (22.V, *कुमार.*)

–चन्द्रमा की उस कला। (71.V, *कुमार.*)

–सूर्य और चन्द्रमा। (19.VI, *कुमार.*)

–आठों मूर्तियाँ (पृथ्वी, जल, अग्नि, वायु, आकाश, सूर्य, चन्द्र और होता)। (26.VI, *कुमार*)

–सिर की चन्द्रकला। (19.VII, *कुमार.*)

–चन्द्रमा की मुस्कान। (60.VIII, *कुमार.*)

–उदयकालीन चन्द्रमा। (61.VIII, *कुमार.*)

–रोहिणीपति चन्द्रमा। (82.VIII, *कुमार.*)

–क्षयरोगी चन्द्रमा। (17.IX, *कुमार.*)

–सोम कहलाने वाला चन्द्रमा। (39.IX, *कुमार.*)

–पूर्व दिशा में चन्द्रमा। (26.XI, *कुमार.*)

–चन्द्रमा के समान मुखवाली। (22.XI, *कुमार.*)

–चन्द्रमा की हिम जैसी उजली किरण। (11.XII, *कुमार.*)

–शरदकालीन चन्द्रमा। (4.XIV, *कुमार.*)

अभिज्ञानशाकुन्तलम् (चंद्रवंशी)

–पुरूवंश दुष्यन्त

–सूर्य, चन्द्र। (1.I, *अभि.शा.*)

–सूर्य। (9.I, *अभि.शा.*)

–चन्द्रमा। (19.I, *अभि.शा.*)

–विशाखा नक्षत्र। (III, *अभि.शा.*)

–शरद् की चांदनी। (III, *अभि.शा.*), (15.III, *अभि.शा.*), (22. VII, *अभि.शा.*), (3.IV, *अभि.शा.*), (4.V, *अभि.शा.*), (4.VII, *अभि. शा.*)

मालविकाग्निमित्रम् (चंद्रवंशी)

–शुंगराजा अग्निमित्र पत्नी मालविका 49–41 ईसा पूर्व

–मेघावृत्त चन्द्रिका के समान मालविका के दर्शन भी तो पराधीन हैं। (II, *मालविका.*)

–सूर्यकिरण– दर्शन से वंचित वे दोनों नागकन्या के समान पाताल वास का अनुभव कर रही हैं। (IV, *मालविका.*)

–सूर्योदय और सूर्यास्त के समय कमल की जो दो अवस्थायें होती हैं। (7.IV, *मालविका.*)

–पूर्णिमा के बिना ही राहु ग्रहण से चन्द्रमण्डल कलुषित हो जाय, ऐसी बात किस रात्रि में भला होती है? (16.IV, *मालविका.*)

–जिस प्रकार सूर्य और चन्द्र अहोतत्र का विभाजन करके शासन करते हैं उसी प्रकार वे दोनों बरदा नदी के दक्षिण तथा उत्तर तट पर अलग–अलग शासन करें। (13.V, *मालविका.*)

विक्रमोर्वशीयम् (चन्द्रवंश)

बृहस्पति की स्त्री + चन्द्रमा = पुत्र 'बुध', बुध + स्त्री 'इला' = पुत्र 'पुरूरवा'

–चंद्रमा के उदय हो जाने पर। (9.I, *विक्रमो.*)

–चंद्रमा प्रजापति बना रहेगा। (10.I, *विक्रमो.*)

–चन्द्रमा से अमृत की बूंदे बरसें तो क्या आश्चर्य है। (I, *विक्रमो.*)

–जैसे लोग ग्रहण से छूटे हुए चंद्रमा को देते हैं। (12.I, *विक्रमो.*)

–भगवान सूर्य की उपासना। (II, *विक्रमो.*)

–सूर्यदेव संसार का अंधकार दूर करते हैं। (1.II, *विक्रमो.*)

–चन्द्रमा चांदनी की प्रतीक्षा करता है। (II, *विक्रमो.*)

–चन्द्रमा की किरणों से अंधेरा मिटता जा रहा है। (6.III, *विक्रमो.*)

–द्विजराज (चन्द्रमा) ऐसा सुन्दर लग रहा है। (III, *विक्रमो.*)

–सूर्यदेव का स्मरण किए जाने वाले। (7.III, *विक्रमो.*)

–रोहिणी तथा चन्द्रमा रूपी देवता। (III, *विक्रमो.*)

–चन्द्रमा की किरणों से विकसित होने वाला कुमुद कभी सूर्य की किरणों से नहीं खिलता। (16.III, *विक्रमो.*)

–सूर्यदेव की आराधना करती हैं। (III, *विक्रमो.*)

–सायंकालीन चन्द्रमा की किरणों का सेवन। (III, *विक्रमो.*)

–सूर्य की किरणों के स्पर्श से कमल खिल गए हैं। (1.IV, *विक्रमो.*)

–भगवान् सूर्य की सेवा करने के लिए यहाँ सभी अप्सराओं की पारी बंधी हुई है। (IV, *विक्रमो.*)

–सूर्य और चन्द्रमा, जिसके नाना और दादा हैं, जिन्हें उर्वशी और धरणी ने स्वयं अपना स्वामी बना लिया है, मैं वही पुरूरवा हूँ। (38.IV, *विक्रमो.*)

–आप चंद्रवंश को बढ़ाने वाले हो। (V, *विक्रमो*).

❖❖❖

॥ तृतीय अध्याय ॥

कथानक

शब्द-चित्र, शाप व विलाप

कथानक

इस अध्याय में चर्चित रचनाओं में प्राप्त अभूतपूर्व संरचनात्मक गठन एवं रेखांकित शब्दचित्र को क्रमशः यहाँ प्रस्तुत करने का प्रयास किया गया है। इसके माध्यम से शब्दों, घटनाओं, संरचना में अन्तर्निहित स्त्री के सशक्त भाव का अनुभव किया जा सकता है जो विदुषी विद्योत्तमा की सृजनात्मक प्रतिभा, समझ और विस्तार की ओर इंगित करता है। संदर्भित सात रचनाओं में रचयिता आरोपित है। ध्यान से अनुशीलन करने से प्रतीत होता है कि हर कथानक में कथा स्त्रियों के पक्ष में वर्णित व केन्द्रित है। इसके निदर्शन हेतु कुछ सन्दर्भ द्रष्टव्य हैंः

- *रघुवंशम्* में ईक्ष्वाकु वंश के राजाओं की कथा: उल्लेखनीय है कि रचनाकार ने प्रसिद्ध ईक्ष्वाकु वंश के केवल 29 राजाओं का ही यहाँ वर्णन किया है। उपजीव्य काव्य *'रामायण'* व *'महाभारत'* में भी ईक्ष्वाकु वंश के राजाओं का वर्णन आया है। यहाँ रामचंद्र तक रघुवंशी राजाओं का वंशक्रम 64 बताया गया है, जबकि अन्यत्र इसकी संख्या 100 से अधिक बताई गई है। इस संदर्भ में, राजा दिलीप से अग्निवर्ण तक का चयन रचनाकार के एक विशेष भाव, आग्रह एवं मनःस्थिति को उभारता है। राजाओं का यह क्रम बहुत कुछ कह रहा है। राजा दिलीप की पवित्रता, पत्नीव्रता व स्वानुशासन से लेकर राजा अग्निवर्ण की निकृष्टता व अत्यंत कामुकता का विशेष उल्लेख है। कामुकता की पराकाष्ठा व निकृष्टता से मृत्यु के आगोश में असमय ही काल का ग्रास बन जाने वाले राजा अग्निवर्ण की मृत्यु के उपरांत उनकी गर्भवती स्त्री को सिंहासन दिया गया। यह प्रकारांतर में स्त्री में राज्य के प्रति सूझ-बूझ, गरिमा की अघोषित विजय को ही द्योतित करता है।

- संस्कृत की श्रेष्ठतम धारा और परंपरा में स्त्री, 'विद्या' और 'शक्ति' दोनों ही आयामों में समृद्ध है। उनकी स्तुति, आराधना बारंबार की गई है जैसा कि *दुर्गा सप्तशती* के अनुसार–

  या देवी सर्वभूतेषु, विद्यारूपेणसंस्थिता,
  या देवी सर्वभूतेषु, शक्तिरूपेणसंस्थिता,
  नमस्तस्यैः नमस्तस्यैः नमस्तस्यैः नमो नमः।

इसके विपरीत जिन घरों में स्त्रियों की अवहेलना होती है उन घरों के पुरुषों को सभ्य समाज तिरस्कृत कर देता है, क्योंकि अन्य के प्रति सम्मान एवं सम-भाव, स्त्रियों के नैसर्गिक व्यक्तित्व का अंग होता है। एतादृश ऊर्जा तथा तत्सम्बन्धी भावात्मक तथ्य स्त्रियों में स्वभावतः अन्तर्निहित होते हैं। आन्तरिक ऊर्जा के ये मूल बिन्दु, चराचर जगत में जीवन को गत्यात्मकता तथा लय प्रदान करते हैं।

- स्त्री 'भोग' के रूप में नहीं, बल्कि सम्मान और संस्कृति की अन्तरात्मा में रची-बसी हुई है। जहाँ पुरुष बाह्य संसार में विचरण करता है, वहीं स्त्री अपने सांसारिक परिवार में आध्यात्मिकता तथा सांस्कृतिक उन्नयन के लिए निःशब्द प्रयास करती रहती है। ऐसा देखा गया है कि जिस समाज में स्त्रियों का सम्मान है, वह समाज अधिक सक्रिय, ऊर्जावान, सुसंस्कृत एवं सुगठित रूप में पाया गया है।

- उच्चकुलीन परिवारों की कथा में जहाँ मृत्यु का उल्लेख नगण्य है, उत्साह-उमंग, उल्लास-शृंगार-वैभव-काम और कमनीयता की पीड़ा, की कथा ही यहाँ अभिप्रेत, और वर्णित है।

- काम से आविष्ट राजा दुष्यन्त व विक्रम दोनों ही अपनी प्रेमिकाओं का चित्र बना रहे हैं, जबकि स्त्रियाँ 'प्रेम-पत्र' लिख रही हैं चाहे उर्वशी हो या शकुन्तला। पुरुष की ओर आकर्षित होकर, काम पीड़ा की ज्वाला

का अनुभव कर, दोनों ने ही पहले कदम उठाए हैं और प्रेमपत्र लिखकर अपनी भावनाओं को अभिव्यक्ति दी है। ऐसा प्रतीत होता है मानों शीतल पवन उनकी कमनीय काया को जला रहा है और तपे हुए लोहे के जैसे उन्हें परस्पर जुड़ना है।

- पुरूरवा उर्वशी के विरह में पीड़ा का अनुभव कर रहा है। उन दोनों का कामजनित प्रेम समानरूप से बढ़ा है। तपे हुए लोहे को तपे हुए लोहे से जोड़ देना चाहिए। (15. II, *विक्रमो.*)

- राजाओं की कामनाओं को देखते हुए अंतःपुर में अनेक तरह के षड्यंत्र रचे जाते हैं और अंततः राजाओं को अपनी प्रेयसी मिल जाती है। दूसरी ओर सिंहासन को योग्य उत्तराधिकारी मिल जाता है। राजा और राज्य का मंगल होता है। रानियों की आशंकाओं और कामनाओं की संतुष्टि होती है। प्रजा नगर में है, ऋषि वनों के आश्रम में हैं, शत्रु बाहर से आक्रमण करते हैं। अतएव राजाओं का कर्तव्य है कि वे अपने प्रजाजनों की रक्षा करें।

- अंतःपुर की स्त्रियां कैसे रहती थीं? किस प्रकार विभिन्न रानियों व स्त्रियों के साथ कामुक राजा तालमेल बैठाते थे? प्रजा के प्रति अपने कर्तव्यों का निर्वाह तथा उनका भरण-पोषण एवं रक्षा करते थे?

- राजागण मंत्रियों की अपेक्षा स्त्रियों के अधिक निकट थे विशेषकर उन स्त्रियों से जिनसे अंतरंग संबन्ध थे चाहे *अभिज्ञानशाकुन्तलम्* में हो या *विक्रमोर्वशीयम्* या *मालविकाग्निमित्रम्* या *मेघदूतम्* या *रघुवंशम्* में।

- सहनायिकायें इरावती, धारणी *मालविकाग्निमित्रम्* में हैं। इरावती सुंदर है और यौवन से परिपूर्ण होते हुए भी निःसंतान है, अशोक वृक्ष का दोहन इरावती से न करा कर मालविका से कराने का द्रष्टांत यहाँ मिलता है।

- कालान्तर में गर्भवती परित्यक्ता शकुन्तला आश्रम में अपने बालक सर्वदमन को जन्म देती है जो कालान्तर में राज्य का उत्तराधिकारी होता है। वह मातृत्व सम्मान से गर्वित होती है। धरणी मातृरूपा है। मालविका बन्दी है और काम में सहयोगिनी है। कौशिकी पंडिता है, विदुषी है। इरावती निःसंतान, बांझ व परित्यक्ता है। सहनायिका औशिनारी बांझ है।

- शकुन्तला का पुत्र सर्वदमन भरत शेर के दाँत गिनता है। निर्भीक है। पार्वती का पुत्र कार्तिकेय राक्षसों का संहार करता है। उर्वशी के संदर्भ में मणि लेकर पक्षी उड़ जाता है जिसे आयुष्कुमार तीर से वापस ले आता है।

- तीनों ही नाटकों में युवराजों का राज्याभिषेक होता है। *'विक्रमोर्वशीय'* में उर्वशी के पुत्र 'आयुष्कुमार' का अभिषेक होता है। विक्रम के शब्द– ''जैसे ऊँची जाति का हाथी का बच्चा भी, दूसरे सामान्य हाथियों को पछाड़ देता है और सपोले का विष भी बड़े सांप के विष जैसा ही तीक्ष्ण वेग वाला होता है, वैसे ही बालक होने पर भी राजा का पुत्र समुचित विधि से पृथ्वी की रक्षा कर सकता है, क्योंकि अपने कर्तव्य का पालन करने की शक्ति अवस्था से नहीं अपितु जाति से ही होती है। (19, V. *विक्रमो.*)

- *अभिज्ञानशाकुन्तलम्* में भरत के पुत्र सर्वदमन के जातकर्म संस्कार के उपरांत उस के चक्रवर्ती राजा होने की भविष्यवाणी की जाती है, क्योंकि राजा को इस बात का विश्वास है कि सर्वदमन भविष्य में चक्रवर्ती राजा होगा। दूसरी ओर *मालविकाग्निमित्रम्* की महारानी धारणी कहती है कि अग्निमित्र उनका परित्याग करें, यह उचित नहीं है। राजा इसका प्रत्युत्तर देता है कि उनके लिए यही प्रिय है कि महारानी धारणी प्रसन्न व अनुकूल रहें। प्रजाओं की कोई इच्छा पूर्ण न हो ऐसा अग्निमित्र के

राज्यकाल में नहीं होगा। अतएव महारानी धारणी के पुत्र वसुमित्र को राजा अपना उत्तराधिकारी घोषित कर देता है और धारणी व ईरावती दोनों को ही प्रसन्न कर देता है। अंततः धारणी का कथन है कि उसका पुत्र पिता के अनुरूप हो यही उसकी संतुष्टि का कारण है।

- *अभिज्ञानशाकुन्तलम्* में दुष्यन्त-शकुन्तला का पुत्र सर्वदमन भरत, जिससे ही देश का नाम 'भारत' पड़ा; *विक्रमोर्वशीयम्* में अप्सरा उर्वशी का पुत्र आयुष्कुमार, *मालविकाग्निमित्रम्* में अग्निमित्र की दो रानियाँ थीं- धारिणी पटरानी थीं जबकि इरावती अग्निमित्र की दूसरी रानी थी तथा वह संतानहीन भी थी, जिससे उसका महत्व अन्ततः सीमित था। वह स्वयं विलाप करती है। इरावती के शब्दों में 'कुविदादाणिं' अहं किं करसं।' (कुपितेदानीमहं किं कष्यामि। IV, मालविका धारिणी) अर्थात् मैं महाराज पर कुद्ध होकर ही क्या कर सकती हूँ? जबकि पटरानी धारिणि से वसुमित्र नामक मेधावी यशस्वी पुत्र तथा पुत्री के रूप में वसुलक्ष्मी प्राप्त हुई। *मालविकाग्निमित्रम्* का कथन द्रष्टव्य है यथा- 'परिव्राजिका-दिष्टयापुत्रविजयेन दम्पती वर्धेति' (16.V, *मालविका.*) अर्थात् भाग्य से पुत्र विजय के कारण महाराज दम्पति का उदय हो रहा है तथा 'धारिणी-भगवति! परितुष्टास्मि, यत्पितरमनुजातोम मे वत्सकः।। (V, मालविका)' अर्थात् 'भगवति! मेरा पुत्र पिता के अनुरूप ही हुआ है, अतएव मैं संतुष्ट हूँ।'

- विक्रम जब अपनी प्रियतमा उर्वशी को खोज रहा है तब 'मधुर विरह वर्णन' है। वहाँ राजहंस, गज, कोयल, तोते, मयूर, हाथियों तथा मृगों के झुंड, भौरों की गुंजार शीतल बयार, लाल कदम्ब, लाल अशोक, मंदार के फूल तथा सूखे हुए पत्तों की सौन्दर्यात्मक अभिव्यंजना हुई है।

- राजा विलासी जीवन जीते हैं। अपनी चिकनी-चुपड़ी बातों से तालमेल बिठाकर स्त्रियों को शांत करते है, यथा *विक्रमोर्वशीयम्* के द्वित्तीय अंक

में उल्लेख है कि यदि पति वास्तविक प्रेम के बिना ऊपरी मन से चिकनी-चुपड़ी बातें करके अपनी प्रियतमा को मनाने लगता है तो उसकी ये बातें स्त्रियों के मन में उसी प्रकार प्रवेश नहीं करती हैं जैसे बनावटी रंग से रंगा हुआ 'मणि' जौहरी को नहीं जँचता। (21.II, *विक्रमो.*)

- राजाओं को स्त्री-सम्बन्धी नए-नए कानून का विधान करना पड़ता था जैसे व्यक्ति की मृत्यु के बाद गर्भस्थ शिशु को उत्तराधिकारी नियुक्त करने का विषय हो। इस प्रकार राजा युवावस्था में पृथ्वी की रक्षा के साथ अपने मन बदलाव के लिए विलासी जीवन जीता है, लेकिन बुढ़ापे में पतिव्रता स्त्री की ही कामना करता है अतएव वह अनेक रानियों और प्रेमिकाओं से तालमेल बिठाता है। *अभिज्ञान शाकुन्तलम्* में दुष्यन्त मन ही मन कहता है कि पुरुवंशियों की तो यह प्राचीन रीति है कि वे युवावस्था में पृथ्वी की रक्षा के लिए विलास की सामग्रियों से भरे भवनों में रहना चाहते हैं और बुढ़ापे में 'पतिव्रता स्त्री' को साथ लेकर वृक्ष के नीचे आसन लगाते हैं।

  (20.VII, *अभि.शा.*)

- स्त्रियों के द्वारा प्रिय को पुनः प्रसन्न करनेवाला व्रत किए जाने का भी उल्लेख *विक्रमोर्वशीयम्* में आया है। जिसे सहायिका निपुणिका ही कहती है। (III, *विक्रमो.*)

- कन्या पराया धन है, यथा *शाकुन्तलम्* में वर्णित ऋषि कण्व के ये शब्द- 'कन्या पराया धन' ही होती है। आज उसे पति के घर भेजकर उनका मन वैसे ही निश्चिन्त हो गया है, जैसे किसी की धरोहर लौटा दी गई हो। (22.IV, *अभि.शा.*)

- यहीं, अन्य स्थल पर पति का पत्नी के ऊपर अधिकार चाहे दासी के रूप में ही क्यों न हो, बताया गया है।

- राजा ऐसी स्त्री की ही कामना करते हैं जो जीवन के अंतिम चरणों में श्रद्धा, धर्म व कर्म के साथ एक हो, यथा-मारीच कहते हैं सौभाग्यवश आज पतिव्रता शकुन्तला, वह श्रेष्ठ बालक, दुष्यंत तुम तीनों ऐसे मिल गए हो जैसे श्रद्धा, धन और कर्म एक साथ मिल गए हों।

  (29.VII, *अभि.शा.*)

- जो लक्ष्मी पाने का इच्छुक हो, उसे लक्ष्मी भले ही न मिले, किन्तु जिसे लक्ष्मी स्वयं चाहे वह लक्ष्मी को न मिले, यह कैसे हो सकता है। (12.III, *अभि.शा.*)

- शांर्ङ्रव के शब्द- यह आपकी पत्नी है। इसे रखिए या निकालिए, क्योंकि पति का अपनी स्त्री पर पूर्ण अधिकार होता है।

  (26.V, *अभि.शा.*)

- शकुन्तला के स्त्री मन के गंभीर भाव हैं कि पूज्य लोगों से सेवा कराकर वह अपने सिर पर पाप नहीं लेना चाहती- न माननीयेष्वात्मानमपराधयिष्ये..

- हे पौरव! प्रेम से व्याकुल होने पर भी वह अपने मन से कुछ नहीं कर सकती। (III, *अभि.शा.*)

- अनार्य! तुम अपने ही हृदय के समान सबके हृदय को खोटा समझते हो? तुम्हारे सिवाय और कौन ऐसा होगा, जो धर्म का ढोंग रचकर ऐसा नीच काम करेगा।

- हे अनार्य! तुमने मुझे कुलटा ही बना दिया। (V, *अभि.शा.*)

- बहु आयामी स्त्री : 'एकमात्र तुम्हीं मेरी स्त्री थी, सम्मति देनेवाली मित्र थी, एकान्त में सखी थी और गान विद्या आदि ललित कलाओं में मेरी शिष्या थी।' (अज विलाप)। (67. VIII, रघु.)

- पंडिता कौशिकी (परिव्राजिका) कोई गुणी ऐसे होते हैं जो अपने गुणों को भली-भाँति जानते हैं। कुछ ऐसे होते हैं जो अपने गुण दूसरों को सिखाने में चतुर होते हैं, परन्तु सच्चा गुणी वही है जिसमें ये दोनों बातें हो और ऐसा गुणी ही प्रतिष्ठा योग्य है। (16.I, *मालविका.*)
- जो कुलवन्ती नारियाँ होती हैं उन्हें यद्यपि अपने पतियों पर सभी अधिकार होते हैं। फिर भी उन्हें रूठना होता है तो वे कोई न कोई कारण निकाल कर ही पति से रूठती हैं। (18.I, *मालविका.*)

शब्द चित्र : संरचनात्मक संगठन

ऋतुसंहारम्

(i) एक स्त्री के मन की छः ऋतुयें व प्रकृत्ति के भावों व उनके अंतस उमंगों का निदर्शन है। यहाँ पर प्रकृत्ति, काम और विलाप तीनों का समावेश है।

मेघदूतम्

(i) इसमें यक्षिणी परोक्ष है। उसके स्वयं के शब्द आत्मकथन और अभिव्यक्ति नहीं हैं।

(ii) यक्ष के माध्यम से उज्जयिनी नगरी के वैभव को, वहाँ के कामी-जीवन का चित्रण, मेघ की यात्रा में भारत वर्ष का भूगोल, सूखे प्राँतों व कमनीय स्त्रियों की पिपासा का चित्रण कर मेघ से तदनुकूल वर्षा करने का अनुग्रह, अनुनय, विनय किया गया है। यहाँ समकालीन जीवन की झाँकियाँ प्रस्तुत हैं।

(iii) अलकापुरी एवं महाकाल की नगरी उज्जयिनी के वैभवपूर्ण चित्रण के अंतस में स्त्री-पुरुष के संबंधों की जटिलताओं व संवेदनाओं की जीवन्त अभिव्यक्ति को स्वर मिला है।

रघुवंशम्

(i) अयोध्या नगरी का क्रंदन

(ii) इंदुमती का स्वयंवर

(iii) सीता के द्वारा ऋषिकाओं/तपस्विनियों की सेवा, जिनके पतियों को राक्षसों ने मार डाला था। (64. XIV, *रघु.*)

वाल्मीकि ऋषि का कथन यहाँ प्रासंगिक है जिसमें वे सीता जी से कहते हैं कि उनके यशस्वी ससुर दशरथ जी उनके मित्र थे और सीता के पिता जनक जी भी ज्ञानोपदेश देकर बहुत से सज्जनों को संसार के बन्धन से छुड़ाते रहते हैं। सीता स्वयं भी पतिव्रताओं में 'सर्वश्रेष्ठ' है। तब फिर क्या कारण है जिससे वाल्मीकि जी सीता के ऊपर कृपा न करें? यद्यपि राम ने तीनों लोकों का दुःख दूर किया है, फिर भी सीता के साथ उन्होंने जो अनुचित व्यवहार किया, इसे देखकर वाल्मीकि को राम पर बड़ा क्रोध आ रहा है क्योंकि यह कलुषित प्रवृति है। (73-74, XIV, *रघु.*)

कुमारसंभवम्

(1) **रति विलाप** : महाकाव्य के चौथे सर्ग का नाम ही 'रति विलाप' है। (1.XIV, *कुमार.*)

वसन्त को समक्ष देखकर रति अपनी छाती पीटती हुई फूट-फूटकर रोने लगी क्योंकि दुःख में स्वजनों को देखकर दुःख वैसे ही बढ़ जाता है, जैसे किसी रुकी हुई वस्तु को बाहर निकालने के लिए एक बड़ा भारी द्वार खुल जाए। (26.IV, *कुमार.*)

रति के शब्द : हे अनंग! तुम चंद्रमा के बड़े प्यारे मित्र थे। जब उसे यह ज्ञात होगा कि अब तुम्हारा शरीर सिर्फ कहानी भर रह गया है, तब वह व्यर्थ उदित चन्द्रमा शुक्ल पक्ष में भी बड़ी कठिनाई से अपना दुबलापन छोड़ सकेगा।

(ii) **कामदेव का कबूतर बनना,** क्योंकि वह शिव पार्वती के काम-लीला तथा महासंभोग को देख सकें। शिव का जाज्वल वीर्य और काम की दशा, महादेव के वीर्य का स्खलन और उसी समय स्नान करने के लिए आई हुई अप्सराओं, छः कृत्तिकाओं के द्वारा उस जाज्वल्यमान शिव के वीर्य को ग्रहण करना, *कुमारसंभवम्* के दशम सर्ग में विस्तार से लिखा गया है। इस शब्द-चित्र को रचयिता ने बड़ी गंभीरता, रोचकता व सृजनशीलता से आध्यात्मिकता के धरातल पर प्रस्तुत करने का अनोखा प्रयास किया है। यह शब्द चित्र एक ऐसी कथानक-संरचना को गढ़ता है जो पाठक के मन को विस्मय व कौतुहल से भर देता है।

(iii) **कार्तिकेय जन्म :** यह एक विराट वर्णन है जो कुमार के जन्म की बारीकियों तथा उनकी विभिन्न परतों को विस्तार से बताता है। माँ गंगा के द्वारा शिव के वीर्य को स्वयं में समेट लिया जाना, जिससे गंगा जल सहसा गर्म हो उठता है और उसके पश्चात् शिव के वीर्य से धधकते गंगा-जल को 6 कृतिकाएँ ग्रहण कर लेती हैं जिससे षट् मुख कुमार का जन्म होता है। पार्वती अपने नवजात शिशु को दुलारती है। यह अत्यन्त अनोखा वर्णन है। पार्वती शिव की साधिका है। सती, उमा इत्यादि के रूप में जन्म-जन्मान्तर से उनकी अर्द्धांगिनी है, जबकि शिव अजन्मा हैं एवं 'काम-योगी' हैं। काम की सहयोगिनी, योगिनी माता के रूप में उन्होंने कुमार को जन्म दिया है।

यह वर्णन अलौकिक है, जो *दुर्गा सप्तशती* की रक्तबीज की अवधारणा से साम्य रखता है। शिव का वीर्य पूरे संसार की सृष्टि का आधार है जो अपने आप में अनोखा है। यहाँ बहुत ही सशक्त ढंग से शिव-पार्वती की काम-लीला व कुमार के जन्म का वर्णन है। यह स्मरण रहे कि विश्व साहित्य में कहीं भी हमें इस तरह का समानान्तर उद्धरण नहीं मिलता है जहाँ प्राकृत्तिक शक्तियाँ दैवी-शक्तियों के साथ सायुज्य होकर सृष्टि की नियंता बनती हों।

सगर के पुत्रों को मोक्ष देने वाली और धर्म की रक्षा करने वाली वे पापनाशिनी तथा मोक्षदायिनी गंगाजी शंकर जी के जटा-जूट में रहती हैं, जो विष्णु के चरण से जल के रूप में निकलकर ब्रह्मलोक से आई हैं और अपनी तीन धाराओं से तीनों लोकों को सदा पवित्र किया करती हैं। वहाँ पर गंगाजी की उठती हुई लहरें ऐसी लगती थीं, जैसे अग्नि को आते देखकर प्रसन्न मन से वे अपनी लहरों के हाथों से उनका काम बनाने के लिए उन्हें दूर से ही बुला रही थीं । वहाँ मतवाले अनेक राजहंस जो एक साथ मिल कर बोल रहे थे, उनसे ऐसा लगता था कि मानों गंगा जी अग्नि से कह रही हों कि मैं सबका भला करती हूँ और सारा दुःख हर लेती हूँ।

इस प्रकार जब गंगा जी ने बड़े आदरपूर्वक शंकर जी का वीर्य ले लिया, तब अग्नि बहुत प्रसन्न होकर जल से बाहर निकले। उस अमृत्त की धारा-सदृश गंगाजल से अत्यन्त सुख पाकर अग्निदेव जहाँ से आए थे, वहीं लौट गए। शंकर जी के उस असह्य वीर्य को लेकर आकाश में बहने वाली गंगा जी भी ताप के कारण सहसा उबल उठीं, जैसे- प्रलयकालीन अग्नि की भीषण लपटों से खौलते हुए जल को छोड़कर, जल जीव पानी से निकल आते हैं, वैसे ही गंगा जी के तपते हुए जल को छोड़कर, सब जीव घबराकर बाहर निकल पड़े। शिवजी के उस भयानक तेज से वह जल उबलकर इतना गरम हो गया कि छुआ तक नहीं जा सकता था, फिर भी गंगा जी उस तेज को लिए ही रहीं।

शिवजी के उस भयंकर, असह्य एवं अग्नि के समान तेजस्वी वीर्य के अपनी देह में आ जाने से वे सन्तप्त हो उठीं और उन्हें ऐसा लगने लगा मानों वे विष के समुद्र में डूब गयी हों। उस असह्य तेज को न सह सकने के कारण भीतर ही भीतर जलती हुई वे कृत्तिकायें उसे लिए हुए ही जल से बाहर निकलीं। भभकता हुआ शंकर जी का वह अमोघ वीर्य गंगाजी से उन कृत्तिकाओं के पेट में पहुँचकर गर्भ बन गया। उन कृत्तिकाओं ने जब देखा कि

वह गर्भ बन गया है और सँभाले नहीं सँभलेगा, तब वे बुद्धिमती कृत्तिकाएँ अपने-अपने पतियों के डर से और लाज के मारे बहुत दुःखी हुईं।

इन्द्र आदि देवताओं ने जब गंगाजी के पास जाकर बड़े विनीत भाव से प्रार्थना की, तब वे स्त्री का रूप धारण करके आईं और उस बालक को अपना अमृत्त से परिपूर्ण स्तन पिलाने लगीं। छः मुखों वाला वह बालक अमृत्त की धारा पीकर पल-पल बड़े वेग से बढ़ने लगा। जब छहों कृतिकाएँ आकर उसका पालन करने लगीं तब उसका रूप-रंग बड़े अनोखे प्रकार से प्रदीप्त हो उठा।

उस दिव्यरूपधारी बालक को देखकर गंगाजी, अग्नि और छहों कृत्तिकाएँ आँखों में प्रेम के आँसू भर कर उसे अपना पुत्र बनाने के लिए आपस में जोरों से झगड़ने लगीं। उसी समय शिवजी और पार्वती जी स्वेच्छा से घूमते-हुए, मन के समान वेग से चलने वाले विमान पर चढ़कर आकाश में उड़ते हुए वहाँ जा पहुँचे। केवल छः दिनों के उस छः मुँह वाले बालक को देखते ही शिव और पार्वती की आँखें स्वाभाविक पुत्र-प्रेमवश छलछला उठीं। तब पार्वती जी शंकर जी से पूछने लगीं - 'यह दिव्य शरीरवाला बालक कौन है? यह किसका पुत्र है और कौन बड़भागी स्त्री, इसकी माता है? ये अग्नि, गंगा और छहों कृत्तिकाएँ यह कह-कह कर क्यों लड़ रही हैं कि यह मेरा पुत्र है तुम्हारा नहीं। ये ऐसे निरर्थक और असत्य कथन क्यों कहती हैं। हे ईश! तीनों लोकों में तिलक के समान और सबका सिरमौर यह सुन्दर बालक वस्तुतः इन तीनों में से किसका है? अथवा इनको छोड़कर यह किसी और ही देव, दैत्य, गन्धर्व, नाग तथा राक्षस का पुत्र है?'

पुत्र की मनोहर और खिलवाड़ से भरी बाल-लीलाओं का आनन्द लेते हुए शंकर और पार्वती जी इतने मगन हो गए कि उन्हें यही सुधि नहीं रह गयी कि कब दिन चढ़ा और कब रात हुई । इस तरह अनेक प्रकार की लुभावनी और सुहावनी बाल-लीलाएँ करते हुए वह बालक छठें ही दिन बड़ा बुद्धिमान

जवान हो गया और छः ही दिनों में उसे सब शास्त्र और शस्त्रविद्याएँ भली-भाँति आ गईं।

अभिज्ञानशाकुन्तलम्

(i) स्त्री कामुकता के बारे में शकुन्तला कहती है कि हे निर्दयी! तुम्हारे मन की बात तो वह नटी जानती है, क्योंकि उसके प्रेमपाश में आबद्ध उसके समस्त अंगों को बलवान कामदेव दिन-रात सन्तप्त कर रहा है। (14. III, *अभि.शा.*)

काम लोभ की पुष्टि ही सर्वत्र है। आदर्श-प्रेम नहीं है। कामी को सर्वत्र अपने ही स्वार्थ की बात दिखलाई देती है। (2.II, *अभि.शा.*)

(ii) वैभव की पराकाष्ठा के अनेक दृष्टांत यहाँ हैं। जिस प्रकार तपस्वी श्री रत्नशीला पर बैठकर समाधि लगाते हैं उसी प्रकार यहाँ तपस्वीगण उन वस्तुओं के बीच में बैठ कर तप कर रहे हैं, जिन्हें पाने के लिए अन्य ऋषि तपस्या किया करते हैं। यहाँ पर ये लोग कल्पवृक्षों के वन की वायु पीकर जीते हैं, सुनहरे कमल के पराग से सुवासित जल में स्नान करके पूजा-पाठ करते हैं, रत्नशिलाओं पर बैठकर समाधि लगाते हैं और अप्सराओं के बीच में बैठकर संयम साधते हैं जैसा कि *अभिज्ञानशाकुन्तलम्* में वर्णित है। (12.VII, *अभि.शा.*)

विक्रमोर्वशीयम्

(i) एक विशिष्ट प्रसंग में रत्नजटित पत्थर की चौकी पर भ्रमर-समूहों के साथ बैठने की बात कही गई है। (II, *विक्रमो.*)

(ii) प्रकृत्ति व मानव का वैभवपूर्ण साधारणीकरण दार्शनिक एवं शृंगारिक तथ्यों के साथ जीवन की कामुकता का अद्भुत ताना-बाना है। यह स्त्री-पुरुष की यौवन कथा है। परस्पर संबंधों की जटिलताओं में कथा का विकास है और तत्कालीन व समकालीन समाज की युवा मनःस्थिति का गंभीर चित्रण है।

श्राप-योजना : अभिप्राय एवं औचित्य

रचयिता के मन में सबसे पहले कथा की 'रूपरेखा' व 'बीज' तैयार होता है फिर उस में 'चरित्र' आते हैं, जो कथा के सूत्रधार होते हैं; और कथा उनके माध्यम से आगे बढ़ती है। फिर जो घटनायें घटती हैं उसको आप अलंकृत करते हैं; अपनी सृजनात्मकता से, शब्द-चित्र से, उपमाओं से, स्वयं की अनुभूतियों से, आप समग्रता में उसे अभिव्यक्त करते हैं। इसके अनेक उदाहरण हैं तथा इसी का एक दृष्टांत है- 'श्राप-योजना।'

यह एक रोचक तथ्य है कि *मेघदूतम्, रघुवंशम्, कुमारसंभवम्* की सभी कथाओं में *अभिज्ञानशाकुन्तलम्, विक्रमोर्वशीयम्* एवं *मालविकाग्निमित्रम्,* श्राप-योजना अनुस्यूत हैं। *मेघदूतम्* में यक्ष को कुबेर श्राप देता है, *रघुवंशम्* में राजा दिलीप-अरुन्धती श्राप ग्रस्त हैं, अतएव उसे ऋषियों ने नन्दिनी की सेवा का उपाय सुझाया है। इन्दुमती भी श्राप ग्रस्त है। *कुमारसंभवम्* में कामदेव भी श्रापग्रस्त हैं और कामदेव की पत्नी 'रति' भी श्राप ग्रस्त है।

अभिज्ञानशाकुन्तलम् में शकुन्तला को दुर्वासा श्राप देते हैं। (1. IV, *अभि.शा.*)

ऋषि कन्या शकुन्तला का वैवाहिक जीवन श्रापित रहा है; श्राप ग्रस्त शकुन्तला को मेनका बचाती है और अपमानित होने पर शकुन्तला दुष्यन्त को 'अनार्य' कहकर संबोधित करती है। कालान्तर में गर्भवती परित्यक्ता शकुन्तला आश्रम में अपने बालक सर्वदमन को जन्म देती है जो कालान्तर में राज्य का उत्तराधिकारी होता है। वह मातृत्व के सम्मान से गर्वित होती है।

विक्रमोर्वशीयम् में उर्वशी को दो श्राप मिले हैं- एक भरतमुनि से तथा दूसरा कुमार (कार्तिकेय) के वन में जो भी जाएगा वह श्राप ग्रस्त होकर लता बन जाएगा। विक्रम भी श्राप ग्रस्त हैं। पेलव की पंक्तियों में उर्वशी श्राप की अभिव्यक्ति (निम्नवत प्रकार करती है)। (III, *विक्रमो.*)

जब तक अपनी संतान का मुख न देख लो, तब तक राजा पुरूरवा के साथ रहो तथा अग्नि से शुद्धि को भी बताया गया। (V, *विक्रमो.*)

अप्सरा उर्वशी नारायण ऋषि की जंघा से उत्पन्न हुई है जैसा कि *विक्रमोर्वशीयम्* में वर्णन है। वह भरत ऋषि कृत नाटक *लक्ष्मीस्वयंवर* खेल रही थी जहाँ उसने पुरुषोत्तम के स्थान पर पुरूरवा कह डाला। फिर क्या था? फलतः वह श्राप ग्रस्त होकर धरती पर आ जाती है- प्रेम विवाह होता है- विरह होता है- और अंत में उसके राजकुमार का राजतिलक होता है।

मालविकाग्निमित्रम् में धारिणी मातृरूपा है। मालविका बन्दी है और काम में सहयोगिनी है। कौशिकी पंडिता है, विदुषी है। इरावती निःसंतान, बांझ व परित्यक्ता है। सहनायिका औशिनारी बांझ है।

तीनों नाटकों का अंत श्राप की निवृत्ति से ही होता है।

स्त्रियों के विविध भाव स्पष्टतः दिखलाई पड़ते हैं। सप्त रचनाओं में वर्णित 'स्त्रियों तथा विदुषी विद्योत्तमा' -प्रकारान्तर से इन सभी के जीवन को 'श्राप का ग्रास' लगा, और उसने उन सबों के जीवन को प्रभावित किया, उसकी दिशा और दशा बदल डाली। प्रतीकात्मक ही सही, स्त्री-प्रसंग में 'श्राप और उसका प्रतीक' बहुत कुछ बोलता है और यहाँ प्रासंगिक भी है।

- *मेघदूतम्* में श्रापवश, कामी यक्ष और उसकी कान्ता यक्षी- दोनों नवविवाहितों को परस्पर कठिन वियोग के काल को सहना पड़ा। यही *मेघदूतम्* की करुण-यात्रा है। (1.*पू. मेघ..*)
- *कुमारसंभवम्* में अग्नि का शापित होना। (16. IX, *कुमार.*)
- *रघुवंशम्* में कामधेनु द्वारा श्राप दिया जाना। (77.I, *रघु.*)
- मतंग मुनि द्वारा श्राप। (53. V, *रघु.*)
- श्राप पुत्रेष्टि यज्ञ। (4. II, *रघु.*)

उपर्युक्त द्रष्टांतों के आधार पर विवेच्य ग्रंथों में 'श्राप की अवधारणा' और श्राप मुक्ति में संतान का होना तथा संतान हेतु किए गए सायास प्रयासों का उल्लेख है। दुर्भाग्यवश, विद्योत्तमा का जीवन भी विद्या के साथ एकांकी जैसा ही रहा है वहीं दूसरी ओर इनके पति कालिदास को सिंहलदेश की धनाढ्य गणिका कामिनी के हाथों काल-कवलित होना पड़ा। गणिका द्वारा विष देना, उनके जीवन के अंत का कारण बना, ठीक उसी प्रकार, जिस प्रकार सूर्यवंशी राजा अग्निमित्र का अंत भी अत्यंत कामान्ध क्षयरोग के कारण ही हुआ। इसे एक प्रकार का अभिशप्त-जीवन एवं दुर्भाग्यपूर्ण घटना ही कहा जाएगा।

स्मरण रहे कि विवाहोपरान्त विद्योत्तमा के जीवन में आशा के विपरीत कुठाराघात था, परिस्थितियाँ जटिल थीं। अतएव स्वयं के गढ़े पात्रों एवं उनके प्रतीकों, कथानकों के साथ निर्भीक रमण करना, उनका स्वयं का विषाद, विषमताएँ, उपलब्धियाँ और विविध रसों के माध्यम से अपने सृजनात्मक मन को, स्वयं की शान्ति एवं सृजन के लिए ठहराव देतीं। इस प्रकार विद्योत्तमा स्वयं के अंतः-विश्व का निर्माण करती, जहाँ भगवान, अवतार, देवी, अप्सराएँ, राजा, रानियाँ, राजकुमारियाँ, सखियाँ, गणिकाएँ, पण्डिताएँ, प्रभृति सभी उनके लेखन में जीवंत हो उठते हैं और उनके जीवन के बहुमूल्य सार्थक आधार बन जाते हैं। उपर्युक्त वर्णित स्त्री-पात्रों का विवेचन कथानकों एवं प्रसंगों के माध्यम से उपलब्ध होता है। स्त्री-पात्रों का यह भाव विशिष्ट है और आदरणीय भी। (55. VI, *कुमार.*)

मुझ मूढ़-मूर्ख को ज्ञान मिल गया हो, मैं लोहे से सोना बन गया हूँ। जैसा कि सभी को ज्ञात है कि लोहे से सोना बनाया जा सकता है पारसमणि नहीं। ज्ञानी बन जाएँगे पर शिरोमणि रचयिता नहीं।

अभिशप्तजीवन, व्रत-यज्ञ-तपस्या एवं उपासना

स्त्री ही किसी वंश की आधार भूमि है। वंश का अत्यंत सुन्दर उदाहरण पार्वती के रूप में प्राप्त होता है। पति के रूप में शिव प्राप्ति की अदम्य अभिलाषा से पूरित पार्वती कठिन तपस्या की उस अवस्था पर चली जाती है, जहाँ उसने वनस्पति के पत्तों को भी खाना छोड़ दिया है। जिससे उन्हें 'अर्पणा' कहा गया जैसा कि *कुमार*संभवम् में वर्णित है। (28.V, *कुमार*)

स्त्री व्रती अवस्था के अनुसार जटाजूटवासिनी भी बन जाती है जिसका प्रसंगतः उल्लेख भी है।

इस प्रकार व्रती के रूप में पार्वती अवस्थानुसार अपर्णा, जटाजूटवासिनी तथा 'कृशोदरि' के रूप में भी वर्णित है- उनका शरीर कृशता को प्राप्त हो चुका है।

अतएव पार्वती के व्रत का संदर्भ है- शिव की प्राप्ति। शिव की प्राप्ति का अर्थ वंश की वृद्धि संसार के कल्याण के लिए, जिस हेतु देवताओं का विशेष अनुग्रह है।

व्रत की पारणा को व्याख्यायित किया गया है। (70. रघु.)

तर्पण और पिण्डदान तक का उल्लेख *रघुवंशम्* में किया गया है।

वैदिकी प्रक्रिया में 'व्रत' को कामधेनु कहा गया है जिससे मनुष्य के समस्त अभावों एवं बाधाओं को दूर किया जाता है। शास्त्रानुसार 'गायत्री' को 'माता' तथा 'यज्ञ' को 'पिता' कहा गया है। इन्हीं दोनों के संयोग से आध्यात्म और आध्यात्मिक का जन्म होता है जिसे 'द्विणत्व' कहते हैं अर्थात् मनुष्य का आत्मिक रूपांतरण, जिससे मनुष्य की अंतः प्रजज्ञा की जागृति होती है। विवेच्य सभी सातों रचनाओं में मातृस्वरूपा 'गायत्री' की ही बहुलता है।

यज्ञादि व्रतादि कर्म, योग की विधि है जो परमात्मा द्वारा हृदय में सम्पन्न होती है जिसमें समष्टि का कल्याण अन्तर्निहित होता है। यह शुद्ध होने की शास्त्रीय क्रिया है जिसका उल्लेख प्रकारान्तर के सभी सातों ग्रंथों में है। इससे आयु, आरोग्यता, तेजस्विता, विद्या, यश, पराक्रम, वंशवृद्धि, ऐश्वर्य, लौकिक एवं पारलौकिक शुभता की सिद्धि प्राप्त होती है।

वैदिकी प्रक्रिया में 'यज्ञ' को परिगणित किया गया है। 'यज्ञ' शब्द संस्कृत की 'यज्' धातु से व्युत्पन्न है जिसका अर्थ- व्रत, दान, देवपूजन एवं संगतिकरण से है, जिसमें स्त्रियों की उपस्थिति मूल है। यहाँ तक कि स्त्रियों के बिना ये सभी यज्ञ अपूर्ण माने गए हैं। यज्ञ और वेद का अन्योनाश्रय सम्बन्ध है। एतादृश यज्ञ विषयक विद्या का प्रसंगानुकूल विवेच्य ग्रंथों में उल्लेख है।

इस प्रकार वेद का यज्ञ के साथ तथा यज्ञ का अग्नि के साथ वैसा ही सम्बन्ध है जैसा शरीर और आत्मा का। रघुवंशकार ने तीन विशिष्ट अग्नियों का उल्लेख किया है- गार्हपत्य, दक्षिणात्य तथा आह्वनीय। (25.V, *रघु.*)

दिग्विजय से लौटकर रघु के विश्वजीत नामक यज्ञ का सायास वर्णन भी मिलता है जिसमें उन्होंने अपनी सारी सम्पदा दक्षिणा में दे डाली।

(86.IV, *रघु.*)

यज्ञ की अग्नि का धुआँ पी-पी कर तपस्या की जा रही है और धुआँ लगने से तपस्वी की आँखें लाल हो गई हैं। (49., *रघु.*)

करभक के द्वारा बताया गया कि चौथे दिन ही व्रत का पारण होगा। (111, *अभि.शा.*)

यज्ञ की पहचान 'अग्नि' से होती है और अग्नि प्रतीक है- शक्ति की, ऊर्जा की, तथा ऊर्ध्वगामी प्रकृत्ति की। शास्त्रों के अनुसार 'दक्षिणा' को अग्नि की पत्नी माना गया है। अग्नि में ताप और भाप दोनों ही अन्तर्निहित हैं जिससे

जलाने, प्रकाश तथा जल-बिन्दु निर्माण तीनों ही समवेतरूप से सम्पन्न होते हैं, गंगा-यमुना के संगम में स्नान ही व्रत की पराकाष्ठा है यथा- विक्रमोर्वशीयम् में विदूषक के ये शब्द द्रष्टव्य हैं। (V, *विक्रमो.*)

वंश की श्रेष्ठता एवं प्राकृत्तिक आपदाओं से संरक्षण, युद्ध में पराक्रम-विजय एवं यशस्वी वंश वृद्धि के लिए स्त्रियाँ ही उपासना-व्रत इत्यादि किया करती हैं क्योंकि वे स्वभाव से चंद्रमा की चंद्रिका के समान मृदु और धर्म भीरु हुआ करती हैं जैसा कि *विक्रमोर्वशीयम्* में प्रसंग है कि काशीराज की दुहिता व्रत कर रही हैं। (111, *विक्रमो.*)

अपने पति तथा 'प्रिय' को प्रसन्न किए जाने वाले व्रत-उपासना की घोषणा, निपुणिका के शब्दों से होती है। (111, *विक्रमो.*)

स्त्रियों द्वारा व्रत-यज्ञादि कर्मों का सार्थक प्रयोजन है। पूर्व जन्म के पापों के निवारणार्थ तथा अपमानादि दोषों के निवारण हेतु व्रतादि अनुष्ठानों को विधिवत् एवं दैनंदिन किए जाने का व्यवहार मिलता है, यथा विदूषक के कथनों से द्रष्टव्य है। (111, *विक्रमो.*)

पश्चात्ताप एवं विलाप

इन्दुमती, सीता, शकुन्तला, उर्वशी, मालविका, यक्षी प्रभृति स्त्री नायिकाओं के चरित्र ओजस्वी, निष्कलंक, पवित्र, मर्यादित, धीरोदात्त और अपने नायकों के प्रति समर्पित हैं जिससे नायक चुंबक की तरह उनके आकर्षण के पाश में बंधे चले जाते हैं; और वे नायकगण नैसर्गिक सुख का आनंद लेते हैं। कालान्तर में, परिस्थितियों के बदलने के कारण वे कभी श्रापग्रस्त, कभी ग्रहों के कुचक्रों के जाल में उलझते हैं, तो कभी स्वयं की भूल एवं अन्यमनस्यत होने के कारण पश्चात्ताप एवं तद्जनित विलाप करते हैं। उनका हृदय विदारक वर्णन यहाँ उपलब्ध है।

रघुवंशम् के राजा रघु ने अपने शरीर के भीतर रहने वाले प्राण, अपान, समान, उदान और व्यान इन पाँच विशिष्ट पवनों को अपने वश में कर लिया था तथा प्रकृत्ति के सत्व-रज-तम इस गुणत्रयी पर विजय प्राप्त कर ली थी, उसी राजवंश में राजा राम ने प्रजा को कर-मुक्त कर दिया था, जिससे प्रजा समृद्ध हो गई थी।

रघुवंशम् के सूर्यवंशी मर्यादा पुरुषोत्तम राजा राम, वाल्मीकि के राम की तरह तटस्थ नहीं हैं बल्कि ये राम इस बात पर पश्चात्ताप करते हैं कि धर्मपरायणा गर्भिणी सीता का परित्याग करने के जघन्य अपराध के कारण सूर्यवंश कलंकित हो गया। इससे निस्तेज राम कहते हैं कि यद्यपि वे सदाचारी एवं पवित्र हैं, फिर भी बरसाती पवन के प्रभाव से स्वच्छ दर्पण भी धुंधला हो जाता है, सूर्यवंशी राजर्षियों के कुल में उनके कारण कैसा कलंक लग रहा है? (37.XIV, रघु.)

चौदहवें सर्ग में, धर्मपरायणा सहनशील सीता, राम को दोष न देकर, इसे अपने पूर्व जन्मों के पाप का असह्य फल मानती हैं। (62.XIV, रघु.)

सोलहवें सर्ग में, अयोध्यानगरी कुश के स्वप्न में विलाप करती हैं - मैं उसी अनाथिन अयोध्यापुरी की अधिष्ठातृ देवी हूँ। (9.XVI, रघु.)

> कुश को कुशावती नगरी त्याग कर अयोध्या आने को निदिष्ट तथा प्रेरित करती है। कुश को कुमुद्वती की कोख से 'अतिथि' नामक पुत्र हुआ और कुमुद्वती कुश के साथ सती हुई।

उन्नीसवें सर्ग में अग्निवर्ण नामक कामुक राजा ने इक्ष्वाकु वंश की पवित्रता एवं आदर्श को अधोपतित कर दिया। उसकी कामुकता एवं व्यभिचार ही उसकी मृत्यु एवं अंत का कारण बना। अन्ततः उनकी धर्मपत्नी जो शुभ गर्भ को धारण किए थी, राज्य के स्वर्ण सिंहासन पर विराजमान हुईं और आप्तजनों के परामर्श के अनुसार वे शास्त्रविधि से सुशासन करने लगीं।

दूसरी ओर, चंद्रवंशी राजा दुष्यन्त एवं विक्रम अपनी मर्यादा से च्युत होकर सामान्य प्रेमी की तरह पश्चात्ताप और विलाप कर रहे हैं। दैविक लोक, यक्ष की व्यथा, प्रलाप, और विलाप का विस्तार से वर्णन, उसे आदर्श प्रेमी के रूप में स्थापित करता है।

अन्वेषण इस बात की पुष्टि करता है कि इससे पूर्व कभी भी संस्कृत-प्राकृत साहित्य में नायकों का इस तरह का प्रलाप देखने को नहीं मिलता। कई आलोचकों ने इसे उभयलिंगी चेतना के अन्तर्गत समझा है। लेकिन यहाँ ऐसी बात नहीं है। अन्ततः यहाँ स्त्री-सत्ता एवं चेतना की ही पुनर्स्थापना होती है, जिसका विवरण अग्रलिखित है जो यहाँ समग्र रचना के लेखन में स्त्री-मनोविज्ञान, उसकी अस्मिता, व्यापकता, पवित्रता एवं बुद्धिमता को पदे-पदे स्पन्दित करता है।

यक्षिणी-यक्ष-वियोग-विलाप-मनोदशा

कामी यक्ष अपनी कान्ता भार्या यक्षिणी की विरह मनोदशा का भावात्मक चित्र यहाँ प्रस्तुत किया गया है। यह शापवश ही है। दोनों की मार्मिक दशा को बहुत ही गांभीरर्य के साथ सर्जक ने प्रस्तुत किया है। (1.I, *पू. मेघ.*, 67.1, *पू. मेघ.*)

रति-विलाप

कुमारसंभवम् महाकाव्य के चौथे सर्ग का नाम ही *रति विलाप* रख दिया गया है। (1.IV, *कुमार.*)

वसन्त को समक्ष देखकर रति अपनी छाती पीटती हुई फूट-फूटकर रोने लगी क्योंकि दुःख में स्वजनों को देखकर दुःख वैसे ही बढ़ जाता है, जैसे किसी रुकी हुई वस्तु को बाहर निकालने के लिए एक बड़ा भारी द्वार खुल जाए। (26.IV, *कुमार.*)

रति के शब्द : हे अनंग! तुम चंद्रमा के बड़े प्यारे मित्र थे। जब उसे यह ज्ञात होगा कि अब तुम्हारा शरीर सिर्फ कहानी भर रह गया है, तब वह व्यर्थ उदित चन्द्रमा शुक्ल पक्ष में भी बड़ी कठिनाई से अपना दुबलापन छोड़ सकेगा। (1.IV, *कुमार.*)

अज–विलाप

उस स्वर्णिम माला में इतना अधिक मधु और इतनी अधिक सुगन्ध थी कि उसके आगे वसन्त के वृक्षों और लताओं का मधु और सुवास लजा जाता था। सहसा वह माला रानी इन्दुमती के बड़े–बड़े स्तनों के बीच में आ गिरी। अज की प्रियतमा इन्दुमती ने क्षण भर के लिए अपने स्तनों की सखी उस माला को देखा और देखते ही उसने व्याकुल होकर उसी तरह आँखें मूँद लीं, जैसे चन्द्रमा को राहु ने ग्रस लिया हो। प्राणहीन होने से इन्दुमती धरती पर गिर पड़ी और उसके साथ–साथ अज भी गिर पड़े क्योंकि गिरते हुऐ तेल की बूँदों के साथ दीपक की लौ भी तो पृथ्वी पर गिर पड़ती है। यह देखकर उन दोनों के जिन सेवकों ने रोना–चिल्लाना प्रारम्भ कर दिया था, उनसे डर कर तालाबों में रहने वाले पक्षी भी इस प्रकार चिल्ला उठे, जैसे वे भी उनके दुःख से दुःखी हो गए हों। पंखा ढुलाने आदि से किसी प्रकार अज की मूर्च्छा तो दूर हो गई, परन्तु रानी इन्दुमती वैसे ही पड़ी रही क्योंकि उपचार तभी काम करता है जब आयु शेष हो। (36. VIII, *रघु.*, 95. VIII, *रघु.*)

सीता–परित्याग

अपनी पत्नी पर लगे हुए इस भीषण कलंक को सुन कर सीतापति राम का हृदय वैसे ही फट गया, जैसे घन की चोट से तपाया हुआ लोहा फट जाता है। वे सोचने लगे कि ‘‘अब दो ही मार्ग हैं, या तो मैं इस बात को अनसुनी

करके टाल दूँ या फिर निर्दोष पत्नी को सदा के लिए त्याग दूँ।'' उस समय उनका मन डगमगा गया और वे निश्चय नहीं कर पा रहे थे कि क्या करें और क्या न करें। किन्तु वह कलंक मिटाने का कोई दूसरा उपाय नहीं था इसलिए उन्होंने निश्चय कर लिया कि सीता को त्यागकर ही इस कलंक को मिटाया जाये क्योंकि यशस्वियों को अपना यश शरीर से भी अधिक प्रिय होता है। फिर स्त्री आदि भोग्य वस्तुओं की तो बात ही न्यारी है।

तब प्रतिज्ञा के सच्चे लक्ष्मण ने सीताजी को रेती पर उतारा और केवट जो नाव लाया, उस पर चढ़कर सीताजी के साथ गंगाजी से पार हो गए। साथ ही उस प्रतिज्ञा से भी पार हो गए, जो उन्होंने सीता को गंगा पार छोड़ने के लिए राम से की थी। उस पार पहुँच तथा आँसू रोककर लक्ष्मण ने रूँधे हुए गले से सीताजी को राजा राम की आज्ञा इस तरह सुनायी, जैसे कोई भयंकर बादल ओले बरसाता हो। लू लगने से जैसे लता के फूल झड़ जाते हैं और लता सूख कर पृथ्वी पर गिर पड़ती है, वैसे ही यह अपमानजनक बात सुनकर सीता के आभूषण गिर गए और वे स्वयं अपनी माँ पृथ्वी की गोद में गिर पड़ीं।

इसे सीता के वनवास के प्रसंग में देखें। यहाँ श्रीराम का दोष उद्घाटित होता है तथा उनकी मानसिक सीमा का पता चलता है। श्रीराम अपनी धर्मपत्नी सीता के निर्दोषत्व को स्वीकार करते हैं। (34.XIV. रघु.)

लेकिन यह कैसी विडम्बना है कि उनके मन में निर्दोष सीता को ही त्याग कर उनके द्वारा कलंक मिटाने की बात कही गयी। (35.XIV, रघु.)।

श्रीराम अपयश की वजह से निर्दोष धर्मपत्नी सीता को त्याग रहे हैं। (61. XIV, रघु.)

ऐसी विकट परिस्थिति में सीता का स्वर है कि क्या यही इक्ष्वाकुवंशी प्रसिद्ध रघुकुल की श्रुत परंपरा है जिसमें श्रीराम ने जन्म लिया है? (61.XIV, रघु.)

सीता के व्यक्तित्व में मानसिक विक्षोभ, सहनशीलता एवं कुलीनता की पराकाष्ठा देखिए, जहाँ वह रघुकुल की मर्यादा एवं स्वधर्म संस्कार का पालन करती हुई कहती हैं कि पुत्र हो जाने पर (अर्थात् गर्भवती सीता) सूर्य में दृष्टि (सूर्यवंशी रघुकुल) लगाकर ऐसी तपस्या करेंगी कि अगले जन्म में भी श्रीराम ही उनके पति हों, तब उन्हें अपने स्वामी से विमुक्त न होना पड़ेगा। (66. XIV, *रघु.*)

यह पूरा घटनाक्रम स्त्री एवं पुरुष की अंतः प्रवृत्ति को उजागर करता है। यहाँ निर्दोष कुलीन स्त्री के प्रति पुरुष की कतिपय दृष्टि को देख कर ऋषि वाल्मीकि ने व्यथित एवं क्रोधित मन से श्रीराम के कृत्य को धिक्कारते हुए उसे 'कलुषितप्रवृत्तिवाला' कहा है। (73.XIV, *रघु.*)

दुष्यन्त का विलाप एवं पश्चात्ताप

राजा दुष्यंत के द्वारा अपमानित एवं तिरस्कृत होने पर शकुन्तला रोती-विलखती हुई 'अप्सरातीर्थ' की ओर चली गई। वहीं श्रापग्रस्त राजा दुष्यंत अपनी शकुन्तला के विषय में सोचता है। राजा का कथन है- ''मैं व्याकुल सा हो रहा हूँ। मुझे शयनकक्ष तक पहुँचा दो।''

सानुमती तत्क्षण दुष्यंत को देखकर कहती है कि यद्यपि शकुन्तला को छोड़कर दुष्यंत ने उसका बड़ा भारी निरादर किया है, उस पर भी ये इस योग्य हैं कि इनके लिए शकुन्तला का तड़पना उचित ही है। उसी समय चिन्तित मनः स्थिति में भ्रमण करता हुआ दुष्यंत कहता है कि उस समय जब वह मृग-सदृश नयनों वाली प्यारी शकुंतला बार-बार उस दुष्यंत को समझा रही थी, तब तो उसकी आँखें खुली नहीं, क्योंकि श्राप के कारण, उसकी स्मृति का लोप हो चुका था। अब तो केवल पश्चात्ताप का क्लेश सहने के लिए दुष्यंत का यह अभागा हृदय जागा है। (7.VI, *अभि.शा.*)

दुष्यंत पश्चात्ताप की अग्नि में दग्ध है। फलस्वरूप उसका मन विचलित

हो चुका है। दुष्यंत का यह कथन है, ''मैं देर से उठा हूँ। अतः न्याय करने के लिए सभा-भवन में मेरा आना असम्भव है।''

दुष्यन्त अपने मित्र विदूषक से कहता है कि मित्र! वह ठीक-ठीक समझ ही नहीं पा रहा है कि शकुन्तला का वह मिलाप सपना था, जादू था, भ्रम था अथवा किसी ऐसे पुण्य का फल था, जिसका भोग पूरा हो चुका था। इन बातों ने दुष्यन्त की सभी आशाओं को पहाड़ से गिराकर चूर-चूर कर दिया है। (10.VI, *अभि.शा.*)

दुष्यन्त कहते हैं कि शकुन्तला के बिना कारण छोड़े जाने की जलन से उनका हृदय जल रहा है।

विक्रम का विलाप

''(आश्वस्त होकर लम्बी साँस लेते हुए) अरे! मेरा भाग्य मुझे सुखी नहीं होने देता। आज ही पुत्र को पाकर मैं आश्वस्त हुआ था। हे कृशोदरी! शीघ्र ही तुमसे मेरा बिछोह होने जा रहा है। यह तो ऐसा ही हुआ जैसे पहली वर्षा से शीतल हुए पेड़ पर अचानक बिजली गिर पड़ी हो।'' (16.V, *विक्रमो.*)

''सुन्दरी! ऐसा मत कहो। जिस पराधीनता के कारण तुम मुझे छोड़कर जा रही हो, उससे मनचाही वस्तु तो मिल नहीं सकती। इसलिए तुम अपने स्वामी (इन्द्र) की आज्ञा का पालन करो। मैं भी तुम्हारे पुत्र को आज राज्य भार सौंपकर इधर-उधर भ्रमण वाले हरिणों के झुंड वाले वनों का आश्रय लूँगा।'' (17.V, *विक्रमो.*)

❖❖❖

॥ चतुर्थ अध्याय ॥

स्त्री:
ब्रह्मा की सर्वोत्तम कृति

स्त्री: विहगावलोकन

ऋग्वेद तथा अन्य वैदिक ग्रंथों में अनेक स्त्रियों का ऋषिका के रूप में उल्लेख है। स्त्री के ऋषि होने का अर्थ है कि वह मंत्रों का साक्षात्कार कर लेती है। हरिपद चक्रवर्ती (1981) ने लोपामुद्रा, अपाला तथा घोषा को 'महिला ऋषि' माना है। माँधात्री, अगस्त्य की अज्ञातनाम बहिन, वसुक्र की पत्नी, शाश्वती, गोधा विश्ववारा भी ऐसी ही महिला ऋषि हैं। मंत्रों की रचयिता के रूप में घोषा का उल्लेख *ऋग्वेद* (1.117.7; 10.40.5; 10.39.3) में आता है। घोषा राजा कक्षीवत की बेटी थी। अपाला तथा विश्ववारा आत्रेय वंश की थी। *ऋग्वेद* के पंचम मंडल में आत्रेय ऋषियों के मंत्र हैं। अपाला तथा विश्ववारा के भी मंत्र इनमें हैं। इन महिला ऋषियों में से कुछ ने तो पूरे-पूरे सूक्त (बहुसंख्य मंत्रों का एक अध्याय) भी रचे थे।

संस्कृत साहित्य में स्त्री की स्वाधीनता और उनकी स्वाधीनता की हानि की सभी स्थितियों के वर्णन हैं। तीन तरह की स्त्रियाँ संस्कृत साहित्य में देखी जा सकती हैं- एक, वे जिन्होंने स्वाधीनता को एक मूल्य की तरह आत्मसात कर , उसे अपने जीवन में चरितार्थ किया; दूसरी वे जिन्हें इस मूल्य को प्राप्त करने के लिए संघर्ष करना पड़ा; तीसरी वे जिनके लिए स्वाधीनता मात्रक स्वप्न बन कर रह गई।

कण्व पुत्री शकुन्तला, अप्सरा उर्वशी, राजकुमारी मालविका, रानी धारिणी, इन्दुमती तथा इरावती, पण्डिता कौशिकी, पार्वती, रति, सीता तथा यक्षी आकर्षक एवं समग्र व्यक्तित्व के रूप में यहाँ उपस्थित हैं।

समष्टि में उपस्थिति

स्त्री तथा समाज का सम्बन्ध सापेक्ष कहा जा सकता है। स्त्री के स्वत्व की रक्षा के लिए समाज बना है और समाज के अस्तित्व के लिए स्त्री की अपेक्षा रहती है। स्त्री स्वतंत्र तथा परतंत्र दोनों ही है। स्त्री की भावनाओं को जीवित रखनेवाली कलाएँ, उनके बौद्धिक विकास को प्रशस्त बनाने वाला साहित्य और व्यवहार-जगत में उसके जीवन को सुख और सुविधाएँ देनेवाली सभी अनिवार्य वस्तुयें - सबकी उत्पत्ति में स्त्री का सापेक्ष सहयोग रहा है।

स्त्री पक्ष की दृष्टि से, विद्योत्तमा के अनछुए पहलुओं पर अनुसंधान करना, विषय के साथ समग्र न्याय होगा। आज, स्त्री शक्ति का शालीन प्रभाव सम्पूर्ण विश्व में परिलक्षित हो रहा है। अतएव विद्योत्तमा प्रासंगिक भी है और समीचीन भी। इस क्रम में अनेक रोचक तथ्यों पर अभिनव दृष्टि पड़ी है।

सभी विवेच्य कृतियों के कथानकों के विमर्श में सिर्फ स्त्रियाँ ही हैं। यहाँ स्त्रियों के प्रति एक विशेष आग्रह, गहरी संवेदना और सहानुभूति भी है। शृंगार, सौन्दर्य, करुणा, शक्ति तथा श्राप, श्रापित जीवन की प्रतिच्छाया इन सातों रचनाओं के मूल में है और पूरे कथानकों के प्रेरक तत्व भी हैं। उक्तियों की सटीकता, औचित्य विमर्श, शास्त्रीय अभिव्यक्ति एवं अभिरुचि, गहन-पड़ताल एवं उससे जुड़ी कवित्व संवेदना, भावों तथा विचारों का प्रस्फुटन बड़ी सरलता, कुशलता एवं सुरुचि से इन कृतियों में उपस्थित है।

मर्यादित स्वतंत्रता व प्रेम की पराकाष्ठा

इक्कीसवीं सदी में विदुषी राजकुमारी विद्योत्तमा के अवदान को अभिनव दृष्टि से अन्वेषण-मीमाँसा करने की प्रक्रिया को केन्द्र में रखकर- सभी सातों रचनाओं में विद्यमान तथ्यों एवं उनके प्रतीकों का विश्लेषण ही हमारा अभिप्राय है और साध्य भी। शब्दार्थ, मूलार्थ एवं भावार्थ की समग्रता में ही अदृश्य विद्योत्तमा की प्रतीति होती है।

स्त्रीपक्ष की दृष्टि से विद्योत्तमा के अनछुए पहलुओं पर अनुसंधान करना, विषय के साथ न्याय होगा। आज, स्त्रीशक्ति का प्रभाव सम्पूर्ण विश्व में परिलक्षित हो रहा है। अतएव विद्योत्तमा प्रासंगिक भी है और समीचीन भी। इस क्रम में अनेक रोचक तथ्यों पर अभिनव दृष्टि पड़ी है। संदर्भित रचनाओं में तीनों नाटकों का नाम- इनकी तीन मुख्य स्त्री पात्रों पर ही रखा गया है, यथा- *अभिज्ञानशाकुन्तलम्* में शकुन्तला, *विक्रमोर्वशीयम्* में उर्वशी तथा *मालविकाग्निमित्रम्* में मालविका। एतादृश उदाहरण प्रसिद्ध नाटककार भास कृत *'स्वप्नवासवदत्तम्'* में ही मिलता है अन्यत्र नहीं।

ये तीनों विवेच्य नाटक- 'स्त्री विषयक चिंतन' पर ही आधारित हैं, जिनमें शकुन्तला, उर्वशी एवं मालविका- इन तीनों नायिकाओं के निजी एवं; तत्कालीन समाज से संघर्ष, चुनौतियाँ एवं उनकी अभिलाषाओं का सौन्दर्यात्मक रेखांकन है।

सभी विवेच्य सातों कृतियों के कथानकों के विमर्श में सिर्फ स्त्रियाँ ही हैं। यहाँ स्त्रियों के प्रति एक विशेष आग्रह, गहरी संवेदना और सहानुभूति भी है। यहाँ विवेच्य ग्रंथों के ग्रंथकार के रूप में एक राजपरिवार की उच्च-कुलीन स्त्री, विदुषी राजकुमारी विद्योत्तमा के रूप में है, तब यह प्रासंगिक ही होगा कि स्त्रियों की अन्तः इच्छाओं को संक्षेप में रेखांकित किया जाये, यथा-

1. विधाता ने स्त्रियों के जीवन को सौम्य, विविध कलाओं, यथा-साहित्य, संगीत, नृत्य जैसी सुकोमल भावनाओं से गढ़ा है।

2. सुरक्षापूर्ण मर्यादित जीवन उनके लिए निहित है।

3. काम तथा आन्तरिक कामनाओं की अभिव्यक्ति के संदर्भ में स्त्री-पुरुष काम की शालीनपूर्ति, मर्यादित रूप से परिवार में ही है, अन्यत्र नहीं, जिसे स्त्रियाँ अंतःपुर में वैयक्तिक रूप से, अपने पुरुष के साथ ही जीना चाहती हैं।

4. तदनन्तर संतानोत्पत्ति तथा संतान के पालन-पोषण पर इनका ध्यान केन्द्रित होता है।

5. यह भी ध्यातव्य है कि उस युग में पुरुषों द्वारा बहुविवाह का समाज में प्रचलन एवं उसकी स्वीकृति थी; जबकि स्त्रियों के द्वारा बहुविवाह/बहुपतियों का न समाज में प्रचलन था, और न स्वीकृति; और न ही इस तरह के उदाहरण एवं संदर्भ उपलब्ध हैं। अतएव पुरुष की बहु-विवाह की विविध चुनौतियों को स्वीकारना तथा प्रसन्नतापूर्वक उनका निर्वाहन भी इन स्त्रियों के जीवन का एक अभिन्न अंग हुआ करता था।

6. जीवन के उत्तरार्द्ध में वानप्रस्थी भाव के साथ मुक्ति के लिए, अन्ततः प्रस्थान। इस संदर्भ में यह स्मरण रहे कि विदुषी विद्योत्तमा भी अपने जीवन के उत्तरार्द्ध में अपनी सखी प्रियंवदा के साथ हिमालय चली गई थी।

परामर्शदातृ (सखी, शुभचिन्तक, प्रतिनायिका)

राजाओं के लिए स्त्री संबंध उनके जीवन का एक अंग है जिससे मनोरंजन एवं संतान की प्राप्ति होती है। विदूषकों के साथ हैं सभी पात्र, जिनका राजाओं के साथ होना, राजाओं का मुख्य अंग है उसी के अंदर में घूमना स्त्री के लिए बहुत महत्वपूर्ण है। स्त्री हर जगह मित्र सलाहकारों से घिरी हुई है।

जया-विजया(पार्वती); शिव की सेवा तपस्या के समय ये दोनों सखियाँ पार्वती को सहयोग करती थीं। यही वे सखियाँ हैं जिन्होंने पार्वती के अन्तर्मन को शिव को बताया था। पार्वती की साथी (58/1, *कुमार.*), स्त्रीपरिचारिका (78.I, VI, *कुमार*)- वसंतऋतु के पुष्प से युक्त मदहोश हुआ करतीं और गायन से आनन्द विभोर हो कामदेव की पूजा अर्चना किया करती थीं।

(13.VI, *कुमार*)

अंतःपुर में स्त्रियाँ नियुक्त की जाती थीं जो उन्हें अन्य स्त्रियों के निकट जाने से रोक राजा के द्वारा नियुक्त होता था।

(3.XVI, XVIII, रघु.)

- सुनन्दा (इन्दुमती) प्रतिहारी= राजा भोज के दरबार में यह इन्दुमती की धातृ एवं सखी है। इन्दुमती के साथ यहीं स्वयंवर के समय रहती है।
- सुदक्षिणा में गर्भवती के लक्षण दिखलाई देने पर, कौमुदी उत्सव का आयोजन जिसमें राजवंश के नए उत्तराधिकारी को स्पष्ट किया जाता है। (69.VII, रघु.)
- अनुसूया-प्रियंवदा (शकुन्तला) उद्देश्य की पूर्ति के बाद विस्मरित कर दी गई हैं। शकुन्तला की सखी/प्रियंवदा संस्कृत में सम्भाषण करती है। (4, IV, *अभि.शा.*)
- अनुसूया शकुन्तला के संकट में तर्कपूर्ण व्यवहार एवं सलाह देती है जबकि प्रियंवदा जैसा कि नाम है, अपने मृदुल वचनों से शकुन्तला को सम्बल देती है।
- प्रियंवदा, शकुन्तला व दुष्यन्त के सम्बन्धों को लेकर आशान्वित रही है।
- प्रियंवदा शकुन्तला के कुशलक्षेम के प्रति अत्यंत सजग है। (2, III, *अभि.शा.*)
- शकुन्तला को प्रेमपत्र लिखने के लिए प्रियंवदा ही प्रोत्साहित करती है। (11.III, *अभि.शा.*)
- प्रियंवदा कण्व की प्रतिक्रिया से भयभीत भी होती है लेकिन उसे अपनी भूमिकाओं में आत्मविश्वास भी है।

- अनुसूया इस बात को लेकर आश्वस्त है कि पिता के रूप में कण्व शकुन्तला को योग्य व्यक्ति को ही देंगे। वह प्रियंवदा से ज़्यादा परिपक्व है। वह 'लोक स्वभाव' से भली-भांति परिचित है। कण्व के द्वारा दिए गए रेशमी वस्त्र और आभूषण से अनुसूया आश्चर्यचकित हो जाती है।

- उर्वशी की शुभ चिंतक है, वह राजा व विदूषक के अंतरंग वार्तालाप को भी सुनती है और अपनी सखी के पक्ष में काम करती है। संदेशवाहिका निपुणिका : इरावती की साथी व दासी है। (*मालविका.*)

- बकुलावलिका मेनका, सहजन्या नायिका की सखी-साथी है। (4.I, *मालविका.*)

- धारिणी की दासी और मालविका की सखी है। इसकी उपस्थिति विष्कम्भक में होती है जिसका काम मालविका को अग्निमित्र से मिलाना है। यह बुद्धिमान, चतुर व साधन सम्पन्न चरित्र है। विदूषक की स्त्री रूप में यह रेखांकित की गई है। यह औशिनारी की दासी सखी है। 'प्रियानुप्रसादनव्रत' को पूरा करने में रानी की सहयोगी होती है। वकुलावलिका, जो मालविका के हृदय को जीतकर उसके साथ राजा के साथ होती है।

- चेती (महिला) संतानविहीन व्यापारी की मृत्यु के समाचार को सुनकर मूर्च्छित राजा को सांत्वना देती है और शुभचिंतक जैसा व्यवहार करती है।

- कौमुदिका तथा नागरिका (27.IV, माल.) नाटक के प्रारम्भ में ही आती हैं। नागरिका सर्पशील के साथ कौमुदिका और धारिणी की ओर से संवाद लेकर ईरावती के पास जाती है।

- मधुकारिका एवं पराभृतिका, राजा के द्वारा नियुक्त 'प्रमदवन' की देखभाल करती हैं।

- स्त्री संदेशवाहिका तीन प्रकार की हैं : निसृन्तार्था, परिमितार्था, पत्रहारा।

विदुषी स्त्रियाँ

- गौतमी *(अभि.शा.)* चतुर वयोवृद्ध तपस्विनी, जो ऋषिकण्व के आश्रम में मुख्य तपस्विनी कुटुम्बिनी थीं। मातृत्व स्नेह से भरपूर गौतमी, शकुन्तला का ध्यान रखती थी। जब दुष्यन्त ने शकुन्तला को पहचानने से मना कर दिया तब गौतमी ने उसका प्रतिकार किया और दोनों के गंधर्व विवाह पर भी दुःख प्रकट किया, जिसमें परिवार को साथ न लिया गया। वह शकुन्तला को किसी घूंघट में रहने से मना करती है। विषम परिस्थिति में उसने शकुन्तला को आधार बना दुष्यन्त का मज़ाक उड़ाया। उसने शकुन्तला के लिए 'पुत्रिका' शब्द का प्रयोग किया जिसका अर्थ हुआ 'पोषित पालितकन्या'।

- पंडिता कौशिकी (परिव्राजिका) (16.I, मालविका.) माधवसेन के मंत्री सुमति की बहन है, पत्नी के रूप में मालविका को अग्निमित्र से गुप्त विवाह करने को आधार देती है, और राजदरबार में राजकीय नर्तकों एवं नृत्यांगनाओं की प्रस्तुति का परीक्षण करने के लिए इन्हें नियुक्त किया गया है। इनकी तुलना तीनों वेदों से की गई है जिसका 'पीठक्मर्गिका' के रूप में उल्लेख है जो नायिकाओं को उनके प्रेमियों तक सुरक्षित पाने को सहयोग करती है। वह मालविका की सखा है न कि धारिणी की। यह तो मात्र एक दिखावा है (13.I, *मालविका.*)। उन्हें न्यायाधीश के रूप में भी नियुक्त किया गया है क्योंकि वह पक्षपात रहित दिखाई पड़ती है। (15.I, *मा.*) वह बहुत प्रसन्न होती है, सभी बाधाओं को पार कर राजा-मालविका के मिलन पर जैसा वह चाहती थी, धारिणी भी प्रसन्न रहे और मालविका भी राजा को मिले।

तपस्विनी, आश्रम कन्या

- वनवासिनी कुमारियाँ।

- अनुसूया–प्रियंवदा: कण्वाश्रम में, आत्मनिर्भरता ने वचन एवं चरित्र में सहज, साहसिक, कुलीन एवं स्वीकार्य बनाया।

- अनुसूया (SI, XIII, *रघु.*): अत्रि ऋषि की धर्मपत्नी सीता के निर्वासन में वह सीता की सहयोगिनी थी।

- अरुन्धती (56.I, *रघु.*): तपस्विनी और वसिष्ठ की धर्मपत्नी। पूर्वजन्म में वह ब्रह्मा की पुत्री संध्या थी। वह जन्म लेते ही युवती हो गई थी। प्रजापति ब्रह्मा उनकी अलौकिक सुन्दरता को देख आकर्षित हो गये थे।

- गौतमी (V, *अभि.शा.*)

- अदिति (VII, *अभि.शा.*)

ऋषियों की पत्नियाँ यथा अदिति *(अभि.शा.)* में कश्यप की पत्नी, जबकि गौतमी वयोवृद्ध तपस्विनी अपने आने वालियों का सहयोग करती है। यह स्त्री चरित्रों की कमियों को दूर कर सही दिशा निर्धारित करती है। *विक्रमोर्वशीयम्* में तपस्विनी ने उर्वशी का बचाव किया और उसके पुत्र आयुष को पुरूरवा से हटा कर उसके पास लाई। ये तपस्विनियाँ विषम परिस्थितियों में पारिवारिक वातावरण तैयार कर सशक्त आधार देती हैं। (V)

–तापसी (*विक्रमो.*) (VII)

कलाकार, नटी, शिल्पदारिक

- नटी : सामान्यतः नाटक की प्रस्तावना में सहायिका नटी का प्रवेश होता है, जो सूत्रधार की पत्नी होगी तथा गायन, नर्तन एवं अभिनय में पारंगत। वह नाटक को परस्पर वार्तालाप के माध्यम से प्रस्तुत करती है।

ग्रीष्मऋतु पर गायन के साथ दर्शकों को आकर्षित करती है। अन्य दो नाटकों में पार्श्विक सहायिका है।

- शिल्पदारिक (V, *मालविका.*)
- रजनिका एवं ज्योत्स्निका, मगध के राजा ने राजा अग्निमित्र को दो गायिकायें भेंट की थीं। ये दोनों मालविका एवं धारिणी की सहायता करती थीं ।
- मालविका स्वयं में एक कुशल नृत्याँगना थी और उसके भाई ने ही उसे धारिणी को दिया था। यह बताता है कि आनन्द की वस्तु के रूप में स्त्री को खुले बाजार में बेचा और भेंटस्वरूप दिया जाता था, विशेषकर उन स्त्रियों को जिनकी नैतिकता क्षीण तथा समाज में कमजोर होती थी।
- पार्वती के विवाह में शृंगार का विवरण है। दर्पण के समक्ष स्तम्भित कर देने वाली सुंदरता को देखकर ऐसा प्रतीत है कि प्रसाधन सामग्री, आभूषण अथवा प्रसाधन को भी लज्जा आ जाए।
- बकुलावलिका, दोहद के लिए मालविका के पैर की सज्जा-शृंगार करती है। (*मालविका.*)

धातृ

राजपरिवारों में धातृ विमाता कहलाती है। विमाता की भूमिकायें और उनका कार्य परिवार को व्यापक आधार प्रदान करता है। दशरथ पुत्रों को विमाताओं को सौंपा गया था। (78. *रघु.*)

चतुरिका(दुष्यंत की महिला सहायिका)
दासी निपुणिका (औशिनरी) (ईरावती) *(विक्रमो.)*
चित्रलेखा (उर्वशी) *(विक्रमो.)*

– मगध की धातृ सुनन्दा (82.VI, रघु.), पुरुष समान सशक्त थी, इतिहास के ज्ञान से परिचित थी, राजाओं के व्यक्तिगत एवं वंशगत गुणदोष से भी भिज्ञ थी, जिसकी छटा हमें इन्दुमती के स्वयंवर में धातृ सुनन्दा के कथोपकथन में मिलती है। साथ ही वह एक बुद्धिमान वक्ता भी थी तथा किसी की भावनाओं को क्षति या ठेस पहुँचाए बिना भेदभाव से रहित व्यवहार करती थी।

राजपरिवारों में बाल राज*कुमारों* एवं बाल राजकुमारियों की नैतिक शिक्षा–दीक्षा, लौकिक एवं राजकीय व्यक्तिगत व्यवहार को गढ़ने के लिए राजाओं के द्वारा धातृ की नियुक्ति की जाती थी।

सेना में स्त्री

कुश की धर्मपत्नी कुमुद्वती ने राजा इन्द्र की सहायता की जिससे इन्द्र ने राक्षस दुर्जय पर विजय प्राप्त की तथा बाद में वह शची की सखी बन गई।

(7.XVII, रघु.)

समूह में स्त्रियाँ

संस्कृत नाटकों में विवाह के अवसर पर स्त्रियों का समूह में होना उल्लेखित है। *कुमारसम्भवम्* एवं *रघुवंशम्* दोनों ही ग्रंथों में अपने घर की खिड़कियों से स्त्री–समूहों का देखा जाना वर्णित है।

– *कुमारसंभवम्* में औषधिप्रस्थ अपने नगर की स्त्रियाँ शिव को वर के रूप में देखती हैं।

– जब युद्ध या शुभ यात्रा पर राजा या पुरुष प्रस्थान करते हैं तब उनकी स्त्रियाँ उन पर लाजा (पवित्र धान) फेंक कर शुभता व शुभकामनाओं का संदेश देती हैं। (रघु) जब दिग्विजय के लिए निकलते हैं तब उनके घर की वृद्ध स्त्रियाँ उन पर लाजा फेंकती हैं जो आज भी एक लोक रीति की तरह परंपरा के रूप में स्थापित है। (10.II, रघु.)

गणिकायें

प्राचीन भारत में वेश्यावृत्ति की प्रथा विद्यमान थी तथा इसके लिए राज्य शासन में अलग विभाग होता था जिसकी देख-रेख गणिकाध्यक्ष के रूप में हुआ करती थी। ये दशरथ के राज्यकाल के समय भयमुक्त होकर भ्रमण करती थीं (20. XI, *रघु.*)। देवदासी तथा नर्तकियों का उल्लेख आया है।

(8.I, *मालविका.*, 3.II, *रघु.*)

नपुंसक की स्त्रियाँ

कुमारसंभवम् में नपुंसकों की स्त्रियों का भी साभिप्राय उल्लेख है, जिन्हें देखकर मन कारुणिक हो जाया करता है। (36.XIII, *कुमार.*)

प्रोषितभर्तृका

इस का प्रसंगतः उल्लेख मिलता है, ऐसी स्त्रियों के पति परदेश में हों और मन कामातुर सिद्धों की स्त्रियाँ पास।

भूत-प्रेतों की स्त्रियाँ। (50.XVI, *कुमार.*)

देवियाँ

सप्तमातृका *(कुमार.)*, काली, सरस्वती, लक्ष्मी, गंगा-यमुना *(कुमार.)*- ये देवियाँ विवाह व अन्य शुभ कार्यों के निमित्त नायिकाओं/नायकों को सहयोग करती हैं। यें शिव की प्रसाधिका के रूप में हैं जो उन्हें वर के रूप में परंपरागत शैली और शिक्षित प्रसाधिका के रूप में उनकी साज-सज्जा करती हैं। शिव-बारात में ये आती हैं। इनका सृजन व विकास शिव के साथ ही है।

(58.VII, *कुमार.*)

अप्सरायें

मैना, विद्याधरी, कन्नरी, रति, वनचरी का उल्लेख है (7-12, I, *कुमार.*)। हिमालय की विद्याधरी स्त्रियाँ भूर्जत्वक के रूप में व्याख्यायित हैं जो अपने प्रेमपत्र में धातु रस का व्यवहार करती हैं। औषधि निमित्त वनेचर मिथुन का

उल्लेख (10.I, *कुमार.*) पर्वतों पर मेघ किन्नर मिथुन के घर के प्रवेश द्वार पर लटके प्रतीत होते हैं। नवविवाहित शिव-पार्वती के समक्ष नृत्य हेतु अप्सरा का उल्लेख है। (7.III, *कुमार.*)

- पुण्य जन/यक्षी का कहीं-कहीं उल्लेख (7.III, *रघु.*) बताया गया है।
- यक्षिणी *(मेघ.)*
- मेनका, सानुमती (*शा.*): ये दो अप्सरायें हैं। जब राजा के द्वारा शकुन्तला को ठुकरा दिया गया तब इन्होंने आकाश से अवतरित होकर, उसे बचाया और मरीचाश्रम (29.VII *शाकु.*) में पहुँचाया। माँ के रूप में शकुन्तला के पास उसकी देख-रेख करने के लिए सानुमती को भेजा गया, जो पैतृक व्यवस्था की क्रूरता से परिचित थी। माँ मेनका द्वारा निर्देशित अप्सरा सानुमती, राजा दुष्यन्त के पास जाती है। शकुन्तला के कल्याण हेतु वह कार्य करती है। ये अप्सरायें संकट में इन्द्र को सहयोग करती हैं।
- अप्सरा उर्वशी, रम्भा, मेनका, सहजन्या *(विक्रमो.) विक्रमोर्वशीयम्* की अप्सराओं की कथा है; मेनका (13-17.I, *विक्रमो.*), रम्भा (4.I, *विक्रमो.*), सहजन्या (14.I, *विक्रमो.*), ये तीनों अप्सराएँ उर्वशी की सखियाँ हैं। राजा से अपहरण की घटनाओं को बताया, समय पर सहयोग करने हेतु उनके प्रति आभार व्यक्त किया। यद्यपि इनकी भूमिकाएँ यहाँ कम हैं लेकिन बहुत महत्वपूर्ण हैं। अप्सरा उर्वशी के लता में परिवर्तित होने की दुःखद घटना को सुनकर सहजन्या सहम जाती है और राजा का कुशल क्षेम जानना चाहती है।

राक्षसी

- त्रिजटा (2.X, *रघु.*), रावण के राजमहल में रहा करती थी। जब रावण ने सीता को डराने के उद्देश्य से, राम के कटे सिर को सीता को दिखाया, तब त्रिजटा ने ही सीता को विश्वास दिलाया कि यह सिर्फ मोह-भ्रम

है, जिसका वास्तविकता से कोई सम्बन्ध नहीं है, अतएव वे डरे नहीं।

- ताड़का (21.XIV, *रघु.*) में छंदों में ताड़का का वर्णन है जो एक यक्षी है, जिसका रूपान्तरण राक्षसी के रूप में होता है। यह ऋषियों की साधना में विघ्न डालती है। मृत मनुष्यों की आंतों को मेखला के रूप में धारण करने वाली ताड़का के गले में मुण्डमाला है। वह रावण की शक्ति का आधार भी रही है।
- सूर्पनखा (32.VII, *रघु.*), लक्ष्मण ने सूर्पनखा को कुरूप कर दिया था।
- कुम्भीनसी (35.XV, *रघु.*)- रावण की बहन तथा लवण की माँ है जिसे शत्रुघ्न ने मारा था।

अन्य देशों की स्त्रियाँ

अनेक प्रकार के गुणों से सम्पन्न विभिन्न देशों की स्त्रियों का भी यहाँ उल्लेख हुआ है। यवनी, पर्शियन, केरली, हूण इत्यादि स्त्रियों के संदर्भ यहाँ मिलते हैं। योद्धा राजाओं की परिचारिका के रूप में यवन युवतियों का उल्लेख हुआ है। युद्ध में अपने पतियों को खो देने पर हूण स्त्रियाँ अंतःपुर में सेविका के रूप में आश्रय पाती हैं। वे *रघु.* की ऐसी विजय की निन्दा करती हैं। यहाँ पर स्त्री मनोविज्ञान की गहरी झलक मिलती है (68.IV, *रघु.*)। तीर व धनुष से युक्त यवन युवतियाँ अपने राजाओं की सहायता करती हैं तथा; गिद्ध पक्षी को भी मारती हैं जो संगमनी हीरे को ले जा रहा था। (3.III, *विक्रमो.*) *अभिज्ञान शाकुन्तलम्* में जब अदृश्य शक्ति के द्वारा विदूषक पर आक्रमण होता है जिसकी सूचना प्रतिहारी देता है उस समय स्त्री परिचारिका यवन स्त्रियाँ तीर धनुष लेकर आती हैं।

फारसी नवयुवतियों का उल्लेख आया है जो समान वय के युवाओं के साथ मद्यपान करती हैं और जब वे युवक दिग्विजयी रघु को देखते हैं, आक्रमण के भय के कारण वहाँ से भाग जाते हैं। केरली स्त्रियों का भी उल्लेख रघु के दिग्विजय के क्रम आया है। (*रघु.*)

अन्तःपुर की स्त्रियाँ

यह राजप्रासाद का आंतरिक भाग है जहाँ स्त्रियों की निजता का संसार बसता है। स्त्री पदाधिकारियों, द्वारपालिकाओं, कंचुकी तथा प्रहरियों द्वारा इसे विशेष सुरक्षा दी जाती है। स्त्रियों की सेवा तथा उनकी देखभाल का भार कंचुकी पर होता है जो राजा के द्वारा नियुक्त अंतःपुर का मुख्य अधिकारिणी होती है।

- कंचुकी की सहायता के लिए प्रतिहारी की नियुक्ति का विधान है।
- महारानी हम्सपदिका (1.V, *अभि. शा.*) का उल्लेख आया है। युद्ध में अपने पतियों को खो देने पर हूण स्त्रियाँ अंतःपुर में सेविका के रूप में आश्रय पाती हैं। वह रघु की ऐसी विजय की निन्दा करती है। यहाँ पर स्त्री के मनोविज्ञान की गहरी झलक मिलती है। (68.IV, *रघु.*)

सालिगोप्य (20.IV, *रघु.*): ये सेविका नवयुवतियाँ होती थीं जिन्हें फसलयुक्त खेत–खलिहानों की पक्षियों व जानवरों से रक्षा हेतु नियुक्त किया जाता था। गन्ने के खेत में बैठे रघु को अपने गायन के द्वारा मनोरंजन करते सालिगोप्य के द्वारा देखा गया।

स्त्री पात्र

सभी संदर्भित ग्रंथों में वर्णित स्त्री पात्रों की संख्या लगभग 88 है वहीं पुरुषों की संख्या 107 है। विश्लेषण से यह ज्ञात होता है कि 107 पुरुषों में केवल 33 ही महत्वपूर्ण हैं जबकि सभी 88 स्त्री पात्र स्वयं की अर्थपूर्ण प्रभावशाली भूमिका में उपस्थित हैं। यहाँ तक कि विवेच्य तीनों नाटकों की नायिका ही–नाटकों के प्रति आकर्षण का कारण हैं। अतएव उन सभी स्त्री पात्रों का व्यक्तित्व अनायास ही पाठकों/दर्शकों को आकर्षित करता है, क्योंकि कथानकों की गति भी स्त्रियों तथा उनके जीवन के विविध आयामों पर ही पूरी तरह निर्भर करती है।

स्त्रीः नीति एवं कूटनीति, समाज एवं संस्कृति

यह विवेच्य पाठों में आद्योपान्त विद्यमान है जिनमें चातुर्य, कुशलता एवं श्रेष्ठता है। *रघुवंशम्* के रचयिता के अनुसार यह एक समन्वित स्त्रीनीति है, यथा- 'चतुर्वर्गफलं ज्ञानं कालावस्थाश्चतुर्गुणाः' स्त्रियों का यह प्रयत्न हुआ करता है कि वे अपने स्वामियों की सदैव सहायिका बनें और स्वामियों के आंतरिक तथ्यों के अंतस को भाँप कर ही तदनुरूप व्यवहार करें। इसे *विक्रमोर्वशीयम्* के उर्वशी के कथानकों से समझा जा सकता है। (IV, *विक्रमो.*)

मनुष्य और पशु पक्षी प्रजाति की स्त्रियों के माध्यम से स्त्रियों की स्वभावगत चतुरता को अभिव्यक्त किया गया है। प्रकृत्या पशु-पक्षी प्रजाति की स्त्रियाँ भी स्वभावतः चतुर होती हैं, फिर चतुर स्त्रियों का क्या कहना? जब तक कोयल के बच्चे उड़ना नहीं सीख जाते तब तक उनका पालन-पोषण वह दूसरे पक्षी से चतुराई के साथ करा लेती है। (22.V, *अभि.शा.*)

पुरुष वास्तव में स्त्री चातुर्य से सावधान रहते हैं, क्योंकि दुष्यन्त का ही कथन है कि समझदार स्त्रियों का क्या कहना? अतएव स्त्रियों के चातुर्य से पुरुष सामान्यतया भिज्ञ होते हैं। फिर भी, अन्य रमणियों में कतिपय पुरुषों का हृदय अनुरक्त हुआ करता है यथा- *मालविकाग्निमित्रम्* के शब्दों में दृश्यगत है। (III, *मालविका.*)

मनस्विनी स्त्रियाँ

स्त्रियों की विशिष्टता उनकी मनस्विता भी है। ऐसे स्वभाव वाली स्त्रियाँ जब रुष्ट होती हैं तब वे पैरों पर पड़ने पर भी, अपने पति की बातें नहीं मानतीं, परन्तु कुछ समय पश्चात् मनस्विनी स्त्रियाँ अपने स्वयं के व्यवहार पर पश्चात्ताप करने लगतीं हैं। इसीलिए स्त्रियों में सहनशीलता के अपूर्व भाव की ओर इंगित किया गया है। (IV, *अभि.शा.*)

स्वामियों की प्रसन्नता

स्त्रियों की दृष्टि में अपने स्वामियों को प्रसन्न रखना विशेष महत्व रखता है। अतएव स्वभावतः स्त्रियाँ पटु हुआ करती हैं। इस संदर्भ में *कुमारसंभवम्* के शब्द द्रष्टव्य हैं। (12.IX, *कुमार.*)

अन्यत्र, आर्यपुत्र जिस स्त्री की कामना करेंगे या जो उनके समागम की इच्छुक होंगी–उनके मध्य वह स्त्री, स्वयं प्रेम के साथ व्यवहार किया करेंगी अर्थात् अपनी मृदुता के मूलभाव में ही रहेंगी। यहाँ, देवी के ये शब्द द्रष्टव्य हैं जैसा कि *विक्रमोर्वशीर्यम्* वर्णित है। (III, *विक्रमो.*)

दास्य एवं धाय भाव

दास्य भाव, प्रेम का ही एक विशिष्ट रूप है। *अभिज्ञानशाकुन्तलम्* में शाङ्ख के अनुसार स्त्रियों के लिए दासी बनकर भी अपने पति–गृह में रहने की बात कही गई है। (27.V, *अभि.शा.*)

यही धाय भाव के रूप में *रघुवंशम्* में दर्शनीय है।

(62.XIII, *रघु.*)

ऐसा देखा जाता है कि स्त्रियाँ अपने स्वामियों, प्रियतमों के अपराधों को भी अपने दृष्टिपथ पर नहीं लातीं और उन पर ध्यान नहीं देतीं, क्योंकि वे जानती हैं कि कुछ नहीं कर सकतीं। इस संदर्भ में *मालविकाग्निमित्रम्* में इरावती के शब्द द्रष्टव्य हैं। (IV, *मालविका.*)

सूक्ष्म व्यवहारशीला

स्त्रियों के व्यवहार के इस पक्ष को *मालविकाग्निमित्रम्* के इरावती के शब्दों से समझा जा सकता है। यदि अज्ञानतावश स्त्रियों से धृष्टता हो भी जाये तो वह व्रत–उपासना आदि से उसके परिमार्जन के लिए प्रयत्नशील हुआ करती हैं।

दूसरी ओर, *विक्रमोर्वशीयम्* में स्त्रियों के अन्तर्मन में निहित उसकी स्वयं की नीति देवी के कथोपकथन में स्पष्टतः परिलक्षित होती है। (III, *विक्रमो.*)

देवी अपने स्वयं के सुख का बलिदान देकर भी आर्यपुत्र को सुखी देखना चाहती हैं।

सख्य भाव

सखि व मित्र कैसा हो? इसकी व्याख्या है। (58.XVII, *रघु.*)

अर्थात् यदि नीच एवं धनी परस्पर मित्र हो जायें तो कुछ न कुछ बाधा अवश्य ही डालते हैं। अतएव, ऐसे लोगों को मित्र बनाया जाय जो न तो नीच हों और न धनी। विवेच्य ग्रंथों में सखियों की उपस्थिति एवं उनके परस्पर मृदुल सम्बन्धों का भाव है। एक-दूसरे से मिलने के लिए उत्सुक सखियाँ उसी प्रकार मिलती हैं जैसे लताओं से वसंत काल की शोभा जा मिलती है।

(14.I, *विक्रमो.*)

स्त्रियाँ सुख-दुःख के क्षणों में जनित मनोगत भावों को अपनी विश्वस्त सखियों से ही बाँटती हैं जैसा *अभिज्ञानशाकुन्तलम्* में दुष्यन्त के शब्द व्यक्त करते हैं। (9.III, *अभि.शा.*)

इन सखियों के पूछने पर यह बाला अवश्य ही अपने मन की बात बता देगी, क्योंकि ये दुःख-सुख में परस्पर साथ दिया करती हैं। अन्यत्र, सखियाँ ही चूड़ापाश एवं केशपाश के शृंगार में परस्पर एक-दूसरी सखियों को सहयोग किया करती हैं। (65.V, *मेघ.*)

स्त्री परामर्श को इसमें बड़ी कुशलता से अभिव्यक्त किया गया है। (85.VI, *कुमार.*)

पतिव्रता एवं सती

ऐसी स्त्रियाँ किसी भी बात में अपने पति के प्रतिकूल नहीं होती जैसा कि कहा गया है। (86.VI, *कुमार.*)

वहीं पतिप्रिया स्त्रियाँ, पति की मृत्यु के उपरांत उनके मृत्त शरीर के साथ ही चिता में प्रवेश कर जातीं तथा 'सती' की पराकाष्ठा में स्वयं की जीवन्त आहुति दे देतीं, जैसा कि *रघुवंशम्* में कुमुद्वती का उसके पति कुश के साथ सती होने के प्रसंग में उल्लिखित है।

सृजनात्मकता व चैतन्य

ध्यातव्य है कि विवेच्य ग्रंथों में सखियों की पर्याप्त सक्रियता और उपलब्धता है। वस्तुतः स्त्री-पुरुष की शृंगारिक अभिव्यक्ति से समग्र साहित्य ओत-प्रोत है जिसका वर्णन मृदुलता के साथ किया जाता है। संतानहीन स्त्रियों की स्थिति बहुत अच्छी नहीं है।

यहाँ अल्प शब्दों में अधिक भावों को अभिव्यक्त करने की कुशलता तथा कथोपकथन की स्वाभाविकता है। यहाँ विविध प्रसंगों में स्त्री की अन्तरात्मा, उनका अंतर्मन, स्व एवं अहम् प्रभृति विविध भावों की ध्वनि में मिलती है। इस संदर्भ में चेतना का अर्थ- विचारों, तत्सम्बन्धी अनुभूतियों, संकल्पों, परिस्थितियों, उसकी पृष्ठभूमि तथा स्वयं की क्षमता एवं महत्वाकांक्षा से जुड़ा है। उन स्त्रियों की स्वयं की पहचान, उनकी कर्त्तव्यनिष्ठता, एकाग्रता एवं विषयगत विविध अनुभवों की संगठित अभिव्यक्तियाँ इन ग्रंथों में सर्वत्र मिलती हैं। अतएव, विमर्श एवं चेतना की विविध अवस्थाओं का पर्याय ही 'स्त्री' है।

यह भी स्मरण रहे कि स्त्रियाँ मानवीय जीवन की समस्त अभिव्यक्तियों यथा- सुख, दुःख, प्रेम, हर्ष, विषाद, उल्लास, उमंग आदि से जुड़ी हैं। इन विविध भावावेगों के साथ अपनी मर्यादा में रहकर, तन-मन की रागात्मक एवं

भावात्मक इच्छाओं की पूर्त्ति करना एक स्त्री-मन के लिए कठिन चुनौती बन जाती है।

भारतीय इतिहास इसका साक्षी है और विदुषी विद्योत्तमा जैसी अप्रतिम स्त्री का समग्र जीवन स्वयं में पूरे समाज को प्रेरित करता है और उसका अदृश्य व्यक्तित्व, विवेच्य ग्रंथ के रूप में दृश्य तथा साक्षात् है। यहाँ ज़्यादातर पुरुष की दृष्टि में स्त्री भोग की वस्तु है। भोग में, स्त्रियों को उपभोग की वस्तु के रूप में देखा गया; जबकि इसके ठीक विपरीत संभोग में परस्पर विश्वास, सम्मान एवं प्रेम है। इन विवेच्य ग्रंथों में संभोग है न कि भोग या उपभोग। संभोग में सौन्दर्य है जो विभिन्न प्रसंगों में प्रतिबिम्बित है। इस संदर्भ में *रघुवंशम्* के रचयिता के शब्द द्रष्टव्य हैं। (35.IV, रघु.)

इस प्रसंग में विदेशी साहित्य में स्त्री काम का उल्लेख समीचीन होगा। दसवीं सदी तक स्त्रियों को यहाँ केवल भोग की वस्तु ही माना गया, जबकि भारत में ईसा की चौथी सदी अर्थात् गुप्तकाल में स्त्रियों की काम-वासना का सामाजिक सम्मान तथा उसे आधार बनाकर ही, अनेक शास्त्रीय ग्रंथों का प्रणयन किया गया, मंदिर के शिल्प में भी काम व संभोग को पर्याप्त महत्त्व दिया गया तथा संभोग को धर्म से अनुकूलित किया गया। फलतः मोक्ष प्राप्ति के लिए चतुर्वर्ग में इसे महत्त्वपूर्ण स्थान प्राप्त है: धर्म-अर्थ-काम-मोक्ष।

यह विडम्बना ही है कि राम के मन में निर्दोष सीता को ही त्यागकर उनके द्वारा कलंक मिटाने की बात कही गयी- वाच्यं त्यागेनपत्न्याः परिमार्ष्टुमैच्छत् (35.XIV, रघु.) और यश सर्वोपरि हो गया क्योंकि श्रीराम की मनःस्थिति तदज्जनित क्रियात्मकता के सन्दर्भ में है कि यशस्वियों, जो श्रीराम के अभिप्रेत हैं, को अपना यश, शरीर से भी अधिक प्रिय होता है। (35.XIV, रघु.)

ऐसी स्थिति में यहाँ स्त्री को भोग की वस्तु ही माना है। शरीर या देह के इन्द्रिय सुख से ज़्यादा यश को ही प्रबल माना है- अतएव स्त्रीजनित इन्द्रिय

सुख को उपभोग के रूप में यहाँ इगित किया गया है। यहाँ श्रीराम पुरुष-दृष्टि से बंधे हुए हैं; उससे बाहर नहीं निकल पा रहे हैं। (35.XIV, रघु.)

ऐसी पुरुष-दृष्टि की संकीर्णता यहाँ व्यक्त हो रही है, यथा- सीता अपने स्वामी श्रीराम से कहती हैं कि आपने अपने सामने ही उसे अग्नि में शुद्ध किया था। (61.XIV, रघु.)

फिर भी श्रीराम अपयश की वजह से निर्दोष धर्मपत्नी सीता को त्याग रहे हैं। (61.XIV, रघु.)

ऐसी विकट परिस्थिति में सीता का प्रश्न है कि क्या यही इक्ष्वाकुवंशी प्रसिद्ध रघुकुल की श्रुतपरंपरा है, जिसमें श्रीराम ने जन्म लिया है?

(61.XIV, रघु.)

सीता के व्यक्तित्व में मानसिक विक्षोभ, सहनशीलता एवं कुलीनता की पराकाष्ठा दिखती है जहाँ वह रघुकुल की मर्यादा एवं स्वधर्म संस्कार का पालन करती हुई कहती हैं कि पुत्र हो जाने पर (अर्थात् गर्भवती सीता) सूर्य में दृष्टि (सूर्यवंशी रघुकुल) लगाकर ऐसी तपस्या करेंगी कि अगले जन्म में भी श्रीराम ही उनके पति हों, तब उन्हें अपने स्वामी से विमुक्त न होना पड़ेगा। (66.XIV, रघु.)

यह पूरा घटनाक्रम स्त्री एवं पुरुष की अंतः प्रवृत्ति को उजागर करता है। यहाँ निर्दोष स्त्री के प्रति पुरुष की दृष्टि को देखकर ऋषि वाल्मीकि ने व्यथित एवं क्रोधित मन से श्रीराम के कृत्य को धिक्कारते हुए 'कलुषित प्रवृत्तिवाला' कहा है। (73.XIV, रघु.)

शकुन्तला भी अपने पति दुष्यन्त से क्षुब्ध होकर क्रोधवश उन्हें 'अनार्य' तक कह डाला है। (V, *अभि. शा.*)

शकुन्तला कहती है, ''अनार्य (दुष्यन्त)! अपने ही हृदय के समान, सबके हृदय को खोटा समझते हो? दुष्यन्त के सिवाय और कौन ऐसा होगा, जो घास-फूस से ढके हुए कुएँ जैसे, धर्म का ढोंग रचकर ऐसा नीच काम करेगा?''

अन्यत्र, एक और प्रसंग में शकुन्तला ने क्षुब्ध होकर अपने पति दुष्यंत को आर्य न कहकर 'पौरव' भी कहा है। (V, *अभि. शा.*)

अर्थात् शकुन्तला क्षुब्ध होकर, जब दुष्यन्त के मन में विवाह को लेकर सन्देह है, ऐसी स्थिति में 'आर्यपुत्र' सम्बोधन करना ठीक नही मानती है। शकुन्तला उन्हें 'पौरव' सम्बोधित करती हुई कहती है कि आश्रम की भोली-भाली शकुन्तला को मीठी-मीठी बातों के जाल में फँसाकर, उसका अपमान करना, दुष्यन्त को शोभा नहीं देता है।

बौद्धिकता का सौन्दर्यबोध

स्त्रियों की आत्मोन्नति समाज के समग्र विकास के लिए अत्यन्त आवश्यक है। आत्मोन्नति एवं चरित्र दोनों में परस्पर सम्बन्ध है। फलतः सज्जन लोग यह नहीं देखा करते कि कौन स्त्री है और कौन पुरुष, बल्कि यह देखा जाता है कि किस का चरित्र कैसा है अतएव चरित्र का ही सर्वांगीण महत्व है, इसी तथ्य पर *कुमारसंभवम्* के रचयिता ने विचार किया है जहाँ भगवान शंकर ने अरुन्धती और ऋषियों में बिना स्त्री-पुरुष का भेद-भाव किए, समान भाव से देखा है। यह समानता और समग्र मानवीयता के भाव को प्रकट किया है। (12.VI, *कुमार.*)

विद्योत्तमाकालीन जीवन से अपना बौद्धिक और रागात्मक सम्बन्ध स्थापित करने के लिए हमें, मात्र ज्ञान के उन्नत शिखरों पर ही अन्वेषक दृष्टि केन्द्रित न करके उसकी व्यापकता को सूक्ष्मता से अन्वेषण करना होगा। मानव के सौन्दर्य बोध, उसके राग-विराग, हर्ष-विषाद, प्रेम-सौन्दर्य एवं

काम, संघर्ष–विश्रान्ति आदि की गाथा से परिचित होने पर, उससे हमारा ऐसा तादात्म्य सम्भव होगा, जो देश काल की दूरी अस्वीकृत कर मानव हृदय की समानता को प्रमाणित कर सकता है।

मनुष्य के पास बाह्य जगत के समान एक सचेतन अन्तर्जगत भी रहता है, अतः उसका सौन्दर्यबोध अधिक रहस्यमय हो जाता है। एक पात्र को दूसरे पात्रों से भिन्न विशेषता उसके सौन्दर्य बोध से मिलती है। सौन्दर्य बोध मानव पात्रों की सहज वृत्ति होने के कारण उसी की तरह अपने परिवेश में उपस्थित रहता है। व्यापक अर्थ में वह जीवन की समग्रता में व्याप्त और व्यक्त होकर, प्रभावित करता है। सौन्दर्य की अनुभूति जितनी सहज है, उसे परिभाषित करना उतना ही कठिन है। सामान्यतः वह ऐसी सुखद अनुभूति है, जो विविध परिस्थितियों की सामंजस्यपूर्ण स्थिति में अनायास उत्पन्न हो जाती है।

स्त्रीकेन्द्रित विमर्श की कथा तथा अंतः कथानकों की व्यापकता, कृतियों में स्त्री पात्रों का आधिक्य, स्त्री–मनोविज्ञान का संवेदनशील चित्रण सृजित किया गया है। कण्व पुत्री शकुन्तला, अप्सरा उर्वशी, राजकुमारी मालविका, रानी धारिणी, इन्दुमती तथा इरावती, पण्डिता कौशिकी, पार्वती, रति, सीता तथा यक्षी बहुत ही सुंदर ढंग से अपने आकर्षक एवं समग्र व्यक्तित्व के साथ यहाँ उपस्थित हैं।

ये सभी स्त्रियाँ परंपरागत सांस्कृतिक विचारों से पुष्ट होकर अपनी उपस्थिति को प्रमाणित करती हैं। जीवन को चहुँ ओर से स्पर्श करने वाली दृष्टि, मूलतः सामंजस्योन्मुख ही होती है, जिसका निर्देशन विवेच्य रचनाओं में प्राप्त होता है। सातों रचनाओं में वर्णित स्त्री–संसार उद्घोष करता है और स्पष्टतः यह इंगित होता है कि रचयिता राजकीय वैभव में पूरी तरह रची बसी विदुषी ही थी।

नाटकों में *मालविकाग्निमित्रम्* का आधार, मालविका और अग्निमित्र की प्रेमकथा है जबकि *विक्रमोर्वशीयम्* में पुरूरवा और उर्वशी का पौराणिक

वृत्तांत है। *महाभारत* में शकुंतला से विवाह कर के भी दुष्यंत ने पहचानने से मना कर दिया, दोनों के बीच जमकर झड़प हुई। शकुंतला अंत में यह कह कर चली जाती है कि "मैं अपने बेटे को ऐसा शूरवीर बनाऊँगी कि वह अपने बल पर, तुझसे आर्यावर्त्त का राज्य ले लेगा।" शकुन्तला को नारी मुक्ति के प्रतीक के रूप में उद्धृत किया गया है।' *अभिज्ञानशाकुन्तलम्* की प्रेरणा संभवतः *महाभारत* के वर्णित 'शकुन्तलोपाख्यान' से ही मिली होगी, किन्तु नाटककार की प्रतिभा ने उस पर सौन्दर्य का ऐसा मर्मस्पर्शी रंग भरा कि मूल कला और *अभिज्ञानशाकुंतलम्* में मिट्टी और उस पर जन्म पाने वाले फूल जैसा अंतर उत्पन्न हो गया। यहाँ साहित्यकार का जीवन-दर्शन, सौन्दर्य बोध, अनुभूति की अतल गम्भीरता भाषा-शैलीगत वैभव विकास की पराकाष्ठा को छू लेती है।

अभिज्ञानशाकुन्तलम् की कथा आश्रम के आस-पास घूमती है। आश्रम में ही शकुन्तला एवम् दुष्यन्त का प्रथम मिलन होता है। शकुन्तला के सौन्दर्य-वर्णन में लेखनी खूब चली है । शकुन्तला के विषय में - वह अनघ पवित्र रूप, अनसूँधा-सुमन नखाघात से अछूता किसलय, अनबिंधा- रत्न अनास्वादित नव-मधु और अखण्ड पुष्पों के फल के समान है। विधाता न जाने किसे, इस सौन्दर्य के उपभोग की पात्रता दे। आश्रमवासिनी निश्छल शकुन्तला के रूप पर मुग्ध दुष्यन्त, आश्रम के विरुद्ध आचरण करने के लिए मुक्त हैं और उसे भूल जाने के लिए स्वतंत्र, परन्तु इस चरम मुक्ति के उपरान्त स्वयं पश्चात्ताप की ज्वाला में तप कर, पुत्रवती शकुन्तला को खोजता और उससे पति तथा पिता के बन्धनों की याचना करता है।

नारी के कर्तव्य की चरम सीमा, उसके प्रेयसी होने में ही समाप्त नहीं होती, उस पर मातृत्व का गुरु भार भी होता है। स्त्रीत्व के विकास तथा व्यक्तित्व की पूर्णता के लिए सन्तान साध्य है और रमणी तन एक साधन मात्र। अतएव प्रत्येक रमणी माता बनकर एक समग्र व्यक्ति बन जाती है। शकुन्तला,

पार्वती, धारिणी (वसुमित्र की माता), उर्वशी, अरुन्धती इत्यादि मुख्य स्त्री पात्र इसी प्रकार के हैं।

स्त्री–जीवन की अवस्थाएँ

यौवनावस्था

विवेच्य ग्रंथों में स्त्रियों की विभिन्न अवस्थाओं यथा–युवती, रजस्वला, गर्भावस्था तथा माता इत्यादि। स्त्रियों का व्यर्थ में रूष्ट होना तथा परस्पर अल्पमति वाले झगड़ों में न उलझते हुए, उन स्त्रियों को स्वयं के यौवन के सदुपयोग हेतु रघुवंशकार ने सुझाव दिया है। (47.IX, रघु.)

शकुन्तला के संदर्भ में, ऋषिकन्या जब अपनी यौवनावस्था में पहुँच जाती है तब उसके विवाहोपरांत उसकी विदाई की जाती है। इस अवसर पर उसके पालक पिता ऋषि का कातर मन सामाजिक मूल्यों की स्थापना करते हुए कहता है उन गृहस्थों को कितना क्लेश होता होगा, जब वे पहले–पहल अपनी कन्या को उसके पतिगृह गमन के लिए विदा करते हैं।

(6.IV, *अभि.शा.*)

पुरन्ध्री : पुरन्ध्री, यौवनस्त्री की प्रगल्भता को द्योतित करता है। वास्तव में विवाहिता को पुरन्ध्री भी कहा गया है। (32.VI, *कुमार.*)

राजा दिलीप की धर्मपत्नी सुदक्षिणा की रजस्वला अवस्था की शालीन अभिव्यक्ति भी उपलब्ध होती है। (76.I, रघु.)

कुल गुरु वसिष्ठ मुनि ने अपने योगबल से ध्यान लगा कर इक्ष्वाकु वंश के राजा दिलीप की सन्तान्तोत्पत्ति में उत्पन्न होने वाले व्यवधान का पता लगाया और कहा, ''जिस समय राजा इन्द्र की सेवा कर पृथ्वी पर वापस लौट रहे थे, उस समय मार्ग में कल्पवृक्ष की छाया में कामधेनु सुरभि विश्राम कर रही थी। उसी समय रानी सुदक्षिणा ने रजस्वला होने के बाद चौथे दिन स्नान

किया था, उस समय राजा दिलीप स्वयं में विचारमग्न थे कि यदि इस समय संभोग न किया जाय तो गृहस्थ धर्म बिगड़ जाएगा।

गर्भावस्था : रघुवंशकार ने रानी सुदक्षिणा के गर्भावस्था के लक्षणों का उल्लेख इन शब्दों में किया है। (1.III, रघु.)

गर्भिणी स्त्री की कृशकायता/कृशांग देहयष्टि का भी उल्लेख है।
(27.IV, रघु.)

अन्य स्थलों पर भी गर्भिणी की इच्छा तथा उन इच्छाओं के सम्मान का भी उल्लेख है। (45.XVII, रघु.)

पुंसवन संस्कार : पुंसवन संस्कार का इन शब्दों में उल्लेख है।
(10.III, रघु.)

धर्मशास्त्र के अनुसार पुंसवन संस्कार षोडश संस्कारों में परिगणित है। वास्तव में यह संस्कार, स्त्रियों में गर्भ लक्षण प्रकट होने का शास्त्रीय विधान है।

स्त्री का वात्सल्य भाव: संतान

स्त्री का पुत्र वत्सला भाव अत्यंत महत्वपूर्ण है जैसा कि *कुमार*संभवम् में व्याख्यायित किया गया है। (4.XIII, *कुमार.*)

अपत्य अर्थात् संतान से ही परिवार को विस्तार मिलता है। यहाँ वात्सल्य भाव ही स्त्री के अंतस सौन्दर्य की अभिवृद्धि करता है। वह अपने मनोहर बालक को आश्चर्ययुक्त नेत्रों से देख आनन्द से आप्लावित हो उठती है, हृदय भावों से भर जाता है, मन खिल उठता है, जो सुखद अश्रु के रूप में नेत्रों से सहसा ही प्रवाहित होता है। इस संदर्भ में *कुमार*संभवम् के शब्द द्रष्टव्य हैं। (19.XI, *कुमार.*)

पुत्र का शौर्य और उसकी वीरता प्रत्येक माता को गर्वान्वित करती है जिसे *कुमारसंभव* के रचयिता के शब्दों में देखा जा सकता है।

(59.XII, *कुमार.*)

स्त्री के गर्भ में नयी आत्मा एवं जीव के आगमन की तुलना पवित्र शमी वृक्ष की गर्भाग्नि से की गई है। इस संदर्भ में सखि प्रियंवदा के शब्दों में अपने भावों को अभिव्यंजित किया है। (4.IV, *अभि.शा.*)

जिस प्रकार पवित्र शमीवृक्ष के अंतस गर्भ में अदृश्य अग्नि विद्यमान रहती है ठीक उसी प्रकार शकुन्तला के गर्भ में राजा दुष्यन्त द्वारा स्थापित विश्व के कल्याण के लिए कल्याणकारी तेज भी अब विद्यमान है।

स्त्री की रूपात्मक अभिव्यक्ति का वैविध्य

कुलभूषण, कुलधर्मा, कुलवन्ती, वामा, शीलवन्ती, गुणवन्ती, आत्मबली, संयमी, अन्तर्मुखी साधना, आत्मबोध स्वाभिमानिनी, पतिव्रता, शंकालु मन एवं प्रवृत्तियाँ, स्त्री डाह, खण्डिता, कुपिता, चण्डिका, स्वच्छंदचारिणी, भीरू इत्यादि शब्दों से विभिन्न भावों को व्यक्त किया है।

स्त्री को ब्रह्मा की सर्वोत्तम सृष्टि एवं कृति माना गया है।

(22.उ. *मेघ.*)

ब्रह्मा की अद्भुत कृति की रचना में कन्या को स्वीकार किया गया है। (11.VI, *रघु.*)

कन्या को पराये धन के रूप में स्वीकार किया गया है क्योंकि कन्या को उसके पतिगृह भेजकर सामाजिक एवं ऋषिगण दोनों ही धर्मपरायण हो जाया करते थे। यह विचार ऋषि कण्व के शब्दों में शकुन्तला के पतिगृह गमन के संदर्भ में आया है जैसा कि *अभिज्ञानशाकुन्तलम्* इसे अभिव्यक्त करता है।

(22.IV, *अभि. शा.*)

अर्थात् कन्या का पालन-पोषण एक महत्वूपर्ण धरोहर के रूप में किए जाने की सशक्त परंपरा रही है। अतएव कन्या के समग्र विकास पर विशेष ध्यान दिया जाता था, जिससे कि उसके आत्म-सम्मान एवं आत्म-गौरव की अभिवृद्धि हो और वह जीवन के प्रत्येक क्षेत्र में सकारात्मक अवदान कर सके। पतिप्रिया, कुलभूषण, गृहिणी, कुलधर्मा, कुलवन्ती, अध्यात्मशीला, शीलवन्ती, गुणवन्ती, संयमी, अहम्यशीला, मर्यादित क्रोध-क्षमा, अन्तर्मुखी साधना, आत्मबोध-सम्बोधन, यथार्थ और आदर्श का समन्वय, शंकालु प्रवृत्ति एवं स्त्री डाह प्रभृति गुणों से सम्पन्न स्त्रियों के विविध भावगत आयामों का उल्लेख हम यहाँ करते हैं।

कुलभूषण : शुद्ध गृहिणी के भाव एवं रूप को *अभिज्ञानशाकुन्तलम्* में स्पष्ट किया गया है, जिससे तत्कालीन समाज और संस्कृति में नारी की भावाभिव्यक्ति देखने को मिलती है। कन्याओं को यह शिक्षा दी जाती थी कि स्त्री धर्म की मर्यादा का पालन, पोषण एवं तत्सम्बन्धी रक्षण भी करें। ऋषि कण्व के शब्दों में। (18.IV, *अभि.शा.*)

कुलधर्मा : कुलधर्मा स्त्री के व्यक्तित्व में कुलीनता एवं कुलधर्मिता दोनों की समवेत उपस्थिति होती है। इसी के आधार पर जीवन की कल्पना और विस्तार अभिप्रेत होता है। यहाँ सत्य और असत्य का भी परस्पर संघर्ष होता है। *रघुवंशम्* के अनुसार अपयश, सत्य भी अधिक बलवान है।

(40.XIV, *रघु.*)

इस तथ्य से कुलधर्मी स्त्रियाँ परिचित होती हैं और तदनुरूप व्यवहार करती हैं।

कुलवन्ती स्त्रियाँ: कुलवन्ती स्त्रियों का अपने पति पर सर्वस्व अधिकार होता था। फिर भी उन्हें रूठना होता था, तब कोई न कोई बहाना निकालकर अपने स्वामियों से रूठ जाया करती थीं, जैसा कि परिव्राजिका के शब्दों से ध्वनित होता है। (18.I, *मालविका.*)

कुल धर्म की मर्यादा ने ही राजकुमारी विद्योत्तमा के व्यक्तित्व को गढ़ा है, जिसकी आधार भूमि में शिव-पार्वती की आध्यात्मिकता भी है। अतएव उनका अध्यात्मशील होना भी वाचिक परंपरा से सिद्ध है। विद्योत्तमाकालीन भारत में पुनर्विवाह का दृष्टान्त नहीं मिलता है तथा वर्ण-शंकर के प्रति भी अस्वीकार्यता तत्कालीन साहित्य में उपलब्ध होती है। इस संदर्भ में *रघुवंशम्* के शब्द द्रष्टव्य हैं। (45.VI, *रघु.*)

उपर्युक्त भाव के मूल में आध्यात्मिकता के प्रति एक विशेष आस्था की ध्वनि मिलती है। भारतीय संस्कृति में नैतिक मूल्यों का सीधा सम्बन्ध धर्म से जोड़ा गया है। प्रेम का विश्वास से गहरा सम्बन्ध है, क्योंकि विश्वास ही प्रेम की प्रथम सीढ़ी है जो कि विवेच्य कथानकों में स्पष्ट प्रतिबिम्बित होती है, इसे विद्योत्तमा के संदर्भ में अनुभव किया जा सकता है जिसका विवाह अविश्वास से प्रारम्भ हुआ था।

वामाः वामा स्त्रियाँ कुलभूषण होती हैं, अपनी सौतों के साथ सखियों जैसा प्रेम करती हैं, अपने सौभाग्य पर नहीं इतराती हैं, स्वभाव मृदु एवं मनोहर होने के कारण ही वे कुल की भूषण होती हैं। इस प्रकार वे गृहिणीपद को प्राप्तकर, उसे छूकर एवं स्वयं को गौरवान्वित करती हैं। इसकी ध्वनि शकुन्तला के शब्दों से भी प्राप्त होती है। (4.VI, *अभि.शा.*)

इस संदर्भ में औशीनारी (विक्रो) उर्वशी (विक्रो.) को रखा जा सकता है। जबकि इसके विपरीत आचरण करनेवाली स्त्रियाँ कुल की व्याधि स्वरूपा ही होती हैं।

रघुवंशकार ने 'दक्षिणा' शब्द में कुशल स्त्री के भाव को अध्यारोपित किया है। (31.I, रघु.)

रघुवंशम् के अष्टम् सर्ग में अज-विलाप प्रसंग में भी गृहिणीपद का महात्म्य और उसके योगदान का स्पष्ट उल्लेख है। (67.VIII, रघु.)

शीलवन्ती स्त्रियाँः स्त्रियों का शीलवान होना उनके स्वयं के व्यक्तित्व का एक मूलभूत अंग है। उसे ऋषि कन्या शकुन्तला के शब्दों से समझा जा सकता है। (III, *अभि.शा.*)

शील ही स्त्री का नैसर्गिक आभूषण है और शकुन्तला का भी इस पर विशेष ध्यान है। अतएव अनन्य प्रेम से पूरित होने पर भी वह अपने मन से कुछ नहीं कह सकती।

गुणवन्ती स्त्रियों का असाधारण गुणवन्ती होना-ईश्वर की अनुपम व्यवस्था है। इस संदर्भ में *रघुवंशम्* में इन्दुमती का उल्लेख किया गया है। (37.VI, *रघु.*)

असाधारण गुणवती राजकुमारी इन्दुमती सुन्दर दंत कांति वाली, कमल जैसी सुन्दर, विधाता की अद्भुत रचना है।

आत्मबलीः आत्मबल से स्त्रियाँ गुरुता का भाव रखती हैं। यह भी उनका विशिष्ट गुण है और यही आत्मबल उनके व्यक्तित्व को सशक्त आधार प्रदान करता है। इस संदर्भ में रघुवंशकार ने आत्मबल की गुरुता में ही पृथ्वी की गुरुता का बिम्ब विधान किया है। (45.XVIII, *रघु.*)

संयमीः संयमित रहकर ही संसार के छल-कपट को समझा जा सकता है। विधाता ने स्वभाव से ही स्त्रियों को संयमी बनाया है, जिससे वह छल-कपट को भली-भाँति समझें। छले जाने के बावजूद वह इस प्रकार अपने को गढ़ती है जिससे उन स्त्रियों का व्यक्तित्व अतुल्य बन जाता है। *मेघदूतम्* में वर्णन है कि मेघ में जल और बिजली-दो परस्पर विरोधी गुण एक ही साथ रहते हैं, वैसे ही यदि इस का विद्योत्तमा के संदर्भ में मूल्याँकन किया जाये तो पाएँगे, कि विद्योत्तमा के व्यक्तित्व में क्रोध तथा क्षमा-दोनों ही समवेतरूप से मर्यादित भाव से विद्यमान हैं। इस पृष्ठभूमि में कुमारसंभवम् में मार्मिक अभिव्यक्ति है। (43, IV, *कुमार.*)

अन्तर्मुखी साधनाः विद्योत्तमा एवं उससे जुड़ी श्रुति के संदर्भ में यह तथ्य प्रतिभासित होता है कि उसने स्वयं विमुखी बन, अन्तर्मुखी होकर अपने स्वयं के वैदुष्य से संसार रचा जिसमें विविध कथानक, कला, समाज, स्त्री का अन्तर्द्वन्द्व, संस्कृति एवं चरित्र का समावेश है। अन्ततः उनकी साधना ही उनके एकांत जीवन के सुख का आधार बनी, क्योंकि विधाता की कृपा से जब कोई काम पूर्ण हो जाता है तब उसके लिए उठाया गया कष्ट दुःखदायी नहीं होता। यहाँ *कुमारसम्भवम्* का उल्लेख द्रष्टव्य है। (86.V, *कुमार.*)

आत्मबोध स्वाभिमानिनीः राजा दुष्यंत को स्वयं के विवाह पर जब संदेह हुआ, तब शकुन्तला ने उन्हें 'आर्यपुत्र' न कहकर, 'पौरव' शब्द से सम्बोधित किया। इस संदर्भ में *अभिज्ञानशाकुन्तलम्* के ये शब्द। (V, *अभि.शा.*)

पतिव्रताः ऋषि कन्या शकुन्तला के संदर्भ में, शार्ंगरव के अनुसार जो विवाहित स्त्री अपने पितृगृह में वास करती है वह कितनी ही पतिव्रता क्यों न हो- सामाजिक जन उसके विषय में अन्यान्य प्रकार की बातें किया करते हैं। अतएव, प्रियता को प्राप्त करने के बावजूद उसके स्वबन्धु सदैव यही चाहते हैं कि वे अपने पति के साथ ही रहे। (17.5, V *अभि.शा.*)

प्रमदा अर्थात् दक्ष स्त्रियों में पति सेविका एवं पतिव्रता के भाव को अनुस्यूत किया गया है। कोई भी स्त्री अपने पति की सेवा कर के उसे अपने मनोनुकूल कर लेती है। (69.IX, *रघु.*)

शंकालु मन एवं प्रवृत्तियाँ : शकुन्तला के पतिगृह गमन के प्रसंग में स्त्री के अंतस को समझा जा सकता है जैसा कि *अभिज्ञानशाकुन्तलम्* में कण्व पुत्री शकुन्तला की प्रिय सखी अनुसूया के ये शब्द द्रष्टव्य हैं। (IV, *अभि.शा.*)

अर्थात् जब राजा दुष्यन्त ऋषियों से विदा लेकर अपने नगर के रनिवास में पहुँचेंगे तब उनको यहाँ की सुधि रहेगी भी या नहीं? यह शंकालु मन अनुसूया का है। यह ध्यातव्य है कि विधाता ने स्त्रियों को कुछ इस प्रकार सृजित किया है कि वे स्वभाव से सशक्त एवं शंकालु हुआ करती हैं या उनकी

यह स्थिति उन्हें सतर्क बना देती है।

स्त्री डाह : *मेघदूतम्* के माध्यम से स्त्री मन की कोमल भावनाओं को समझा जा सकता है जिसमें यक्षिणी स्वप्न में अपने प्रियतम यक्ष को अन्य रमणी के साथ रमण करते देखती है, जिससे हठात् ही स्त्री-डाहवश उसके अश्रु, नेत्रों से अविरल सरितावत् बह पड़ते हैं और वह रोने लगती है। यक्षिणी के ये शब्द द्रष्टव्य हैं। (54. *उ.मेघ.*)

द्वेष, शंका आदि को आंतरिक अशुद्धियाँ माना गया है जिन्हें निष्फल करने हेतु ही बाह्य शुद्धियाँ, पूजा-मंत्र, जप, दान-पुण्य, तीर्थ यात्रा, ध्यान योग तथा विद्या का साशय विधान किया गया है। इस संदर्भ में कुछ कार्यों को न करने की सलाह दी गयी है। (51.XIV, *रघु.*)

विभिन्न संदर्भों में स्त्रियों के विविध रागात्मक रूपों में खंडिता, चण्डिका, कुपिता एवं स्वच्छन्दचारिणी का उल्लेख विवेच्य रचनाओं में उपलब्ध है।

खण्डिता : खण्डिता शब्द स्त्रियों के उस व्यवहार विशेष के लिए है जिसका पति, अपनी स्त्री के प्रति अविश्वास का अपराधी रहा हो, जैसा कि रघुवंशकार उद्धृत करते हैं। (67.V, *रघु.*)

स्त्री अपने पति से क्रुद्ध हो अथवा अपने प्रियतम या पति में अन्य स्त्री के साथ किए गए संभोग के लक्षणों को देख कर व्यथित होती है, और ऐसी ही व्यथित नायिका या स्त्री को खण्डिता शब्द से अभिव्यक्त किया जाता है। *मेघदूतम्* में खण्डिता स्त्री का काव्यगत उल्लेख किया गया है। (39, *पू. मेघ.*)

प्रेमिकाओं की तरह अपने अश्रुओं को बहानेवाली खण्डिता स्त्रियों का उल्लेख रघुवंशकार भी करता है। (21.XIX, *रघु.*)

कुपिता : वास्तव में स्त्रियों का कुपिता रूप एक विशेष परिस्थितिजन्य भाव वाचक स्थिति है जैसा कि *विक्रमोर्वशीयम्* में चित्रलेखा कहती है।

(IV, *विक्रमो.*)

चण्डिका : स्त्री के चण्डी रूप की अभिव्यक्ति भी विभिन्न प्रसंगों एवं संदर्भों में हुई है। इस संदर्भ में *कुमारसंभव* के रचयिता ने इसे इन शब्दों में अभिव्यक्त किया है। (71.VIII, *कुमार.*)

स्वच्छंदचारिणी : स्त्री की स्वच्छंदचारिणी प्रकृत्ति एवं भाव *अभिज्ञानशाकुन्तलम्* में अन्तर्निहित हैं। (5, *अभि.शा.*)

यद्यपि स्त्रियाँ विधाता की सर्वगुण सम्पन्न कृति हुआ करती हैं और उन में सृजन की अद्भुत क्षमता है, जिसका विवेच्य ग्रंथों में और विभिन्न संदर्भों में वर्णन होता आया है। 'स्त्री चरित' का आशय संभवतः यह है कि स्त्रियों का जीवन अंशतः रहस्यात्मक है जिसे आसानी से नहीं समझा जा सकता।

भीरू : भयग्रस्त को भीरू कहते हैं और यहाँ भीरू 'सीता' के लिए प्रयुक्त है, *रघुवंशम्* में रावण द्वारा हरण कर सीता के ले जाने के क्रम में भयग्रस्त सीता की स्थिति को 'भीरू' शब्द से अभिव्यक्त किया गया है। (24.XIII, *रघु.*)

स्त्री स्वभाव के विविध पक्षः विवेच्य ग्रंथों में विवाह पूर्व तैयार होती हुई भाव-भूमि की विशद चर्चा है। कन्या का यौवन अवस्था में पहुँचना, चाहे वह राजकुमारी हो, वन-कन्या हो, ऋषि-कन्या हो, या यक्षी-विवाह के लिए आधार-भूमि तैयार करता है। *अभिज्ञानशाकुन्तलम्* में आखेट के क्रम में राजा दुष्यन्त का वन गमन और तपोवन में ऋषि-कन्या शकुन्तला से प्रेम जो प्रणय-मिलन में परिवर्तित हो जाता है। *कुमारसंभवम्* में पतिरूप में शिव प्राप्ति के लिए पार्वती की तपस्या तथा नाटकों में राजकुमारियों एवं अप्सराओं का विवाह वर्णित है।

प्रतिहारी सुनन्दा और राजकुमारी इन्दुमती का स्वयंवर संवाद अत्यन्त महत्वपूर्ण है- विद्योत्तमा को समझने में, जो आज की वर्तमान आधुनिक स्त्री मीमाँसा से लयात्मक सम्बन्ध रखती है क्योंकि उपर्युक्त संवाद में, स्त्री मन की सभी आशंकाओं की चर्चा है। इससे यह भी स्पष्ट होता है कि कन्या के द्वारा

अनुकूल वर के चयन की प्रक्रिया को किस प्रकार पूर्ण किया जाता था।

स्त्रियों का पूरा संसार, उनकी संतान के चारो ओर ही बसा होता है। संतान के समुचित विकास पर ही उनका ध्यान केन्द्रित रहता है, क्योंकि संतान से ही परिवार की पूरी संरचना पूर्ण होती है। यहाँ स्त्रियों की चिन्ता तथा तत्सम्बन्धी चिन्तन का सम्बन्ध अपनी संतान के प्रति उनका अनन्य प्रेम तथा सम्बन्धित दायित्वों के निर्वहन से ही होता है। तीनों विवेच्य नाटकों एवं दोनों महाकाव्यों में संतान की सशक्त उपस्थिति है। कथा के मूल और विस्तार, दोनों में, संतान ही है। स्त्री का सम्मान एवं अभिमान भी संतान से जुड़ा है। उन स्त्रियों के त्याग के मूल में भी संतान ही हैं। स्मरण रहे कि विवाह का एक आध्यात्मिक दार्शनिक प्रयोजन भी है। *रघुवंशम्* में संतान उत्पन्न कर वंश-वृद्धि की इच्छा से ही विवाह किया जाता है, न कि भोग-विलास के लिए। (25.I, *रघु.*)

वहीं *अभिज्ञानशाकुन्तलम्* ने भी इसे ययाति के प्रसंग में वर्णित किया है। शर्मिष्ठा के पुत्र 'पुरु' की ही भाँति शकुन्तला को भी चक्रवर्ती पुत्र की प्राप्ति हो। (7.IV, *अभि.*)

कुमारसंभवम् में पार्वती और शिव का पुत्र 'कुमार' अर्थात् 'कार्तिकेय' तथा उससे सम्बन्धित आख्यान; *रघुवंशम्* में राजकीय रघुकुल के वंश की वंशावली, यथा- राजा दिलीप, रघु, अज, दशरथ, राम, लव और कुश, भरत, शत्रुघ्न, लक्ष्मण, अतिथि, निषध, नल, नभ, पुण्डरीक, क्षेमधन्वा, देवानीक, अहीनगु, शील, उन्ताभ, वज्रनाभ, शंखण, अश्विनीकुमार, विश्वसह, हिरण्यनाभ, कौसल्य, ब्रह्मिष्ठ, पुष्य, धुवसन्धि, सुदर्शन तथा अग्निवर्ण, ये सभी रघुकुल के सौर वंशी राजाओं के केन्द्र में माता स्वरूप स्त्रियाँ ही हैं, जिन्होंने वंश की श्रेष्ठता को प्राथमिकता दी और आदर्श मूल्यों की वाहिकाएँ बनीं। यह दृष्टव्य और स्वभाविक भी है कि प्रत्येक पुत्र अलग-अलग व्यक्तित्व का स्वामी बना।

अभिज्ञानशाकुन्तलम् में दुष्यन्त-शकुन्तला का पुत्र सर्वदमन भरत, जिससे ही देश का नाम 'भारत' पड़ा; *विक्रमोर्वशीयम्* में अप्सरा उर्वशी पुत्र आयुषकुमार, *मालविकाग्निमित्रम्* में अग्निमित्र की दो रानियाँ थीं- धारिणी पटरानी थी जबकि इरावती अग्निमित्र की दूसरी रानी थी तथा वह संतानहीन भी थी, जिससे उसका महत्व अत्यन्त सीमित था। वह स्वयं विलाप करती है। इरावती के शब्दों में। (IV, *मालविका.*)

मैं महाराज पर क्रुद्ध होकर कर ही क्या सकती हूँ? जबकि पटरानी धारिणी से वसुमित्र नामक मेधावी यशस्वी पुत्र तथा पुत्री के रूप में वसुलक्ष्मी प्राप्त हुई। *मालविकाग्निमित्रम्* का कथन द्रष्टव्य है। (16.V, *मालविका.*)

अर्थात् भाग्य से पुत्र विजय के कारण महाराज दम्पत्ति का उदय हो रहा है। (V, *मालविका.*)

अर्थात् भगवति! मेरा पुत्र पिता के अनुरूप ही हुआ है, अतएव मैं संतुष्ट हूँ।

❖❖❖

॥ पंचम अध्याय ॥

नायिका-विमर्श

कथोपकथन, शैली, उद्देश्य व चरित्र–चित्रण

कथोपकथन

प्रस्तुत साहित्य में कथानक और स्त्री चरित्र–चित्रण प्रधान तत्व है। इनको प्रकट करने के लिए अन्य साधनों की आवश्यकता होती है। इन साधनों में कथोपकथन प्रधान है। कथोपकथन कथानक को भी आगे बढ़ाता है और चरित्र को भी प्रकट करता है। कथोपकथन की निम्नलिखित विशेषतायें नाटक और महाकाव्य की सफलता की द्योतक हैं– कथोपकथन यथावश्यक, स्वाभाविक, स्मरणीय, परिस्थितियों से पूर्णतया मेल खाता है, स्त्री–पात्रों के बौद्धिक एवं सांस्कृतिक स्वर के अनुरूप है। कथोपकथन का विषय, कथावस्तु से सम्बद्ध एवं पात्रों के मानसिक धरातल के अनुरूप है। कथोपकथन में सरसता और रोचकता है। यहाँ ऐतिहासिक यथार्थता के साथ वास्तविक जीवन का चित्रण है, जो न केवल साहित्य की सृष्टि करता है, वरन् सांस्कृतिक, शृंगारिक प्रेम और यौवन सम्बन्धी इतिहास के लिए भी सामग्री तैयार करता है। अतः कथोपकथन को वास्तविकता का आभास देने के साधनों में वातावरण मुख्य है। प्राकृत्तिक दृश्यों का संयोजन, यथार्थता का भी आभास देता है और भावों को उद्दीप्त भी करता है। प्रकृत्ति की भावानुकूल पृष्ठभूमि देना, विवेच्य साहित्य की रोचकता की वृद्धि में सहायक है।

स्त्री/नायिका कितनी संवेदनशील और भावुक है, परिस्थितियों का घात–प्रतिघात सहकर भी, उसमें कितनी करुणा और सहृदयता है, इन बातों पर हमारा ध्यान उसके प्रति प्रेम या घृणा का भाव जागृत करता है। चारित्रिक विशेषताओं में उसके आचरण और दूसरों के प्रति व्यवहार को परखा गया है। अतः इन विशेषताओं का प्रत्यक्ष स्पष्टीकरण यहाँ पदे–पदे उपलब्ध होता है।

चरित्र-चित्रण के लिए प्रायः दो शैलियों का अवलम्बन किया जाता है- 1. विश्लेषणात्मक, 2. नाटकीय। प्रथम में स्वयं ही चरित्रों के भावों, मनोवृत्तियों, विचारों आदि का तटस्थ भाव से विश्लेषण है और द्वित्तीय में अन्य पात्रों के कथोपकथन द्वारा किसी पात्र के चरित्र पर प्रकाश पड़ता है। रचनाकार स्वयं ही अपना निर्णय दें, इसकी अपेक्षा स्त्री पात्रों के कथन, व्यवहार तथा अन्य पात्रों पर पड़ते प्रभाव के विश्लेषण द्वारा, उन चरित्रों का स्पष्टीकरण हो जाता है। इसमें मनोवैज्ञानिक गुत्थियों को स्पष्ट करने के लिए विश्लेषण की आवश्यकता पड़ती है अतः उद्देश्य और चरित्र के अनुसार इन दोनों में से जो शैली अधिक उपयुक्त हो, उसका उपयोग होता है जिसमें नाटकीय और विश्लेषणात्मक दोनों विधियाँ यथावश्यक रूप में प्रयुक्त होती हैं।

नामावली : विवेच्य ग्रंथो में स्त्रियाँ

मेघदूतम् की स्त्रियाँ

यक्षी। (1, *पू. मेघ.* 31, *पू. मेघ.*)

रसिक वेश्या। (27, *पू. मेघ.* 39, *पू. मेघ.*)

स्त्रियाँ। (30, *पू. मेघ.* 36, *पू. मेघ.* 41, *पू. मेघ.*)

राजकुमारी वासव। (35, *पू. मेघ.*)

चण्डी। (37, *पू. मेघ.*)

पार्वती। (40, *पू. मेघ.* 54, *पू. मेघ.* 64, *पू. मेघ.*)

कामिनी। (45, *पू. मेघ.*)

वीणा युक्त स्त्रियाँ। (49, *पू. मेघ.*)

रमणियाँ। (51, *पू. मेघ.*)

किन्नरों की स्त्रियाँ। (60, *पू. मेघ.*)

देवताओं की स्त्रियाँ। (62, *पू. मेघ.*)

अप्सरायें। (65, *पू. मेघ.*)

चटकीली नारियाँ। (1, *उ.मे.*)

कुलवधू। (2, उ.मे.)

चकवी। (23, उ.मे.)

सखी। (29, उ.मे.)

चंद्रमा। (32, उ.मे. 46, उ.मे.)

मालती। (40, उ.मे.)

सीता। (42, उ.मे.)

अबला। (43, उ.मे. 45, उ.मे. 54, उ.मे.)

कुमारसंभवम् की स्त्रियाँ

रानी : मैना/ हिमालयराज की पत्नी

राजकन्या पार्वती : हिमालयराज की पुत्री गौरी/अपर्णा

सखियाँ : जया, विजया, मालिनी (वनदेवी), अरून्धती (आर्या)

देव पत्नियाँ : शची – इन्द्र की पत्नी

रति : कामदेव की पत्नी

ब्राह्मी

देवाँगनाएँ

ऋषि पत्नी : अदिति (देवमाता/कश्यप की स्त्री)

सात पत्नियाँ व भृंगी ऋषि

किन्नरियाँ। (14.I)

नागकन्या। (20.I)

कल्याणी कन्या। (22.I)

सरस्वती। (39.IV)

सिद्धों की स्त्रियाँ। (40.IX)

अप्सरा। (44.IX)

गन्धर्व एवं विद्याधरो की सुन्दरियाँ। (34.XI)

भूत-प्रेत की स्त्रियाँ। (50.XVI)

रघुवंशम् की स्त्रियाँ

रानीः सुदक्षिणा; अरुन्धती (32,51.I; II; III)

राजकन्या : इन्दुमती (राजा भोज की बहन) (2,43,V; VI; VII; VIII)

सुन्दरी (विदर्भराज की छोटी बहन) (53.VI)

कौशल्या (कौशल की राजकन्या) (17.IX; 66.X)

सुमित्रा (मगध की राजकन्या) (17.IX; 71; X)

कैकेयी (केकय की राजकन्या) (17,IX; 54; X; XII)

सीता (राम की धर्मपत्नी) (54.XI; XII; XIV; XV)

उर्मिला (लक्ष्मण की धर्मपत्नी) (54.XI)

माण्डवी (भरत की धर्मपत्नी) (54.XI)

श्रुतकीर्ति (शत्रुघ्न की धर्मपत्नी) (54.XI)

कुमुद्वती (कुश की धर्मपत्नी) (85.XVI; XVII)

देवियाँ : शची/इन्द्राणी (इन्द्र की धर्मपत्नी) (33.XI; 13.III; 3.VII; 33.VIII)

दक्षिणा (यज्ञ की धर्मपत्नी) (31.I)

स्वाहा (अग्नि की धर्मपत्नी) (56.I)

पार्वती (शिव की धर्मपत्नी) (24.III)

सुरभी (कामधेनु) (75.I)

नन्दिनी (कामधेनु की पुत्री) (10.I; II)

स्मृति (श्रुति की धर्मपत्नी)

श्रद्धा (ब्रह्मा की पुत्री) (16.II)

अहिल्या (गौतम की धर्मपत्नी) (33.XI)

रति (कामदेव की पत्नी) (2.VI; 3.VI)

ऋषि कन्याएँ व अप्सराएँ (51.I)

राक्षसी राजकन्या : शूर्पणखा (रावण की अनुजा) (32.XII)

ताड़का (सुकेतु की कन्या) (14.XI)

पक्षी/वनस्पति : चकवी व प्रियंगुलता (आम की धर्मपत्नी) (61.VIII)

सेविका : सुनन्दा (रनिवास की प्रतिहारिणी) (20.VI)

अभिज्ञानशाकुन्तलम् की स्त्रियाँ

शकुन्तला : ऋषि कण्व की पालितपुत्री (I; III; IV; V; VII)

नटी : सूत्रधार की स्त्री (I)

अनुसूया-प्रियंवदा : शकुन्तला की सखियाँ (I; III; IV)

राजा की दासियाँ : चतुरिका, परभृतिका, मधुरिका (VI)

परिचारिका : प्रतिहारी, यवनी (V; VI)

अदिति : कश्यप की स्त्री (VII)

अप्सरा की कन्यायें (24.I)

आश्रमवासिनी कन्यायें (17.I)

आर्या गौतमी (I; IV; V)

मुनि-कन्या (27.I)

गौतगी (III)

वसुमती (V)

अप्सरा (30.V)

सानुमती (VI; VII)

तपस्विनियाँ (VII)

मालविकाग्निमित्रम् की स्त्रियाँ

मालविका : माधवसेन की बहन (नायिका) (III; IV; V)

धारिणी : अग्निमित्र की पटरानी (V)

इरावती : अग्निमित्र की दूसरी रानी (III; IV)

कौशिकी : परिव्राजिका, माधवसेन के सचिव सुमति की विधवा बहन (I; V)

बकुलावलिका : धारिणी की दासी मालविका की सखी (I; III; IV)

मधुकारिका : मालिन (II; V)

कौमुदिका : दासी (I)

समाहितिका : परिव्राजिका की सेविका (III; IV)

निपुणिका : इरावती की दासी (III; IV)

जयसेना : प्रतिहारिणी (V)

मदनिका–ज्योत्स्निका : शिल्पी दासियाँ (V)

वसुलक्ष्मी : राजकुमारी, अग्निमित्र की पुत्री (IV)

माधविका : भू–गृह में नियुक्त सेविका (IV)

चन्द्रिका : रानी इरावती की दासी (IV)

विक्रमोर्वशीयम् की स्त्रियाँ

उर्वशी : अप्सरा/नाटक की नायिका (I; II; III; IV; V)

चित्रलेखा : उर्वशी की प्रिय सखी (I; II; III; IV)

औशीनरी : काशीराज दुहिता/पटरानी/देवी

रम्भा, मेनका, सहजन्या : अप्सरा (I; IV)

निपुणिका : महारानी की दासी (II)

तापसी : सत्यवती, आयुष्कुमार की छात्रा (V)

यवनी : राजा की परिचारिका (V)

चेरी : राज–सेविका (II; III)

प्रमुख स्त्रियाँ

आत्मगत अभिव्यक्तियाँ व कथोपकथन

यक्षी /यक्षिणी (*मेघ.*)

यक्षी का विस्तार 'श्राप वर्णन' और 'अलकापुरी' के वैभव–वर्णन में देखें।

पार्वती (*कुमार.*)

महादेव की पहली पत्नी और दक्ष की परम साध्वी कन्या सती ने अपने पिता से अपमानित होकर योगबल से अपना शरीर छोड़ दिया और दूसरा जन्म लेने के लिए मैना के गर्भ में आ बैठीं। पार्वती के जन्मदिन पर दिशायें प्रसन्न थीं, पवन में धूल थी, आकाश से शंखध्वनि के साथ पुष्पवृष्टि हो रही थी, चर और अचर सभी प्राणी उसके जन्म से प्रसन्न एवं सुख में थे।

(23.I, *कुमार.*)

अत्यन्त तीव्र बुद्धिवाली पार्वती जी ने जब पढ़ना प्रारम्भ किया, तो पूर्वजन्म की सभी विद्यायें उन्हें वैसे ही स्मरण हो आईं, जैसे शरद् ऋतु के आगमन पर गंगाजी में हंस स्वयं आ जाते हैं अथवा स्वतः चमकने वाली जड़ी-बूटियों में, रात को चमक आ जाया करती है। (30.I, *कुमार.*)

धीरे-धीरे उनका बचपन बीत गया और उनके शरीर में यौवन फूट पड़ा, जो शरीर रूपिणी लता का स्वाभाविक श्रृंगार है, जो मदिरा के बिना ही मन को मतवाला बना देता है और जो बिना फूलों वाला कामदेव का बाण है। (31.I, *कुमार.*)

हिमालय के पास बैठी उस कन्या को देख कर नारद जी ने भविष्यवाणी की कि "यह कन्या अपने प्रेम से शिवजी के आधे शरीर की स्वामिनी और उनकी एकमात्र पत्नी बन कर रहेगी।" (50.I, *कुमार.*)

जब महादेवजी ने पार्वती के समक्ष कामदेव को भस्म कर डाला, यह घटना देख कर उनकी सब आशायें समाप्त हो गईं और वे अपने सौन्दर्य को कोसने लगीं जो सुंदरता अपने प्रणयी को न रिझा सके, उसका होना किस काम का है? (1.V, *कुमार.*)

हिमालय को पार्वती जी के मन की बात ज्ञात ही थी। सो एक दिन पार्वती जी ने अपनी सखी के द्वारा पिताजी से पुछवाया कि "क्या मैं तब तक

के लिए वन में जा कर तपस्या कर सकती हूँ, जब तक शिव जी मुझ पर प्रसन्न न हो जाएँ''। (6.V, *कुमार.*)

सौन्दर्य में एक-दूसरे से बढ़े-चढ़े, इस जोड़े का यदि विवाह न होता तो हम यही समझते कि ब्रह्मा जी ने इन दोनों का रूप बनाने में जो परिश्रम किया, वह सब व्यर्थ हो जाता:

अब तुम ऐसा प्रयत्न करो कि समाधिस्थ शिव जी के मन में हिमालय की पुत्री पार्वती के प्रति प्रेम उत्पन्न हो जाए क्योंकि ब्रह्मा जी ने मुझे यह बात बतलाई है कि स्त्रियों में वे ही एक ऐसी हैं, जो शिव का वीर्य धारण करने में समर्थ हैं। (16.III, *कुमार.*)

रानी सुदक्षिणा (रघु.)

- मगध की राजकुमारी (57.I)
- पुत्र प्राप्ति हेतु नंदिनी की सेवा (81-83.I)
- कठोर व्रतधारी (22 दिन) हवन
- नंदिनी प्रसन्न (10.I, II)
- गर्भलक्षण परिलक्षित (1.III)
- गर्भिणी होने के कारण दुबली हो गयी (2.III)
- रघु (33.III)

इंदुमती (रघु.)

अज इंदुमती (विदर्भ देश के राजा भोज की बहन) क्रथकैशिक (39, V)

राजकुमारी इन्दुमती के चरित्र का चित्रण, उसके स्वयंवर के संवादों से होता है। विस्तार के लिए स्वयंवर एवं विवाह के अंश देखें।

शकुन्तला (*अभि.शा.*)

शकुन्तला, प्रसिद्ध नाटक *अभिज्ञानशाकुन्तलम्* की मुख्य नायिका है। पूरे नाटक के केन्द्र में शकुन्तला ही है। जन्म से ही इसका जीवन, असहज असफलताओं के साथ-साथ आगे बढ़ा है। श्राप जैसे घटनाक्रमों के कारण यथोचित सम्मान-सुविधा का अभाव रहा। यह अप्सरा मेनका एवं ऋषि विश्वामित्र की औरस पुत्री है। इसका जन्म, आध्यात्मिक एवं ग्रहीय शक्तियों की सक्रियता का समन्वय है जो बौद्धिक, सामाजिक, शृंगारिक एवं उच्च सम्मान को उपलब्ध कराती है। दुर्भाग्यवश वह माता-पिता के द्वारा त्याग दी जाती है, पक्षियों (शकुन) के द्वारा बचाई जाती है, जिसे ऋषि कण्व अपने आश्रम में ले आते हैं और वह ऋषि की पोषित कन्या बन जाती है। इसका लालन-पालन आश्रमवासी सुकन्या के रूप में वन ज्योत्सनाओं के साथ होता है। इसके प्रति कण्व का औरस स्नेह निर्विशेष है। (III)

यह शकुन्तला महर्षि कण्व की श्वासों के समान थी। महर्षि विश्वामित्र का तेज और अप्सरा मेनका का निरतिशय लावण्य प्राप्त होने के कारण शकुन्तला अत्यंत सुंदर थी, मनुष्यों में ऐसा रूप भला कहाँ मिलता है?

यौवनोद्गम होने के कारण उसमें और भी ललित भावों का समागम हो चुका था, इसी अवसर पर राजा दुष्यन्त नवमल्लिकाओं को सींचती हुई सखियों के बीच, उसे देखता है, सहसा उसके मुँह से निकलता है। (17.I)

शकुन्तला की अनन्य पतिनिष्ठा का ही प्रभाव है कि श्रापमुक्त होने पर दुष्यन्त शकुन्तला की प्राप्ति के लिए आतुर हो उठता है। अन्ततोगत्वा दुष्यन्त के द्वारा किए गए प्रत्याख्यान के लिए वह स्वयं क्षमा याचना करता है। इस अवसर पर सरल हृदया आश्रमवासी शकुन्तला, दुष्यन्त का दोष न देखकर, अपने ही स्वयं के भाग्य को दोषी ठहराती है। (VII)

शकुन्तला के संदर्भ में प्रणय का स्वाभाविक विकास दृष्टिगत होता है जो कालक्रम से गन्धर्व विवाह में परिणत हो जाता है। (21.III)

इसकी मुग्धत्व को राजा दुष्यन्त इन शब्दों में व्यक्त करता है। (22.III)

शकुन्तला स्वाभिमानिनी प्रेमिका है तथा उसका प्रेम-पत्र अत्यंत मनोहर एवं विद्वत्तापूर्ण है। तृतीय अंक में जब सखी प्रियंवदा और अनसूया उसकी कामपीड़ा की अभिवृद्धि को लक्ष्य कर के मनोरथ सम्पादन हेतु दुष्यन्त को प्रेम-पत्र लिखने की प्रेरणा देती हैं, उस समय वह इस शंका से पत्र नहीं लिखना चाहती कि कहीं दुष्यन्त उसके प्रेम का तिरस्कार न कर दे।

यहाँ शकुन्तला के उदीयमान प्रेम-व्यवहार की कुशलता का निदर्शन होता है। यह भी स्मरण रहे कि वह भारतीय शीलवती साध्वी नारी है।

(28-29.II/*दशरूपकम्, धनंजय*)

शकुन्तला के चरित्र में नायिका के विविध गुणों का शास्त्रीय उल्लेख किया गया है।

आत्मगत अभिव्यक्तियाँ व कथोपकथन

पहला अंक

केवल पिताजी की आज्ञा से ही मैं इन्हें नहीं सींचती, बल्कि मैं स्वयं भी इनको सगे भाई के समान प्यार करती हूँ। सो हे अनुसूये, प्रियंवदा ने ऐसा कस कर वल्कल बाँध दिया है कि मैं हिल-डुल भी नहीं पाती। आकर इसे तनिक ढीला तो कर दे। यह केसर का वृक्ष पवन के झोकों से हिलती हुई पत्तियों की अंगुली के संकेत से मुझे बुला रहा है। इसका मन भी रख लूँ। इन्हीं बातों से तुम्हारा नाम प्रियंवदा पड़ गया। वाह! यदि इसे भूलूँगी, तब तो मैं अपने को भी भूल जाऊँगी। सखी! सचमुच इस लता और वृक्ष का मेल बड़े अच्छे दिनों में हुआ है। इधर यह वन ज्योत्स्ना खिले हुए फूल को लकर नवयौवना हुई है, उधर फल से लदी हुई शाखाओं वाला आम का वृक्ष भी निखार पर आया

हुआ है।

तीसरा अंक

- सखी! क्या पूछना चाहती हो?
- (मन ही मन) सचमुच मेरा प्रेम बहुत आगे बढ़ गया है और मुझसे एकाएक कुछ कहते नहीं बनता।
- सखी! तुमसे न कहूँगी तो किससे कहूँगी? अब तुम दोनों को मेरे लिए कुछ कष्ट सहना पड़ेगा।

चौथा अंक

- बड़े सौभाग्य की बात है क्योंकि सखियों के हाथ का शृंगार अब मुझे कहाँ मिल पाएगा। (रोने लगती है) सखी प्रियंवदा! यद्यपि मेरा मन आर्यपुत्र के दर्शन के लिए बड़ा उतावला सा है, तथापि आश्रम को छोड़ते हुए मेरे पैर आगे नहीं बढ़ पा रहे। सखियों! इस वन ज्योत्सना को, मैं तुम दोनों के हाथों सौंप रही हूँ।
- सखी! देख, कमलिनी के पत्ते की ओट में छिपे अपने चकवे को न देख पाने के कारण यह चकवी विकल होकर किस तरह चिल्ला रही है। अतः मैं जिस दुष्कर कार्य के लिए जा रही हूँ, वह पूरा नहीं होगा।

पाँचवा अंक

- (अपशकुन का प्रदर्शन कर) मेरी दाहिनी आँख क्यों फड़कने लग गयी है?

  (हृदय पर हाथ धर कर, मन ही मन) मेरे हृदय! इस प्रकार काँप क्यों रहे हो? आर्यपुत्र के प्रेम का ध्यान कर के धीरज धरो।
- (क्रोध से) अनार्य! तुम अपने ही हृदय के समान सबके हृदय को खोटा

समझते हो? तुम्हारे सिवाय और कौन ऐसा होगा, जो घास-फूस से ढके हुए कुएँ जैसे धर्म का ढोंग रच कर, ऐसा नीच काम करेगा?

- तुमने ठीक ही किया, मुझे स्वच्छन्दचारिणी बना डाला क्योंकि पुरुकुल के धोखे में आकर मैं ऐसे नीच के हाथ में जा पड़ी, जिसके मुँह में मधु और हृदय में विष भरा हुआ था। इस धूर्त ने तो छला ही, तो क्या अब आप लोग भी मुझे त्याग रहे हैं?

- भगवती वसुन्धरे! तू फट जा और मुझे अपनी गोद में ले ले।

सातवाँ अंक

- सर्वदमन के हाथ से गिरी हुई रक्षा की जड़ी उनके छूने पर साँप नहीं बनी, यह सुनकर भी मुझे अपने भाग्य पर भरोसा नहीं हुआ अथवा सानुमती ने जो कहा है, सम्भवतः वह ठीक ही हो। (पछतावे से उदास मुख राजा को देखकर)

- ये आर्यपुत्र जैसे नहीं दिखते। तब ये कौन हैं, जो रक्षा बाँधे हुए मेरे पुत्र को अपने शरीर से चिपका कर अपनी देह मलिन कर रहे हैं।

- (मन ही मन) मेरे हृदय धीरज धरो, आज दैव ने पिछला सब बैर भुलाकर मुझ पर कृपा की है। वस्तुतः ये ही तो है मेरे आर्यपुत्र।

- (मन ही मन) बड़े भाग्य की बात है कि आर्यपुत्र ने मुझे अकारण नहीं त्यागा था। किन्तु मुझे यह नहीं मालूम कि मुझे श्राप कब मिला था। यह भी संभव है कि मुझे श्राप मिला हो और विरह की धुन में पड़े रहने के कारण मुझे उसका पता ही न चला हो। यह बात अब मेरी समझ में आ रही है कि चलते समय सखियों ने यह क्यों कहा था कि पति को अँगूठी दिखला देना।

- (मन ही मन) देवी ने मेरे मन की बात कही है।

मालविका (मालविका.)

- (पहले आलाप भर कर चार पदों वाला गाना गाती है)

  दुर्लभ है वह मेरा प्रियतम, हृदय छोड़ उसकी आशा।
  वामाँपांग फड़कता मेरा, अतः बँध रही कुछ आशा।।
  बहुत काल में देखा प्रियतम, कैसे उसको अपनाऊँ।
  पराधीन अपने को प्रियतम। तुझमें तृषित गिना पाऊँ।।

- महाराज की मनोदशा का मुझे बिल्कुल ज्ञान नहीं है। ऐसी दशा में उनके प्रति अभिलाषा करती हुई मुझे स्वयं लज्जा हो रही है। मुझमें इतनी शक्ति भी नहीं है कि मैं अपनी प्यारी सखियों से यह बात कह सकूँ। पता नहीं, कामदेव मुझे कब तक यह प्रेम की पीड़ा देता रहेगा? जिसकी कोई औषधि भी नहीं है। (दो-चार कदम चल कर) अरे! मैं किधर चली जा रही हूँ? देवी ने मुझे आदेश दिया है कि मालविके! गौतम की चंचलता के कारण झूले पर से गिरने से मेरे पैर में चोट आ गई है। अतः मैं चलने में असमर्थ हूँ। तुम जाकर तपनीयाशोक की दोहद पूर्ति कर दो। यदि पाँच रात्रियों में उसमें फूल उग आया तो मैं तुम्हें यथेच्छ पुरस्कार दूँगी। जब तक मैं उस स्थान पर जाऊँगी तब तक बकुलावलिका भी चरणालंकार (नूपुरादि) लिए हुए वहाँ पहुँच जाएगी। जब तक वह नहीं पहुँचती, तब तक मैं दिल खोल कर रो लूँगी।

- मनोरम और कोमल दोहद की प्रतीक्षा करने वाला यह पुष्पहीन अशोक मुझ उत्कण्ठिता की ही अनुकृति कर रहा है। तब तक इसी की शीतल छाया में प्रस्तर-खण्ड पर बैठ कर अपने मन को बहलाऊँ।

- हृदय! तुम्हारी अभिलाषा व्यर्थ ही बहुत बढ़ गई है। तुम इसे छोड़ दो। मुझे व्यर्थ क्यों सताता है? अरे बकुलावलिका तुम आ गई। सखी तुम्हारा स्वागत है। आओ, बैठो।

- सखि! उस समय शीघ्रतावश महाराज के सौन्दर्य को जी भर कर नहीं देख सकी। आज भी मुझे वैसा ही लग रहा है। महाराज के दर्शन की प्यास मिटती ही नहीं।
- इधर दृष्टि फेर कर महाराज प्रेम भरी चितवन से किसे निहार रहे हैं?
- राजा मुझे दक्षिण नायक नहीं ज्ञात हो रहे हैं क्योंकि वह सम्पूर्ण रानियों को छोड़ कर, एक ही स्त्री पर ललचाई आँखों से देख रहे हैं। यदि यही बात है तो व्यर्थ क्यों चिन्तित होऊँ?
- आर्य गौतम भी इन्हीं की सेवा में हैं।
- यदि तुम मुझको अत्यन्त क्रुद्ध समझ रही हो, तो मेरे क्रोध को शान्त तो करो।
- (स्वगत) तो क्या मैं सचमुच चित्र में बने हुए स्वामी से रुठी हुई थी? (लज्जाशील मुखी होकर हाथ जोड़ती हुई)
- सखी! मैं बहुत बड़ी भाग्यहीना हूँ। मेरे लिए स्वामी का स्वप्न-संगम भी दुर्लभ हो रहा है।
- देवी के भय से अपने मन का मनोरथ भी नहीं पूर्ण कर सकती हूँ।
- आप नहीं डरते हैं, यह मैं इरावती के समक्ष देख चुकी हूँ।
- (पीछा करती हुई) देव! आप बाहर न जाएँ। साँप की बात कही जा रही है।
- सखी! देवी के भय से मेरा हृदय काँप रहा है। मुझे नहीं ज्ञात है कि इसके आगे क्या-क्या भोगना है? (मन ही मन) मेरे इस अनुपम रूप में अलंकृत किए जाने का कारण हमें ज्ञात है, फिर भी कमलपत्र पर स्थित जलबिन्दु के समान हमारा हृदय काँपता है। बाईं आँख भी निरंतर फड़क रही है।

अप्सरा उर्वशी (*विक्रमो.*)

'लक्ष्मी स्वयंवर' नाटक में लक्ष्मी/उर्वशी के द्वारा पुरुषोत्तम विष्णु के स्थान पर 'पुरुरवा' शब्द के उच्चारण से उर्वशी श्रापित हो गई।

- लक्ष्मी स्वयंवर
- गीतकार सरस्वती
- दैवी शक्ति से सम्पन्न
- नीली रेशमी साड़ी
- नारायण की अद्भुत रचना एवं सौन्दर्य-अद्वितीयता

'लक्ष्मी स्वयंवर' नामक नाटक, गीतकार स्वयं सरस्वती, लक्ष्मी का अभिनय करती उर्वशी, वारुणी का अभिनय करती मेनका, 'पुरुषोत्तम विष्णु' के स्थान पर, उर्वशी के मुँह से निकला 'पुरुरवा', श्राप दे दिया गया, काशीराज की पुत्री महारानी 'व्रत' कर रही है, (प्रिय को प्रसन्न करने वाला व्रत), रानी सफेद रेशमी वस्त्र धारण की हुई है।

- उर्वशी के द्वारा भोजपत्र पर प्रेम पत्र लिखना
- राजा के द्वारा उदयवती नामक विद्याधर की कन्या को देखना और उससे ईर्ष्यावश उसका राजा से रुष्ट होना
- स्त्रियों के लिए निषिद्ध 'कुमारवन' में चले जाना और उर्वशी का लता के रूप में परिवर्तित हो जाना
- उर्वशी हेतु राजा का वियोग-विलाप
- 'संगमनीय मणि': प्रिये से मिलानेवाली: मिलन
- कथा-भगवानकुमार/गन्धमादन पर्वत
- उर्वशी- पुरंदर की कन्या/ भरतमुनि द्वारा श्रापित : पुत्र मुख दर्शन तक ही अपने पति के साथ रहना

- प्रस्थान के लिए उर्वशी- इंद्र की ओर, राजा वन की ओर, युवराज राजा के रूप में
- नारद का आगमन, इंद्र के संदेश के साथ, 'देवासुर संग्राम'
- राजा का महत्व/परस्पर सहयोग/वियोग का श्राप समाप्त/सुयोग
- केशी नामक राक्षस ने उर्वशी को बंदी बनाया
- पुरुरवा ने ही रक्षा की
- महाराज के सौन्दर्य का दोनों नेत्रों से पान
- प्रेम-प्रणय-कामदेव
- प्रतिष्ठानपुर
- गंगा-यमुना
- राजा का विलाप- उर्वशी प्रेम हेतु
- प्रेमपत्र का अचानक गायब होना और देवी तक उनका पहुँचना
- अप्सरा/पुरुरवा की प्रेमिका
- स्वतंत्र प्रकृत्ति
- अद्वित्तीय सुन्दर
- नारायण की अद्भुत रचना, दैवी शक्ति से सम्पन्न, उसके द्वारा भोजपत्र-प्रेम पत्र
- प्रेम पत्र वाचन
- पद्य में लिखा गया प्रेम पत्र
- नीली रेशमी साड़ी
- ईर्ष्या (महाराज की)
- देवी (क्रोध में)
- देवताओं द्वारा सेवित अप्सरा उर्वशी को 'केशी' राक्षस बंदी बनाकर ले

गया, अंततः पुरुरवा ने उन अप्सराओं की रक्षा की।

- महाराज के सौन्दर्य का दोनों आँखों से पान, प्रेम-प्रणय, प्रतिष्ठानपुरी, गंगा-यमुना
- राजा का विलाप उर्वशी प्रेम हेतु, प्रेम पत्र गायब होना, राजा का क्रोध, फिर देवी के हाथ लग जाना
- राजा (सदैव विदूषक के साथ)
- गन्धमादन पर्वत पर विहार (अंक पाँच)
- उदयवती नाम की विद्याधारी की कन्या
- स्त्रियों के लिए निषिद्ध 'कुमार वन' में चली गयी और वहाँ जाते ही लता के रूप में बदल गयी।

उर्वशी-पुरंदर की कथा

- उर्वशी : भरतमुनि द्वारा श्रापित
- आर्यासत्यवती (च्यवन मुनि का आश्रम)
- उर्वशी (इन्द्र की ओर)
- राजा आयुष्व का राज्याभिषेक
- वन का आश्रम
- होने वाला देवासुर-संग्राम
- क्या अपने प्रभाव को दिखाने वाले इन्द्र ने मेरी रक्षा की है?
- (राजा को देखकर, मन ही मन) तब तो राक्षसों के उपद्रव ने उपकार ही किया है।
- (मन ही मन) आपके वचन अमृत्त के समान हैं अथवा यदि चंद्रमा से अमृत की बूँदें बरसें तो क्या आश्चर्य है? (प्रकट में) इसलिए अपनी सखियों के लिए मेरा हृदय उतावला हो रहा है।

- अपने दु:ख में साथ देने वाले महाराज के सौन्दर्य का दोनों आँखों से पान कर रही हूँ।
- अधिक परिहास मत करो।
- अरे क्या? आज मैंने लोक-लाज छोड़कर यही निश्चय किया है?
- सखी! कामदेव मुझे स्वयं प्रेरित कर रहा है, अब मैं इसमें क्या विचार करूँ?
- तुम मुझे मार्गदर्शन दो, जिससे हम दोनों के जाने में कोई बाधा न हो।
- मुझसे तो कुछ कहा नहीं जा रहा है।
- (अपनी ओर देखकर) सखी चित्रलेखा! थोड़े से अलंकरण धारण कर और नीली रेशमी साड़ी पहना हुआ, मेरा यह अभिसारिका का वेश तुझे अच्छा लग रहा है?
- मदन तुम्हें आज्ञा दे रहा है कि तुम मुझे शीघ्र ही इस भाग्यशाली के घर में ले चलो।
- सखी! तुम बतलाओ इस अवसर पर अब क्या करना चाहिए?
- सखी! राजर्षि अपनी पत्नी को इतना प्यार करते हैं, फिर भी मैं इनकी ओर से अपना मन नहीं हटा पा रही हूँ।
- सखी! महारानी ने मुझे महाराजा को दे दिया है। इसीलिए मैं इनकी प्रेमिका की भाँति इनके शरीर से सट कर बैठी हूँ। तुम मुझे महारानी के आगे रोड़ा मत समझना।
- मैंने अपनी भीतरी इन्द्रियों से महाराज की सभी बातें जान ली थी।
- सुनिए, बहुत समय पहले भगवान् कुमार ने सदा के लिए ब्रह्मचर्य व्रत लेकर इस पवित्र गन्धमादन पर्वत पर डेरा डाला और नियम बना दिया-

  'जो कोई स्त्री इस प्रदेश में प्रवेश करेगी वह लता के रूप में बदल जाएगी। परन्तु इस श्राप की शान्ति का उन्होंने उपाय भी बतला दिया

था कि पार्वती जी के चरणों की लालिमा से उत्पन्न होने वाली मणि से इस श्राप का अंत होगा। इस महान श्राप से मेरी बुद्धि ऐसी मारी गयी, जिससे मैं कार्तिकेय के नियम को भूल गयी और स्त्रीजनों के न जाने योग्य इस कुमारवन में चली गयी। प्रवेश करने के बाद ही वन के समीप रहने वाली वासन्ती लता के रूप में बदल गयी।

- अरे! यही संगमनीय मणि है? इसीलिए महाराज के गले लगाते ही मैं अपने वास्तविक स्वरूप में आ गयी हूँ।
- अरे मधुरभाषी! आपको प्रतिष्ठान नगर से आए हुए बहुत समय बीत गया। कहीं प्रजायें इसके लिए मुझे दोषी ठहरायेंगी। अब- चलिए लौट चलें।
- बेटा! पिता की सेवा करने वाले बनो।
- भगवती! मैं आपके चरणों में प्रणाम करती हूँ।
- महाराज सुनिए! पहले तो मैं पुत्र-दर्शन के आनन्द में सब कुछ भूल गई थी। इसके बाद जो आपने पुरन्दर का नाम लिया, तो मुझे एक पुरानी बात याद हो आयी, जो मेरे हृदय को पीड़ा पहुँचा रही है।
- बहुत दिन पहले आपसे प्रेम करने के कारण भरतमुनि ने मुझे श्राप दिया था। इस श्राप से मैं तो बहुत घबरा गयी थी, तब देवराज इन्द्र ने मुझे आज्ञा दी थी।
- यही कि तुम्हारे प्रिय मित्र राजर्षि जब तुमसे उत्पन्न हुए अपने वंश चलाने वाले पुत्र का मुख देख लेंगे तब तुम्हें फिर मेरे पास आ जाना चाहिए। जैसे ही मुझे यह बालक उत्पन्न हुआ, वैसे ही मैंने इस डर से इस नवजात शिशु को भगवान च्यवन के आश्रम के पास विद्या प्राप्ति के निमित्त आर्या सत्यवती के पास धरोहर रख छोड़ा था क्योंकि यदि आप इसे

देख लेते तो मेरा आपका वियोग हो जाता। आज यह पिता की सेवा के योग्य हो गया है, ऐसा विचार कर इस दीर्घायु बालक को मेरे पास भेज दिया। इसलिए आज तक आप ही के साथ मेरा साथ है।

कुमारसंभवम्

जया-विजया(पार्वती); शिव की सेवा तपस्या के समय ये दोनों सखियाँ पार्वती को सहयोग करती थीं। यही वे सखियाँ हैं जिन्होंने, पार्वती के अन्तर्मन को शिव को बताया था। पार्वती की साथी स्त्रीपरिचारिका (78.I, *कुमार.*). वसंतऋतु के पुष्प से युक्त, ये मदहोश हुआ करतीं और गायन से आनन्द विभोर हो कामदेव की पूजा अर्चना किया करती थीं।

(4, 5, 13, 22./VI, *कुमार.*)

रघुवंशम्

- *रघुवंशम्* की सह स्त्रियाँ हर परिस्थिति में मुख्य स्त्रियों को समृद्ध करती हैं, जिसमें कौशल्या(कोसल), सुमित्रा(मगध), कैकेयी(केकय), ताड़का (सुकेतु की कन्या), अहिल्या (गौतम की स्त्री), सीता (राम की पत्नी), उर्मिला (लक्ष्मण की पत्नी, सीता की छोटी बहन), माण्डवी (भरत की पत्नी, जनक जी के छोटे भाई कुशध्वज की पुत्री), श्रुतिकीर्ति (शत्रुघ्न की पत्नी, जनक जी के छोटे भाई कुशध्वज की पुत्री) हैं।

- अंत:पुर में स्त्रियाँ नियुक्त की जाती थीं जो उन्हें अन्य स्त्रियों के निकट जाने से रोकता था तथा वह राजा के द्वारा नियुक्त होता था। (3. XVI/XVIII, रघु.)

  –सुनन्दा (इन्दुमती) प्रतिहारी राजा भोज के दरबार में यह इन्दुमती की धातृ एवं सखी है। इन्दुमती के साथ स्वयंवर के समय यहीं रहती है।

  –सुदक्षिणा में गर्भवती के लक्षण दिखलाई देने पर, कौमुदी उत्सव का आयोजन, जिसमें राजवंश के नए उत्तराधिकारी को स्पष्ट किया जाता

है। सुदक्षिणा की सखी।

-सालिगोप्य : (20.IV, *रघु.*) ये नवयुवतियाँ होती थीं जिन्हें फसलयुक्त खेत-खलिहानों की पक्षियों व जानवरों से रक्षा हेतु नियुक्त किया जाता था। गन्ने के खेत में बैठे रघु को अपने गायन के द्वारा मनोरंजन करती सालिगोप्य को देखा गया।

अभिज्ञानशाकुन्तलम्

- *अभिज्ञानशाकुन्तलम्* की सहनायिकायें, रचयिता के विशेष कार्य यथा कथा का उद्घाटन तथा विचारों को पुष्ट कर गति देती हैं। शकुन्तला की विषम मानसिक अवस्था को सरलता से परिचित कराया गया है।
- अनुसूया-प्रियंवदा (शकुन्तला) उद्‌देश्य की पूर्ति के बाद ये विस्मृत कर दी गई हैं। (IV)
- शकुन्तला की सखी/प्रियंवदा संस्कृत में सम्भाषण करती है। (4.IV)
- अनुसूया शकुन्तला के संकट में तर्कपूर्ण व्यवहार एवं सलाह देती है, जबकि प्रियंवदा जैसा कि नाम है अपने मृदुल वचनों से शकुन्तला को सम्बल देती है। (IV)
- प्रियंवदा, शकुन्तला व दुष्यन्त के सम्बन्धों को लेकर आशान्वित रही है। (IV)
- प्रियंवदा शकुन्तला के कुशल क्षेम के प्रति अत्यंत सजग है। (III, IV)
- शकुन्तला को प्रेमपत्र लिखने के लिए प्रियंवदा ही प्रोत्साहित करती है। (III)
- प्रियंवदा कण्व की प्रतिक्रिया से भयभीत भी होती है लेकिन अपनी

भूमिकाओं में आत्मविश्वास भी है। (IV)

- अनुसूया इस बात को लेकर आश्वस्त है कि पिता के रूप में कण्व शकुन्तला को योग्य व्यक्ति को ही देंगे। वह प्रियंवदा से ज़्यादा परिपक्व है। वह 'लोक स्वभाव' से भलीभांति परिचित है। कण्व के द्वारा दिए गए रेशम के वस्त्र और आभूषण से अनुसूया आश्चर्यचकित हो जाती है। (IV)
- आर्य! चलिए, घनी छाया वाले इस छतिवन वृक्ष के तले जो शीतल चबूतरा है, वहीं क्षण भर बैठ कर थकान मिटाइए। (I)
- आर्य! जैसे कुछ और भी पूछना चाहते हैं? संकोच मत कीजिए। तपस्वियों से आप बेखटके कुछ भी पूछ सकते हैं। (I)
- अनुसूया! जब से शकुन्तला ने उस राजर्षि को देखा है, तभी से यह उन पर आसक्त हो गई है। सम्भव है कि यह बेचैनी उन्हीं के कारण है? (III)
- सखी शकुन्तला! अनुसूया ठीक कह रही है। तुम क्यों अपने रोग की उपेक्षा कर रही हो? दिन-पर-दिन तुम इतनी सूखती चली जा रही हो कि तुम्हारे शरीर पर केवल सुन्दरता की झलक भर बची रह गयी है। (III)
- सखी! इसकी प्रेम व्यथा इतनी बढ़ गई है कि कोई उपाय शीघ्र ही करना चाहिए। इस बात की तो सराहना करनी ही पड़ेगी कि शकुन्तला ने प्रेम भी किया तो पुरुवंश-भूषण दुष्यन्त से। (III)

चतुर्थ अंक

- (अनुसूया से) तू इसकी चिन्ता मत कर, क्योंकि ऐसी प्रकृत्ति के लोग कपटी नहीं होते, किन्तु ये सभी बातें सुनकर पिताजी न जाने क्या करें। (IV)
- शकुन्तला तो कुटी में है ही। किन्तु आज कुछ अनमनी सी है। (IV)
- सखी! वे तो बड़े क्रोधी स्वभाव के व्यक्ति हैं। वे क्या किसी की विनती सुनते हैं? फिर भी मैंने उन्हें बड़ी कठिनाई से थोड़ा-बहुत अपने अनुकूल कर लिया है।
- तब वे यही कह कर अन्तर्धान हो गए कि मेरा वचन तो झूठा नहीं जा सकता। हाँ, यह संभव है कि यदि वह कन्या अपने प्रेमी को कोई पहचान का आभूषण दिखा देगी तो मेरा श्राप छूट जाएगा।
- सखी चलो, तब तक देवपूजन का काम कर लें, अनुसूया! देखो तो, बायें गाल पर हाथ रखकर, बैठी हुई प्यारी-सखी कैसी चिन्ता में जब यह अपनी ही सुध-बुध में खोये बैठी है, तब फिर अतिथि का कौन सोचे?

अनुसूया (अनुसरण करने वाली) *(अभि.शा.)*

- शकुन्तले! मैं तो समझती हूँ कि पिता कण्व आश्रम के इन पौधों को तुमसे अधिक प्यार करते हैं। नहीं तो भला चमेली की कली जैसी कोमल अंग वाली तुमको वे इन पौधों के थाल्हे भरने का काम क्यों सौंप जाते? (I)
- शकुन्तला! यह वह नई चमेली है जिसने आम के वृक्ष से स्वयंवर कर लिया है और जिसका नाम तूने वन-ज्योत्सना या वन की चाँदनी रखा है। इसे तो तू भूली ही जा रही थी। नहीं, मैं तो नहीं जानती सखी! तू ही बता दे। (I)

तीसरा अंक

- सखी (शकुन्तला से)! मैं तुमसे कुछ पूछना चाहती हूँ क्योंकि तुम्हारी बेचैनी बहुत बढ़ी जा रही है। सखी शकुन्तला! हम लोग कामदेव सम्बन्धी बातें तो कुछ जानती नहीं हैं। फिर भी कथा-कहानियों में हमने प्रेमियों की जो दशा सुनी है इस समय ठीक वैसी ही दशा तुम्हारी भी दिख रही है। बतलाओ, तुम किसके लिए इतनी बेचैन हो? क्योंकि जब तक रोग का ठीक-ठीक पता न लगे तब तक उसका प्रतिकार कैसे किया जा सकता है? (III)

चौथा अंक

- प्रियंवदा! यद्यपि शकुन्तला का गंधर्व विवाह हो गया और उसे योग्य पति भी मिला, किन्तु एक बात की बड़ी चिंता है, यह कि आज यज्ञ पूर्ण हो चुकने पर, जब राजा दुष्यन्त ऋषियों से विदा लेकर अपने नगर के रनिवास में पहुँच जायेंगे, तब उनको यहाँ की सुधि रहेगी भी या नहीं। जहाँ तक मैं समझती हूँ, वे भी इसका यह संकल्प ही था कि योग्य वर मिल जाएगा तो इसका विवाह कर देंगे। अब जब दैव ने ही वह काम पूरा कर दिया, तब तो बिना परिश्रम के ही उनका मनोरथ सफल हो गया। (IV)

- सखी! यह सुनकर मैं तो बहुत प्रसन्न हूँ। दुःख की बात इतनी ही है कि शकुन्तला आज ही चली जाएगी। वह तो आम की डाली पर नारियल का सम्पुट लटक रहा है, उसमें मैंने बहुत दिनों तक सुगन्धित रहने वाली बकुल की माला आज के लिए ही रख छोड़ी थी। तू उसे उतार तो ले आ। तब तक मैं गोरोचन, तीर्थ की मिट्टी और कोमल दूब के अंकुर आदि मंगलमयी सामग्रियाँ जुटा लाती हूँ। सखी, आ चलें। (IV)

गौतमी/तपस्विनी *(अभि.शा.)*

- (शकुन्तला के पास जाकर) वत्से! तुम्हारे शरीर का ताप तो कुछ कम हुआ ही नहीं। (III)
- इस कुशा के जल से तुम बिल्कुल अच्छी हो जाओगी वत्से! दिन ढल गया है। आओ चलो, कुटी में चलें। (III)
- पुत्री! आनन्द से उत्पन्न आँसुओं को बहाने वाले नेत्रों से, मानों तुमको गले लगाते हुए से तेरे पिता यहाँ उपस्थित हैं, उचित शिष्टाचार का पालन करो। (IV)

पाँचवां अंक

- पुत्री! तेरे असगुन दूर हों, तेरे पति कुल के देवता तुझे सुख दें। (V)
- आर्य! मैं भी कुछ कहना चाहती हूँ। यद्यपि मुझे आप लोगों के बीच में कुछ नहीं बोलना चाहिए क्योंकि - न तो इसी ने अपने बड़ों से कुछ कहा-सुना, न आपने ही इसके सगे-सम्बन्धियों से कुछ पूछा-जाँचा। अतएव जब आप लोगों ने आपस में ही सबकुछ कर डाला, तब मैं आप दोनों को क्या कहूँ। (V)

सानुमती/अप्सरा *(अभि.शा.)*

- साधुजनों के स्नान के समय इस अप्सरा तीर्थ को देखभाल करने की आज मेरी बारी थी। वह काम तो कर चुकी। अब चलकर अपनी आँखों से उस राजर्षि की दशा को देख लूँ क्योंकि मेनका की कन्या होने के नाते शकुन्तला मेरी भी कन्या हुई। उसी मेनका ने अपनी कन्या के लिए कुछ उपाय करने को मुझसे पहले ही कह रखा है। अरे, वसन्तोत्सव का दिन आ पहुँचा है और राजभवन में एकदम सन्नाटा छाया हुआ है। यद्यपि दिव्यदृष्टि से मैं सब कुछ देख सकती हूँ, तथा अपनी सखी की

बात तो करनी ही होगी। अच्छा, तिरस्कारिणी विद्या के द्वारा अपने को छिपाकर इन मालिनों के साथ। (VI)

- यद्यपि इन्होंने दूसरों को अपना हृदय दे डाला है, किन्तु ये अपनी पहली रानी के प्रेम को भी नहीं ठुकराना चाहते। पर राजा के मन में रानी के लिए कुछ भी प्रेम नहीं बचा रह गया है। (VI)
- निःसंदेह राजा ने शकुन्तला के संदर्भ में ही अपने आपको धिक्कारा है। (VI)
- तुम्हारी सन्तान तुम्हारा वंश चलाएगी। (VI)
- हाय-हाय दीपक के रहते हुए भी जैसे बीच में किसी चीज की ओर पड़ जाने से अंधेरा छा जाता है, वैसे ही इस राजा को भी मोह हो गया है। मैं तो इसको निश्चिन्त कर देती, पर देवमाता अदिति ने शकुन्तला को समझाते हुए कहा था कि ''यज्ञ में भाग लेने के लिए उत्सुक देवता ऐसा कुछ करेंगे कि जिससे राजा दुष्यन्त शीघ्र तुम्हें अपनी धर्मपत्नी बनाकर तुम्हारा अभिनन्दन करेंगे। तो अब देर नहीं करनी चाहिए। चलकर शकुन्तला को ये सभी बातें सुना दूँ, जिससे उसे भी धीरज हो जाए।'' (VI)

चतुरिका/राजा की दासी *(अभि.शा.)*

- यह देवी का चित्र! (चित्रफलक दिखलाती है।) (VI)
- आर्य माधव्य! जरा इस चित्रफलक को तो सम्हालिए, मैं अभी आ रही हूँ। (VI)
- चित्र-सामग्री की पिटारी लेकर मैं इधर आ रही थी। (VI)
- तभी तरलिका के साथ आती हुई महारानी वसुमती ने यह कह कर मुझसे बलपूर्वक वह पेटी छीन ली और कहा कि मैं स्वयं इसे आर्यपुत्र के पास पहुँचा दूँगी। (VI)

- तरलिका वृक्ष की डालों से महारानी की फँसी हुई ओढ़नी छुड़ाने लगी, तब तक मैं चुपचाप चली गयी। (VI)

अदिति/कश्यप की स्त्री *(अभि.शा.)*

- वत्स! तुम इतने बलवान होओ कि कोई शत्रु तुम्हारे रथ को न रोक सके। (VII)
- बेटी! तुम सदा अपने पति का आदर पाओ और तुम्हारा पुत्र चिरंजीवी होकर दोनों कुलों को सुख दे। बैठ जाओ। (VII)

प्रतिहारी/परिचारिका/यवनी *(अभि.शा.)*

- यह झाड़-बुहार कर स्वच्छ की हुई यज्ञशाला की बैठक है, जहाँ पास ही हवन के लिए घी-दूध देनेवाली गायें बँधी हुई हैं। महाराज इसी पर विराजमान हैं। (V)
- ये ऋषि लोग बड़े प्रसन्न दीख रहे हैं। ऐसा लगता है कि ये लोग किसी अच्छे काम से ही यहाँ आये हैं। (V)
- महाराज मैं भी यही जानने के लिए उतावली हूँ, किन्तु ठीक-ठीक कुछ समझ में नहीं आ रहा है। किन्तु इसकी सुन्दर आकृत्ति दर्शनीय है। (V)

नटी *(अभि.शा.)*

- आर्यपुत्र! आपने तो पहले से ही अच्छा प्रबंध कर रखा है कि कोई कमी न रह जाएगीा यह बात तो ठीक ही है आर्य! अब आप जो आज्ञा दें, वैसा किया जाय। (I)
- गाती हूँ/ सिरस के जिन कोमल केशदल के शिखरों को भौंरे बार-बार चूमकर बैठते तथा उड़ जाते हैं, बड़े ही दयाभाव से कामिनियाँ उन फूलों को अपने कानों का कर्णफूल बनाती हैं। (4.1)

आपने तो अभी–अभी कहा था कि *अभि. शा.* नाम का नया नाटक खेला जाय। (I)

विक्रमोर्वशीयम्

विक्रमोर्वशीयम् में सह नायिकाओं का अत्यन्त मौलिक वर्णन है जहाँ पारलौकिक जगत् का इहलौकिक जगत् के साथ संबंधों को जोड़ते हुए, अप्सरा उर्वशी को उसके मानवीय रुप को जिस प्रकार पारलौकिक जगत् से सहयोग मिलता है– यह वर्णन स्वयं में अत्यन्त रोचक है। ऐसा वर्णन अन्यत्र नहीं मिलता । सह नायिकायें यहाँ विशेष भूमिका निभाती हैं। इनमें औशीनरी/काशीराजदुहिता/देवी/पटरानी, चित्रलेखा, सहजन्या, चेटी/राजसेविका, रम्भा/अप्सरायें, मेनका/अप्सरायें सहजन्या/अप्सरायें, तापसी/सत्यवती, आयुष्कुमार की धात्री, निपुणिका (दासी), यवनी (राजा की परिचारिका) हैं।

चित्रलेखा	:	उर्वशी की प्रिय सखी
औशीनरी	:	काशीराजदुहिता/पटरानी/देवी
निपुणिका	:	महारानी की दासी
रम्भा	:	अप्सरा
मेनका	:	अप्सरा
सहजन्या	:	अप्सरा
तापसी	:	सत्यवती/आयुष्कुमार की छात्री
यवनी	:	राजा की परिचारिका
चेटी	:	राजसेविका

- दासी निपुणिका (औशिनरी)
- चित्रलेखा : उर्वशी की शुभ चिंतक साथी है, वह राजा व विदूषक के अंतरंग वार्तालाप को भी सुनती है और अपनी सखी के पक्ष में काम करती है। संदेशवाहिका।

औशीनरी/काशीराजदुहिता/देवी/पटरानी (*विक्रमो.*)

- (संतानहीनता की वेदना)

  देवी : मैं लता वृक्षों की ओट में खड़ी होकर इनकी बातों को विश्वासपूर्वक सुनती हूँ कि जो तुमने कहा था, वह सत्य है या नहीं। (II)

- यह मलय पवन के साथ पुराने वस्त्र जैसा, इधर की ओर मुख किया हुआ उड़कर आ रहा है। (II)
- यदि मेरे मन के अनुकूल विषय होगा तो मैं भी सुन लूँगी। (II)
- हम इसी उपक्रम से इस अप्सरा के प्रेमी को देखें। (II)
- तुम चुपचाप रहो, मैं देखती हूँ (ये क्या करते हैं)। (II)
- आर्यपुत्र! घबराइए मत, यह वही भोजपत्र है। (II)
- आपके लिए यह उचित ही है कि आप अपना सौभाग्य मुझसे छिपायें। (II)
- यह आपका अपराध नहीं, यह मेरा ही अपराध है, जो इस अनुचित समय में आपके काम में विपरीत दृष्टि वाली बनकर यहाँ आ गई। अब मैं यहीं से चली जाऊँगी। (मन ही मन) मुझे ऐसी सरल हृदय वाली मत समझिए, जो आपकी इन अनुनय वाली बातों से मैं सरलता से प्रसन्न हो जाऊँगी। मैं तो केवल अकुशलतापूर्ण व्यवहार से डरती हूँ, क्योंकि इसके बाद पश्चात्ताप करना पड़ता है। (II)
- सखी निपुणिका। यह भगवान चन्द्रमा रोहिणी के साथ संयोग हो जाने के कारण और भी अच्छे लग रहे हैं। (III)
- आर्यपुत्र को साथ लेकर मैं एक विशेष व्रत करना चाहती हूँ। इसलिए मेरे कारण कुछ देर तक कष्ट सहने की आप कृपा करें। (III)

- सचमुच यह व्रत धारण करने का ही प्रभाव है, जो आर्यपुत्र ने मेरे अनुकूल इतना तो कहा। (III)

- दासियों! पूजा की सामग्री ले आओ, तब तक मैं मणिहर्म्य के ऊपर बिखरी हुई चन्द्र किरणों की पूजा करती हूँ। (III)

- यह मैं रोहिणी तथा चन्द्रमा रूपी देवता के जोड़े को साक्षी बनाकर आर्यपुत्र को पुनः प्रसन्न कर रही हूँ। आज से लेकर आर्यपुत्र, जिस स्त्री की कामना करेंगे अथवा जो आपके समागम की इच्छुक होगी, इसके साथ मैं सदा प्रेम के साथ व्यवहार किया करूँगी। (III, *विक्रमो.*)

- अरे मूर्ख! मैं अपने सुख का बलिदान देकर भी आर्यपुत्र (महाराज) को सुखी देखना चाहती हूँ। मेरे इस व्यवहार से ही समझ लो कि वे मेरे प्रिय हैं या नहीं। (III, *विक्रमो.*)

- आप दूर हों या न हों, किन्तु मैंने तो अपने प्रिय को प्रसन्न करने वाला जो व्रत प्रारम्भ किया था, उसे पूरा कर लिया। आओ दासियों! चला जाए।

चित्रलेखा *(विक्रमो.)*

- (दुःखी होकर) सखी उर्वशी! अपने मन को स्थिर करो। इस अधीरता से तो तुम अप्सरा जैसी नहीं लग रही हो। (I)

- सखी उर्वशी! आश्वस्त हो जाओ। (I)

  (राजा के समीप जाकर) महाराज! उर्वशी निवेदन कर रही है कि यदि महाराज की आज्ञा हो तो उनकी कीर्ति को अपनी सखी बनाकर सुरलोक में लेती जाऊँ। (I)

- तो भी इस कार्य के सम्बन्ध में तुम स्वयं भली-भाँति पहले सोच लो। (II)

- सखी! चिन्ता मत करो। क्योंकि देवगुरु बृहस्पति ने अपराजिता नाम की चोटी बाँधने की विद्या का उपदेश देते समय हमें ऐसी शक्ति दी है कि देवताओं के शत्रु भी हमारा कुछ नहीं बिगाड़ सकते। (II)
- अरी सखी! देखो देखो, हम दोनों राजर्षि के उस भवन पर पहुँच चुकी हैं जो 'प्रतिष्ठानपुरी' के सर्वश्रेष्ठ अलंकार स्वरूप है और जो गंगा-यमुना के जल में मानों अपना प्रतिबिम्ब देख रहा हो। (II)
- सखी! जैसे तत्काल उदय हुआ चन्द्रमा चाँदनी की प्रतीक्षा करता है, ठीक उसी प्रकार यह राजा तुम्हारी प्रतीक्षा कर रहा है। (त्वाँ प्रतीच्छति) (II)
- जो तुम्हें अच्छा लगे (वैसा करो)। (II)
- क्या फिर तुम भूतल की स्त्रियों की सी बात करने लगी हो? (II)
- सखी! राजा का विलाप तुमने सुना। (II)
- मुरझाये हुए कमलनाल के समान उनके अंगों ने ही सब कुछ कह डाला है। (II)
- महाराज! पहले बदली दिखलायी देती है, उसके बाद बिजली चमकती है। (II)
- उस बार जब मुझे दैत्य पकड़ ले गए थे, तब उस समय महाराज ने ही मेरी रक्षा की थी। वहीं मैं इस समय आपको देख कर मदनपीड़ा से व्याकुल हूँ, अतः फिर भी आपकी कृपा को ही चाह रही हूँ। (II)
- (उर्वशी के पास जाकर) आओ सखी! कामदेव ने तुमसे भी अधिक क्रूरता के साथ उन्हें सता रखा है, अतः मैं तुम्हारे प्रियतम की दूती बन कर तुम्हारे पास आयी हूँ। (II)

सहजन्या *(विक्रमो.)*

- (चित्रलेखा को देखकर दुःख के साथ) सखी चित्रलेखा! मुरझाए हुए कमल के समान तुम्हारा मुखमंडल तुम्हारे हृदय की अस्वस्थता की सूचना दे रहा है। अतः तू मुझे अपनी उदासीनता का कारण बता। मैं भी तुम्हारे दुःख में सहभागिनी होना चाहती हूँ। (IV)
- सखी! मैं जानती हूँ कि तुम दोनों में परस्पर कितना स्नेह है। सखी! कैसा संकट? (IV)
- (प्रशंसा करती हुई) वही सुख भोग कहा जाता है, जो ऐसे सुन्दर प्रदेशों में किया जाता है। हाँ, फिर उसके बाद क्या हुआ? यह हो सकता है। जब प्रेम बहुत बढ़ जाता है, तब ऐसी बातें सहन नहीं हो पाती। (IV)
- (शोक के साथ) सचमुच विधि का विधान अटल होता है। भला बताइए, कहाँ तो ऐसा प्रेम और कहाँ उसका विपरीत परिणाम? अच्छा, अब उन राजर्षि की क्या स्थिति है? (IV)
- विशेष आकृति वाले पुरुष बहुत दिनों तक दुःखी नहीं होते। कोई न कोई कृपा व्याख्यान अवश्य ही उपस्थित हो जाएगा, जिससे कि उन दोनों का फिर से मिलन हो जाएगा। उदय होते हुए सूर्य की पूजा कर लो। (IV)

चेटी (राजसेविका) *(विक्रमो.)*

- मुझे काशीनरेश की पुत्री ने आज्ञा दी है, सखी निपुणिका! जब से भगवान सूर्य की उपासना करके महाराज लौटे हैं तब से वे खोए-खोए से लग रहे हैं। तुम भी इसका कारण आर्यमाण्वक से जानने का प्रयत्न करो। मैं कैसे उस ब्रह्मबंधु को ठग कर इस बात का पता लगाऊँ? किन्तु मैं सोच रही हूँ, जैसे घास के ऊपर पड़ी हुई ओस की बूँद बहुत देर तक टिक नहीं पाती, वैसे ही उस (विदूषक) के पेट में राजा की गुप्त बातें देर तक नहीं रह पाएँगी। तो जब तक मैं इसे ढूँढती हूँ (घूम कर देखती हुई)

अरे! आर्यमाणकर तो चित्रलिखित वानर की भाँति कुछ सोच-विचार करते हुए यहाँ छिपे हैं। तो चलूँ इनके पास। (II)

- देवी (काशी नरेश की पुत्री) की आज्ञा से आपको देखने आ रही थी। (II)
- देवी ने कहलाया है,"आर्य, आजकल मेरे ऊपर कृपा नहीं कर रहे हैं, और अकारण इतनी मानसिक पीड़ा से पीड़ित मुझे देखने भी नहीं आ रहे हैं।"(II)

रम्भा/अप्सरायें *(विक्रमो.)*

- महाराज! किसी की विशेष तपस्या को तप से विचलित करने के लिए देवराज इन्द्र को अपना सुकुमार शस्त्र बनाकर भेजते हैं, जिसकी कमनीय कांति के आगे लक्ष्मी का सौन्दर्य भी तुच्छ है और जो स्वर्ग की शोभा है, वही हमारी प्यारी सखी उर्वशी जब कुबेर के भवन से लौट रही थी, उस समय किसी राक्षस ने उसके साथ आती हुई चित्रलेखा को बन्दी की भाँति पकड़ लिया। (I)
- क्या राजर्षि सचमुच हमारे हृदय के काँटे को निकाल पायेंगे? (I)

मेनका/अप्सरा *(विक्रमो.)*

- सखियों धैर्य रखो। प्रसन्न हिरण, जिसकी ध्वजा पर चित्रित है, ऐसे राजर्षि का सोमदत्त नामक रथ दिखलायी दे रहा है। यह सफल हुए बिना नहीं लौटेगा, ऐसा मैं सोच रही हूँ। (I)

सहजन्या/अप्सरा (*विक्रमो.*)

- सखी चित्रलेखा! मुरझाए हुए कमल के समान तुम्हारे हृदय की अस्वस्थता की सूचना दे रहा है। अतः तुम उदासीनता का कारण बताओ। मैं भी तुम्हारे दुःख में सहभागिनी होना चाहती हूँ।

तापसी सत्यवती, आयुष्कुमार की धात्री *(विक्रमो.)*

- क्या मैंने आज तक कभी आपसे मिथ्या भाषण किया है?
- (विचार कर) स्वामिनी! यह तो भोजपत्र है, जो उलटा-पलटा होकर इधर आ रहा है, जिसमें लिखे गए अक्षर पढ़े नहीं जा रहे हैं। अरे! यह तो स्वामिनी के नूपुर के कोने में आकर सट गया है। ज़रा इसे पढ़ लीजिए।
- वही कोई प्रेम की सी बात लग रही है। महाराज को लक्ष्य करके उर्वशी द्वारा लिखा गया यह पद्य है, ऐसा मैं सोचती हूँ। आर्यमाणवक की असावधानी से यह उर्वशी का हस्तलेख हमारे हाथ में आ गया है, ऐसा लगता है।

मेनका (*विक्रमो.*)

- सखी! इस विषय पर आप संदेह न करें।
- सखियों! धैर्य रखो, धैर्य रखो। प्रसन्न हरिण जिसकी ध्वजा पर चित्रित है, ऐसे राजर्षि का सोमदत्त नामक रथ दिखलायी दे रहा है। यह सफल हुए बिना नहीं लौटेगा, ऐसा मैं सोच रही हूँ। उर्वशी को यहाँ आने के लिए शीघ्र तैयार करो। भरतमुनि ने तुम लोगों को आठ रसों से युक्त जो नाटक दिखलाया है, उसी का ललित अभिनय देवताओं के स्वामी इन्द्र लोकपालों के साथ देखना चाहते हैं। (17/11 विक्रमोवर्शीयम्)

निपुणिका *(विक्रमो.)*

- महाराज को लक्ष्य करके उर्वशी द्वारा लिखा गया यह 'पद्य' है, ऐसा मैं सोचती हूँ। आर्यमाणवक की असावधानी से यह उर्वशी का हस्तलेख हमारे हाथ में आ गया है, ऐसा लगता है। (II)

(अच्छा इसे पढ़ो, इसका अर्थ तो मैं समझूं)।

- (प्रेमपत्र लेखन) उर्वशी! मैं अपने प्रभाव से भोजपत्र को उत्पन्न कर, उसी पर इन आरोपों का उत्तर लिख देना चाहती हूँ।

मालविकाग्निमित्रम्

मालविकाग्निमित्रम् में राजा अग्निमित्र के अंतःपुर में रानी धारिणी का षड्यंत्र, बांझ इरावती की विवशता, पंडिता कौशिकी की विद्वता तथा अन्यान्य सह नायिकाओं की भूमिका महत्वपूर्ण है। इससे नाटक को गति और शक्ति मिलती है, जो कि पाठक को स्त्रियों के जगत् को अनुभव कर, उसे समझने की दृष्टि देता है, सह नायिकायें यहाँ विशेष भूमिका निभाती हैं । इनमें धारिणी/अग्निमित्र की पटरानी/देवी, इरावती/अग्निमित्र की दूसरी पत्नी, बकुलावलिका/मालविका की सखी/धारिणी की दासी, पण्डिता कौशिकी/परिव्राजिका, निपुणिका/इरावती की दासी, समाहितिका/परिव्राजिका की सेविका, कौमुदिका/दासी, और मधुरिका हैं।

सहनायिका

बकुलवालिका (सखी) (I, III)
धारिणी (पटरानी) (I, IV, V)
इरावती(दूसरी रानी) (III)
कौशिकी (परिव्राजिका) (II, V)
वसुलक्ष्मी (अग्निमित्र की पुत्री)
माधविका (भू-गृह सेविका)
चंद्रिका (दासी)
निपुणिका (दासी) (III)
समाहितिका (दासी) (III)
कौमुदिका (दासी)
मधुकारिका (दासी) (V)
जयसेना (प्रतिहारी) (IV, V)

मदनिका ज्योत्स्निका (माधवसेन की शिल्पी दासी)

- निपुणिका : यह इरावती की साथी व दासी है।
- चेती (महिला) संतानविहीन व्यापारी के मृत्यु के समाचार को सुनकर मूर्च्छित राजा को सांत्वना देती है, और शुभचिंतक जैसा व्यवहार करती है।
- कौमुदिका तथा नागरिका, नाटक के प्रारम्भ में ही आती है। सर्पशील के साथ कौमुदिका और धारिणी की ओर से संवाद लेकर, नागरिका ईरावती के पास जाती है।
- मधुकारिका एवं पराभृतिका, राजा के द्वारा नियुक्त 'प्रमदवन' की देखभाल करती हैं। (III)
- स्त्री संदेशवाहिका तीन प्रकार की हैं : निसृस्टार्था, परिमितार्था, और पत्रहारा।
- राजकुमारी बसुलक्ष्मी

धारिणी (अग्निमित्र की पटरानी)/देवी *(मालविका.)*

- (परिव्राजिका को देख कर) भगवती! हरदत्त और गणदास के विवाद में, आप किसकी विजय सोचती हैं? (I)
- यद्यपि यह ठीक है तथापि राजा की कृपा जिस पर होगी वह जीत जाएगा। (I)
- (राजा : परिव्राजिका/पंडित कौशिकी की माँ) आप विदुषी हैं। (I)

इरावती (अग्निमित्र की दूसरी पत्नी) *(मालविका.)*

- निपुणिके! सुनती हूँ, मद नारियों का अलंकार है। क्या यह सत्य है? (III)

- मुझ पर स्नेह न दिखलाओ। कहो, यह कैसे ज्ञात होगा कि महाराज ढोलागृह में पहले आ गए हैं या नहीं? (III)
- चाटुकारिता न कर। तटस्थ होकर बतलाओ। (III)
- नशे से संतप्त, मुझको आर्यपुत्र के दर्शन के लिए हृदय प्रेरित कर रहा है। किन्तु मेरे पैर उठते ही नहीं। (III)
- यह तो मालविका के आने की जगह नहीं है। यहाँ वह क्यों आई? क्या समझती हो? (III)
- नशा मुझे विकृत बना रहा है। पहले संदेह दूर कर लूँगी। मेरा हृदय कातर हो रहा है। (III)

बकुलावलिका (मालविका की सखी/धारिणी की दासी)

- देवी की आज्ञा है कि नाटकाचार्य गुरु गणदास के समीप जाकर पूछो कि छलिक नृत्य में मालविका ने कैसी प्रगति की है? इसलिए रंगशाला की ओर चलूँ। (I)
- वास्तव में बड़ी सुन्दर वस्तु पर तुम्हारी दृष्टि पड़ी है। इस अंगूठी से केसर के समान जो किरणें निकल रही हैं, उससे तुम्हारी हथेली मानों खिल उठी है। (I)
- (मन ही मन) जान पड़ता है कि यह इरावती को तो पछाड़ ही देगी। धन्य है आपकी वह शिष्या जिसके गुरु उससे इतने प्रसन्न हैं। (I)
- सखी! तुम्हें जो काम दिया गया है, उसके लिए तुम्हीं योग्य थी। अपना एक पैर इधर बढ़ाओ, मैं उसमें महावर लगाकर नुपूर पहना दूँ। (III)

पण्डिता कौशिकी (परिव्राजिका)

- आप भी स्मरण रखें कि आप भी महारानी हैं। (I)

जिस प्रकार सूर्य की कृपा से अग्नि में बहुत चमक आ जाती है, वैसे ही रात की कृपा पाकर चंद्रमा में भी बहुत चमक आ जाती है। (I)

- सैकड़ों वर्षों तक महातेजस्वियों को उत्पन्न करने वाली पृथ्वी और धारिणी देवी के आप स्वामी बने रहें, जिनमें सहन करने की शक्ति एक समान है। (I)
- आप मुझे अपमानित न करें। भला नगर के रहते हुए कहीं रत्न की परीक्षा गाँव में की जाती है? (I)
- नाट्यशास्त्र तो अभिनय है। केवल वाग्विवाद से क्या लाभ? देवी का क्या विचार है?
- मैं बतलाना चाहती हूँ। कई गुणी ऐसे होते हैं जो अपने गुण को अपने आप भलीभाँति जानते हैं। कुछ ऐसे होते हैं जो अपने गुण दूसरों को सिखाने में चतुर होते हैं, परन्तु सच्चा गुणी वही है जिसमें ये दोनों बातें हों और ऐसा ही गुणी प्रतिष्ठा के योग्य होता है। (I)
- सर्वज्ञ व्यक्ति यदि अकेले निर्णय करना चाहता है तो उससे भूल हो सकती है। (I)
- जो कुलवन्ती नारियाँ होती हैं उन्हें यद्यपि अपने पतियों पर सभी अधिकार होते हैं, फिर भी जब उन्हें रूठना होता है तो वे कोई न कोई कारण निकाल कर पति से रूठती ही हैं। (I)
- रानी के मन में कुछ कुण्ठा है, अतः मैं डर रही हूँ। (I)
- मुझे निर्णय का अधिकार है, अतः मैं कहती हूँ कि पात्रों के सब अंगों के हावभाव स्पष्ट दिखलाई देने चाहिए, अतएव अन्य लोग अपने पात्रों को बहुत सजा-धजा कर न लायेंगे। (I)

- दंश वाले स्थान का छेदन पहला काम कहा गया है। यही इसके लिए भी करना चाहिए। (IV)

  दंश-स्थान का छेदन, दाह और रक्तमोक्षण, ये सभी उपचार सर्पदष्ट लोगों के जीवन के उपाय माने गए हैं। (IV)

- इसके पश्चात् की कथा मैं अभागिनी बतलाऊँगी। (IV)
- भाई की अन्त्येष्टि क्रिया करके मैंने अपने हृदय में वैधव्य-वेदना को अभिनव रूप में अनुभव किया और आपके राज्य में आकर काषाय वस्त्र धारण किए। (V)
- मैंने किसी कारणवश ही इतनी निर्दयता की। (V)
- साध्वी ललनायें अपनी सौत के द्वारा भी पति की प्रसन्नता का सम्पादन करती हैं। महानदियाँ दूसरी नदियों का जल भी समुद्र के अंक तक पहुँचाती हैं। (V)

निपुणिका (इरावती की दासी)

- पहले यह कहावत थी, परन्तु आज तो यह बात सच हो गयी है। (III)
- आपको अपने अखण्डित प्रणय से (III)
- वसन्तोत्सव के अवसर पर उपायन के लोभी विदूषक गौतम (वसन्तोत्सवोपायन लोलुपेनार्यगौतमेन) ने कहा है कि आप शीघ्रता कीजिए। (III)
- संभव है परिहास के लिए राजा कहीं छिपकर बैठे हों। हम लोग भी श्यामलतावेष्टित अशोक के नीचे प्रस्तर खण्ड पर बैठें। (III)
- अशोक तरु की छाया से बकुलावलिका मालविका के चरणों को अलंकृत कर रही है। (III)

समाहितिका (परिव्राजिका की सेविका)

- सखी! भगवती कौशिकी ने कहा है कि हमें रिक्तहस्त महारानी से मिलने नहीं जाना चाहिए, अतः एक नींबू ही उपहार के रूप में लेकर उनसे मिल लूँगी। (III)
- दोनों ही नाट्यशास्त्र के पण्डित और अभिनय कला में चतुर हैं, परन्तु गणदास ने अपनी शिष्या मालविका को इतनी उत्तम शिक्षा दी है कि उसे देख लेने पर गणदास ही दोनों में प्रशंसित हैं। (III)

कौमुदिका (दासी)

- सखी! अभी स्वर्णकार के यहाँ से महारानी की यह नागमुद्रा जटित अंगूठी लाई गई। उसी को मैं ध्यान से देख रही थी कि तुमने शीघ्र ही मुझे उलाहना दे दिया। (I)
- इस प्रकार शिक्षा-कार्य में तल्लीन रहने के कारण परोक्षावस्था में होते हुए भी, उस मालविका को महाराज अग्निमित्र ने कैसे देख लिया? (I)
- सुन्दरता की ओर सबका हृदय आकृष्ट हो जाता है। (I)

मधुकरिका

- विदर्भराज के विषय में क्या सुना जाता है? (V)

❖❖❖

॥ षष्ठ अध्याय ॥

श्रृंगार:

लावण्य, प्रेम,

गायन, वादन व नर्तन

शृंगार

आभूषण, करधनी, नूपुर, महावर, वस्त्र परिधान अलंकरण, दर्पण, पान एवं इत्र, पुष्पासव, शयनागार- आदि का सभी सातों ग्रंथों में पदे-पदे यह वर्णित एवं प्रतिबिम्बित हुआ है। आश्रम, ऋषि, अप्सरा, प्रकृत्ति की सुकुमारता एवं कोमलता चर-अचर रूपों में शनैः शनैः पदे-पदे अभिव्यंजित एवं स्पन्दित हुई है। ऐसा स्वाभाविक व्याख्यान तभी संभव है जब ग्रंथकार ने स्वयं उन तत्वों को अपने स्वयं के जीवन में जिया हो, अनुभव किया हो। सूक्ष्म अनुभव से आत्मसात एवं परिपक्व ग्रंथकार से ही यह सम्भव है।

मालविकाग्निमित्रम् में राजा अग्निमित्र के अन्तःपुर में मालविका की शृंगारिक परिणय सम्बन्धों की अभिव्यक्ति है तथा इस अंतःपुर के छल को भी यहाँ देखा जा सकता है। छल व षड्यंत्र इसका आधार है। *विक्रमोर्वशीयम्* में अप्सरा उर्वशी के साथ राजा विक्रम की प्रणय-गाथा है। अलकापुरी नगरी के वैभव को विवेचित करना, *मेघदूतम्* को अभिप्रेत रहा हैं। वहीं *ऋतुसंहारम्* के रचयिता ने भारतीय षड् ऋतुओं की कलात्मक एवं सौन्दर्यात्मक अभिव्यक्ति में प्रकृत्ति के विभिन्न आयामों यथा-वृक्ष, पुष्प, लता एवं स्त्री के मनोभावों को अतीव सरलता एवं मृदुलता के साथ अभिव्यंजित किया है। अन्ततः यहाँ प्रकृति का रागात्मक भाव, स्त्री-मन की कोमलता को ही रेखांकित करता है। *कुमारसंभवम्* में पर्वतराज हिमालय की राजकन्या पार्वती की शिव के साथ प्रणय कथा प्रमुख है। *रघुवंशम्* में रघुकुल के राजाओं का वर्णन है, उनमें से कुछ का अत्यन्त विस्तार के साथ वर्णन है।

विवेच्य ग्रंथों के विविध प्रसंगों तथा प्रतीकों में स्त्रियोचित गुणों की प्रमुखता है यथा- त्याग, ईर्ष्या, जलन, आशंका, अन्याय के प्रति विद्रोह, संवेदनशीलता, प्रेम, ममता, विरह, शृंगार, प्रकृत्ति से जुड़ाव एवं पशु-पक्षियों से लगाव, राजनीति, सामाजिक सरोकार, स्वास्थ्य, सेवा, समर्पण, वंश के गुण-दोषों का अनुशीलन करना, कोमलता, न्यायप्रियता, असुरक्षा का भाव, विवाह, स्त्री-पुरुष सम्बन्धों की संवेदनशीलता, संतान, परिवार, स्त्री सम्बन्धित अन्य पक्ष एवं उससे जुड़े विविध पहलुओं, आदर्श मूल्यों की स्थापना एवं संवहन इत्यादि।

विदुषी विद्योत्तमा की अदृश्य उपस्थिति, उनकी अंतःधारा और उनकी प्रच्छन्न पहचान को जानने एवं समझने के लिए उपर्युक्त तथ्यों का समग्रता से अवलोकन किया जाना चाहिए।

राजकीय-आर्थिक एवं सांस्कृतिक दृष्टि से 'स्वर्णयुग' के रूप में विख्यात गुप्तकाल स्त्री विषयक सामाजिक दृष्टि से अवलोकन पर अनेक प्रश्न खड़ा करता है। इतिहास के इस काल को ज्ञान विज्ञान, वैभव, विधि लोकाचार, साहित्य तथा अन्योन्य सुख-सुविधाओं से समृद्ध माना गया है। कृषि-प्रधान समाज होने के कारण, सामान्य स्त्रियों की अवस्था तथा उनकी सामाजिक स्वतंत्रता में किंचित बाधा भी थी। कृषि प्रधान भूमियों का मूल स्वामित्व पुरुषों के हाथ में था। संपत्तियों पर उनका ही एकाधिकार हुआ करता था। बाल-विवाह, मंदिरों में देवदासी प्रथा का प्रचलन, बहुपत्नी विवाह तथा सती प्रथा के प्रमाणों का, तत्कालीन गुप्तकाल में व्याप्त होना-स्त्रियों की स्थिति तथा परिस्थिति पर विचार करने लिए बाध्य करता है। सती प्रथा का प्रारम्भ भी, इसी काल-खंड में माना जाता है जिसका प्रथम अभिलेखीय प्रमाण 510 ई. के भानुगुप्त के संस्कृत अभिलेख में मिलता है। *रघुवंशम्* में उल्लेख है कि नागराजकुमुद की बहन कुमुद्वती अपने पति कुश के साथ ही सती हो गयी। (6.XVII, रघु.)

मालविकाग्निमित्रम् में रानी को धारिणी कहा गया है क्योंकि वह प्रत्येक स्थिति को धारण करती है। जब मालविका राजा का ध्यान, नृत्य - प्रसंग की ओर ले जाना चाहती है तो रानी राजा को समझाती है और दायित्व निर्वाह हेतु प्रेरित करती है। वह आदर्श पत्नी है। भारत की संस्कृति मूलतः आध्यात्मिक है। प्रायः मनुष्य इस भौतिक जगत के लिए अपना सब कुछ न्यौछावर कर सकता है, किन्तु मनुष्य जीवन का ध्येय उस निरपेक्ष - सत्ता की अनुभूति मात्र है। हम अपनी आत्मा के माध्यम से उस अनन्त सर्व-शक्तिमान परमात्मा तक पहुँच सकते हैं।

यह विदित है कि शृंगार रस का स्थायी भाव 'रति' है। *कुमारसंभवम्* में उल्लेख है स्त्रियों का शृंगार तभी सफल होता है जब उसके प्रियतम उसे देखें। (22.VII, *कुमार.*)

शृंगार-शरीर एवं मन दोनों से सम्बन्धित होता है। शरीर पर ही शृंगार है अतएव शृंगार का आधार शरीर है, क्योंकि इसके माध्यम से अन्योन्य धर्मों के अतिरिक्त शृंगार-धर्म को किया जाता है फलतः शरीर की रक्षा प्रथम धर्म है। (33.V, *कुमार.*)

(i) पुष्प आभूषण : शंकर जी ने अपने हाथों से पार्वती जी के दोनों कानों में दो कर्णफूल पहना दिए। (23.IX, *कुमार.*)

कामवती सुन्दरियों के मुख-मण्डल की समानता पत्रादि रचनाओं वाले कमल से की गई है, जिसमें स्वेद-बिन्दुओं की उपस्थिति उनके सौन्दर्य को अभिवृद्धि प्रदान कर रही है। (8.VI, *ऋतु.*)

पुष्प आभूषणों में कर्णफूल, चंदन की मालायें, कमल को धारण किया जाना, स्वयं सज्जा के लिए परिगणित है। *ऋतुसंहारम्* के रचयिता के अनुसार अपने बालों/केशपाशों के बीच सुमनोहर पुष्पों को धारण किए हुए स्त्रियाँ मानों शिशिर ऋतु को शोभायमान कर रही हैं। (8.V, *ऋतु.*)।

वहीं अन्यत्र, नारियाँ पत्र-रचनाओं से मुखपद्मों को सुगन्धित कर रही हैं। (5.IV, *ऋतु.*)।

मदनातुर नितम्बिनियों के कुचों पर श्वेत चंदनयुक्त मालायें सुशोभित हो रही हैं। (7.VI, *ऋतु.*)

प्रेयसियों के स्तनों पर पुष्प माला एवं पुष्पों के गहने हैं। (4.I, *ऋतु.*)

वनितायें भी अनेक प्रकार के विचित्र नील-कमलों को धारण कर रही हैं। (19.III, *ऋतु.*)

वहीं अन्यत्र, प्रेयसियाँ सुमधुर पुष्पों से अलंकृत गहने पहनकर अपने प्रेमीजनों की तपन को दूर करती हुई दिखलाई गयी हैं। (4.I, *ऋतु.*)।

(ii) स्वर्णाभूषण

- वैदूर्यमणियों एवं मोतियों के हार
- कंगन-बाजूबंद
- अंगूठी
- करधनी
- नूपुर

स्त्रियाँ सौन्दर्य हेतु मणि, मोतियों, वैदूर्यमणि तथा विभिन्न प्रकार के स्वर्णाभूषण का व्यवहार करती थीं, जिससे उनके स्वयं के वैभव-समृद्धि-विचार एवं स्त्रीधन का पता चलता था। मणियों-मोतियों और स्वर्णाभूषण पहना दिए जाने पर पार्वती जी की सुन्दरता भी निखर उठी, जैसा कि *कुमारसंभवम्* में व्यक्त किया गया है। (2.VII, *कुमार.*)

अन्य स्थल पर बताया गया कि शंकर जी ने जब पार्वती जी के गले में मोतियों का हार पहनाया तो उनके स्तनों की घुंडियों को छूकर छाती पर

लटका हुआ हार, ऐसा लगने लगा कि मानो दो सुमेरु पर्वतों की चोटियों से गंगा जी की दो धाराएँ गिर रही हों। (24.IX, *कुमार.*)

रघुवंशम् का नगरीय विवेचन द्रष्टव्य है जहाँ कहा गया है कि वह नगरी ऐसी सुन्दर प्रतीत हो रही है जैसे सम्पूर्ण शरीर में स्वर्णाभूषण पहने कोई स्त्री हो। (41.XVI, *रघु.*)

प्रियाँगनाओं के एक हाथ में कमल के नाल का ढीला कंगन भी बंधा हुआ बताया गया। (7.III, *अभि.शा.*)

विक्रमोर्वशीयम् में उल्लेख है कि महारानी सुहाग के कुछ स्वर्णाभूषणों को धारण कर रही हैं। ऐसा प्रतीत होता है कि ये व्रत के बहाने मन छोड़कर तन मन से राजा पर प्रसन्न हो गईं हैं। (12.III, *विक्रमो.*)

मालविकाग्निमित्रम् में कहा गया है कि आभूषणों से विभूषित मालविका राजा को ऐसी प्रतीत हो रही है मानों पाले के अवसान पर उज्ज्वल नक्षत्रों से युक्त उदीयमान ज्योत्स्ना से अलंकृत चैत्र की रात्रि हो। (7.V, *मालविका.*)

वैदूर्यमणियों एवं मोतियों के हार: मणि-मोतियों युक्त हार के विभिन्न संदर्भ यहाँ उपलब्ध हैं। *ऋतुसंहारम्* में मणियों के मध्य में मोतियों के हार का उल्लेख किया है। (8.VI, *ऋतु.*)

यह भी बताया गया है कि उन वनिताओं के स्तन मोतियों के हार से युक्त थे। (32.VI, *ऋतु.*)

अन्यत्र इस बात का भी उल्लेख किया गया कि स्त्रियों के कुचों के बीच में धारित हारवाली जनों के चित्तों को मोहती हैं। (26.VI, *ऋतु.*)

यहाँ की रमणियाँ उन्नत एवं उत्तम स्तनों के अग्रभागों से मोती की मालाओं से उत्पन्न रोमाँच पंक्ति को धारण करनेवाली बतायी गयी हैं। (26.

II, *ऋतु.*)

ऋतुसंहारम् में मणियों से सजी–धजी गणिकाओं का उल्लेख आता है। बिखरी हुई वैदूर्यमणियों की कान्ति के समान पृथ्वी की शोभा हरे रंगवाली मणियों से सजी–धजी गणिकाओं के समान हो रही है। (5.II, *ऋतु.*)

(iii) कंगन–बाजूबंद : गणिकाओं की समृद्धि, नगर–संस्कृति का एक महत्वपूर्ण अंग थी। उसके बिना उनके उद्दाम यौवन की समृद्धि का संगीत अधूरा रहता। वास्तव में, इन्हें पण्यस्त्रियाँ कहा गया है, जिनका राजकोष की वृद्धि में महत्वपूर्ण अवदान होता था, अतएव इन्हें सम्मान से देखे जाने की एक समृद्ध परंपरा विकसित हुई। मदनातुर नितम्बिनयों की बाँहें कंगन–बाजूबंद से सुशोभित हो रही हैं। (7.VI, *ऋतु.*)

गणिकाओं के वर्णन करते हुए *मेघदूतम्* में कहा गया है कि वेश्याओं के हाथ कंगन के नगों की चमक से दमकते हुए डंडोवाले, चँवर ढुलाते–ढुलाते थम गए होंगे। (39, *पू. मेघ.*)

(iv) अंगूठी : अंगूठी से केसर के समान जो किरणें निकल रही हैं, उससे तुम्हारी हथेली मानो खिल उठी हैः अनेनांगुलीयकेनोद्भिन्नकिरणकेसरेण कुसुमित इव तेऽग्रहस्तः प्रतिभाति...अंगूठी महारानी को दे आती हूँः अहमप्येतदंगुलीयकं देव्यै उपनेष्यामि। अभी इसे आभूषण क्यों दे रहे हो?

(v) करधनी : स्वर्ण की करधनियों के प्रति स्त्रियों का आकर्षण, श्रृंगार के संदर्भ में सदियों से रहा है, जिसकी पुष्टि यहाँ हो रही है। *ऋतुसंहारम्* में उल्लेख है कि स्वर्ण की करधनियों से अलंकृत एवं विभूषित स्त्रियाँ–वनिताओं का नितम्ब भाग भला किसके चित्त को उत्कण्ठित नहीं करता? (6.I, *ऋतु.*)

कुमारसंभवम् में शंकर जी ने पार्वती जी के उन नितम्बों पर अत्यंत सुंदर स्वर्णाभूषण युक्त करधनी पहना दी, जिन पर उनके हाथों से बने हुए नख–चिह्न

चमक रहे थे। वह करधनी ऐसी लगती थी कि मानों कामदेव ने अपने चंचल चित्तरूपी मृग को बाँधने के लिए रस्सी बना दी हो। (25.IX, *कुमार.*)

लम्बी लटकने वाली सुवर्ण की करधनी वाली स्त्रियाँ जनों के चित्तों को मोहती हैं। (26.VI, *ऋतु.*)।

ऋतुसंहारम् की मानें तो स्नानीय वल्लभाओं के शरीर के मध्य देश सुन्दर त्रिवल्ली से रोमाँचित पंक्ति को धारण करती हैं। (26.II, *ऋतु.*)।

ऋतु विशेष में मदनातुर नितम्बिनियों के जघन स्थलों पर करधनी सुशोभित हो रही है। (17.VI, *ऋतु.*)।

अन्य स्थल पर वर्णन आता है कि स्थानीय प्रमदाएँ अपने नितम्बों को सुवर्ण तथा मणियों से जड़ित करधनियों से नहीं सजातीं। तत्कालीन स्त्रियाँ स्वर्ण एवं मणियों से जड़ित करधनी के प्रचलन से परिचित थीं।

(4.IV, *ऋतु.*)

एतादृश, प्रेयसियाँ अपने नितम्बों पर करधनी पहनकर अपने प्रेमीजनों की तपन दूर करती हैं, यहाँ स्त्रीमन की सौन्दर्य के प्रति स्वतंत्र अभिव्यक्ति का अभिज्ञान होता है। (4.IV, *ऋतु.*)

(vi) नूपुर : खण्डकाव्य के रचयिता ने मेघ को बताया कि संध्या के समय में नृत्य में पाद-संचालन करती हुई जिन वेश्याओं की करधनी के घुँघरुओं के बड़े मीठे-मीठे बोल बज रहे होंगे, यहाँ नूपुर एवं घुँघरुओं की वैभवपूर्ण उपस्थिति है। (39. पू. *मेघ.*)

ऋतुसंहारम् में वर्णन है कि स्थानीय प्रमदाएँ, हंसों के शब्दों के अनुकरणकारी नूपुरों से पद्म की छवि को धारण करती थीं। (4.IV, *ऋतु.*)

झुनझुनाते बिछुओं वाले चरण। (63.VIII, *रघु.*)

मालविकाग्निमित्रम् में देवी के चरणों के नूपुर का वैभवपूर्ण शृंगारिक वर्णन है। (3, *मालविका.*), (3.IV, *मालविका.*)

देवि! यही तो अनुचित हो रहा है कि तुम्हारे ये चरण नूपुर से रहित होकर इस क्षुद्र स्वर्णपीठ पर पड़े हैं।

(vii) महावर : महावर का सौन्दर्य, शृंगार और व्यवहार देखिए कि कमल नयनी पार्वती जी के चरण-कमलों में शंकर जी ने स्वयं अपने हाथों से महावर लगाया है। तदुपरान्त स्वयं के सिर पर बहती हुई गंगा की धारा में हाथ का रंग धो रहे हैं। (27.IX, *कुमार.*)

मालविका के चरणों में महावर की जो गीली लकीर है, वह ऐसी दिखलाई पड़ रही है मानो महादेव के क्रोध से जले हुए कामदेव के वृक्ष में नई-नई कोपलें फूट आई हों। (11.III, *मालविका*)

महावर लगाकर नूपुर पहना दूँ। (III, *मालविका.*)

(viii) वस्त्र-परिधान अलंकरण: वस्त्र परिधान के चयन एवं अलंकरण में शृँगारिक श्रेष्ठता एवं आध्यात्मिकता का समन्वय होता है। समाज में प्रचलित शैली, स्वतंत्रता, स्वच्छन्दता एवं कुलीनता के संदर्भ में, स्त्रियों द्वारा तत्कालीन समाज में स्वव्यवहारगत इच्छानुसार वस्त्र परिधान से स्वयं को अलंकृत किया जाता रहा है, जिसकी पुष्टि संदर्भित रचनाओं में मिलती है। *मालविकाग्निमित्रम्* में केन प्रसाधनकलायामभिनीतासि प्रसाधन कला तुम्हें किसने सिखाई?

ऋतुसंहारम् के रचयिता ने बताया कि विलासवती स्त्रियाँ और जघन स्थलों पर नित नूतन वस्त्र उनकी पहली पसंद मानी गई है। (3.IV, *ऋतु.*)

ग्रंथकार ने विलासवती नारियों के पीन स्तनों पर बारीक वस्त्र की उपस्थिति को अभिव्यक्त किया है। (3.IV, *ऋतु.*)

तथा अन्य स्थल पर, स्त्री के शृंगारिक वर्णन के क्रम में बताया गया है

कि रमणियाँ बड़े-बड़े नितम्बों से श्वेत सूक्ष्म वस्त्र की रोमाँच पंक्ति को धारण करती हैं। (26.II, *ऋतु.*)।

रंगीन रेशमी वस्त्र का भी उल्लेख है। ऐसे रंगे हुए रेशमी वस्त्रों से अलंकृत जंघेवाली नायिकाएँ मानों शिशिर ऋतु को शोभायमान कर रही हैं।

(8.V, *ऋतु.*)

अन्ततः मनोहर चोलियों का साशय उल्लेख है जो वनिताओं में अत्यंत प्रिय हैं। मनोहर चोलियों से कसे हुए कुचोंवाली स्त्रियाँ, मानों शिशिर ऋतु को विशिष्टता प्रदान कर रही हैं। (8.V, *ऋतु.*)

अभिज्ञानशाकुन्तलम् में वर्णित 'चिनांशुक' तथा *हाथी गुम्फा* शिलालेख में वर्णित 'चीनवतानि'- ये दोनों ही शब्द चीनी रेशमी वस्त्र की ध्वनि देते हैं। उपर्लिखित संदर्भों से स्पष्ट है कि उत्तम कोटि के सिल्क के परिधान, तत्कालीन कुलीन स्त्रियों को अत्यंत प्रिय रहा है। नूतन वस्त्र, बारीक वस्त्र, आकर्षक रेशमी वस्त्र, श्वेत सूक्ष्म रेशमी वस्त्र, रंगीन रेशमी वस्त्र, चुस्त रेशमी वस्त्र तथा मनोहारिणी चोलियाँ तत्कालीन स्त्रियों को विशेष रूप से प्रिय थीं, जिसमें उनकी स्वयं की कुलीनता एवं स्वसम्मान अभिलक्षित होता है।

मालविकाग्निमित्रम् में उल्लेख है कि चुस्त रेशमी वस्त्र पहने राजकुमारी मालविका ऐसी लग रही है जैसे पाले के अवसान में उज्ज्वल नक्षत्रों से युक्त उदीयमान ज्योत्स्ना से अलंकृत चैत्र मास की रात्रि हो, यथा-अनतिलम्बिदुकूलनिवासिनी बहुभिराभरणै: प्रतिभाति मे, उड्डगणैरदयोन्मुखचन्द्रिका हतहिमैरिव चैत्र विभावरी (7.V, *मालविका.*)। भगवती!

-आज धारिणी देवी मण्डिता कौशिकी से कह रही थी, "भगवती! यदि आपको वस्तुतः अलंकार पहनाने की कला में अभिमान है तो मालविका को विवाह वेश से अलंकृत करें-

–*विक्रमोर्वशीयम्* में राजा के माध्यम से यह अभिव्यक्त किया गया है कि आज महारानी को सफेद रेशमी साड़ी पहने देखकर ऐसा लगता है कि ये व्रत के बहाने मान छोड़कर तन–मन से राजा पर प्रसन्न हो गयी हैं। (12. III, *विक्रमो.*)

अलंकारों को धारण करने से अंलकृत और नीली रेशमी साड़ी पहना हुआ मेरा यह अभिसारिका का वेश तुझे अच्छा लग रहा है। (III, *विक्रमो.*)

(ix) दर्पण: पार्वती जी के शृंगार प्रसाधन के क्रम में दर्पण का उल्लेख करते हुए बताया गया कि पार्वती जी के शृंगार हेतु, उनके आगे दर्पण रख दिया गया। (28.IX, *कुमार.*)

यहीं अन्य स्थल पर, पार्वती जी अपने प्रिय पति के हाथों किए हुए शृंगार की शोभा- सजावट को जब उन्होंने दर्पण में देखा तब वे विस्मित भाव से मुस्कुरा पड़ीं और क्रोध त्याग कर ऐसी प्रसन्न हो गईं कि अपने को संसार की समस्त सौभाग्यवती स्त्रियों में सबसे बढ़कर मानने लगीं।

(30.IX, *कुमार.*)

(x) पान एवं इत्र: रमणियों की रमणीयता में पान/ताम्बूल; इत्र एवं सुगन्धित मालाएँ भी थीं। (5.V, *ऋतु.*)

(xi) पुष्पासव: आयुर्वेद की शब्दावली में रस को 'आसव' कहा जाता है। इसी संदर्भ में, पुष्पासव सौन्दर्य वृद्धि हेतु स्त्रियों में प्रिय होता है। अतएव सुखदायी पुष्पासव से सुवासित कमलवाली रमणियों का यत्र–तत्र प्रसंग मिलता है। (5.V, *ऋतु.*)

(xii) शयनागार: *ऋतुसंहारम्* में सुखदायी पुष्पासव से सुवासित मुखकमल वाली रमणियाँ काला अगर से सुवासित किए गए शयनागारों में उत्कण्ठा से प्रवेश कर रही हैं, ऐसा उल्लेख मिलता है। (5.V, *ऋतु.*)

अन्यत्र यह बताया गया है कि अंगनायें संध्या काल में मेघ गर्जन सुनकर शीघ्र ही श्वसुर के घरों के शयनागारों को जाती हैं। (22.II, *ऋतु.*)

श्रृंगार प्रसाधन व विविध रत्न

ग्रीष्मवर्णनम्

–नुपूर। (5.I, *ऋतु.*)

–दुकुल रेशमी वस्त्र। (4.I, *ऋतु.*)

–स्वर्ण की करधनियों से विभूषित नितम्ब। (6.I, *ऋतु.*)

–ऊँचे-ऊँचे स्तनों पर महीन कपड़े पहन लिये। (7.I, *ऋतु.*)

–शिरों की मणियाँ। (20.I, *ऋतु.*)

–स्वच्छ सिन्दूर। (24.I, *ऋतु.*)

–स्वर्ण। (26.I, *ऋतु.*)

प्रावृड्वर्णनम् (वर्षा ऋतु)

–वैदूर्य मणियों की कान्ति। (4.II, *ऋतु.*)

–हरे रंग वाली मणियाँ। (5.II, *ऋतु.*)

–करधनी आदि मणियों से सुन्दर रमणियाँ। (20.II, *ऋतु.*)

शरद्वर्णनम्

–इसके सम्पूर्ण अंगों की पवित्रता आश्चर्यजनक है। क्योंकि इसका बड़ी-बड़ी आँखों वाला, शरत्काल के चंद्रमा की शोभा से सम्पन्न मुख, कन्धों पर कुछ झुकी हुई भुजाएँ, उन्नत एवं कठोर स्तनों से जकड़ी हुई छाती, पार्श्व *परिमार्जित तुल्म*, मुट्ठीभर की कटि, मोटी-मोटी जांघें, झुकी हुई अंगुलियों वाले चरण हैं। ज्ञात होता है कि मानों इसका सम्पूर्ण शरीर इसके नाट्यगुरु गणदास जी के कहने पर ही गढ़ा गया होगा। (3.II, *मालविका.*)

मध्य: पाणिमितो नितम्बि जघनं पादावरालांगुली
छन्दो नर्तयितुर्यथैव मनसि श्लिष्टं तथास्या वपु:।।

–नूपुर की ध्वनियों से रमणीय। (1.III, *ऋतु.*)

–मालाओं वाली अंगनाये। (3.III, *ऋतु.*)

–चामर। (4.III, *ऋतु.*)

–चाँदनीरूपी उज्ज्वल वस्त्रधारिणी। (7.III, *ऋतु.*)

–स्वर्ण कुण्डल से युक्त कानों में। (19.III, *ऋतु.*)

–नूपुर। (20.III, *ऋतु.*)

–मरकतमणि। (21.III, *ऋतु.*)

–स्वर्ण की करधनी। (26.III, *ऋतु.*)

–मणिनूपुरों के शब्द। (27.III, *ऋतु.*)

हेमन्तवर्णनम्

विलासवती नारियों के बाहुओं में कंकण, बाजूबन्द, जघन स्थलों पर नूतन वस्त्र और पीन स्तनों पर बारीक वस्त्र ही है। (4.IV, *ऋतु.*)

–सुवर्ण। (4.IV, *ऋतु.*)

–नूपुरो। (4.IV, *ऋतु.*)

–हाथों में दर्पण। (14.IV, *ऋतु.*)

–सुन्दर शोभावाली रमणियाँ सुगन्धित तैल आदि मर्दन कर रही हैं। (18.IV, *ऋतु.*)

शिशिर वर्णनम्

–आभूषणों से अलंकृत। (4.V, *ऋतु.*)

–पान और इत्र से *परिपूरित मालाएँ* गृहीतताम्बूलविलेपनस्रज।

(5.V, *ऋतु.*)

–मद्य को वल्लभाएँ वल्लभो के साथ रात में हर्षित होकर पीती हैं। (10.V, *ऋतु.*)

–सुगन्धित धूप से सुवासित जुड़ों, मालाएँ। (12.V, *ऋतु.*)

–स्वर्ण कमल। (13.V, *ऋतु.*)

वसन्तवर्णनम्

–मणियों की करधनियाँ, चन्द्र प्रभा वाली अंगनाएँ। (4.VI, *ऋतु.*)

बाँहों में बाजूबन्द और कंगन एवं जघनस्थलों पर करधनी आजकल सुशोभित हो रही है। (7.VI, *ऋतु.*)

–महल। (11.VI, *ऋतु.*)

–काममद से अलसाए हुए जन भारी कपड़ों को छोड़कर शरीर पर लाख के रंग से हल्के रंगे हुए सुगन्धित सुवासित कपड़ों को पहनते हैं। (15.VI, *ऋतु.*)

–लम्बी लटकने वाली सुवर्ण की करधनीवाली, कुचों के बीच में धारित हार वाली। (26.VI, *ऋतु.*)

–कनक कमल। (32.VI, *ऋतु.*)

–मोतियों के हारों से युक्त स्तनों से युक्त
हारैश्चन्दनार्द्रै। (32.VI, *ऋतु.*)

–हाथ के सोने के कंकण। (2. पू. *मेघ.*)

–वेश्याओं की करधनी के घुँघरू बड़े मीठे-मीठे बज रहे होंगे और उनके हाथ कंगन के नगों की चमक से दमकते हुए डंडो वाले चँवर ढुलाते-ढुलाते थक गए होंगे। (39. पू. *मेघ.*)

–एक हरे हार के बीच में एक मोटी–सी इन्द्रनीलमणि जिसे दी गई हो। (50. पू. *मेघ*)

–स्फटिक। (55. पू. *मेघ*)

–मणिशिखर। (64. पू. *मेघ*)

–नगजटित कंगन। (65. पू. *मेघ.*)

–कुलवधुएँ हाथों में कमल के आभूषण। (39. उ. *मेघ*)

–कामदेव को उभारनेवाला वह मधु पी रहे होंगे। (5. उ. *मेघ*)

–मुट्ठियों में रत्न ले तथा स्वर्णमयी बालू में डालकर छिपाने और ढूँढने का खेल खेलती रहती है। (6.उ. *मेघ*)

–साड़ियाँ। (7.उ. *मेघ*)

–चन्द्रकान्तमणि। (9.उ. *मेघ*)

–सोने के कमलहारों से टूटे हुए मोती। (11.उ. *मेघ*)

–मोतियों के हार। (30.उ. *मेघ*)

–आभूषणों वाले कोमल शरीर। (35.उ. *मेघ.*)

–आँजन। (37.उ. *मेघ.*)

–मदिरा। (37.उ. *मेघ.*)

–यौवन, शरीर रूपिणी लता का स्वाभाविक शृंगार है।

(31.I, *कुमार.*)

–पायल। (34.I, *कुमार.*)

–नीलम चमक रहा है। (38.I, *कुमार.*)

–मोतियों के हार। (42.I, *कुमार.*)

–मूँगे के बीच में मोती। (44.I, *कुमार.*)

–शिवजी ने अपने मस्तक पर मणि बना रखा है। (34.II, *कुमार.*)

–चमकती हुई मणि। (38.II, *कुमार.*)

–कंगन। (64.II, *कुमार.*)

–मंगलसूत्र। (66.V, *कुमार.*)

–रत्नों की माला के यज्ञोपवीत। (6.VI, *कुमार.*)

–नीलमणि की एक सुंदर चौकी पर चारों ओर रंग–बिरंगी मोतियों की माला लटकी थीं। सुवर्ण घट के जल से नहलाया गया।

(9-10.VII, *कुमार.*)

–महावर। (12.VII, *कुमार.*)

–काजल। (20.VII, *कुमार.*)

–मणियों–मोतियों और सोने के गहने पहना दिए जाने पर पार्वती जी की सुंदरता निखर उठी। (21.VII, *कुमार.*)

–कंगन। (25.V, *कुमार.*)

–रेशमी साड़ी। (26.VII, *कुमार.*)

–चूड़ामणि। (35.VII, *कुमार.*)

–स्त्री डोरे में मणि पोह रही थी। (61.VII, *कुमार.*)

–सोने के आसन पर बैठाये गये। (88.VII, *कुमार.*)

–सोने की करधनी और मणिशिला। (81.VIII, *कुमार*)

–शृंगार की सजावट दिखाने के लिए दर्पण। (28.IX, *कुमार*)

–स्फटिकशैलशृंग। (30.XI, *कुमार*)

–कस्तूरी की पिण्डी। (41.IX, *कुमार*)

–अनमोल चूड़ामणि। (44.IX, *कुमार*)

–चन्द्रचूड। (9.XI, *कुमार.*)

–रत्न तो रत्नाकर से निकलता है। (11.XI, *कुमार.*)

–मणियाँ। (9.XII, *कुमार.*)

–अनमोल रत्नों से जुड़े दो कुण्डल। (13.XII, *कुमार.*)

–'नीलम' का हार। (14.XII, *कुमार.*)

–अनमोल मोतियों और मणियों की सजावट सोने का पैर–पीढ़ा रखा हुआ। (20.XII, *कुमार.*)

–बढ़िया सिन्दूर और सुमेरूगिरि की चमकदार सोने की धरती।

(24.XIV, *कुमार*)

–रत्नों से परिपूर्ण गन्धर्वनगर। (31.XIV, *कुमार*)

–दही, मधु, घी मिला हुआ 'मधुपर्क'। (18.VII, *रघु.*)

–रेशमी वस्त्रों के जोड़े। (18.VII, *रघु.*)

–नीलकमल का कर्णफूल। (26-27.VII, *रघु.*)

–स्वादिष्ट आसव। (68.VIII, *रघु.*)

–मदिरा और नवयौवना। (7.IX, *रघु.*)

–मधु बह रहा था। (29.IX, *रघु.*)

–वसंतश्री के मुख पर लगाने का शृंगार चूर्ण। (45.IX, *रघु.*)

–कमर में रेशमी वस्त्र था। (8.X, *रघु.*)

–लक्ष्मी का शृंगार। (10.X, *रघु.*)

–राज्याभिषेक के रेशमी वस्त्र। (8.XII, *रघु.*)

–चंदन मिश्रित जल। (49.XVI, *रघु.*)

–फूलों और मोतियों की माला। (23.XVII, *रघु.*)

–मद्य के गंध में बसी हुई मधुशाला। (11.XIX, *रघु.*)

–केसर के चूर्ण से सुनहला दीखता था। (25.XIX, *रघु.*)

–महावर। (26.XIX, *रघु.*)

–राजसी वस्त्र दर्पण में देखकर। (30.XIX, *रघु.*)

–दर्पणेषु। (28.XIX, *रघु.*)

–सोने (स्वर्ण) का खरा/खोटापन आग में डालने से ही जाना जाता है। (10.I, *रघु.*)

–सौन्दर्यलक्ष्मी। (67.V, *रघु.*)

-हार के उजले मोतियों। (70.V, रघु.)

-लक्ष्मी ने अपनी शोभा। (5.VI, रघु.)

-श्रृंगारमयी चेष्टा। (12.VI, रघु.)

-विलासी। (14.VI, रघु.)

-रत्नों की माला को उठाकर ठीक से गले में पहनने लगे। (14.VI, रघु.)

-सोने के पांव-पीढ़े पर। (15.VI, रघु.)

-विलासिनी स्त्री के श्रृंगार के लिए कान के आभूषण। (17.VI, रघु.)

-मणि धारण करना। (49.VI, रघु.)

-कौस्तुभमणि पहन कर सुशोभित श्रीकृष्ण की शोभा को भी लजा देती है। (49.VI, रघु.)

-बाँह में भुजबंद। (53.VI, रघु.)

-रत्नों से भरी उस दक्षिण देश की पृथ्वी। (63.VI, रघु.)

-श्रृंगार। (5.VII, रघु.)

-केशपाश। (6.VII, रघु.)

-आभूषणों की चमक। (9.VII, रघु.)

-मणियों की तागड़ी गूंथन।। (10.VII, रघु.)

-मदिरा। (11.VII, रघु.)

-मंगलमयी सामग्री। (16.VII, रघु.)

-भुजबंध। (50.VII, रघु.)

-राज्यलक्ष्मी। (5.VIII, रघु.)

श्रिय। (13.VIII, रघु.)

-झुनझुनाते बिछुओं वाले चरण। (63.VIII, रघु.)

-मुकुटमणि। (13.IX, रघु.)

–वनलक्ष्मी के कानों के कर्णफूल। (40.IX, रघु.)
–कानों के कुण्डल हिल रहे थे। (51.IX, रघु.)
–कौस्तुभमणि चमक रहा था। (10.X, रघु.)
–दिव्य आभूषणों से युक्त। (11.X, रघु.)
–स्वर्णपात्र। (51.X, रघु.)
–कौस्तुभमणि पहने हुए लक्ष्मी। (62.X, रघु.)
–'मणि'। (68.XI, रघु.)
–राम की अंगूठी। (62.XII, रघु.)
–रत्न/मणि। (64-65.XII, रघु.)
–मणिबन्ध। (21.XIII, रघु.)
–कंगन। (21.XIII, रघु.)
–बिछुआ। (23.XIII, रघु.)
–मरकत मणियों की ढेरी में बहुत से पद्मराग मणि भरे पड़े हैं। (53.XIII, रघु.)
–मुकुटमणि। (59.XIII, रघु.)
–राजसी वस्त्र। (9.XIV, रघु.)
–मनोहर वस्त्र एवं आभूषण। (13.XIV, रघु.)
–लक्ष्मी। (24.XIV, रघु.)
–सीता के आभूषण। (54.XIV, रघु.)
–राम के आभूषण। (55.XV, रघु.)
–धन की वर्षा। (58.XV, रघु.)
–भवनों पर मोती की माला। (18.XVI, रघु.)
–सर्वांग शरीर में आभूषण पहनी स्त्री। (41.XVI, रघु.)
–जिसकी ओढ़नी में रत्न जड़े हों। (43.XVI, रघु.)
–मोती बिखर गए हों। (62.XVI, रघु.)

–नितम्बों पर श्वेत रेशमीवस्त्र और करधनी के घुंघरू।

(65.XVI, रघु.)

–इन्द्रनील मणि। (69.XVI, रघु.)

–स्त्रियाँ सोने की पिचकारियों से रंग छोड़–छोड़ कर राजा।

(70.XVI, रघु.)

–जैत्रा आभूषण। (72.XVI, रघु.)

–आभूषण। (80.V, रघु.)

–लक्ष्मी को साथ लेकर कल्पवृक्ष। (79.XVI, रघु.)

–ऊनी कंगन बंधा हुआ हाथ। (87.XVI, रघु.)

–चूड़ामणि। (28.XVII, रघु.)

–कौस्तुभमणि। (29.XVII, रघु.)

–हीरे की खानों का आभूषण पहनने वाला पृथ्वी का स्वामी बना।

(21.XVIII, रघु.)

–पद्मरागमणि। (32.XVIII, रघु.)

–राजसी वस्त्र। (39. XVIII, रघु.)

–'महानील' नामक मणि। (42.XVIII, रघु.)

–नितम्बों पर करधनी। (40.XVIII, रघु.)

–सोने की करधनी। (41. XIX, रघु.)

–मणिजटित करधनियाँ। (45.XVIII, रघु.)

–सूर्यकान्तमणि। (7.II, *अभि.शा.*)

(छूने में ठण्डा होता है, जब उन पर सूर्य अपना प्रकाश डालता है, तब वह भी आग उगलने लगता है।)

–कंगन। (7.III, *अभि.शा.*)

–आभूषण। (16.III, *अभि.शा.*)

–अंगूठी। (IV, *अभि.शा.*)

–मंगल–शृंगार। (IV, *अभि.शा.*)

–शुभ्र माँगलिक वस्त्र। (5.IV, *अभि.शा.*)

–आभूषण। (5.IV, *अभि.शा.*)

–राजलक्ष्मी। (IV, *अभि.शा.*)

–आभूषण। (IV, *अभि.शा.*)

–शृंगार। (IV, *अभि.शा.*)

–आभूषण। (9.IV, *अभि.शा.*)

–अंगूठी। (IV, *अभि.शा.*)

–अंगूठी से केसर के समान जो किरणें निकल रही हैं, उससे तुम्हारी हथेली मानो खिल उठी है। (I, *मालविका.*)

–अंगूठी महारानी को दे आती हूँ। (I, *मालविका.*)

–अभी इसे आभूषण क्यों दे रहे हो? (II, *मालविका.*)

–महावर लगाकर, नूपुर पहना दूँ। (III, *मालविका.*)

–मालविका के चरणों में महावर की जो गीली लकीर है, वह ऐसी दिखलाई पड़ रही है मानो महादेव के क्रोध से जले हुए कामदेव के वृक्ष में नई–नई कोपलें फूट आई हों। (II.III, *मालविका.*)

–वसन्तोत्सव के अवसर पर। (III, *मालविका.*)

–वह देवी के चरणों के नूपुर कैसे धारण करती? (III, *मालविका.*)

–प्रसाधन कला तुम्हें किसने सिखाई? (III, *मालविका.*)

–देवि! यही तो अनुचित हो रहा है कि तुम्हारे ये चरण नूपुर से रहित होकर इस क्षुद्र स्वर्णपीठ पर पड़े हैं। (3.III, *मालविका.*)

–नागमुद्रा युक्त अँगूठी है। (IV, *मालविका.*)

–महारानी उनके कल्याणार्थ सौ निष्क सोना प्रतिदिन योग्य पात्रों को दे

रही है। (V, *मालविका.*)

–माधवसेन ने अनेक बहुमूल्य रत्न हाथी, घोड़े, शिल्प कन्याएँ, दास इत्यादि उपहार लेकर महाराज के पास भेजा है। (V, *मालविका.*)

–आज धारिणी देवी मण्डिता कैशिकी से कह रही थी, ''भगवती! यदि आपको वस्तुतः अलंकार पहनाने की कला में अभिमान है तो मालविका को विवाह वेश से अलंकृत करें''। (V, *मालविका.*)

–(मन ही मन) मेरे इस अनुपम रूप में अलंकृत किये जाने से हमें ज्ञात है। (V, *मालविका.*)

–यह मालविका इस वैवाहिक वेश में अत्यन्त शोभा दे रही है। (V, *मालविका.*)

–चुस्त रेशमी कपड़े पहने और आभूषणों से आभूषित मालविका मुझे ऐसी ज्ञात हो रही है जैसे पाले के अवसान में उज्जवल नक्षत्रों से युक्त उदीयमान ज्योत्स्ना से अलंकृत चैत्र की रात्रि हो। (7.V, *मालपिका.*)

–जो मालविका देवी पद के योग्य है, उसे दासी भाव में रहना पड़ रहा है, मानो बहुमूल्य रेशमी वस्त्र स्नानकालिक वस्त्र के कार्य में लाया जा रहा है। (12.V, *मालविका.*)

–दो भागों में विभक्त राजलक्ष्मी। (14.V, *मालविका.*)

–पुत्र-विजय की सूचना पाकर, प्रदत्त आभूषणों से लदी हुई अलंकार-पेटिका हो गई है। (V, *मालविका.*)

–आकार से उत्पन्न तथा श्रेष्ठ रत्नजाति में परिगणित होने पर भी रत्न को स्वर्ण संयोग की आवश्यकता पड़ती ही है। (18.V, *मालविका.*)

–रेशमी वस्त्र लाओ। (V, *मालविका.*)

–मन्दारमाला

सूच्यते हृदयकम्प। (7.I, *विक्रमो.*)

–स्तनों के ऊपर हिलने वाले उत्कृष्ट वस्त्र। (8.I, *विक्रमो.*)

–सोने से निर्मित बाजूबन्द। (15.I, *विक्रमो.*)

–वैजयन्ती माला। (I, *विक्रमो.*)

–उर्वशी का शरीर अलंकारों का भी अलंकार है, शृंगार की सामग्री का भी वह शृंगार है। (3.II, *विक्रमो.*)

–रत्नजटित पत्थर की चौकी। (II, *विक्रमो.*)

–मणिहर्म्य की छत। (III, *विक्रमो.*)

–अलंकार धारण कर और नीली रेशमी साड़ी पहना हुआ मेरा यह अभिसारिका का वेश तुझे अच्छा लग रहा है। (III, *विक्रमो.*)

–महारानी सफेद रेशमी साड़ी पहने, शरीर पर सुहाग के कुछेक गहने धारण की हुई। (12.III, *विक्रमो.*)

–नील वस्त्र *नीलकमल की माला।* (55.IV, *विक्रमो.*)

–संगमनीय मणि। (66.IV, *विक्रमो.*)

–मुकुटमणि। (67.IV, *विक्रमो.*)

–आभूषण। (68.IV, *विक्रमो.*)

–संगमनीय मणि। (66.IV, *विक्रमो.*)

–सिर पर रखी हुई मणि से चमकता हुआ तुम्हारा मुखप्रदेश प्रातःकाल के सूर्य की किरणों के समान चमकते हुए कमल के समान शोभा को धारण

कर रहा है। (74.IV, *विक्रमो.*)

–रेशमी (लाल) वस्त्र में मैंने महारानी के धारण करने योग्य, माथे का मणि रखा था। (V, *विक्रमो.*)

–संगमनीयो नाम चूडामणि। (V, *विक्रमो.*)

–मणियुक्त सोने के डोरे। (2.V, *विक्रमो.*)

–चमकते हुए मणि को चोंच में लेकर। (3.V, *विक्रमो.*)

–मणि दूर ले जाये जाने पर। (4.V, *विक्रमो.*)

–उस पक्षी ने मेरा जो रत्न चुराया है, उस संगमनीय मणि ने ही, मुझे गेरी प्रिया उर्वशी से मिलाया था। (5.V, *विक्रमो.*)

–रत्न के विषय में ठीक समझा दिया। (V, *विक्रमो.*)

–रत्न के साथ आकाश से नीचे गिर पड़ा। (6.V, *विक्रमो.*)

–चन्द्रकान्ता मणि। (11.V, *विक्रमो.*)

–मणिकठक नामक मोर। (13.V, *विक्रमो.*)

लावण्यता

कमलनेत्री, प्रिये, चारुचन्द्रमुखी, वरोरू, वल्लभा, अंगनाएं, रमणियाँ, विलासवती स्त्रियाँ, नववधू, गृहलक्ष्मी, सकामिनी, काली नेत्रों वाली, चंचलाक्षि, कल्याणी, बाला, कामिनी, अबला, अभिसारिका, यौवनश्री, मृगनयनी, सुनयनी, वनिता, बालेन्दुमुखी, सुन्दरी, सुभु, इन्दुवक्त्रा, मितभाषिणी, मृणालिका, भामिनी, विलासिनी, प्रियंवदा, प्रमदा, देवाँगनाएँ, मानिनी, मुग्धा, तन्वी, सुकोमला, मदिराक्षी, पतिव्रता स्त्री, सुहागिन, हृदयेश्वरी, कृशोदरी, सुरसुन्दरी, सुरांगना, दुर्लभा–दर्शना, मनस्विनी स्त्रियाँ, सुभाषितम्, दीर्घाक्षि, बिम्बोष्ठि, अप्सरा, सकामिनी, सुरांगना, यौवनश्री, कान्ता, मृगनयनी, सुनयनी,

सुभ्रु, इन्दुवक्त्रा, बालेन्दुमुखी, चारुमुखी, मृणालिका, मुग्धा, वनिता, तन्वी, मानिनी, भामिनी, विलासिनी, प्रियंवदा, सुकोमला, सुन्दरी, भीरु, चारुचन्द्र, काली नेत्रों वाली, कमल नेत्री, बिम्बोष्ठी, चंचलाक्षी, दीर्घाक्षि, मदिरा, वरोरु, वनिता, वल्लभा, प्रमदा, अंगना, रमणियाँ, विलासवती, नववधू, गृहलक्ष्मी, देवाँगनायें, पतिव्रता स्त्रियाँ, सुहागिनी, अबला, हृदयेश्वरी, कृशोदरी, सुरसुन्दरी, अभिसारिका, वेश्या, कामिनी – आदि के वर्णन में लावण्यता की भावात्मक अभिव्यक्ति पदे-पदे हुई है।

मेघदूत के अनुसार, शृंगार की कमनीयता और अप्रतिम काम भावना से सराबोर यह साहित्य के लक्ष्य की ओर निर्दिष्ट करता है, जिसके अनुसार उन काम वंचित स्त्रियों को शांति देता है जिनके पति उनसे दूर विदेश प्रवास पर हैं। (63. *उ.मे./मेघदूतम्*)

मेघदूतम्। नामक गीतिकाव्य उन वियोगियों का मन बहलाएगा या रंजन करेगा, जिन्हें काम-क्रीड़ा तथा तद्जनित भोग-विलास का अवसर न मिला हो। क्या जाने विदुषी विद्योत्तमा शृंगार वर्णन के माध्यम से स्वयं तृप्ति का अनुभव कर रही हो? *मेघदूतम्* में स्त्रियों की कामजन्य शृंगारिक अभिव्यक्ति-अभिव्यंजना के लिए विभिन्न साभिप्राय शब्दों का व्यवहार किया गया है। यहाँ प्रत्येक शब्द अपने स्वतंत्र भावपूर्ण संदर्भ की शाश्वत व्याख्या-विश्लेषण करता है। स्त्री सौन्दर्य के लिए रति-स्थायी भाव पर गुम्फित शृंगार रस की उपस्थिति नैसर्गिक है। उज्जैन तथा यहाँ की कमनीय स्त्रियों के प्रति विशेष लगाव, प्रेम एवं अभिव्यंजना, स्त्री तन-मन को सौन्दर्यात्मक अभिव्यक्ति प्रदान करता है। इनकी विविध रूपात्मक अभिव्यक्तियाँ निम्नवत् हैं-पद्मिनी, शंखिनी, चित्रिणी एवं हस्तिनी। इन चार प्रकार की स्त्रियों का उल्लेख मिलता है। ईसा पूर्व 400 से ईस्वी सन् 100 के बीच माना जाने वाला नाट्यशास्त्र अभिव्यक्ति प्रदान करता है। इसी काल क्रम में विवेच्य सातों ग्रंथों में, इसकी छाया प्रतिबिम्बित है।

प्रथम: सर्ग: (ग्रीष्मवर्णनम् ऋतु.)

प्रेमिकायें। (3. I, *ऋतु.*)

प्रेयसियाँ। (4. I, *ऋतु.*)

रमणियाँ। (5. I, *ऋतु.*)

सुसज्जित स्त्रियाँ। (8. I, *ऋतु.*)

चन्द्रमा/सुमुखीस्त्रियाँ। (9. I, *ऋतु.*)

विलासी तरुणियाँ। (12.I, *ऋतु.*)

प्राणेश्वरी। (24.I, *ऋतु.*)

कामिनियों। (28.I, *ऋतु.*)

कमलनेत्री। (23.I, *ऋतु.*)

चारुचन्द्रमुखी

प्रसन्न वदना नयन सुभगा स्त्री को 'चारुमुखी' कहा गया। (22.I, *ऋतु.*)

द्वित्तीय: सर्ग:/प्रावृड्वर्णनमे (*ऋतु.*)

कामिजनों का प्रिये। (1. II, *ऋतु.*)

गर्भिणी ललनाओं। (2. II, *ऋतु.*)

वेश्या। (II, *ऋतु.*)

पृथ्वी की शोभा हरे रंगवती। (5.II, *ऋतु.*)

मणियों से सजी-धजी वेश्या। (8.II, *ऋतु.*)

जघन चपला रमणियाँ। (7.II, *ऋतु.*)

अभिसारिकाएँ। (10.II, *ऋतु.*)

प्रवासी जनों की स्त्रियाँ। (12. II, *ऋतु.*)

कमलिनी। (14. II, *ऋतु.*)

कामिनियाँ। (18.II, *ऋतु.*)

अंगनाएँ। (22. II, *ऋतु.*)

रमणियाँ। (20.II, *ऋतु.*)

अंगनाएँ। (22.II, *ऋतु.*), (9.II, *ऋतु.*)

रमणियाँ। (11.II, *ऋतु.*)

अभिसारिका : अभिसारिका स्त्रियों का उल्लेख *ऋतुसंहारम्*, *मेघदूतम्* तथा *रघुवंशम्* में हुआ है जो अनुराग व व्याकुल प्रेमवशात् अपने प्रियतमों का अनुगमन करती हैं। (10.II, *ऋतु.*)

तृत्तीयः सर्गः/शरद्वर्णनम् (*ऋतु.*)

उन्मत अंगनाओं। (3.III, *ऋतु.*)

हृदयहारिणी। (9.III, *ऋतु.*)

नलिनियों। (10.III, *ऋतु.*)

हिरणियों। (14.III, *ऋतु.*)

रमणियों। (17; 20.III, *ऋतु.*)

ललनाओं। (19.III, *ऋतु.*)

स्त्रियों। (18; 27.III, *ऋतु.*)

अनुपम मुखराग वाली युवतियाँ। (24.III, *ऋतु.*)

नववधू। (1.III, *ऋतु.*)

चतुर्थः सर्गः/हेमन्तवर्णनम् (*ऋतु.*)

प्रमदाएँ। (4.IV, *ऋतु.*)

नारियाँ। (5.IV, *ऋतु.*)

तरुणियाँ। (6.IV, *ऋतु.*)

मृगनयनी स्त्रियाँ। (10.IV, *ऋतु.*)

प्रिये। (11.IV, *ऋतु.*)

बाला। (14.IV, *ऋतु.*)

नखक्षतांगी। (17.IV, *ऋतु.*)

अंगनाओं। (19.IV, ऋतु.)
विलासवती स्त्रियाँ। (3.IV, ऋतु.)

पंचमः सर्गः/शिशिरवर्णनम् (ऋतु.)

युवती। (2;7; 15.V, ऋतु.)
स्त्रियाँ। (2.V, ऋतु.)
कमलमुख वाली रमणियाँ। (5.V, ऋतु.)
नायिकाएँ। (8.V, ऋतु.)
(रेशमी कपड़े से युक्त जांघों वाली नायिकाएँ) विलासिनी स्त्रियाँ। (8.V, ऋतु.)
वल्लभाएँ। (10.V, ऋतु.)
गहरी नाभी वाली कामिनी। (12. V, ऋतु.)
गृहलक्ष्मी। (13.V, ऋतु.)
वरोरू। (1.V, ऋतु.)
वल्लभा। (10.V, ऋतु.)
गृहलक्ष्मी। (13.V, ऋतु.)

षष्ठः सर्गः/वसन्तवर्णनम् (ऋतु.)

प्रिये। (1; 8; 20; 29. VI, ऋतु.)
कामयुक्ता नारियाँ। (2.VI, ऋतु.)
स्त्रियाँ। (3; 9; 12; 13; 14; 18. VI, ऋतु.)
चंद्रप्रभावाली अंगनाएँ। (4.VI, ऋतु.)
विलासवती रमणियाँ। (5.VI, ऋतु.)
मदनातुर नितम्बनियाँ। (7.VI, ऋतु.)
कामवती सुन्दरियाँ। (8.VI, ऋतु.)
प्रमदाओं। (10.VI, ऋतु.)

नवयुवतियाँ। (18.VI, ऋतु.)

प्रियतमाओं। (19.VI, ऋतु.)

नयी बहू। (21.VI, ऋतु.)

कुलांगनाओं। (23.VI, ऋतु.)

विभ्रमयुक्त सुन्दरियाँ। (24.VI, ऋतु.)

यष्टिखाली स्त्रियाँ। (26.VI, ऋतु.)

भार्या। (28.VI, ऋतु.)

कामिनियाँ। (29;31.VI, ऋतु.)

सुन्दरियाँ। (32.VI, ऋतु.)

स्त्रियाँ। (32.VI, ऋतु.)

रमणियाँ। (32.VI, ऋतु.)

युवतियाँ। (33.VI, ऋतु.)

मनस्विनी स्त्रियाँ। (34.VI, ऋतु.)

सकामिनी। (2.VI, ऋतु.)

यक्षी। (1; पू. मेघ.)

रसिक वेश्या। (30, पू. मेघ.)

स्त्रियाँ। (30; 36; 41, पू. मेघ.)

राजकुमारी वासवदत्ता। (35, पू. मेघ.)

चण्डी। (37, पू. मेघ.)

पार्वती। (40; 54; 64, पू. मेघ.)

कामिनी। (45, पू. मेघ.)

वीणा युक्त स्त्रियाँ। (49, पू. मेघ.)

रमणियाँ। (51, पू. मेघ.)

किन्नरों की स्त्रियाँ। (60, पू. मेघ.)

देवताओं की स्त्रियाँ। (62;65, पू. मेघ.)

देवाँगनाएं। (*मेघ.*)

चटकीली नारियाँ। (1, *उ. मेघ.*)

कुलवधू। (2, *उ. मेघ.*)

अलबेली स्त्रियाँ। (5, *उ. मेघ.*)

अप्सरा। (10, *उ. मेघ.*)

कामिनी स्त्रियाँ। (11, *उ. मेघ.*)

गृहिणी। (17, *उ. मेघ.*)

यक्षी। (18;22;59; 61, *उ. मेघ.*)

चकवी। (23, *उ. मेघ.*)

कमलिनी। (23, *उ. मेघ.*)

सखियाँ। (29, *उ. मेघ.*)

चंद्रमा। (32;46, *उ. मेघ.*)

मालती। (40, *उ. मेघ.*)

सीता जी। (42, *उ. मेघ.*)

अबला। (43;45;54, *उ. मेघ.*)

हरिणी। (46, *उ. मेघ.*)

सुन्दरी। (47, *उ. मेघ.*)

बाला। (48, *उ. मेघ.*)

कामिनी। (49, *उ. मेघ.*)

गुणवती। (50, *उ. मेघ.*)

चंचलाक्षि। (51, *उ. मेघ.*)

मन्दाकिनी। (6, *उ. मेघ.*)

कल्याणी। (52, *उ. मेघ.*)

चंचलाक्षि। (51., *उ. मेघ.*)

कल्याणि। (52., *उ. मेघ.*)

बाला। (48., उ. मेघ.)

कामिनी : उपमा के माध्यम से कामिनी शब्द–भाव की अभिव्यक्ति को *मेघदूतम्* में स्वर मिला है जिसमें प्रेमी की गोद में कामिनी तथा कामिनी के वपु से सरकी हुई साड़ी का उल्लेख है। (67., पू. मेघ.), (11., उ.मेघ.)

अर्थात् कामिनी स्त्रियाँ किस मार्ग से अपने प्रेमी के पास गयीं।

अबला अव्यापन्न। (43., उ. मेघ.)

किन्नरियाँ। (14.I, *कुमार.*)

मेना। (19.I, *कुमार.*)

सती। (21;22.I, *कुमार.*)

उमा। (26.I, *कुमार.*)

स्त्री शक्ति। (6-7.II, *कुमार.*)

रति। (64; II, *कुमार.*)

सुन्दरियाँ। (5. II, *कुमार.*)

हथिनी। (37.III, *कुमार.*)

किन्नरी। (38.III;56 V, *कुमार.*)

मलिनी (वनदेवियाँ)। (52.III, *कुमार.*)

विजया, नन्दी। (60.III, *कुमार.*)

गौरी। (7.V, *कुमार.*)

अरुन्धती। (4; 32.VI, *कुमार.*)

वनदेवियाँ। (39.VI, *कुमार.*)

अणिया आठ सिद्धियों के स्वामी। (75.VI, *कुमार.*)

अभिसारिकाएँ। (43.VI, *कुमार.*)

सती स्त्रियाँ। (86.VI, *कुमार.*)

मैना। (86.VII, *कुमार.*)

गृहस्थों की स्त्रियाँ। (85.VI, *कुमार.*)

कुटुम्ब की सुहागिन। (9.VII, *कुमार.*)

पुत्रवती स्त्रियाँ। (6.VII, *कुमार.*)

सप्तमाताओं। (29-31.VII, *कुमार.*)

भद्रकाली। (39.VIII, *कुमार.*)

स्त्रियाँ/सुन्दरियाँ..

पुरसुन्दरीणामीशान; बामनेत्रा; नार्यो; नारी

(56, 59, 64, 65.VII, *कुमार.*)

देवी सरस्वती। (90.VII, *कुमार.*)

अप्सरा। (91.VI; 45.IX, *कुमार.*)

सखियाँ। (10;11.VIII, *कुमार.*)

नववधुओं की काम चपलता। (17.VIII, *कुमार.*)

सुन्दरियाँ। (2.IX, *कुमार.*)

कृत्तिकाएँ। (43, 4.X, *कुमार.*)

जया (सखियाँ)। (31.IX, *कुमार.*)

विजया (सखियाँ) सिद्धों की स्त्रियाँ.. :

सिद्धाङ्गना। (40, 43.IX, *कुमार.*)

स्त्री। (1.XI, *कुमार.*)

गंधर्व/विद्याघटों की स्त्रियाँ। (34.XI, *कुमार.*)

अप्सराएँ। (36.XI, *कुमार.*)

दानवों की स्त्रियाँ। (19.XII, *कुमार.*)

दैत्यों की स्त्रिया। (51.XII, *कुमार.*)

वीरमाता। (59.XII, *कुमार.*)

पुत्रवत्सला। (4.XIII, *कुमार.*)

देवताओं की सुन्दरियाँ। (28.XIII, *कुमार.*)

कश्यप की स्त्री अदिति .. :

देवमातुर्जगदेक बन्द्यौ; जननी सुराणां (45; 46.XIII, *कुमार.*)

शची (इन्द्र की पत्नी)। (48.XIII, *कुमार.*)

कश्यप की 7 पत्नियाँ। (49.XIII, *कुमार.*)

गंधर्वनगर। (31.XIV, *कुमार.*)

दैत्यों की स्त्री। (34.XIV, *कुमार.*)

दिशारुपिणी रजस्वला स्त्री। (48-49.XIV, *कुमार.*)

विजयलक्ष्मी। (2.XI, *कुमार.*)

भूत-प्रेतों की स्त्रियाँ। (50.XVI, *कुमार.*)

राजलक्ष्मी। (16.XIII, *कुमार.*)

चारुचन्द्रमुखी। (73.VIII, *कुमार.*)

सकामिनी : कामयुक्त स्त्रियों का क्रमशः उल्लेख है।

(8.III; 11.IV, *कुमार.*)

कुमारसंभवम् में भी पार्वती के संदर्भ में समय-समय पर इस सुरुचिपूर्ण शब्द सुन्दरी का सम्बोधन के रूप में व्यवहार किया गया है।

(68.VIII, *कुमार.*)

सुन्दरियों की चितवन की प्रशंसा भी की गयी है। (5.III, *कुमार.*)

सुभ्रु : साहित्य में वर्णित है कि नेत्रों से अंतः सलिला प्रवाहित होती है। *कुमारसंभवम्* के रचयिता ने सुन्दर भौंहो वाली आकर्षक स्त्री के लिए स्त्रीवाचक 'सुभ्रुः' शब्द का व्यवहार किया है।

(43.5.V, *कुमार.*), (5.III, *कुमार.*)

इन्दुवक्त्रा : *कुमारसंभवम्* में पार्वती को इन्दुवक्त्रा से अभिहित कर उनकी कांति को सम्बोधित किया गया है। (22.XI, *कुमार.*)

चन्द्रिका। (11.XII, *कुमार.*)

मितभाषिणी। (34.VIII, *कुमार.*)

मृणालिका : कमलिनी सदृश कोमल अंगों के कारण पार्वती को स्त्री वाचक मृणालिका

कोमलांगी शब्द से सम्बोधित किया गया। (29.V, *कुमार.*)

भामिनी : बिना कारण के क्रोध करने वाली स्त्री को *कुमारसंभवम्* ने भामिनी शब्द से अभिहित किया है। (51.VIII, *कुमार.*)

विलासिनी : वैसी मतवाली लाल आँखोंवाली स्त्रियाँ, जिन पर मदिरा पी लेने पर भी कोई विशेष प्रभाव नहीं पड़ता, ऐसी स्त्रियों को *कुमारसंभवम्* के रचयिता ने 'विलासिनी' शब्द से प्रतिबिम्बित किया है। (76.VIII, *कुमार.*)

प्रियंवदा : मधुर भाषिणी स्त्रियों के लिए स्त्रीवानी 'प्रियंवदा' शब्द का व्यवहार किया जाता है। यहाँ यह पार्वती के संदर्भ में है। (28.V, *कुमार.*)

प्रमदा। (12.IV, *कुमार.*)

देवाँगनाएँ। (36.XVI, *कुमार.*)

मानिनी : *कुमारसंभवम्* में मानिनी स्त्रियों का उल्लेख है। पार्वती के संदर्भ में, इन्हें स्वयं के मान पर अभिमान होता है तथा ऐसी स्त्रियाँ कठोर साधना करने वाली होती हैं। (52.VIII, *कुमार.*)

दुःसहान्मनस्विनीनां.. (42.V, *कुमार.*)

अभिसारिका। (69.XVII, *रघु.*)

यौवनश्री : यौवन की लक्ष्मी श्री वृद्धि का उल्लेख *रघुवंशम्* के विभिन्न प्रसंगों में है।

सुरांगनाप्रार्थित यौवनश्री.. (27.VI, *रघु.*)

यौवनश्री.. (50.VI, रघु.)

मृगनयनी : *रघुवंशम्* में वर्णित राम और सीता के दण्डक वन से प्रत्यागमन के प्रसंग में मृगनयन सदृश स्त्रीवाचक मृगनयनी शब्द का उल्लेख किया गया है। (18.XIII, रघु.)

सुनयनीः शृंगार साहित्य में स्त्रियों के नेत्र व भौंहों का विशेष महत्व है। *रघुवंशम्* में रानी सीता हेतु सुनयनी शब्द अनेक स्थलों पर प्रयुक्त हुआ है। (16.XIII, रघु.)

वनिता। (52.XVIII, रघु.)

बालेन्दुमुखी : कमनीय स्त्रियों की मृदुता, उनके मुख मण्डल पर आभासित होती है। काव्यशास्त्रीय परंपरा में ऐसी स्त्रियों के मुखमण्डल में लघु आकार के चंद्रमा के मृदुल भाव को आरोपित किया जाता है।

(53.VI, रघु.)

वनिता : यौवन सम्पन्न स्त्रियाँ, जिनकी आँखों की मदिरा, शरीर की स्वाभाविक शोभा और विलास का पहला अड्डा होता है, उन स्त्रियों को 'वनिता' कहा है। (52.XVIII, रघु.)

सुन्दरी : सामान्यतः तन एवं मन अप्रतिम सौन्दर्य का सर्वांगीण बोध कराने वाली स्त्रीवाचक भावपूर्ण शब्द है. *रघुवंशम्* के रचयिता ने अपनी रचना में इसका व्यवहार किया है। (50.VI, रघु.)

मुग्धा : सीधी-साधी सरल स्त्री, जिसे अपने यौवन एवं तदजनित अवस्था का आभास न हो, वैसी स्त्री को भरतमुनि नाट्यशास्त्र में 'मुग्धा' कहते हैं, जिसका उल्लेख शकुन्तला के संदर्भ में *अभिज्ञानशाकुन्तलम्* में मिलता है। (23.I, *अभि.शा.*)

तन्वी : वल्कल धारण करने वाली मनोज्ञा स्त्रियों को 'तन्वी' कहा गया

है। (19.I, *अभि.शा.*)

सुकोमला : 'सुकोमला' शब्द का उन स्त्रियों के लिए व्यवहार किया जाता है, जो स्वभाव से ही कोमल हुआ करती हैं, अतएव उनकी रक्षा की ओर ध्यान देना है। शकुन्तला के संदर्भ में, उसकी प्रिय सखी अनुसूया के शब्द द्रष्टव्य हैं। (IV, *अभि.शा.*)

मदिराक्षी। (4.III, *अभि.शा.*)

पतिव्रत स्त्री। (20.VII, *अभि.शा.*)

शकुन्तला साध्वीसद। (29.VII, *अभि.शा.*)

सुहागिन। (17.V, *अभि.शा.*)

हृदयेश्वरी। (17.III, *अभि.शा.*)

कृशोदरी। (25.VII, *अभि.शा.*)

सुरसुन्दरी। (3.I, *विक्रमो.*)

सुरांगना का उल्लेख *रघुवंशम्* तथा *विक्रमोर्वशीयम्* में है जो देवताओं अर्थात् सुर की कमनीय अंगनाओं को अभिव्यक्त करता है।

(20.I, *विक्रमो.*)

दुर्लभा-दर्शना। (II, *विक्रमो.*)

मनस्विनी स्त्रियाँ। (5.III, *विक्रमो.*)

सुभाषितम्। (III, *विक्रमो.*)

दीर्घाक्षि। (14.IV, *मालविका.*)

बिम्बोष्ठि। (14.IV, *मालविका.*)

गायन, वादन एवं नर्तन

-सुगन्धि से परिपूर्ण अट्टालिकाएँ तथा कामोद्दीपक मधुर गीत।

(3.I, *ऋतु.*)

–अति मधुर गीत गानेवाली। (8.I, *ऋतु.*)

–कर्णमधुर शब्द। (3.II, *ऋतु.*)

–नृत्य में प्रवृत्त। (6.II, *ऋतु.*)

–मयूर नृत्य। (19.II, *ऋतु.*)

–नूपुर की ध्वनि। (1.III, *ऋतु.*)

–संगीतराग। (23.III, *ऋतु.*)

–मणिनूपुरों के शब्द। (27.III, *ऋतु.*)

–कोयल के मधुरगीत। (22.VI, *ऋतु.*)

–पुंस्कोकिलै। (23.VI, *ऋतु.*)

–नगाड़ा बजाना। (38, *पू. मेघ.*)

–मीठा स्वर। (33, *पू. मेघ.*)

–शिव तांडव नृत्य। (40, *पू. मेघ.*)

–हाथों में वीणा। (49, *पू. मेघ.*)

–किन्नरों की स्त्रियाँ। (60 *पू. मेघ.*)

–संगीत के साथ मृदंग बजते हैं। (1, *उ. मेघ.*)

–गोद में वीणा लिए ऊँचे स्वर से मेरे नाम के गीत गाती होंगी। आँसुओं से भीगी हुई वीणा को जैसे–तैसे पोंछ लेगी। स्वरों के उतार–चढ़ाव : वीणां मद्गोत्राड्क विरचितपदं गेयमुद्रातुकामा, तन्त्रीमार्द्रां, नयनसलिलै।

(26 *उ.मेघ.*)

–तालियाँ बजा–बजाकर नचाती हैं। (19, *उ.मेघ.*)

–शंख–ध्वनि। (23.I; *कुमार.*)

–पायल से निकलने वाली मधुर ध्वनि। (34.I; *कुमार.*)

–गन्धर्व गाते रहते। (54.I; *कुमार.*)

–वैदिक वाणी। (12.II; *कुमार.*)

–अप्सराओं ने नृत्यगान प्रारम्भ किया। (40.III; *कुमार.*)

–नृत्य, गायन, वाद्य के साथ। (79.V; *कुमार.*)

आवर्जिताष्टापदकुम्भतोयै। (10.VII; *कुमार.*)

–स्वयं देवी सरस्वती जी संस्कृत और प्राकृत भाषाओं में शिवपार्वती की स्तुति करने लगीं। संस्कृत में प्रशंसनीय वर की, और सरलता से समझने योग्य प्राकृत भाषा में वधू की स्तुति आरम्भ की। (90.VII; *कुमार.*)

–*सामवेद* गा–गा कर सूर्यदेव की स्तुति कर रहे हैं।

(41.VIII; *कुमार.*)

–आत्मशुद्धि के लिए बड़ी श्रद्धा से रहस्यभरा गायत्री मंत्र जप रहे हैं। (47 VIII; *कुमार.*)

–वीणाधारी गन्धर्व आलाप करते हुए मंगलगान गाने लगे।

(85 VIII; *कुमार.*)

–अंकम, आलिंगम और ऊर्ध्वक नाम की अनेक तुरहियाँ मीठे स्वर में बज रही थीं और भाव गाती हुई अप्सरायें बड़े हाव–भाव से नाच रही थीं। (36.XI; *कुमार.*)

–शंख की गम्भीर ध्वनि के साथ घर–घर छोटे नगाड़े बजने लगे।

(38.XI; *कुमार.*)

–वेद का गान कर रही थी। (17.XII; *कुमार.*)

–घंटों की टन–टन की ध्वनि। (42.XIV; *कुमार.*)

–नगाड़ों की गम्भीर ध्वनि। (11.XV; *कुमार.*)

–चारणों के गीत भी सुन लेते, पराक्रम के गीत सुनते।

(4.XVI, *कुमार.*)

–भूत–प्रेतों की स्त्रियाँ गीत गा रही थीं। (50.XVI, *कुमार.*)

–युद्धभूमि में नाच रहे थे। (49.XVI, *कुमार.*)

–गीत के साथ वे बाँस की बाँसुरी बजा रहे थे। (12.II, रघु.)

–वनदेवियाँ यशगान कर रही हैं। (12.II, रघु.)

–'राजमहल में बाजों के साथ वेश्याओं' का नृत्य। (19. III रघु.)

–कथाओं के गीत बना–बनाकर गाया करती थीं। (20.IV, रघु.)

–पहाड़ी बाँसों में घुसकर बाँसुरी सी बजाता। (73.IV, रघु.)

–किन्नरों ने अनेक गीत गाये। (78.IV, रघु.)

–जिन मंगल वाद्यों की ध्वनि से मोर उसे बादल की गर्जना समझकर नाचने लगते हैं, उन वाद्यों की ध्वनि से दसों दिशाएँ गूँज उठीं। (91.IV, रघु.)

–गान विद्या आदि ललित कलाओं में मेरी शिष्या थी। (67.VIII, रघु.)

–तुरुहियाँ बज रही थीं। (38.VII, रघु.)

–शंख की ध्वनि। (64.VII, रघु.)

–वीणावादन के साथ गाना सुनाने के लिए नारद जी आकाश मार्ग से चले आ रहे थे। (33.VIII, रघु.)

–वीणा गोद में रख ली जाती है। (41.VIII, रघु.)

–समुद्र उनकी विजय दुंदभी बजाता। (2.IX, रघु.)

–नायिका नवमल्लिका लता थी। (42.IX, रघु.)

–सामवेद के सातों प्रकार के। (21.X, रघु.)

–गीत नगाड़े बजे और बधाई की दुंदुभी बजा दी। (76.X, रघु.)

–मृदंग की ध्वनि आकाशचारी पुष्पक विमान से टकराकर गूँज रही है। (40.XIV, रघु.)

–तुरही आदि वाद्य यंत्र सुन–सुनकर प्रसन्न हो रहे हैं। (10. XIV, रघु.)

–गीत, माधुर्य, श्रवण। (65-6.XV, रघु.)

–गायन का कौशल। (69.XV, रघु.)

–गन्धर्व। (88.XV, रघु.)

–मृदंग के समान गम्भीर ध्वनि। (13, XVI)

मृदंगशब्दापगमादलास्या (14.XVI, रघु.)

–नर्तन मयूर। (14.XVI, रघु.)

–मृदंग बजाने के समान। (14.XVI, रघु.)

–मृदंग बजते रहते। (5.XIX, रघु.)

–रनिवास में विहार। (6.XIX, रघु.)

–मनोहर शब्द वाली वीणा और मधुरभाषिणी कामिनी।

(13.XIX, रघु.)

–नर्तकियों के नृत्य के समान। (14.XIX, रघु.)

–नृत्यविगमे च तन्मुखं.. (15.XIX, रघु.)

–गायिकाओं/अधरों पर बांसुरी और जांघों पर वीणा।

(35.XIX, रघु.)

रंगशाला

–चित्तवृत्तिरालिखित इव सर्वतो रंग। (I, *अभि.शा.*)

–शास्त्रीय उल्लेख है। (28-29.II, *दशरूपकम्*)

–शकुन्तला के हाव-भाव रूप का वर्णन यथा-मिथ।

(12.II, *अभि.शा.*)

–हाव के द्वारा नेत्र एवं भृकुटियों में विकार उत्पन्न होता है। शकुन्तला के हाव का वर्णन नाटक के तृत्तीय अंक में सखी अनुसूया प्रकट करती है। (III, *अभि.शा.*)

प्रेम की बेला का स्पष्ट संकेत तृत्तीय अंक के उत्तरार्द्ध में इस प्रकार प्रकट किया गया है- दशरूपकार धनंजय ने नायिका के शोभा नामक गुण के उदाहरण स्वरूप शकुन्तला को उद्धृत किया है। (10.II, *अभि.शा.*)

–प्रियंवदा के कथन में शकुन्तला में कान्ति गुण का संकेत मिलता

है। (III, *अभि.शा.*)

–माधुर्य तो शकुन्तला का पहला ही गुण है जो दुष्यन्त की दृष्टि को आकर्षित करता है। (17.I, *अभि.शा.*)

गीत के मधुर राग

–संगीतशाला की ओर कान लगाकर सुनो! कोई बड़े लय–ताल से अत्यन्त मीठे स्वरों में गीत गा रहा है। जान पड़ता है कि महारानी हंसपदिका स्वर साधना कर रही हैं। (V, *अभि.शा.*)

–चारण–चारणियाँ जो इन जितेन्द्रिय राजर्षि के गुण गाती हैं, वे गीत स्वर्ग तक सुनाई देते हैं। (14.II, *अभि.शा.*)

गीत बनाने वाली सुन्दरी। (13.III, *अभि.शा.*)

सखी! यह गीत ठीक बना है या नहीं? (III, *अभि.शा.*)

–मस्ती भरे गीत गाने के ये ही दिन हैं। (VI, *अभि.शा.*)

–मधुर कोयल की ध्वनि। (10.IV, *अभि.शा.*)

–मोरों ने नाचना छोड़ दिया है। (12.IV, *अभि.शा.*)

–चतुर चित्रकार। (VI, *अभि.शा.*)

–इस चित्र में तीन–तीन देवियाँ दिख रही हैं तथा तीनों दर्शनीय हैं। (VI, *अभि.शा.*)

–उन्होंने तो संगीत छोड़ भी दिया। देखो मृदंग के शब्द को मेघगर्जना समझकर ये मोर ऊपर मुँह करके देखने लगे और दूर तक गूँजने वाली यह मध्यम स्वर से उठी हुई 'मायूरी' नाम की ध्वनि मन को मदयुक्त बना रही। (21.I, *मालविका.*)

–हे मित्र! इन्होंने तो इस चार चरण वाले गीत के बहाने आप पर अपने को न्यौछावर कर डाला। (II, *मालविका.*)

–विद्वानों की सभा ने मुझसे कहलाया है कि 'वसंतोत्सव' के अवसर पर महाकवि कालिदास द्वारा विरचित *मालविकाग्निमित्रं* नाटक का ही अभिनय किया जाए। अतएव चलकर 'संगीत' का कार्य प्रारम्भ करो। (I, *मालविका.*)

–भास, सौमिल्लक और कविपुत्र जैसे प्रसिद्ध कवियों के नाटक को छोड़कर, आप आजकल के इस वर्तमान कवि कालिदास के नाटक को इतना महत्व क्यों दे रहे हैं? (I, *मालविका.*)

शिल्प कला

विदर्भ से जो दो कला मर्मज्ञ रमणियाँ उपहारस्वरूप आई थीं, उन्हें महाराज के समक्ष लाया जा सकता है। (V, *मालविका.*)

–सुन्दरता में ही नहीं, कला में भी मालविका अद्वित्तीय है।

(II, *मालविका.*)

–अप्रतिम सुन्दरी, उस मालविका को विधाता ने ललित कलायें क्या दे दीं मानों काम के बाणों को विषाक्त बना दिया। (13.II, *मालविका.*)

गायन–1

–नाट्यचार्य तो संगीतशाला से निकल कर आ रहे हैं। मैं चलकर इनसे मिल लूँ। (I, *मालविका.*)

–महारानी धारिणी आपसे पूछती हैं कि मेरी परिचारिका और आपकी शिष्या मालविका संगीत शिक्षा को ग्रहण करने में आपको अधिक कष्ट तो नहीं देती है?

–(बकुलावलिका) आर्य! देवी पृच्छति। (I, *मालविका.*)

–जब तुम बैठे–बैठे संगीत के अध्यापक बने हुए, सरस्वती जी को चढ़ाये हुए लड्डू खा ही रहे हो। (I, *मालविका.*)

–आप दोनों नाट्यशाला में चल कर संगीत के सब साज़ जुटाइये और सब के आ जाने पर किसी दूत से यहाँ कहला दीजिएगा अथवा मृदंग की ध्वनि सुनकर ही हम लोग उठकर चले आयेंगे। (I, *मालविका.*)

गायन–2

–उन्होंने तो संगीत छोड़ भी दिया। देखो– मृदंग के शब्द को मेघ गर्जना समझकर ये मोर ऊपर मुँह करके देखने लगे और दूर तक गूँजने वाली यह मध्यम स्वर से उठी हुई 'मायूरी' नाम की ध्वनि मन को मदयुक्त बना रही है। (21.I, *मालविका.*)

–शर्मिष्ठा ने मध्यालय में एक चतुष्पद गान की रचना की है। उसके छलिक नाम वाले अभिनय को सावधान होकर सुनें। (II, *मालविका.*)

–पहले आलाप भरकर चार पदों वाला गान गाती है– दुर्लभ है वह मेरा प्रियतम, हृदय छोड़ उसकी आशा। 'वामाँपाग फड़कता मेरा, अंत: बंध रही कुछ आशा... (4.II, *मालविका.*)

गायन–3

–बहुत काल का देखा प्रियतम, कैसे उसको अपनाऊँ? पराधीन अपने को प्रियतम! तुझको तूषित गिना पाऊँ।। (गीतों के भाव के साथ अभिनय करती है) (4.II, *मालविका.*)

–हे मित्र! इन्होंने तो इस चार चरण वाले गीत के बहाने आप पर अपने को न्यौछावर कर डाला। (II, *मालविका.*)

–यह गीत गाकर इसने सचमुच मुझसे ही सब कुछ कहा है।

(5.II, *मालविका.*)

गायन–4

–(इरावती) वस्तुतः पुरुष विश्वासपात्र नहीं होते। मैं क्या जानती थी कि

जिस प्रकार व्याधों के मनोरम संगीत सुनकर हरिणी सुध-बुध खोकर जाल में फँस जाती है उसी प्रकार मैं भी इनकी चिकनी-चुपड़ी बातों पर विश्वास करके उनके फन्दे में फँस जाऊँगी। (III, *मालविका.*)

-इनमें कौन तुम्हारी संगीत सहायिका होने के योग्य है?

(धारिणी मालविका से) मालविके! (V, *मालविका.*)

नर्तन एवं नाट्य

-देवी की आज्ञा है कि नाटकाचार्य गुरु गणदास के समीप जाकर पूछो कि 'छलिक नृत्य' में मालविका ने कैसी प्रगति की है? इसलिए रंगशाला की ओर चलूँ। (I, *मालविका.*)

-महारानी धारिणी की आज्ञा से नाट्याचार्य गणदास से पूछने जा रही थी कि मालविका की नाट्य शिक्षा कैसी चल रही है?। (I, *मालविका.*)

-(गणदास) यों तो सभी अपनी वंशपम्परागत विद्या को सबसे अच्छा समझते हैं, परन्तु हम लोग जो अपनी विद्या का इतना अभिमान करते हैं, वह झूठा नहीं है क्योंकि नाट्यशास्त्र के प्रवर्त्तक भरतादि मुनि लोगों का कहना है कि नाट्य देवताओं की आँखों को सुहाने वाला यज्ञ है। स्वयं महादेव शंकर ने पार्वती से विवाह करके अपने अर्धनारीश्वर अंग में इसके दो भाग कर लिए हैं। एक तांडव और दूसरा लास्य। इसमें सत्व, रज और तम, तीनों गुण दिखलाई पड़ते हैं और अनेक रसों से सम्पन्न मानवों का चरित्र भी दिखलाई पड़ता है। अतएव भिन्न-भिन्न रुचि वाले लोगों के लिए प्राय: नाटक ही एक ऐसा उत्सव है, जिसमें सबको एक सा आनंद मिलता है.. (4.I, *मालविका.*)

-महारानी से कह देना कि वह बड़ी चतुर, समझदार और शिक्षाग्राहिका बुद्धि से सम्पन्न है।

अधिक क्या कहें - मैं जो-जो भाव उसे सिखलाता हूँ। वह और सुन्दरता के साथ करके दिखलाने लगती है। तब ऐसा जान पड़ता है, मानो वह

उल्टे मुझे ही सिखा रही है... (5.I, *मालविका.*)

अभिनय-1

–स्वयं नाटक के भाव ही शरीर धारण करके चले आए।

(10.I, *मालविका.*)

–अब आप इन्हें नाट्यशास्त्र तथा अभिनय कर्म में जाँच लें। आप ही हम दोनों के प्रश्नों द्वारा गुण निश्चित करने वाले परीक्षक हैं...(गणदास से) (हरदत्त:) (I, *मालविका.*)

–आप विदुषी हैं। (I, *मालविका.*)

–आप लोग शास्त्रार्थ प्रारम्भ करें। (I, *मालविका.*)

–नाट्यशास्त्र तो अभिनय है। (I, *मालविका.*)

–शर्मिष्ठा का बनाया हुआ चौपदों वाला छलिका नामक अभिनय अत्यन्त कठिन बतलाया गया है। (I, *मालविका.*)

अभिनय–2

इसके सम्पूर्ण अंगों की पवित्रता आश्चर्यजनक है क्योंकि इसका बड़ी-बड़ी आँखों वाला, शरत्कालीन चंद्रमा की शोभा से सम्पन्न मुख, कन्धों पर कुछ झुकी हुई भुजाएँ, उन्नत एवं कठोर स्तनों से जकड़ी हुई छाती, पार्श्व परिमार्जित जुल्म, मुट्ठीभर की कटि, मोटी-मोटी जांघें, झुकी हुई अंगुलियों वाले चरण हैं। ज्ञात होता है कि इसका सम्पूर्ण शरीर इसके नाट्यगुरु गणदास जी के कहने पर ही गढ़ा गया होगा.. (3.II, *मालविका.*)

अभिनय–3

–गीत गाते हुए अपनी ओर संकेत करके अभिनय किया है।

(5.II, *मालविका.*)

–गीत की सभी बातों का ठीक–ठीक अर्थ अंगों के अभिनय़ से पूर्णरूप से दिखा दिया गया। इनके पैर भी लय के साथ–साथ चल रहे थे। फिर गीत के रस में भी वह तन्मय हो गई थी। हस्त–संचालन द्वारा किया गया अभिनय सुकुमार था। वह अनेक प्रकार से एक–दूसरे की सहायता करते रहे, सर्वत्र समान राग का दृश्य बना रहा। (8.II, *मालविका.*)

–मैं वस्तुत: नृत्यकला का पण्डित हूँ क्योंकि जिस प्रकार आग में डालने से सोना काला नहीं पड़ता, वैसे ही जिस शिक्षक के सिखाने में किसी प्रकार की त्रुटि न हो, उसे ही सच्ची शिक्षा कहते हैं। (9 II, *मालविका.*)

–कालिदास विरचित *विक्रमोर्वशीयम्* नामक नये नाटक का अभिनय दिखाना चाहता हूँ। (I, *विक्रमो.*)

–भरत मुनि ने तुम लोगों को आठ रसों से युक्त जो नाटक सिखलाया है, उसी का ललित अभिनय देवताओं के स्वामी इन्द्र लोकपालों के साथ देखना चाहते हैं। (17.II, *विक्रमो.*)

–लक्ष्मी स्वयंवर नाटक हुआ था, जिसके गीत स्वयं सरस्वती ने बनाए थे। (II, *विक्रमो.*)

–उत्तर दिए बिना ही नाचने लगा। (IV, *विक्रमो.*)

–बलन्तिका राग के साथ नाचता हुआ आगे बढ़कर। (IV, *विक्रमो.*)

–मधुर स्वर में गाती है। (IV, *विक्रमो.*)

–द्विपदिका गीत को गाने के साथ चारों ओर देखकर। (IV, *विक्रमो.*)

–जलनिधिनाथ का कितना उत्तम नृत्य हो रहा है। (54.IV, *विक्रमो.*)\

❖❖❖

॥ सप्तम अध्याय ॥

आकर्षण,
कमनीयता व आत्मरति

काम : शास्त्रीय विहंगावलोकन

(i) वैदिक साहित्य

वैदिक साहित्य में काम एवं तद् विषयक भावनाओं का गरिमापूर्ण उल्लेख प्राप्त होता है। इस प्रसंग में *ऋगवेद* का यम-यमी संवाद (10.X, 1-XIV) तथा *ऋगवेद* के अन्य स्थलों पर भी ऐसे कई प्रसंग हैं जिनपर दृष्टिपात किया जा सकता है। (10.I, 10.V; *ऋतु.*)

अर्थात् जिस प्रकार स्त्रियाँ वेश-भूषा बनाकर, पतियों के पास अपने शरीर को प्रकट करती हैं, वैसे ही इन सब सुनिर्मित द्वारों की अभिमानिनी देवियाँ पृथक् हो जाएँ। द्वार देवियों, देवता सरलता से जा सकें, इस प्रकार खुल जाओ। (7.33.XI, *ऋतु.*)

''हे वसिष्ठ! तुम मित्र और वरुण के पुत्र हो। हे ब्रह्मन्। तुम उर्वशी के मन से उत्पन्न हुए हो। उस समय मित्र और वरुण का वीर्य स्खलन हुआ था। विश्व देवगण ने दैत्य स्तोत्र द्वारा पुष्कर के मध्य तुम्हें धारण किया था।'' (14.2.3.IV; *अथर्ववेद*)

उपनिषद् : उपनिषद् साहित्य के विभिन्न प्रसंगों में भी काम का उल्लेख मिलता है यथा संदर्भ सहित- (5.IVIII, 1-II,), (6.2.XIII, *छान्दोग्योपनिषद्*) तथा (6.IV, 2-III *वृहदारण्यकोपनिषद्*) प्रभृति।

(ii) लौकिक साहित्य

रामायण

काम के प्रसंग में, नहुष के पुत्र राजा यति, जो अत्यंत कामी था, उसकी काम लिप्सा 100 वर्ष व्यतीत हो जाने के बाद भी शान्त नहीं हुई थी। ऐसा कहा जाता है कि उनकी 100 रानियाँ थीं और यति सहस्त्र वर्ष तक भोग लिप्सा में ही पूरी तरह निमग्न रहे।

महाभारत

द्वापर युग की इस विशाल रचना में काम विषयक अनेक दृष्टांत हैं। यथा- सत्यभामा-द्रौपदी संवाद, द्रौपदी का एक साथ पाँच पतियों की पत्नी होना तथा विवाह से पूर्व कुंती द्वारा कर्ण को जन्म देना।

पुराण

अग्निपुराण (165.19-XX) : ये संदर्भ है कि देवता गण सर्वप्रथम स्त्रियों से ही आनन्दित होते हैं। *शिवपुराणः* ब्रह्मा की कामुकता; शिव-पार्वती का विवाह, काम एवं संभोग तथा कुमार का जन्म।

ब्रह्मवैवर्तपुराणः गौतम के वेश में इन्द्र द्वारा अहिल्या से रति-सुख की याचना। *भागवतपुराणः* शिव की रक्षा हेतु विष्णु का सुंदरी मोहिनी रूप धारण करना; चन्द्रमा के द्वारा गुरु की पत्नी को; ब्रह्मा का अत्रि ऋषि की पत्नी अनुसूया से रति सुख की याचना; एतादृश, अपने पास रखने की कथा (9/XIV,); राधा-कृष्ण का शृंगार-विरह रासलीला प्रभृति प्रसंग हैं।

धर्मग्रंथों में कामुकता की पराकाष्ठा का व्यापक वर्णन उपलब्ध है जिससे तत्कालीन मानवीय मन का भव्य दर्शन होता है। ईसा की तीसरी-चौथी सदी में शृंगारपरक महत्वपूर्ण रचनायें मिलती हैं। प्रथम आचार्य वात्स्यायन कृत *कामसूत्र*, भतृहरि कृत *शृंगारशतक* एवं पट्टवाय श्रेणी के शिल्पियों का कुमारगुप्तकालीन *मन्दसौर संस्कृत अभिलेख*, (मालव स. 529)। विवेच्य

विदुषी विद्योत्तमा का समय भी है जिसे गुप्तकाल कहा जाता है। अतएव उपर्युक्त सांकेतिक *कामसूत्र, शृंगारशतक* एवं तत्सम्बन्धी संस्कृत अभिलेख के माध्यम से काम सम्बन्धी सार तत्व प्रस्तुत करना, यहाँ विवेच्य विषय की व्यापक पृष्ठभूमि और उसके अर्थ निरूपण के लिए सार्थक सिद्ध होगा, जिसकी अनुभूति सहृदय पाठकजनों को समस्त सातों ग्रंथों में पंडिता विद्योत्तमा के शास्त्र गांभीर्य एवं भाव गुरुता से होगी।

भर्तृहरि कृत शृंगारशतकम्

विद्योत्तमा के पति कालिदास के आश्रय दाता, विक्रमादित्य के अग्रज थे- राजा भर्तृहरि, जिनका उल्लेख चीनी यात्री इत्सिंग ने भी किया है। भर्तृहरि के नाम से तीन शतक लोक प्रसिद्ध हैं- *शृंगार शतकम्, नीति शतकम्* एवं *वैराग्य शतकम्*। *शृंगार शतकम्* - काम-कामिनी को चित्ताकर्षक अभिव्यक्ति प्रदान करते हुए मंगलाचरण में पुष्प युक्त कामदेव को नमस्कार किया गया है।

वात्स्यायन कृत कामसूत्र

महर्षि वात्स्यायन गुप्तकालीन मगध निवासी प्राचीन दार्शनिक थे। इन्होंने *'कामसूत्र'* एवं *'न्यायभाष्यसूत्र'* की रचना की थी। *कामसूत्र* - विश्व की प्रथम यौन संहिता है अर्थात् यौन-संहिता का प्रथम विश्वकोश, जहाँ यौन प्रेम के मनों-शारीरिक सिद्धान्तों तथा प्रयोगों की विस्तृत व्याख्या एवं विवेचना की गई है। कामसूत्र स्त्री-पुरुष की जीवन शैली की चर्चा करता है। काम और कमनीयता के अभाव में, सृष्टि-सृजन का अभाव होगा और सृष्टि-सृजन के अभाव में, सृष्टि का विनाश अवश्यंभावी होगा। अतएव, यहाँ 64 कलाओं के माध्यम से, दाम्पत्य जीवन को शृंगारपूर्ण करने की व्यवस्था है, इसके अतिरिक्त कला, शिल्प एवं साहित्य को भी समृद्ध किया गया है। वात्स्यायन ने ब्रह्मचर्य एवं परम समाधि का ही आश्रय लेकर कामसूत्र को अभिव्यक्त किया। उनका आशय एवं उद्देश्य किसी भी रूप में वासना को उत्तेजित करना नहीं था।

कामसूत्र तथा उसकी अंगभूत विद्याएँ ही 'विद्या' प्राप्त करने का मुख्यार्थ है। सर्वप्रथम ही यहाँ आया है- विद्या समदृश प्रकरणः, यहाँ 'विद्या' शब्द का प्रयोग किया गया है। धर्मविद्या और उसकी अंगीभूत विद्याओं को आत्मसात करने का सुझाव है। यह चौदह विद्याओं एवं सात सिद्धान्तों पर आधारित है। इन्हीं चौदह विद्याओं के विभिन्न प्रकार बाद में 70 महातंत्र एवं 300 शास्त्र-सिद्धान्तों के रूप में प्रचलित हुए। (1.I, *कामसूत्र*)

कामसूत्र का उद्देश्य स्त्री-पुरुष के बीच के सम्बन्ध की व्याख्या करना, जिसमें गुलाब का इत्र, सुस्वादिष्ट भोजन, त्वचा पर कोमल रेशम का स्पर्श, संगीत, नृत्य, गायन, शिल्प, वसन्त का आनन्द, ऋतुओं का स्त्री मन पर प्रभाव इत्यादि- ऐसा करते हुए हमारे सामने गुप्तकालीन दैनन्दिन जीवन के प्रसंग, संस्कृति एवं सभ्यता उपस्थित हो जाते हैं।

(iii) स्थापत्य गुफा शिल्प-कला

काम-कामिनी से सराबोर भारतीय शृंगारिक स्थापत्य कला शिल्प के अमर उदाहरण हैं- दूसरी सदी की अजन्ता (दूसरी से सातवीं सदी), और एलोरा (950 से 1050 सदी)।

गुफाएँ : इन गुफाओं के भित्ति चित्रों में शिव-पार्वती का विवाह, यक्षिणी एवं नटराज की कमनीय अभिव्यक्ति है, जो अद्वित्तीय कलात्मक सृजन एवं तकनीकी उत्कृष्टता का जीवंत उदाहरण प्रस्तुत करता है। राष्ट्रकूट वंश के नरेश कृष्ण एवं वाकाटक राजाओं ने बनवाया। इसे आज 'विश्व धरोहर स्थल' के रूप में भी घोषित किया गया है।

खजुराहो : ईसा की दसवीं सदी में निर्मित खजुराहो का शिल्प स्त्री-पुरुष के शाश्वत प्रेम के अप्रतिम सौंदर्य का प्रतीक है। इसका निर्माण चंद्रवंशी चंदेल राजा चंद्रवर्मन ने 950-1050 सदी के बीच कराया था। ऐसा कहा जाता है कि काशी के राजपंडित की पुत्री हेमवती अपूर्व सौंदर्य की स्वामिनी थी, जिस पर

भगवान् चंद्र मोहित हो गए। इन दोनों के संयोग से जो पुत्र हुआ, उसे चंद्रवर्मन कहा गया। खजुराहों के मंदिरों के बाहरी भित्तियों पर अनेक मनोरम एवं मोह के मूर्त्ति शिल्प, स्त्री-पुरुष के काम-क्रिया के विभिन्न आसनों एवं आयामों को दर्शाते हैं। यह काम-भावना और काम-कला का अद्‌भुत शिल्प है।

विप्रलम्ब शृंगार : प्रेमपत्र, संप्रेषण एवं अभिव्यक्ति

विरह भाव की व्यथा व्यक्त करता है। जहाँ अनुराग पराकाष्ठा पर होता है, लेकिन प्रिया समागम नहीं हो पाता- उसे विप्रलम्ब शृंगार कहा जाता है। यह वियोग की विरह व्यथा है, जिसमें उर्वशी के विरह में पुरूरवा, शकुन्तला दुष्यंत के विरह में, यक्ष यक्षिणी के विरह में, यःक्षिणी यक्ष के विरह में, पार्वती शिव के विरह में, अग्निमित्र मालविका के विरह में तथा हेमंत ऋतु में कामी जन विरह में पीड़ित हैं। पूर्वराग, मान, प्रवास तथा करुण- इन भेदों से वियोग-विप्रलम्ब चार प्रकार के माने गए। प्रिया एवं प्रियतम के प्रति अभिलाषा की उच्च अवस्था है। यहाँ अभिलाषा हेतुक है।

अलंकारकौस्तुभ के अनुसार काम की दस दशाएँ बतायी गईं हैं, यथा- अभिलाषा, चिंता, अनुस्मृति, गुणकीर्तन, उद्वेग, विलाप, व्याधि, जड़ता, मूर्छा एवं मरण। शारदातनय (13वीं शताब्दी) ने इनमें दो अन्य दशाओं को जोड़ा- इच्छा एवं उत्कंठा। साहित्यदर्पणकार आचार्य विश्वनाथ (14वीं शताब्दी) ने इनमें संकल्प एवं प्रलाप को जोड़ा। आचार्य ने करुण विप्रलम्ब के अंर्तगत गुण श्रवण, प्रत्यक्ष दर्शन, चित्त दर्शन, स्वप्न, इंद्रजाल, राग तथा चमक को विश्लेषित किया।

प्रेम अभिव्यक्ति का संकेतात्मक मृदुल प्रमाण है- 'प्रेम-पत्र'। यह प्रेमीजनों के परस्पर साक्षर, लेखन के प्रति अनुराग तथा उच्चतम वर्ग की शिक्षा एवं शालीनता को भी स्वर प्रदान करता है। प्राचीन भारत में प्रेम पत्र हेतु कमल के कोमल पत्ते, भूर्ज पत्र, ताल पत्र इत्यादि प्राकृत्तिक अंगों का उपयोग किया जाता था।

कमलिनी के पत्तों पर, नखों से लिखे, प्रेम की लिखित अनन्य अभिव्यक्ति वाले 'प्रेम पत्र' का उल्लेख है। (24.III, *अभि.शा.*)

कुमारसंभवम् में विद्याधारी स्त्रियों द्वारा भोजपत्रों का व्यवहार 'प्रेमपत्र लिखने हेतु' किया जाने का प्रमाण मिलता है। (7.I, *कुमार.*)

विक्रमोर्वशीयम् की उर्वशी का कथन है कि वह अपने प्रभाव से भोज पत्र निर्मित कर तथा इन पत्तों पर ही प्रेमजन्य सभी अभिव्यक्तियों को संपादित कर देना चाहती है। (11.II; *विक्रमो.*)

निपुणिका कहती है कि यह सम्पूर्ण कथोपकथन प्रेम का ही लगता है और महाराज को लक्ष्य करके, यह उर्वशी द्वारा लिखा गया 'प्रेम पद्य' है और आर्य माणवक की असावधानी से ही उर्वशी द्वारा रचित एवं लिखित, यह प्रेमपत्र निपुणिका को हस्तगत हो गया है। (II; *विक्रमो.*)

कमनीयता एवं कामनीति

–स्त्रीपात्र/स्त्रियों का संसार/स्त्री पात्र सजीव हैं, सशक्त हैं, संवेदनशील हैं।

–शृंगार प्रसाधन व प्रकृत्ति

–यौवन की कथाएँ

–यौवन/सौन्दर्य–काम की कथाएँ

–आदर्श प्रेम है, प्रेमी नहीं

–काम के तुष्टिकरण की राजनीति/छद्म नीति

–अंतर्सम्बन्ध की परिकथायें

कमनीय शृंगार से परिपूर्ण साहित्य का, मानव जीवन की निस्सारता को तोड़ने में बहुत बड़ा अवदान है। एतादृश वर्णन से जब हमारा साक्षात्कार होता है तब एक विशेष प्रकार की ऊर्जा एवं दृष्टि का अनुभव करते हैं, जिससे

हमारी कल्पना शक्ति सक्रिय होती है और अदृश्य अकथित आनन्द में निमग्न कर देती है। वास्तव में कान्ता-कामी के जीवन का अनुभव यथा- यक्ष की विरह वेदना सदियों तक प्रेमी जनों को मार्ग-संदर्श एवं संवेदना प्रदान करती रही है। शृंगार के स्थायी 'रति-भाव या रत्यात्मक' भाव का श्रेष्ठ उदाहरण *कुमारसंभवम्* के 'पार्वती-शिव', 'रति-काम', *मेघदूतम्* के यक्ष-यक्षिणी एवं *रघुवंशम्* के सुदक्षिणा-राजा दिलीप; *अभिज्ञानशाकुन्तलम्* के 'शकुन्तला-राजा दुष्यन्त' *विक्रमोर्वशीयम्* के 'उर्वशी-राजा पुरूरवा' (प्रणयोन्माद एवं उर्वशी के विरह में पुरूरवा का पागल हो जाना); *मालविकाग्निमित्रम्* के मालविका-राजा अग्निमित्र (प्रेम, ईर्ष्या, कामुकता, काम क्रीड़ा की शिष्ट अभिव्यक्ति है।))।

मालविकाग्निमित्रम् में विदूषक का कथन है कि राजा अब अपनी दासियों से प्रेम करने लगे हैं, उन्हें अब प्रियतम न कहा जाये।

(IV; *मालविका.*)

कामनीति की अंतः सलिला यहाँ द्रष्टव्य है यथा-यौवन, सौन्दर्य और ऐश्वर्य। इनमें से यदि एक भी किसी के पास होता है तो वह मदान्ध हो जाता है जैसा *रघुवंशम्* में उल्लेख है। (43.XVII, *रघु.*)

लक्ष्मी भी उसी पुरुष को छोड़ कर जाती है, जो कामव्यसनी होता है। (41.I, *रघु.*)

काम के संदर्भ में, जो गुप्त रूप से सेवा करता है, उसे सेव्य बनाना उचित नहीं है अतएव राजा ने कामाग्नि को साक्षी मानकर अपना शरीर ही सौंप दिया। (12.IV, *मालविका.*)

विक्रमोर्वशीयम् के अनुसार जैसे प्रयाग का संगम देखने की इच्छा रखने वाले पुरुष को गंगा के बिना अकेली यमुना अच्छी नहीं लगती, वैसे ही उर्वशी के बिना इरावती भी राजा को अच्छी नहीं लगती। (14.II, *विक्रमो.*)

ऐसी स्थिति में धैर्य की आवश्यकता पड़ती है। राजा का कथन है कि उर्वशी से प्रेम होने पर भी उसके मन में महारानी के प्रति पूर्ववत् वही सम्मान है। किन्तु अनुनय-विनय पूर्वक प्रणाम करने के बाद भी, जब महारानी ने उसका अनादर कर दिया, तब राजा सोचते हैं कि धैर्य का अवलम्बन लिया करें। (II, *विक्रमो.*)

स्त्रियों की मर्यादित कामेच्छा

स्त्रियाँ कुलधर्मा हैं। धर्म से रक्षित ये स्त्रियाँ कुलधर्म का पालन करते हुए, काम का आनन्द लेते हुए, माता बनने पर सशक्त देवी स्वरूप हो जाती हैं और न्याय देने में इनकी भूमिका अग्रसर हो जाती है, यथा- पण्डिता कौशिकी। जब कोई राजा अनुचित कार्य करता है, तब प्रकृत्ति का न्याय ही उसे दण्डित करता है, यथा- *रघुवंशम्* के अंतिम राजा अग्निवर्ण। इसी आस्था को लेकर कुलधर्मा स्त्रियाँ चलती हैं। उनकी वेदना से जनित, उनका श्राप ही उनका ब्रह्मास्त्र है। संतानों के साम्राज्यों की वृद्धि करना, यथा-धारिणी अपनी संतति के लिए सुरक्षा का भाव, संतान मुख्य है। सामाजिक दबाव, संतुलन की चाहत, भयमुक्त संतान के लिए ही स्त्री-पुरुष समान्तर यात्रा करते हैं। जीवन में काम, सामाजिक सुरक्षा एवं स्थायित्व के लिए संतानहीन स्त्रियों का अधिकार नगण्य है।

सही पुरुष के चयन हेतु पुरुषों को रिझाना (आकर्षित करना)। स्वयं सभी प्रकार की कलाओं में पारंगत होना, यथा शृंगारकला, काम कला, युद्ध कला में अभिरुचि। विवेच्य सातों काव्य रचनाओं में स्त्री-पुरुषों के परस्पर सम्बन्धों में आने वाली जटिलताओं का भली भाँति व्याख्यान है। काम से त्याग की यात्रा के क्रम में स्त्री 'त्याग' को परमधर्म मानने लगती है। 'त्याग' से ही उसका सम्मान स्थापित होता है। यहाँ त्याग का अर्थ है परिवार एवं संतान की इच्छाओं का सम्मान एवं स्वयं की इच्छाओं को सीमित करना, मितभाषी

होना, खान-पान में नियंत्रण तथा आत्मनियंत्रण।

-स्वयंवर तत्कालीन स्त्रियों के जीवन में महत्व रखता है।

-स्त्रियाँ काम की सहयोगिनी हैं, आदर्श प्रेमिका नहीं।

-धर्मपत्नी, स्त्रियाँ पुरुषों पर निर्भर हैं, वे अपनी 'आत्मसंतुष्टि' की योजनायें परस्पर सद्भाव से बनाती हैं, अतएव कहीं पुरुष की प्रसन्नता, उन स्त्रियों के लिए अधिक महत्व रखती है; यथा- औशीनारी का पति प्रसन्न करना।

-स्त्री पात्रों की जाति नहीं बताई गई है।

-कोई भी स्त्री 'सती' का विचार, पति मृत्यु के बाद नहीं रखती।

-पति-मृत्यु के उपरांत गर्भवती पत्नी के जन्म लेने वाले बच्चे के लिए चल-अचल संपत्ति दे दी जाये।

-स्त्री पात्र ऋषियों के पास शरणागत हैं। वे भली-भाँति जानती हैं, कि ऋषि और उनका धर्म उनके साथ न्याय करेंगे। अतएव उन्हें तपस्या करना अधिक अभिप्रेत है, यथा-पार्वती की तपस्या, सीता का वनवास, नन्दिनी की सेवा। शकुन्तला का अपमान, सिर्फ उसका तिरस्कार नहीं, वरन् कण्व ऋषि का अपमान है।

-कहीं ये स्त्रियाँ अपनी तपस्या एवं आत्म नियंत्रण से अपने स्वाभिमान की रक्षा करना भी जानती हैं, यथा-दुष्यन्त के दरबार में शकुन्तला द्वारा अनार्य का सम्बोधन।

-वैदुष्य-धारिणी की तुलना चाणक्य तथा कौशिकी को अध्यात्म विद्या से युक्त बताया है। (14.I, *मालविका.*)

-पूर्वजन्म एवं पुनर्जन्म के प्रति आदर का भाव है।

प्रकृत्ति व मानव का वैभवपूर्ण साधारणीकरण, दार्शनिक एवं शृंगारिक तथ्यों के साथ, जीवन की कामुकता का अद्भुत ताना-बाना रचा है। स्त्री-पुरुष की यौवन कथा है। परस्पर संबंधों की जटिलताओं में कथा का विकास है

और तत्कालीन व समकालीन समाज की युवा मनःस्थिति का गंभीर चित्रण है। शकुन्तला कहती है कि हे निर्दयी! तुम्हारे मन की बात तो वह नहीं जानती, किन्तु उसके प्रेमपाश में आबद्ध उसके समस्त अंगों को बलवान कामदेव दिन-रात सन्तप्त कर रहा है।

कामी को सर्वत्र अपने ही स्वार्थ की बात दिखलाई देती है।

(2.II, *अभि.शा.*)

स्त्रियों की कामेच्छा तथा विवेच्य सभी सात काव्य रचनाओं के बीच कामजन्य तात्विक अंतः सम्बन्ध विद्यमान हैं। यहाँ रचनाओं की अंतःधारा में एक सशक्त प्रतिभा एवं वैदुष्य पूरित स्त्री की उपस्थिति रचनाकार एवं उनकी रचनाधर्मिता के रूप में सतत प्रवाहमान है। विवेच्य ग्रंथों में स्त्रियाँ उतनी ही सक्रिय हैं जितना कि पुरुष; यथा- प्रेम पत्र देना-लेना, शृंगार, वियोग, संभोग- सभी प्रसंगों की विस्तारपूर्वक विवेचना मिलती है। अध्यात्म योग की भावभूमि पर स्त्रियों की काम-अभिलाषा तथा तद्जनित उनके कुलीन शृंगारिक व्यवहार की यहाँ आद्योपान्त अभिव्यक्ति हुई है। स्त्रियों की भाव-लावण्यता एवं सादृश्यता, उनके काम-कला के ही प्रभृत हैं।

कामेच्छा की अभिलाषा से सराबोर विवेच्य काव्यों में छन्दों की विवृति है- छन्दयति इति छन्दः, जो मानव-मन को आनन्दित करते हैं। यौवन के प्रभाव में स्त्री के प्रति, पुरुष का और पुरुष के प्रति स्त्री का नैसर्गिक आकर्षण इस चराचर जगत् का एक मूल्यवान भाव है, जिसकी परिणति जीवन की सन्ध्या-वेला में वह स्त्री, पुरुष के लिए आवश्यकता बन जाती है। विवेच्य रचनाओं के अनुशीलन में, यह उत्कीर्ण एवं शाश्वत होगा कि यौन सम्बन्धों के विविध पहलुओं पर स्त्रियों की कामेच्छा का एक नैसर्गिक प्रभाव है, जिसे भारतीय बौद्धिक परंपरा ने स्वीकारा भी है, जिसे इन पाठों में मृदुल स्वर एवं अभिव्यक्ति भी मिली है। अतएव, कुलीन यौन सम्बन्धों में दाम्पत्य की धुरी है।

दाम्पत्य की कुलीन भाव-भूमि, पर स्त्री-पुरुष की परस्पर तृप्ति में आप्यायित रहने के लिए, उनका आध्यात्मिक-बौद्धिक काम सम्बन्ध भी महत्वपूर्ण है। ऐसी परस्पर सम्पूर्णता के भाव का नाम प्रेम है, जो दैहिक यात्रा से प्रारम्भ होकर अंततः आध्यात्मिक निष्काम योग में तल्लीन हो जाता है। स्त्री, उसकी अंतःप्रकृत्ति में कामजन्य रतिभाव 'भावयन्ति इति भावाः।'

लावण्य एवं उसकी विवृति चराचर प्रकृत्ति के साथ तादात्म्य भाव में होती है जहाँ शृंगार है, रसानुभूति है, विलक्षण काम बोध है, काम विलास है, काम-लहरी है, सुकोमल भाव है, अलंकार है, नैसर्गिक शृंगार का विचार है, सौम्य शालीन यौन-अभिव्यक्ति है तथा तदनुरूप काम की कमनीयता है, जो उद्दीपक है, उत्तेजक नहीं। ऋषि कन्या शकुन्तला कहती है कि दुष्यन्त के प्रेमपाश में आबद्ध उसके समस्त अंगों को बलवान कामदेव दिन रात सन्तप्त कर रहे हैं। (14.III, *अभि.शा.*)

कामदेव मुझे कब तक यह काम की पीड़ा देता रहेगा? इसकी कोई औषधि भी नहीं है। (II, *विक्रमो.*)

उर्वशी की रचना करने के लिए या तो कान्ति को देने वाला चन्द्रमा प्रजापति बना होगा, अथवा शृंगार रस के देवता कामदेव ने इसे स्वयं रचा हो, अथवा वसन्त ऋतु ने इसकी रचना की हो, नहीं तो भला विषय वासना से दूर रहने वाला प्राचीन मुनि (ब्रह्मा) ऐसी सुन्दर आकृत्ति का निर्माण कैसे कर सकता है? अस्याः सर्गविधौ प्रजापतिरभूच्चन्द्रो नु कान्तिप्रदः शृंगारैकसः स्वयं नु मदनो मासो नु पुष्पाकरः। वेदाभ्यासजडः कथं नु विषयव्यावृत्तकौतूहलो निर्मातुं प्रभवेन्मनोहरमिदं रूपं पुराणो मुनिः *(विक्रमो.)*

काम और कामदेव, योगियों के लिए आराध्य हैं। ये ही तुष्ट होकर मन को निष्काम बना देते हैं। भावुक मन, कलाकार, शिल्पी कवि एवं विषयी-कामदेव की आराधना सौन्दर्य प्राप्ति के लिए करते हैं। वास्तव में उन्मुक्त

कमनीय कामनाओं की भावगुरुता एवं तन्मयता वेदकाल से ही मुखरित हुई है। *अथर्ववेद* में भी काम की व्यापकता का प्रसंगतः उल्लेख है। लेकिन यहाँ काम से 'कामेच्छा', 'लावण्य' एवं 'आकर्षण' अभिप्रेत है। मन, सौन्दर्य, सौकुमार्य एवं सम्मोहन के अधिष्ठाता हैं- कामदेव।

कामदेव का 'क्लीं मंत्र' विपरीत लिंगी के मन को प्रभावित, विचलित एवं आकर्षित करता है। परंपरा में प्राचीनकाल से युवतियाँ, नवयौवनाएँ, नर्तकियाँ, गणिकाएँ, वेश्याएँ भी इस मंत्र का जप करती थीं, क्योंकि वे प्रेमी जनों एवं प्रशंसकों के आकर्षण को खोना नहीं चाहतीं, तथैव इसकी गुरुता से ही आकर्षण, सौन्दर्य, कांति एवं लावण्य बरकरार रहता, जो काम को उदीप्त करने तथा प्रेमी जनों को आकर्षित करने के लिए उपयोगी होता।

कालिदासनामा विदुषी विद्योत्तमा कृत विवेच्य सभी सात ग्रंथों में कामजन्य कमनीय लावण्यता की उर्वर भूमि सृजित, उद्दीप्त एवं विकसित है। यह उल्लेखनीय है कि इसके पूर्व संस्कृत सृजनात्मक साहित्य में काम तथा कामजन्य शालीन स्त्री मन के विचारों का इतना सांगोपांग अध्ययन नहीं मिलता है। यह रेखांकित करने योग्य तथ्य है कि स्त्री भोग्या नहीं अपितु स्वयं की कामेच्छा पूर्ति के लिए भी प्रयासरत रहती है। यहाँ अंतः विलास की रसानुभूति है, जिसमें आलम्बन-उद्दीपन विभाव एवं स्थायी-संचारी भाव हैं जिसकी परिणति है- कामजन्य रसात्मक विप्रलम्ब-संयोग-संभाग शृंगार का जीवन्त अनुभव।

कामदेव काम और प्रेम के देवता हैं। इन्हें 'अर्धदेव', फलतः 'गंधर्व' भी कहा जाता है। *कुमारसंभवम्* के रचयिता ने गंधर्व का उल्लेख किया है। (54.I, *कुमार.*), (85.VIII, *कुमार.*)

अर्थात् सुनहरे कमल खिलने लगे और वीणाधारी गंधर्व, आलाप करते हुए, मंगल गान गाने लगे। कामदेव को रागवृंत, अनंग, कंदर्प, मन्मथ, मनसिज, मदन, माधव, रतिकांत, पुष्पवान, पुष्पधंव, मकरध्वज प्रभृति नामों

से सम्बोधित किया जाता है। कामदेव को 'स्मर' भी कहा गया।

(28.IV, *कुमार.*), (13.IV, *कुमार.*)

'मन्मथ' के रूप में। (21.III, *कुमार.*)

शिवजी से हार जाने पर कामदेव को 'मकरध्वज' कहा गया।

(41.I, *कुमार.*)

'मदन' के रूप में। (22.III, *कुमार.*)

सृष्टि में धर्म की पत्नी श्रद्धा से कामदेव का आविर्भाव हुआ। दैव जगत् में कामदेव ब्रह्मा के संकल्पपुत्र माने गए हैं। वास्तव में, मानसिक रूप में काम संकल्प से ही अभिव्यक्त होता है। अतएव, संकल्प के पुत्र हैं- काम एवं काम के अनुज हैं- 'क्रोध' कहा जाता है कि द्वापर युग में भगवान् श्रीकृष्ण-रूक्मिणी के पुत्र के रूप में इनका जन्म हुआ।

ब्रह्मा तक को उत्पन्न होते ही कामदेव ने क्षुब्ध कर दिया था, जिससे उन्हें श्राप देना पड़ा। सृष्टि की रचना करते समय जब ब्रह्मा जी ने सरस्वती को उत्पन्न किया, तब कामदेव ने उनके मन में ऐसा पाप भर दिया कि वे सरस्वती के रूप पर मोहित हो गए और उनके साथ सम्भोग-समागम की इच्छा करने लगे, परन्तु जैसे ही ब्रह्मा को कामदेव की इस क्रिया का अभिज्ञान हुआ, उन्होंने अपना मन रोक कर कामदेव को श्राप दिया; *कुमारसंभवम्* के रचयिता के शब्द। (41.IV, *कुमार.*)

इस श्राप के अनुसार "जाओ, तुम शिवजी के तृत्तीय नेत्र की ज्वाला में जलकर भस्म हो जाओगे।" शिवजी के तृत्तीय नेत्र की ज्वाला में जलकर भस्म हो जाने पर 'रति' का करुण विलाप है। 'रति' कामदेव की अर्धांगिनी पत्नी है। शृंगार का स्थायी भाव 'रति' ही है। *कुमारसंभवम्* के चतुर्थ सर्ग में इसकी करुण व्यथा की चीत्कार है। (7.IV, *कुमार.*)

"हे प्यारे! तुमने कभी मेरी अनभिलषित बात नहीं की और मैंने भी तुम्हारे प्रतिकूल कुछ नहीं किया। फिर अकारण मुझ बिलखती हुई रति को तुम

दर्शन क्यों नहीं देते?'' (11.IV, *कुमार.*)

रति के शब्द, ''मैं हाथ जोड़कर भीख माँगती हूँ कि तुम मेरे लिए शीघ्र चिता रच दो।''

इस प्रकार काम-पत्नी रति के विलाप स्तवन से तुष्ट आशुतोष ने उसे वरदान दिया कि 'अब कामदेव बिना शरीर के ही सबको प्रभावित करेगा।' तभी से कामदेव प्रकृत्ति में जीवंत-प्रभावशाली एवं अशरीरी हो गया। अतएव कामदेव एवं प्रकृत्ति की चराचर अवस्था में तादात्मीकरण हो गया।

पौराणिक गाथाओं में कामदेव के नयन, भ्रू, माथे का विस्तृत विवरण है। उनके नयनों को बाण या तीर की संज्ञा दी गई है। इनका पुष्पायुध पञ्च बाण प्रख्यात है जिसमें नील-कमल, मल्लिका, आम्र मौर, चम्पक तथा शिरीष-कुसुम हैं। इनके बाण के तीन मुख है जो क्रमशः तीन लोकों के प्रतीक हैं। कामदेव का यह पुष्पायुध बाण, प्रकृत्ति के सबसे ज़्यादा मज़बूत एवं प्रभावशाली उपादानों में से एक है। कामदेव का यह धनुष पुष्पों से निर्मित है, जिसमें ध्वनि शून्य शालीनता है। वसन्त ऋतु कामदेव का मित्र है। कामपत्नी रति उस मित्र को सम्बोधित करते हुए कहती है,''तुम्हारे मित्र की यह कैसी दशा हो गयी है?'' (27.IV, *कुमार.*)

आम्रमंजरी की प्रियता को अभिव्यक्त करते हुए कामपत्नी रति कहती है कि ''वसन्त! जब तुम अपने प्रिय मित्र कामदेव का श्राद्ध करना, तब उसमें उनके लिए चंचल पत्तों वाली आम्रमंजरी अवश्य देना, क्योंकि तुम्हारे मित्र को आम्रमंजरी बहुत प्रिय थी।'' (38.IV, *कुमार.*)

वसन्त में अप्रतिम शोभा है। यह वसन्त की शोभा ऐसी लग रही है, मानो वह अपने बचपन और जवानी के बीच में आ खड़ी हुई है। (7.II, *कुमार.*)

मतवाली कोकिलों की कानों को सुहानेवाली कूकों में मानों ऋतुराजा वसन्त अग्निमित्र पर दया दिखलाते हुए पूछ रहा हो, ''क्या प्रेम की पीड़ा सही

जा रही है?'' इधर खिली हुई आम्रमंजरियों की सुगन्ध में बसा हुआ दक्षिण पवन राजा के शरीर को स्पर्श करता हुआ ऐसा ज्ञात होता है मानों वसन्त ऋतु का सुखद हाथ उस पर रख दिया गया हो। (4.III, *मालविका.*)

वसन्त तदजनित आम्र मंजरियाँ, दक्षिणी शीतल पवन, कोकिल-कूक-ध्वनि एवं काम-स्पर्श सुखानुभूति है। मालविकाग्निमित्रम् के अन्य प्रसंग भी द्रष्टव्य हैं। (1.V, *मालविका.*)

अर्थात् अग्निमित्र इधर साक्षात् कामदेव के समान कोयल की सुन्दर कूक सुनते हुए विदिशा तट पर विस्तृत उपवनों में अपना वसन्त बिता रहे हैं।

विक्रमोर्वशीयम् के रचयिता की यह शब्द ध्वनि, जिसमें कामोद्दीपक शीतल पवन, पारिजात पुष्प तथा नन्दन वन उल्लिखित है। उर्वशी कहती है कि जब वह सुकोमल पारिजात पुष्पों की शय्या पर लेटती है, उस समय नन्दन वन का शीतल पवन उसके शरीर के अंग-प्रत्यंग को क्यों जलाने लगता है? (12.II, *विक्रमो.*)

काम न केवल सृष्टि निर्माण के लिए आवश्यक है वरन् मनुष्य को सन्मार्ग एव मोक्ष प्रदान के मार्ग पर अग्रसर करता है। काम में शृंगार, विरह, संयोग, संभोग एवं नियोग है। यहाँ तक कि महाभारत में नियोग की कथा है, जिसके नियुक्त पुरुष वेदव्यास थे। इसी नियोग से धृतराष्ट्र, पाण्डु एवं विदुर का जन्म हुआ था। कालान्तर में पाँचों पाण्डवों का जन्म कुन्ती के विविध नियोग से ही हुआ था।

मधुमास का अंतः प्रभाव

तत्कालीन समाज में, मद्यपान से पूरित उपवनों में सोई हुई स्त्रियों के वस्त्रों को वायु भी नहीं छू सकता था, फिर उन्हें हटाने का साहस भला कोई कैसे कर सकता है? (75.VI, *रघु.*)

मेघदूतम् के अनुसार मद्य के बिना, स्त्रियों की दशा कुछ इस प्रकार है कि उनकी भौंहों की दशा, आँजन न लगने की वजह से रूखी हो गई है तथा बहुत दिनों से मदिरा न पीने के कारण उन भौंहों को चलाना भी भूल गई हैं (*37.उ.मे, मेघ.)*

आखेट का व्यसन, जुए का खेल, चंद्रमा की परछाई युक्त मदिरा और नवयौवना विवाहिता, ये सब कामी को आकृष्ट करने के लिए पर्याप्त हैं।

(7.IX, रघु.)

मालविकाग्निमित्रम् की इरावती के अनुसार नशा उसे विकृत बना रहा है और उसका हृदय कातर हो रहा है। (III, *मालविका.*)

इरावती की दशा, यहाँ द्रष्टव्य है। आर्यपुत्र के दर्शन हेतु मद से युक्त, उसका हृदय उसे प्रेरित कर रहा है। लेकिन पैर उठने का नाम ही नहीं लेता। (III, *मालविका.*)

अप्सरा उर्वशी का कथन है कि कामदेव-मदन उसे स्वयं प्रेरित कर रहा है। अब वह इसमें क्या विचार करे? ऐसा प्रतीत होता है कि उसने मदन पर अपने आपको छोड़ ही दिया है, जैसे उसके हृदय में मदन का ही निवास हो। (II, *विक्रमो.*)

कामपीड़ित राजा की मनोदशा भी रेखांकित करने योग्य है। राजा के कथनानुसार जैसे-जैसे रात बढ़ती जा रही है, वैसे-वैसे उनकी काम-पीड़ा भी बढ़ती जा रही है। (III, *विक्रमो.*)

रघुवंशम् में चषक अर्थात् सुरापात्र का भी उल्लेख आया है।

(49.VII, रघु.)

रघुकुल के अन्तिम राजा अग्निवर्ण के संदर्भ में ग्रंथकार ने उल्लेख किया है कि वह अग्निवर्ण आम की बौर तथा पाटल के लाल पुष्पों से अलंकृत चषक

पात्र में ही मदिरा पिया करता था, जिससे उसका कामवेग, पुनः पुनः उदीप्त हो उठता था। (16.XIX, रघु.)

एक अन्य स्थल पर मदिरालय को भी इंगित किया गया है।

(49.VII, रघु.)

मद, मदन एवं रति–भाव

रति भाव से युक्त मदन और मद का परस्पर सम्बन्ध है। इन दोनों के केंद्र में स्त्रियों के मन तथा तदजनित रत्यात्मक स्थायी भाव है, जिसका प्रसंग : शृंगारिक भावाभिव्यक्ति विवेच्य ग्रंथ में सर्वत्र है अतएव, स्त्री की अंतःदृष्टि एवं व्यवहार में मद, मदन और रतिभाव, इन तीनों का सायुज्य है, गरिमा एवं शालीनता के साथ। मद, मदन एवं रति भाव के संदर्भ में मदन–प्रेम एवं प्रभाव का अनेकशः उल्लेख है। कालक्रम से ऐसी श्रेष्ठतम् नर–नारी की परस्पर अंतः भावनाओं को 'मदन पूजा' एवं नवयुवतियों के लिए मधुमास के रूप में इस उल्लास को उत्सव के रूप में मनाया जाता है। यह सभ्य समाज के सांस्कृतिक आयाम को बोधित करता है जिसका वर्णन विद्योत्तमा के उपरान्त भोजदेव कृत *सरस्वती कंठाभरण* (10वीं सदी), श्री हर्षदेव की *रत्नावली* तथा शारदातनय के *भावप्रकाश* (14वीं सदी) में वर्णित है।

प्राचीन भारतीय संस्कृति एवं व्यवहार में मद का सम्बन्ध 'मधु' से है जबकि कन्नड़ भाषा में विवाह से संबद्ध किया जाता है। मद, मधु के अतिरिक्त, 'नशे' को भी अभिव्यक्त करता है। मदलिग (वर), मदवन (विवाह से सम्बन्धित व्यक्ति) मद क्रिया से है जो मूलतः कृषि का सूचक है। यहाँ संस्कृत मदन–काम/कामदेव के पर्याय का रहस्य प्रकट हो जाता है। अतएव मदन का सम्बन्ध कृषि एवं रति क्रिया–भाव से है। मदन वसंत का सखा है। मदन कृषि के पकने की ऋतु वसंत को साथ लिए आता है, कथा निर्माण की सहपद्धत्ति स्वाभाविक एवं साभिप्राय है। संस्कृत में मद, जहाँ स्वयं के पेय

एवं ऐश्वर्य का वाचक है वहीं द्रविड़ भाषाओं में समृद्धि एवं वीरता का सूचक भी। यूरोप की प्राचीन लिथुआनियन भाषा में मॅदिस् शब्द, संस्कृत की ही तरह 'वृक्ष' और 'मधु' का वाचक है।

संभोग के उत्कर्ष के लिए, मद्य का ग्रहण एक सहायक तत्व के रूप में किया गया है। *रघुवंशम्* में राजा रघु के सैनिक मदिरा के साथ शत्रु का यश भी पी जाते हैं। वसंत में अंगनाएँ स्मरसखा मधु का सेवन करती हैं। यहाँ मदविह्वल रमणियों का उल्लेख है। *कुमारसंम्भवम्* में रति, विलाप करते हुए इस बात पर क्षोभ प्रकट करती है कि अरुणनेत्र घुमाती और एक-एक शब्द पर रुक-रुक कर बोलती हुई प्रमदाओं का मदिरापान, काम/मदन के बिना व्यर्थ हो जाएगा। (12.IV, *कुमार.*)

यहाँ प्रमदाओं का नेत्र 'अरुणाभ' है, अर्थात् मद से पूर्ण लाल-लाल आँखों वाली है, जबकि *रघुवंशम्* के रचयिता ने वनिताओं के नेत्रों को मधु/मदिरा कहा है। (52.XVIII, *रघु.*)

मधु मनोहर आँखों वाली स्त्री को मदिराक्षी कहा गया है।

(42.IV, *विक्रमो.*, 83.VIII, *रघु.*)

ऋतुसंहारम् के अनुसार स्त्रियों में मदन अर्थात् कामदेव निम्नोक्त भाँति से विद्यमान है- मदिरा से अलसाये नयनों में चंचलता, गालों पर पाण्डुता, स्तनों पर कठिनता, कमर/ कटिप्रदेश में नम्रता आदि-आदि रीति से...।

(12.VI, *ऋतु.*)

मद्यपान प्राचीन काल से ही स्त्रियों का नैसर्गिक शोभावर्धन है। स्त्रियों की शोभावर्द्धन में मद्यपान अत्यंत लोकप्रिय रहा है। स्त्रियों में मद्यपान का सांस्कृतिक प्रचलन था। *मालविकाग्निमित्रम्* में इरावती कहती है कि मद्यपान से स्त्रियों की शोभा विशेष रूप से बढ़ जाती है। वास्तव में तत्कालीन नारियों के लिए मद एक विशेष अलंकार है। (III, *मालविका.*)

यह प्रचलित परंपरागत लोक युक्त भी है और तत्कालीन स्त्री–समाज व संस्कृति में व्यवहार में भी है। अतएव, *कुमारसम्भवम्* में भगवान शंकर ने काम को उद्दीप्त करने वाले अनंगदीपन मद उदारतापूर्वक अम्बिका जी को पिला दी। (77.VIII, *कुमार.*)

तदनन्तर, अनंगदीपन मदिरा पीने से पार्वती जी की स्वाभाविक सुन्दरता बढ़ गई; ठीक उसी प्रकार जैसे, वसन्त में विधाता की कृपा से आम्र वृक्ष अत्यन्त सुगन्धित होकर सहकार बन जाता है। (78.VIII, *कुमार.*)

मद–ग्रहण करने के उपरान्त पार्वती जी की आँखें नाच रही थीं, मद के कारण सीधी बात नहीं कह पा रही थीं, मुखमण्डल पर स्वेदकण की बूँदें लहरा रही थीं, और बिना बात के मुखमण्डल पर स्मित मुसकान थी। उनकी अप्रतिम सुन्दरता को भगवान् शंकर बहुत देर तक अपनी आँखों से ही पीते रहे। (80.VIII, *कुमार.*)

अतएव, मदिरा कामदेव का एक महत्वपूर्ण औषध द्रव्य रसायन है। (35.VI, *ऋतु.*)

रघुवंशम् के रचयिता के अनुसार ऐसी औषधि मदिरापान से स्त्रियों का मुख सुगन्धित एवं लावण्यता से परिपूर्ण होता है। (11.VII, *रघु.*)

ऋतुसंहारम् के अनुसार मद–आसव से सुगन्धित नवयुवतियों का कमल सदृश मुख, लोध के वर्ण की तरह लाल आँखें, ये सब मदन को उद्दीप्त कर रहे हैं। (33.VI, *ऋतु.*)

मदविह्वल हंस–युग्मों का भी उल्लेख *ऋतुसंहारम्* करता है।

(11.III, *ऋतु.*)

मेघदूत में यक्ष को अपनी अलबेली स्त्री को लेकर, कामदेव को उभारने वाला मधु पीने का उल्लेख है।

उत्तम काम वासना को उद्दीप्त करने वाले मद्य को वल्लभाएँ वल्लभों के साथ रात में हर्षित होकर पीती हैं। (10.V, *ऋतु.*)

स्त्री रत्यात्मक शरीर वर्णन

चराचर जगत् की सर्वोत्तम आकृत्ति के रूप में 'स्त्री' का निर्माण ब्रह्मा के द्वारा किया गया है, यथा–*विक्रमोर्वशीयम्* में राजा के कथनानुसार स्त्री रचना करने के लिए या तो कान्ति देने वाला चन्द्रमा प्रजापति बना होगा, अथवा शृंगार रस के अधिष्ठाता कामदेव ने इसे स्वयं रचा हो, अथवा वसन्त ऋतु ने इसकी रचना की हो, वेद का स्वाध्याय करने के कारण जड़ तथा साँसारिक विषय वासना से दूर रहने वाले प्राचीन मुनि ब्रह्मा, ऐसी सुन्दर आकृत्ति का निर्माण कैसे कर पाते? (10.I, *विक्रमो.*)

मालविकाग्निमित्रम् में नाट्य गुरु गणदास जी ने स्त्री के सम्पूर्ण शरीर की कमनीयता को गढ़ा होगा। इसकी बड़ी-बड़ी आँखें, शरत्काल के चन्द्रमा की शोभा से सम्पन्न मुख, कन्धों पर कुछ झुकी हुई भुजाएँ, उन्नत एवं कठोर स्तनों से जकड़ी हुई छाती, पार्श्व परिमार्जित तुल्य, मुट्ठी भर की कटि, मोटी-मोटी जांघे तथा झुकी हुई अंगुलियों वाले चरण हैं। (3.11, *मालविका.*)

विवेच्य सभी सप्त रचनाओं के केन्द्र में स्त्रियों की युवावस्था, कमनीयता एवं लावण्यता युक्त नवयुवतियों, कान्ताओं का ही विवरण-विश्लेषण है, यथा- *अभिज्ञानशाकुन्तलम्* की आश्रम कन्या शकुन्तला, *मालविकाग्निमित्रम्* की राजकुमारी मालविका, *विक्रमोर्वशीयम्* की अप्सरा उर्वशी; *कुमारसंभवम्* की राजकुमारी पार्वती; *रघुवंशम्* की राजकुमारी इन्दुमती तथा रघुकुल की समस्त विविध राजकुमारियाँ तथा रानियाँ, पटरानियाँ एवं सहरानियाँ; *मेघदूतम्* की प्रेयसी यक्षी तथा *ऋतुसंहारम्* में षड्-ऋतुओं में कमनीय युवतियों का क्रमशः ऋतुओं के अनुसार उनके शरीर के अंग-प्रत्यंगों की प्रकृत्ति, स्वरूप, गठन एवं सौन्दर्य का आद्योपान्त विश्लेषण-अनुभूति के पर्यन्त ही स्त्रीमन

से समृद्ध रचायिता की पटुता, क्षमता एवं अद्भुत प्रतिभा को शालीनता एवं गरिमा के साथ अभिव्यक्त करता है। सुनयनी स्त्रियों की देवता के साथ मित्रता। (52.XII, *कुमार.*), (46.*उ.मे.*, *मेघ.*)

मतवाली चंचल चितवन से शांत चित्तवाले तपस्वियों के मन को भी दिशा देती है। (32.VI, *ऋतु.*)

यद्यपि प्रकृत्तितः स्वभाव से ही स्त्री का सम्पूर्ण शरीर अत्यंत संवेदनशील होता है। अतएव स्त्रियों में कामुकता के अनेक संवेदनशील अंग हैं, जिनका उल्लेख यहाँ उपलब्ध है।

स्त्रियों के केशपाश, नेत्र, भ्रू-विक्षेप, कपोल, अधर, ओष्ठ, मुख, दत, नख, कोमलहस्त, अंगुलियाँ, स्तन, कमनीय कुच, कृशोदरी, नाभि-प्रदेश, मध्यदेश-कमर, नितम्ब देश, जघन प्रदेश इत्यादि उत्तेजक अंग हैं। यह सृष्टि एवं संसार की अद्भुत रचना है। ये सभी अंग-प्रत्यंग स्त्री के शरीर के कामोत्तेजक अंग हैं।

स्त्रियों का केशपाश व केश विन्यास: इसका विविध प्रसंगों में चारुतापूर्ण उल्लेख है। तरुणियों के काले-काले एवं घने बालों का उल्लेख।

(16.IV, *ऋतु.*)

स्त्रियों की चोटियाँ। (52.XII, *कुमार.*)

वनिताओं की सान्द्र, सघन एवं काले और घुंघराले बालों का कमनीय उल्लेख। (19.III, *ऋतु.*)

स्त्रियाँ अपने शिरों के केशपाशों को सुगन्धित कर रही हैं।

(5.IV, *ऋतु.*)

मेघदूतम् के रचयिता ने स्त्रियों के चूड़ापाश तथा केशपाश का उल्लेख किया है। (65.*पू. मेघ.*)

ऋतुसंहारम् के रचयिता के अनुसार स्त्रियाँ अपने प्रेमियों की तपन को दूर करने के लिए अपने केशपाश को सुवासित करती हैं। (4.I, *ऋतु.*)

अंगनाएँ सुवासित केशपाशों को धारण करती हैं। (22.II, *ऋतु.*)

रतिक्रीड़ा हेतु स्त्रियाँ अपने शिरों के केशों को सुगन्धित कर रही हैं। (5.IV, *ऋतु.*)

देवी के सुव्यवस्थित केशपाश। (12.III, *विक्रमो.*)

मयूरपंखों में स्त्रियों का केशपाश। (46.*उ.मे.*, *मेघ.*)

नेत्रः सूर्य के निकलने पर नेत्र और कमल एक साथ खिलकर, एक जैसे सुन्दर लगने लगेंगे। (68.V, *रघु.*)

मालविका की बड़ी–बड़ी आँखों का उल्लेख। (7.III, *मालविका.*)

स्त्री की अलसायी आँखें, उसके सौन्दर्यवर्द्धन में सहायिका होती हैं जैसा कि राजा का कथन है। (8.V, *विक्रमो.*)

हंस के समान गति वाली मृगनयनी अर्थात् नयन की मृग्यता का उल्लेख है। (59.IV, *विक्रमो.*)

बड़े प्रेम से भौरों की पाँतों के समान बड़ी–बड़ी चितवन वाली रमणियों का उल्लेख है।च(39.*पू. मेघ.*)

कमलनयनी, पार्वती जी की कमलरूपी नयनों की सुन्दरता का बखान है। (27.IX, *कुमार.*)

भ्रू–विक्षेपः स्त्रियों की भौंहों का विक्षेप, कामदेव के प्रभाव से मादकता उत्पन्न करता है। *ऋतुसंहारम्* के अनुसार स्त्रियों के नेत्रों को भौंहों के विक्षेप से कुटिलता युक्त बनाया है। (13.VI, *ऋतु.*)

कुमारसंभव के रचयिता ने स्त्रियों की कुपित भौहों का उल्लेख किया है। (45.VI, *कुमार.*)

कपोल : स्त्रियों के कान्तिमय कपोलों का वर्णन *ऋतुसंहारम्* का रचयिता करता है। (32.VI, *ऋतु.*)

अधरोष्ठः स्त्रियों के कमनीय अधर एवं उत्तम ओष्ठों का लावण्यपूर्ण वर्णन विविध प्रसंगों में यहाँ उपलब्ध है। स्त्रियों के अधर एवं ओष्ठ कामोत्तेजक होते हैं जो चुम्बन की उत्कृष्ट अवस्था के संवाहक हैं, जिससे उनके ओष्ठ गुलाबी हो जाते हैं एवं आँखों में भी मद छाने लगता है। स्त्रियों के सकम्पित ओष्ठों का उल्लेख *कुमारसंभवम्* में मिलता है। (45.VI, *कुमार.*)

स्त्रियों के सुकोमल अधरों की कमनीयता, कामीजनों को उनके अधरपान के लिए प्रेरित करती है, पुरुष उन अधरों का पान तो करता है लेकिन अपना अधर वे उन स्त्रियों को नहीं पिलाते। (9.XIII, *रघु.*)

अधर-पानः कुमारसंभवकार की अभिव्यक्ति।

(18-19, VIII, *कुमार.*)

अर्थात् अधरपान प्रसंग में महादेव जी जब कभी पार्वती जी के ओष्ठ काट लेते हैं तो वे पीड़ा से अपने हाथ झटकने लगती थीं। फिर तत्काल महादेव जी के सिर पर बैठे चंद्रमा पर ओष्ठ रख देतीं तब उन्हें ऐसी ठंडक मिलती है कि उनकी सब पीड़ा दूर हो जाती है। चुंबन लेते समय जब पार्वती जी के केश-विन्यासों का चूर्ण, शिव जी के तीसरे नेत्र पर पड़ता, उस नेत्र में पीड़ा होने लगती। अतएव खिले हुए कमल की सुगन्ध युक्त पार्वती जी के मुँह की फूँक पाने के लिए, वे अपना नेत्र उठाकर उनके मुँह तक पहुँचा दिया करते थे।

मालविकाग्निमित्रम् के अनुसार घनी बरौनी वाले नयनों से युक्त सुंदर मुख को चूमने के लिए ऊपर उठाने पर मालविका अपना मुख घुमा लेती।

परिणामस्वरूप वह अपने विरोध के बहाने राजा की अभिलाषा को पूर्ण कर रही है। (15.IV, *मालविका.*)

मालविका अपने स्तनमण्डलों का आलिंगन के क्रम में उल्लेख किया है। (15.IV, *मालविका.*)

स्तनों का कंपन का उल्लेख *विक्रमोर्वशीयम्* का रचयिता करता है। (18.II, *विक्रमो.*)

अर्थात् राजा कहता है कि अपने शरीर का अधिकार न होने पर भी, अपने वश वाले हृदय को अप्सरा उर्वशी उसे सौंप गयी, जो उसके स्तनों के कम्पन से लक्षित हो रहा था। अप्सरा उर्वशी की चोली अत्यंत प्रेम के कारण, उसके स्तनों से टपकते हुए दूध से भीग रही है। (*विक्रमो.*)

मुखः नवयुवतियों के मुख की कोमलता की तुलना लवली के कोमल पत्तों से की गई है। (8.V, *विक्रमो.*)

मेघदूतम् के रचयिता ने चन्द्रमा में कान्ता के मुख को देखा है। (46., *उ.मेघ.*)

विक्रमोर्वशीयम् में स्त्रियों के सुकोमल धवल मुख में चन्द्रमा की चन्द्रिका का अभिधान किया है। (20.IV, *विक्रमो.*)

कमनीय कूच, स्तनः कमनीयता से परिपूर्ण स्त्री–वल्लभाओं, कान्ताओं के स्तनों का सूक्ष्म, व्यापक एवं सौन्दर्यात्मक उल्लेख विविध प्रसंगों में यहाँ हुआ है। *ऋतुसंहारम्* के रचयिता ने नितम्बिनियों के मदनातुर कुचों का उल्लेख किया है।

ऋतुसंहारकारम् के रचयिता ने परिपुष्टपीन तथा उन्नत स्तनों से जिनकी छाती झुक गयी है वैसी रमणियों को प्रस्तुत किया है। (16.IV, *ऋतु.*)

अन्य स्थलों पर रमणियों के स्तनों/कुचों का पीन होना। (3.IV, *ऋतु.*)

इनके ऊँचे तथा उत्तम स्तनों के अग्र भाग का उल्लेख। (26.II, *ऋतु.*)

विक्रमोर्वशीयम् में नाटककार ने सुर-सुन्दरियों के उन्नत, पीन एवं परिपुष्ट स्तनों/कुचों का उल्लेख किया है। (58.IV, *विक्रमो.*)

नाटककार ने मालविका के सौष्ठवपूर्ण उन्नत कुचों का भी उल्लेख किया है। (7.III, *मालविका.*)

अभिज्ञानशाकुन्तलम् के रचयिता ने प्रियाओं के स्तनों की पुष्टता के लिए तैल मार्जन का विधान बताया है। (7.III, *अभि.शा.*)

कुचों का भारी होना: स्त्रियों की कमनीयता को द्योतित करता है। *ऋतुसंहारम्* के रचयिता ने स्तनों के आकर्षक भार से झुकी हुई रमणियों को विवेचित किया है। (32.VI, *ऋतु.*)

वहीं अन्य स्थलों पर बालाओं के कुचों का भार ही उनकी कमनीयता को अभिवृद्धि प्रदान करता है। यहाँ कुचों के आकर्षक भार से क्लेशित बालाएँ शनैः शनैः चल पा रही हैं। (14.V, *ऋतु.*)

कसे हुए कठोर आकर्षक मनोज्ञ स्तनों को *ऋतुसंहारम्* का रचयिता इन शब्दों में अभिव्यक्त करता है। (8.V, *ऋतु.*)

वहीं, *कुमारसंभवम्* का रचयिता स्त्रियों के स्तनों की कमनीय कठोरता की ओर इंगित करता है। (24.V, *कुमार.*)

नाटककार ने *विक्रमोर्वशीयम्* में रमणीय स्त्रियों के स्तनों की घुँडियों में साँवले रंग पड़ जाने का भी उल्लेख किया है। (8.V, *विक्रमो.*)

दो पुष्ट स्तनों के बीच अन्तर को भी रेखांकित किया है।

(49.II, *विक्रमो.*)

कठोर कुचों के बीच हार वाली प्रेयसी के आभरणों का आकर्षक उल्लेख करता है। (26.VI, *ऋतु.*)

स्त्रियों के चित्ताकर्षक कामोत्तेजक मदनातुर स्तनों का मनोज्ञ वर्णन यहाँ है।

कोमल हस्तः नाटककार ने सुन्दरी मालविका के कोमल हाथों को नवीन कोपलों से सायुज्य बैठाया है। (12.III, *मालविका.*)

अंगुलियाँः नवयुवतियों के अन्तर्मन की अभिव्यक्ति में उन युवतियों के सुन्दर सुकोमल अंगुलियों को आधार बनाया गया है। सुंदर-सुकोमल अंगुलियाँ चमका-चमका कर स्त्रियाँ अपने प्रेमियों को तब तक डाँटती थीं, जब तक उनके प्रेमीजन उन्हें मना नहीं लेते। (45.VI, *कुमार.*)

आकर्षक नखः स्त्रियों में नख के प्रति विशेष आकर्षण होता है। अतएव उनके नखों का सुन्दर एवं आकर्षक होना भी नैसर्गिक है। फलतः राजकुमारी मालविका को अपने आकर्षक नखों से अत्यंत प्रेम है, जिसे वह चमकते हुये आकर्षक नखों के साथ व्यक्त करती है। (12.III, *मालविका.*)

वेश्याओं के नखक्षतों पर भी *मेघदूतम्* के रचयिता ने प्रकाश डाला है। (39 पू. *मेघ.*)

नाभि प्रदेशः स्त्री, वल्लभाओं का नाभि प्रदेश अत्यंत संवेदनशील एवं कामोत्तेजक होता है। शास्त्र इसका विधान प्रस्तुत करता है। अतएव स्त्री शरीर वर्णन में इसका अत्यन्त महत्वपूर्ण स्थान है तभी साहित्य में इसकी उपादेयता है। *कुमारसंभवम्* के रचयिता ने वर्णन किया है कि इस समस्त नाभि प्रदेश में सलवटों के पड़ने पर जल की बूँदें एक-एक कर नाभि तक पहुँचती है। (24.V, *कुमार.*)

अन्य स्थल पर *विक्रमोर्वशीयम्* के रचयिता के अनुसार कतिपय बूँदें स्त्री के क्षणिक क्रोध की हड़बड़ी से नाभि से खिसक कर नीचे भी गिर गई होंगी। (17.IV, *विक्रमो.*)

कृशोदरीः नाभि प्रदेश में ही उदर है। उदर की सौन्दर्यपूर्ण कृशता नारी को अद्भुत लावण्य से सम्पन्न करती है, जिससे उसकी पद चाल हंसवत हो जाती है। जैसा कि *विक्रमोर्वशीयम्* का रचयिता कहता है। (59.IV, *विक्रमो.*)

कमर प्रदेशः पतली कमरवाली मालविका। (7.III, *मालविका.*)

जरा पतली मध्य भागवाली। (14.V, *ऋतु.*)

रमणियों के शरीर के मध्य देश की सुन्दरी त्रिवली से नवीन जलबिन्दुओं के स्नान से उत्पन्न रोमाँच-पंक्ति को धारण करती है। (26.II, *ऋतु.*)

नितम्बः विवेच्य शास्त्र के अनुसार स्त्रियों के पीछे का उभरा हुआ भाग जिसे कूल्हा या नितम्ब कहा गया है। (II, *अभि.*; 7.II, *मालविका.* 26.I/ *विक्र*, 41. *पू. मेघ.*, 52.IV, *रघुवंशय्*, 17.VI, *रघु.*)

स्त्रियों के नितम्ब को आकर्षक और सौन्दर्य को कामोत्तेजक माना गया है। पीन नितम्ब अत्यंत कामपरक माने गए हैं। ऐसी स्त्रियों को बहुत सुंदर एवं मादक माना जाता है जिनका स्तन एवं नितम्ब की सायुज्यता समवेत रूप में एक स्थिति में हो, एतादृश विपुल नितम्ब वाली राजकुमारी मालविका का उल्लेख नाटककार *मालविकाग्निमित्रम्* में करता है, जो सौन्दर्य की लावण्यता से परिपूर्ण है। (7.III, *मालविका.*)

ऋतुसंहारम् के रचयिता ने विलासवती स्त्रियों के नितम्बों पर प्रकाश डाला है। (3.IV, *ऋतु.*)

रमणियों को बड़े-बड़े आकर्षक नितम्बों से युक्त बताया गया है। (26.II, *ऋतु.*)

विक्रमोर्वशीयम् के अनुसार बड़े-बड़े आकर्षक नितम्बों के भार के कारण सुरसुन्दरी धीरे-धीरे चलने वाली स्थिर यौवना। (59.IV, *विक्रमो.*)

कामदेव के वन में सुन्दर नितम्बवाली अंगनाओं का उल्लेख किया गया है। (49.IV, *विक्रमो.*)

नितम्बों एवं नितम्बिनियों को *ऋतुसंहारम्* के रचयिता ने चित्ताकर्षक एवं कामोत्तेजक कहा है। (6.I, *ऋतु.*)

ऐसी मदनातुर नितम्बिनियाँ शोभायमान हो रही हैं। (7.VI, *ऋतु.*)

जघन प्रदेश : नवयुवतियों का जघन प्रदेश संवेदनशील, मादक एवं कमनीय होता है। वे मनोहर, विलासयुक्त और शोभायमान होती हैं। *ऋतुसंहारम्* में विभिन्न स्थलों पर विलासवती अंगनाओं के जघन स्थलों को विवेचित किया गया है। (3.IV, *ऋतु.*)

शोभायमान जघन स्थलों का उल्लेख। (7.VI, *ऋतु.*)

शिशिर ऋतु में मनोहर जाँघवाली नायिकाएँ विशेषरूप से शोभायमान अलंकृत होती हैं। (8.V, *ऋतु.*)

स्त्रियों के आकर्षक नैसर्गिक विशाल जघन प्रदेश, उनका भार तथा उनकी चपलता को भी ग्रंथकार ने रेखांकित किया है। *ऋतुसंहारम्* के रचयिता ने विशाल जाँघों के भार से पीड़ित बालाओं का उल्लेख किया है।

(14.V, *ऋतु.*)

विक्रमोर्वशीयम् के रचनाकार ने एतादृश जघन भारों के कारण उनकी मन्द-मन्द चाल एवं गति का भी उल्लेख किया है। (59.IV, *विक्रमो.*)

ऋतुसंहारम् के रचनाकार अनुसार कामोत्तेजक जघन तथा काम वेग से प्रेरित जघन चपला रमणियाँ अपने कामुक प्रेमियों से मिलन के लिए जाती हैं। (7.II, *ऋतु.*)

गीति काव्य *मेघदूतम्* के अनुसार कामिनियों के खुली आकर्षक जघन

प्रदेश को अवलोकित कर, ऐसा कौन प्रेमी जन होगा जो उसका रस लिए बिना ही वहाँ से चला जाये। (45.*पू. मेघ.*)

कोमल शरीरी : *मेघदूतम्* के रचयिता ने कान्ताओं के कोमल शरीर की तुलना प्रियंगु की कोमल आकर्षक स्निग्ध लता से की है तथा उसमें हिरण की चपलता का भी अभिधान किया है। (46.*उ. मेघ.*)

हंस गतिः नितम्बिनियों की हंसगति अर्थात् हंससदृश मृदुल चाल वाली गति को *विक्रमोर्वशीयम्* के रचयिता ने विविध संदर्भों एवं प्रसंगों में उल्लेखित किया है। (26.IV, *विक्रमो.*), (59.IV, *विक्रमो.*)

मदभरी वचन : *ऋतुसंहारम्* के कथनानुसार काम देवता मदन, स्त्रियों की बोलियों/वचनों को मद से युक्त बनाए हुए हैं, ब्रह्मा का स्त्रियों के लिए एक नैसर्गिक विधान है। (13.VI, *ऋतु.*)

ऋतुसंहारम् के अनुसार मधुगन्ध युक्त मुखोस्त्रियाँ विलासियों को रतिकर्म के लिए प्रेरित करती हैं। (18.II, *ऋतु.*)

स्त्री की यौन–भावनाओं की अभिव्यक्ति

विवेच्य सभी सातों काव्य रचना शृंगार रस एवं रति भाव से पूरी तरह से निमग्न हैं। अतएव रचनाकार के द्वारा स्त्री–पुरुष के परस्पर अंतः सम्बन्ध की अभिव्यक्ति की गई है। *ऋतुसंहारम्* में वर्णित छः ऋतुओं की सृष्टि भारत भूमि पर ही, इसीलिए हुई कि भोगियों का रस व्यापार एक रस न हो, तथा विभिन्न प्रकृत्ति परिवेशों में सरस बना रहे और स्त्रियों के अंतर्मन एवं इच्छाओं की नैसर्गिक, कलात्मक, शृंगारात्मक एवं रत्यात्मक स्वर, स्वच्छन्दता एवं कुलीनता को ससम्मान अभिव्यक्ति मिलती रहे।

सुख, सृष्टि एवं सृजन का एक महत्वपूर्ण अनन्यतम भाव है नारी। विवेच्य रचनाओं में वर्णित अनेक राजा बहुपत्नियों वाले हैं। यहाँ पतिव्रता धर्म

स्त्रियों के लिए है, जबकि पुरुष एक पत्नीव्रत से प्रायः मुक्त है। रघुवंशम् के तृत्तीय सर्ग में विवाहिता स्त्रियों के अतिरिक्त वारयोषिताओं का भी उल्लेख है। मेघदूतम् में मेघ पण्यस्त्रियों के साथ विहार करने वालों के उद्दाम यौवन की जानकारी प्राप्त करता हुआ जाता है।

प्रेम की पीड़ा से व्याकुलता का उल्लेख *कुमारसंभवम्* में मिलता है जिसमें कहा गया कि व्याकुलता में वह इस तरह पड़ी रहती थी कि माथे पर चंदन तथा जमे हुए बर्फ की पटरियों पर लेटे रहने पर भी इन्हें चैन नहीं मिल पा रहा था। (55.V, *कुमार.*)

पति-वियोग रूपी बाणों से बिद्ध अबलाओं के शरीर को चंद्र प्रति दिन जला रहा है। (9.III, *ऋतु.*)

अन्य स्थल पर देह स्पर्श-लोभ को इंगित किया गया है। फूलों के रसों की सुगंध से सुवासित मुख वाला, श्वासों के पवनों से सुवासित शरीर वाला, कामबाणों से बिंधा हुआ कामी जन परस्पर देह के स्पर्श लोभ से सो रहा है। (12.IV, *ऋतु.*)

ऋतुसंहारम् एक ऐसा चित्र उपस्थित करता है जिसमें मिलन की प्रत्याशा में मृगनयनी स्त्रियाँ वसन्त ऋतु में जब मार्गों को कीचड़रहित देखती हैं तब वे अपने परदेशी पतियों के आने की बाट जोहती हुई, उनके चिरसंचित मनोरथों की अब पूर्ति होगी, ऐसी प्रत्याशा करने लगती हैं। विरह के बाद मिलन सुखदायी होता है। (10.IV, *ऋतु.*)

अभिज्ञानशाकुन्तलम् नाटक में आश्रम कन्या शकुन्तला कहती है कि वह दुष्यन्त के मन की बात नहीं जानती, किन्तु दुष्यन्त के प्रेमपाश में आबद्ध उसके समस्त अंगों को बलवान कामदेव दिन-रात सन्तप्त कर रहा है।

(14.III, *अभि.शा.*)

काम से संतप्त होने पर भी शकुन्तला अपने मन से कुछ नहीं कर सकती। (20.III, *अभि.शा.*)

यहाँ शील के संदर्भ में, मदन का आंतिक प्रभाव होने पर भी स्त्री-मन की असमर्थता का बोध है. *मेघदूतम्* के रचयिता ने विरही स्त्री मन की कोमलता को रेखांकित किया है। (41.*पू. मेघ.*)

जो रमणियाँ अपने प्रियतम से मिलने के लिए, ऐसी घनी अंधेरी रात में निकली होंगी, उन्हें सड़कों के अंधेरे में कुछ भी न दिखता होगा तब यक्ष का संदेशवाहक मेघ, कसौटी पर सोने के समान दमकने वाली, अपनी बिजली चमका कर, उन कोमल हृदय रमणियों को ठीक-ठीक मार्ग दिखा देगा- गरजेगा नहीं, बरसेगा नहीं, नहीं तो वे घबड़ा जाएँगी।

उज्जयिनी के नागरिक जिस स्वतंत्रता, स्वच्छन्दता से अपने **यौवन** का आनन्द लेते हैं, जो तत्कालीन समाज की समृद्ध यौन स्वतंत्रता एवं अभिव्यक्ति को व्यक्त करता है। (27.*पू. मेघ.*)

प्रगाढ़ आलिंगन, शयनावस्था में एतादृश भाव यौन अभिव्यक्त एवं परस्पर प्रेम-व्यवहार को अभिव्यक्ति देता है। (11.II, *ऋतु.*)

पार्वती जी भी लज्जा व्यक्त कर, अपने प्रियतम शिव से आलिंगनबद्ध होती रही हैं जैसा कि *कुमारसंभवम्* में अभिव्यक्त हुआ है। मालविका बलपूर्वक आलिंगन किए जाने पर अपने दोनों हाथों से स्तनमण्डल को ढक लेती है। (15.IV, *मालविका.*)

विविध काम कलाएं

कामपरक विविध कलाओं में मानवीय भाव एवं अनुभाव अन्तर्निहित हैं। भारतीय परंपरा के अनुसार ललित कला, संगीत कला, नर्तन कला, अभिनय कला, नाट्य एवं नाटक तथा रम्य चित्रकला में काम की प्रवृत्ति नैसर्गिक रूप

से गुम्फित है। ऐसी समस्त क्रियात्मक कलाओं में यौन सम्बन्धों के विविध पहलुओं का प्रभाव दिखता है।

मालविकाग्निमित्रम् की नैसर्गिक सुन्दरी मालविका को विधाता ने ललित कलाओं की रमणीयता से समृद्ध कर दिया था, जिसने काम के बाणों को भी विषाक्त बना दिया। (13.II, *मालविका.*)

चित्र कला की कमनीयता, और उसकी नृत्य-भाव की मृदुता के साथ परस्पर अभिव्यंजना यहाँ रेखांकित हैं। *रघुवंशम्* के अनुसार प्रियतमा के चित्र को अतृप्त दृष्टि से देख-देख कर तथा स्वप्न में ही, उससे क्षण भर के समागम का आनन्द ले-लेकर, किसी प्रकार आठ वर्ष काटने या व्यतीत करने के तथ्य का उल्लेख किया गया है। (2.III, *रघु.*)

रघुवंशम् के वर्ण्य-विषय में राजा अग्निवर्ण को जब कभी उसकी रानियाँ रोक लेती थीं, तब नर्तकियों के न मिलने से वह विरह कातर हो जाता था और हाथ में तूलिका लेकर किसी नर्तकी का चित्र बनाने लगता था। उस समय उसे वह नर्तकी याद आ जाती थी और सात्विक भावोदय के कारण उसकी उँगलियों में पसीना/स्वेद आ जाता था, जिससे तूलिका की कूची फिसल पड़ती थी। इस तरह बड़ी कठिनाई से चित्र बन पाता था। (19.XIX, *रघु.*)

कमनीय अभिनय कला की अभिव्यंजना में स्त्रियाँ आंगिक, सात्विक और वाचिक तीनों प्रकार का अभिनय सीखती थीं। (36.XIX, *रघु.*)

वहीं मेघदूत में यक्ष, मेघ को सम्बोधित करते हुए कहता है कि ''उज्जयिनी पहुँचने पर तुम्हें देवताओं की पूजा करती हुई दीखेगी या अपनी कल्पना द्वारा विरह से कातर प्रियतमा यक्ष के दुर्बल शरीर का चित्र बनाती हुई मिलेगी''। (25.*उ.मेघ.*)

कुमारसंभवम् में वर्णित अप्सराओं द्वारा मनोहर कामजन्य नाटक अभिनीत किया गया, जो रत्यात्मक स्थायी भाव तथा शृंगार आदि रसों से युक्त सुन्दर

हाव-भाव से भरा और पाँचों प्रकार की सन्धियों से समन्वित अलग-अलग भाषा शैलियों में निबद्ध था। (91.VII, *कुमार.*)

इस प्रकार संगीत, नृत्य तथा चित्रकलाओं से जुड़ी स्त्रियों की शृंगारिक कमनीयता- अभिव्यक्ति एवं सक्रियता, स्त्री विमर्श को एक महत्वपूर्ण आयाम से समृद्ध करती है।

संयोग-संभोग

विवेच्य ग्रंथों के पात्रों की मनःदशाओं के संदर्भ में उपर्युक्त तथ्य विद्यमान हैं। इस संदर्भ में विवेच्य ग्रंथ के उद्देश्य को स्पष्ट किया गया है जैसा कि *मेघदूतम्* इसे रेखांकित करता है। (63.*उ.मेघ.*)

अर्थात् सुंदर पदों से संवारकर *मेधदूतम्* गीति काव्य को रचा है। यह काव्य उन वियोगियों का मन बहलाएगा, जिन्हें काम-क्रीड़ा (भोग-विलास) का अवसर न मिला हो। वियोग एवं व्याकुलता का अंतःकरण सुकोमल हृदय ही है। विरह की मदन पीड़ा से व्याकुलता का विभिन्न प्रसंगों में यहाँ उल्लेख किया गया है।

विक्रमोर्वशीयम् का नाटककार राजा के माध्यम से इसे अभिव्यक्त करता है। जहाँ राजा चित्रलेखा को सम्बोधित करते हुए कहता है कि 'अरी सुन्दरी! उस सुमखी, अपनी सखी को जिसे तुम प्रेम में व्याकुल बतला रही हो, पर तुम यह नहीं देखती कि यह पुरूरवा उसके विरह की पीड़ा में निरंतर दग्ध हो रहा है, हम दोनों का कामजनित प्रेम समान रूप से ही बढ़ा है। इसलिए तपे हुए लोहे को, तपे हुए लोहे से जोड़ देना चाहिए।' (15.II, *विक्रमो.*)

राजा विदूषक से कहता है कि जैसे ऊबड़-खाबड़ चट्टानों के बीच में आयी हुई नदी अधिक वेग से बहने लगती है, वैसे ही समागम सुख में बाधा पड़ जाने से कामजनित पीड़ा सौ गुनी अधिक बढ़ जाती है। (8.III, *विक्रमो.*)

राजा के शब्द द्रष्टव्य हैं, ''मित्र! यह कामपीड़ा इन सब उपायों से शांत होने वाली नहीं है। मेरे इस कामरोग को, न तो ताज़े फूलों की सेज ही दूर कर सकती है, न चंद्रमा की किरणें ही हटा सकती हैं, न सम्पूर्ण शरीर में किया हुआ चन्दन का लेप ही मिटा सकता है और न मोतियों की माला ही दूर कर सकती है। यदि कोई दूर कर सकता है तो बस एक वही स्वर्गवासी अथवा फिर एकान्त में कही गयी उससे सम्बधित प्रेम की बातें''। (10.III, *विक्रमो.*)

रति, संयोग-संभोग शृंगार जनित है। प्रेमी और प्रेमिका का मिलन दो प्रकार का माना गया है-

क- यदि वह संभोग रहित है तब उसे संयोग शृंगार कहा जाएगा।

ख- यदि वह संभोग सहित है तब उसे संभोग शृंगार माना जाएगा। संयोग के अनन्तर संभोग, शृंगार की रत्यात्मक अवस्था है।

जब हर्ष-उल्लास द्वारा हृदयस्पर्शी व्यंजना हो, तब संयोग शृंगार अपनी चरम सीमा पर पहुँच जाता है, जहाँ नायक एवं नायिका की संयोगावस्था में पारस्परिक रति होती है, वहाँ संयोग शृंगार है जो विशद आत्मानुभूति रूप में है, और उसका पर्यवसान भी प्रेम ही होता है। इस साध्यभूत प्रेम का मिलन, संयोग ही है। संक्षेपत: जहाँ संभोगरहित मिलन की सुखानुभूति की व्यंजना हो उसे संयोग शृंगार मानना चाहिए। यहाँ शृंगार रस का पूर्ण परिपाक हो रहा है, यथा गोपी-कृष्ण मिलन।

संभोग क्रिया आरंभ होते समय और उसके जारी रहते हुए, न तो रति केलि को समाप्त करें और न ही उसमें कोई रुकावट आने दें। इसका उद्देश्य यह भी है कि प्रत्येक रति केलि में नर-नारी को रोमाँचक आनन्द की उपलब्धि होनी चाहिए। इससे यह स्पष्ट होता है कि संभोग-सिर्फ पुरुषों का ही नहीं है, बल्कि स्त्री भी उससे आनन्दित होती है।

प्रगाढ़ आलिंगन, शयनावस्था में एतादृश भाव, यौन अभिव्यक्त एवं परस्पर प्रेम–व्यवहार को अभिव्यक्ति देता है। (11.II, *ऋतु.*)

अर्थात् भयानक मेघों की गर्जना एवं बिजली की तड़क से अधिक घबराई हुई रमणियाँ पतियों के साथ भी, शयनावस्था में प्रगाढ़ आलिंगन करती हैं, मालविका बलपूर्वक आलिंगन किए जाने पर अपने दोनों हाथों से स्तनमण्डल को ढक लेती है। (15.IV, *मालविका.*)

संभोग उपरान्त, कोई रमणी अत्यंत रतिश्रम से शिथिल शरीर वाली, रात्रि में जागने से उस रमणी के नेत्र कमल लाल हो गए हैं तथा उनके कंधों पर केशपाश का बिखराव है; अब ये रमणियाँ प्रभातकाल में सूर्य की हल्की गरम किरणों से संतुष्ट हो, निद्रा ले रही हैं जैसा कि *ऋतुसंहारम्* इसकी पुष्टि करता है। (15.IV, *ऋतु.*)

हेमन्त ऋतु में रतिक्रीड़ा के परिश्रम से चिरकाल तक शिथिल शरीर वाली, खिन्न देहवाली, रोमाँच्चयुक्त परिपुष्ट जाँघों वाली तथा उन्नत पीनस्तनों को धारण करने वाली, सुन्दर शोभा वाली कोई–कोई रमणी संभोग उपरान्त सुगन्धित तैल मर्दन का आनन्द ले रही हैं। (18.IV, *ऋतु.*)

इसी ऋतु में, कोई–कोई बाला अपनी देह को अपने प्रियतम पति से उपभुक्त देखकर आनन्दित होकर, अधरों तथा कपोलों की रचना करती हुई वह नक्षतांगी तिरछी/कटाक्ष दृष्टिवाली चोली पहन रखी है। (17.IV, *ऋतु.*)

बारंबार पुष्ट, उन्नत एवं पीन स्तनों का उल्लेख हुआ है। *ऋतुसंहारम्* के रचयिता के अनुसार, हेमन्त ऋतु में पीन कुचों वाली छाती की शोभा प्राप्त कर तथा कुच–पीड़ा से क्लेश प्राप्त कर, यह शीतकाल में गिरते हुए तृणों के अग्रभागों में संलग्न बर्फ से प्रभातकाल मानों रो रहा है। (7.IV, *ऋतु.*)

ऐसे स्तनों पर नख क्षतों को देखती हुई, अभिलषित रस प्राप्ति से आनन्दित होती हुई कोई कोई तरुणी प्रातःकाल अपने मुख को सजाती हैं। (15.V, *ऋतु.*)

रघुवंशम् के अनुसार काम के आवेग में आकर तथा लज्जा परित्याग कर किसी प्रणयिनी ने अपने प्रियतम के शरीर पर नखक्षत करके उसकी शोभा बढ़ा दी है। (31.IX, *रघु.*)

ऋतुसंहारकार भी नखक्षतांगी का उल्लेख करता है। (17.IV, *ऋतु.*)

अधरोष्ठ की स्थिति का वर्णन विविध प्रसंगों में *ऋतुसंहारम्* में प्राप्त होता है। (6.IV, *ऋतु.*)

कामक्रीड़ा से खिन्न मुख वाली तरुणियाँ हर्ष का काल पाकर भी रागरंजित अपने अधरोष्ठों को दन्तक्षत से युक्त देखकर, जोर से हँस नहीं पा रही हैं। हेमन्त ऋतु में कोई बाला प्रभात में अपने हाथों में दर्पण लेकर अपने मुख-कमल को सजाती है। अपने प्रियतम द्वारा दाँतों के अग्रभाग से पीये गए रसवाले अधरोष्ठ-क्षतों को इधर-उधर देख रही है। वही अन्यत्र, दन्तक्षतों से तथा हाथों के नाखूनों से स्तनों पर के चिन्हों से, नवीन युवतियों के साथ निर्दय रति-विलाप हुआ है, ऐसा प्रतीत होता है।

(14.IV, *ऋतु.*), (13.IV, *ऋतु.*)

ऋतुसंहारम् में वर्णन है कि अतिकामी युवकों से शीतकाल की लम्बी रातें निर्दयतापूर्वक चिरकाल तक भोगी हुई तथा रति-केलि के परिश्रम से, खिन्न जाँघों वाली नवयौवना रात के व्यतीत होने पर धीरे-धीरे विचरण कर रही हैं। (7.V, *ऋतु.*)

शरद् ऋतु में सहवास-संभोग रस लेने वाली, अनुपम मुखराग करने वाली स्त्रियाँ जब अपनी सखियों के साथ बैठती हैं, तो परस्पर रात्रि में लिए गए सुखों का विशद वर्णन किया करतीं हैं। (24.III, *ऋतु.*)

गीतिकाव्य *मेघदूतम्* में विभिन्न प्रसंगों में संभोग–उपरान्त दशा को रेखांकित किया है। (9.*उ.मे. मेघ.*)

वहाँ के नगरों में अर्द्धरात्रि को खुली चाँदनी में लटकी चन्द्रकान्त मणियों से टपकता हुआ जल, उन स्त्रियों की संभोगजनित थकावट को दूर करता है, जिनके शरीर प्रियतम की भुजाओं में आबद्ध रहने से ढीले पड़ जाते हैं। यक्ष अपनी यक्षिणी को स्मरण करते हुए सोचता है कि यक्षिणी, यक्ष के साथ संभोग के आनन्द का, मन ही मन रस लेती हुई बैठी होगी, क्योंकि अपने प्रियतम के वियोग में स्त्रियाँ प्रायः ऐसे ही कामों में अपने दिन बिताया करती हैं। जो प्रिया यक्षिणी, यक्ष के साथ मन भरकर संभोग करती हुई सम्पूर्ण रात्रि क्षण भर के समान बिता देती थी, वह आज अपने प्रियतम यक्ष के बिछोह की चिंता में सूखी हुई और सूने पलंग पर करवट लेती हुई, पूरब के क्षितिज पर पहुँचे एवं एक कला भर बचे चन्द्रमा के समान दुबली/कृशकाय होकर अपनी रात्रि गर्म आँसू बहा–बहाकर बिताती होगी। हे मेघ! तुम्हारे पहुँचते ही केले के खम्भो के समान उसकी गोरी–गोरी बाईं जाँघ भी फड़क उठेगी, जिसे उसका प्रियतम यक्ष संभोग कर चुकने के बाद, स्वयं अपने हाथों से दबाया करता था। उस जघन स्थान पर तुम्हें यक्ष के हाथों के नख–चिन्ह नहीं मिलेंगे और दुर्भाग्यवश उस पर मोतियों की करधनी भी नहीं मिलेगी, जिसे यक्षिणी बहुत दिनों से पहनती आ रही थी। (27.*उ.मेघ.*), (31.*उ.मेघ.*), (38.*उ.मेघ.*)

प्रेम की अनन्यता का दृष्टांत *मालविकाग्निमित्रम्* में मिलता है जहाँ मालविका कहती है कि जहाँ एक मिलने के लिए व्याकुल हो रहा हो और दूसरा मिलना ही न चाहता हो, वहाँ उनका मिलना, न मिलना बराबर है। परन्तु जहाँ दोनों एक–दूसरे से मिलने के लिए अधीर हों, वहाँ प्राण भी दे देना पड़े तो बुरा नहीं है। (15.III, *मालविका.*)

रघुवंशम् इसी भाव को स्पष्ट करते हुए उल्लेख करता है कि चाँदनी और चन्द्रमा, या चंद्रमा की चंद्रिका का मेल हुआ है या गंगा जी सागर में जा मिली हैं। (85.VI, *रघु.*)

रतिभाव दैहिक आनन्द का अजस्त्र स्रोत है जिसकी तुलना दिव्यानुभूति-क्षण मात्र के लिए 'समाधि' से की गई है। स्त्री जब स्वयं अपने दैहिक-मानसिक सौन्दर्य की बात कर रही होती है, तब वह अपने पुरुष को इस रत्यात्मक दिव्यानन्द के लिए आमंत्रण दे रही होती है, यह विशिष्ट अवस्था सृष्टि की अनुपम भेंट है। मदनातुर कामोत्तेजक दृश्यों, अनुभवी प्रभावों का उल्लेख, ग्रंथकार के रूप में स्त्री को ही अभिव्यक्त करता है।

पुरुष सौन्दर्य के प्रति आकर्षण

पुरुष के शारीरिक सौष्ठव, मनोहर एवं अभिराम व्यक्तित्व- स्त्रियों के लिए सदा से आकर्षण का केन्द्र रहा है। कामदेव एवं रति के प्रभाव से आप्लावित पुरुष का सर्वांग सुन्दर होना, स्त्रियों को स्वतः आकृष्ट करता है और सामान्यतः वह छल ली जाती है, विशेषकर विदुषी विद्योत्तमा के प्रसंग में यह विचारणीय है। इसी दृष्टि से यहाँ पुरुष सौन्दर्य तथा काम सम्बन्धित कतिपय अभिव्यक्तियों को रेखांकित किया गया है।

विक्रमोर्वशीयम् में उर्वशी का कथन है, जिसमें वह महाराज के सौन्दर्य का अपनी दोनों आँखों से पान कर रही है। (I, *विक्रमो.*)

आगे अपने अंतःमन को अभिव्यक्त करते हुए उर्वशी कहती है कि आज तो महाराज पहले दिन से भी अधिक मनोहर लग रहे हैं। (II; *विक्रमो.*)

विशेष आकृत्ति वाले पुरुष बहुत दिनों तक दुःखी नहीं होते, यथा-सहजन्याः ण क्खुतारिसा आकिदिविसेसा चिरं दुक्ख भाइणो होंति। विशेष आकृत्ति वाले पुरुष चित्ताकर्षक एवं कमनीय होते हैं। इसकी पुष्टि अनेक उद्धरणों एवं दृष्टान्तों से होती है। राजा अज सर्वांग सुन्दर थे, और यही इनके आकर्षण का केन्द्र था। (69.VI, *रघु.*)

अज में अप्रतिम रूप, यौवन एवं विनम्रता थी। (79.VI, *रघु.*)

इस से राजा अज ऐसे प्रतीत हो रहे थे कि जैसे कामदेव हों और रति की प्रार्थना पर आशुतोष ने उसे पुनः जीवन प्रदान कर दिया हो। (2.VI, रघु.)

ऐसे कामजन्य अप्रतिम सौन्दर्य से समृद्ध राजा अज को ज्यों ही राजकुमारी इन्दुमती ने देखा, त्योंहि आँखों ही आँखों में उन्हें वर लिया, जैसे वह आकर्षणयुक्त दृष्टि ही स्वयंवर की माला थी। यह क्षणात् दृष्टि इतनी प्रभावशाली थी कि इन्दुमती के द्वारा, प्रेम की बात को जताए बिना ही दृष्टि जगत में स्वयंवर सम्पन्न हो चुका था। (80-81.VI, रघु.)

शकुन्तला की सखी प्रियंवदा, अनुसूया से दुष्यन्त के आकर्षक व्यक्तित्व को रेखांकित करती हुई कहती है कि यह चतुर, गम्भीर, प्रिय और मधुर वचन बोलने वाला कोई बड़ा प्रभावशाली व्यक्ति है। (I, *अभि.*)

यह भी स्मरणीय है कि स्वयंवर शास्त्रार्थ के क्रम में विदुषी विद्योत्तमा भी, देवदत्त/कालिदास के कमनीय सुन्दर मोहक स्वरूप से आकर्षित हो, मतिभ्रष्ट हो गई हों। सभी तरह की कामजन्य अवस्थाओं का उल्लेख यहाँ है। नाटकों में मृदुल काम, *रघुवंशम्* के राजा अग्निवर्ण का निष्ठुर काम तथा *कुमारसंभवम्* में निष्काम काम का प्रकटन हुआ है।

राजसी पुरुषों का कामजन्य आखेट

संदर्भित रचनाओं में व्यापक रूप से काम की अभिव्यंजना हुई है। स्त्रियों की यौन इच्छाऐं, उनकी परिपूर्ति एवं संभोग का वर्णन और अंततः राजसी पुरुषों का स्त्रियों को ले कर कामजन्य आखेट का भी विस्तार से वर्णन किया गया है। इसकी कुछ उदभावनाएँ इस प्रकार हैं:

–पुरुष स्वतंत्र होते हुए भी बंधे हुए हैं।

–पुरुषों में 'सत्ता' का भाव है परन्तु अपनी सत्ता के अनुरूप, वे आश्रम के ऋषियों की रक्षा करना अपना कर्तव्य मानते हैं।

–पुरुषों का आधार है– 'आश्रम व्यवस्था'।

–काम हेतु स्त्रियों का आखेट करना, उसी प्रकार जैसे राजा वन्य पशुओं से आकर्षित हो करते हैं।

–कामी पुरुष विवेकशून्यता की ओर गतिमान होता है। *मेघदूतम्* की टिप्पणी है कि कामी जड़ और चेतन के भेद और अभेद तक को विस्मृत्त कर बैठता है। (5. *पूर्व मेघ.*)

–नाटकों में व्यंग्यात्मक ढंग से राजाओं के पात्रों को स्त्रियों के प्रति उनके आखेट की मानसिक लालसा को बार–बार स्पष्ट किया गया है।

–बहुविवाह के पश्चात् 'राजधर्म' का पालन करते हुए, उन्हें अपनी स्त्रियों की प्रसन्नता का ध्यान रखना पड़ता है। अंतःपुर की स्त्रियों में न्यायोचित संतुलन बनाए रखना पड़ता है। यथा– अग्निमित्र, मालविका के प्रति आकर्षित है। धर्म से उन्हें तीसरे विवाह की अनुमति भी है। अतएव अपनी दोनों रानियाँ– धारणी एवं इरावती को संतुष्ट करके ही मालविका से विवाह करते हैं।

कामी पुरुष स्त्री के हृदय में उसी प्रकार प्रवेश करता है जैसे कुश, अयोध्या के राजमहल में। (40.VI, रघु.)

इस प्रसंग में उपर्युक्त दृष्टान्त के आलोक में कामी पुरुष तथा काम–विषयक मनोविकार तथा काम नीति के उद्धरणों को देखा, समझा एवं परखा जा सकता है। कामी को सर्वत्र अपने ही स्वार्थ की बात दिखलाई पड़ती है। (2.II, *अभि.शा.*)

धर्म का ध्येय, पुनर्जन्म से मुक्ति पाना है, जिसकी कामना, दुष्यन्त ने शाकुन्तलम् के अन्तिम श्लोक में की है। (35.VII, *अभि.शा.*)

मालविकाग्निमित्रम् में इरावती कहती है कि पुरुष विश्वासपात्र नहीं होते।

जिस प्रकार व्याधों के मनोरम संगीत को सुन कर हरिणी सुध-बुध खोकर जाल में फँस जाती है, ठीक उसी प्रकार इरावती राजा की चिकनी-चुपड़ी बातों पर विश्वास करके इनके फन्दे में फँस जाने की आशंका अभिव्यक्त करती है। (III, *मालविका.*)

पुरुष की कामी दृष्टि की अभिव्यक्ति करते हुए मालविका कहती है कि राजा उसे दक्षिण नायक नहीं ज्ञात हो रहा है क्योंकि वह सम्पूर्ण राशियों को छोड़कर एक ही स्त्री पर ललचाई कामी दृष्टि से एकटक निहार रहा है। (IV, *मालविका.*)

विदूषक के अनुसार यदि वह नीतिशास्त्र का अध्येता होता तो महाराज/पुरुष को काम की इस अवस्था में फँसने नहीं देता। (IV, *मालविका.*)

पुरुष के प्रेम में चिकनी-चुपड़ी बातें, उसकी विश्वसनीयता पर प्रश्न चिन्ह लगाती हैं, यदि पुरुष वास्तविक प्रेम के बिना ऊपरी मन से चिकनी-चुपड़ी बातें कर के अपनी प्रियतमा को मनाने लगता है, तो उसकी बातें स्त्रियों के मन में वैसे ही प्रवेश नहीं करतीं जैसे बनावटी रंग से रंगा हुआ मणि जौहरी को नहीं जँचता। (21.II, *विक्रमो.*)

पुरुष काम और कमनीयता की तृप्ति हेतु मनुहार भी करता है जैसा कि *विक्रमोर्वशीयम्* में राजा के व्यवहार एवं कथन से स्पष्ट होता है।

'देवि! अपराधी मैं ही हूँ। सुन्दरी! मान जाओ, इतनी नाराज़ मत हो। जब स्वामिनी ने क्रोध किया है तो दास निरपराधी कैसे हो सकता है?' (20. II, *विक्रमो.*)

चित्रलेखा के शब्दों में जो पुरुष दूसरी स्त्री से प्रेम करने लगते हैं, वे चतुर नागरिक अपनी स्त्री का पहले से भी अधिक आदर करते हैं। (III, *विक्रमो.*)

कामी-पुरुष प्रेम तथा कुशलता के संयोग व्यवहार से सब को एक साथ प्रसन्न करता है। (4.II, *विक्रमो.*)

जिस प्रकार नदी का प्रवाह विषम शिलाओं से अवरुद्ध होकर अधिक बलवान हो जाता है, उसी प्रकार प्रेम के मार्ग में बाधाओं के आने से प्रेम की तीव्रता सौ गुना बढ़ जाती है। *विक्रमोर्वशीयम्* में मानवी और अतिमानवी का मेल है। उर्वशी का चरित्र उदार है। पुरूरवा प्रेम में आनन्द- मग्न है। वह प्रेम की तुलना में राज पाट को तुच्छ समझता है।

रघुकुल के राजा अग्निवर्णः चरम कामुकता

अग्निवर्ण का चरित्र पूरी तरह भोग-संभोग एवं संयोग से लिप्त है। सूर्यवंशी रघुकुल की मर्यादाओं के विपरीत निकृष्ट आचरण की पराकाष्ठा को 19वें सर्ग में रेखांकित किया गया है। अत्यंत कामी अग्निवर्ण का असमय में निधन हो जाना तथा गर्भवती रानी का राज्याभिषेक होना, तदनन्तर रानी के द्वारा राज्य शासन का निर्वहन किया जाना, अनेक अभिप्रायों का संकेत देता है।

इसमें बहुत बड़ा एवं गंभीर संदेश अन्तर्निहित है, जिसके अनुसार विद्योत्तमा जैसी विद्याविज्ञ विदुषी के लिए राजवंश की अग्निवर्ण वाली निकृष्टतम स्थिति अस्वीकार्य रही हो, जिसे वह *रघुवंशम्* के माध्यम से सामाजिक गणों तक लाना चाह रही हो, ताकि राजवंशों में इसकी पुनरावृत्ति न हो और उसकी मर्यादा अक्षुण्ण बनी रहे। अपने उच्चतम एवं श्रेष्ठतम आदर्शों के लिए सूर्यवंश प्रसिद्ध है जिसका प्रारम्भ ब्रह्मा से माना जाता है। सूर्यवंश मे पहला इक्ष्वाकु वंश है और इक्ष्वाकु वंश में 67वें सम्राट के रूप में श्रीराम की ख्याति है। यह पूरा राजवंश अपने राजकीय मूल्यों की पराकाष्ठा को द्योतित करता है। *रघुवंशम्* में श्रीराम के बाद 24वें सम्राट के रूप में अग्निवर्ण को माना गया। एक ओर जहाँ रघु, दिलीप, अज, दशरथ और राम जैसे सम्राटों

को *रघुवंशम्* में पर्याप्त स्थान दिया गया, तथा कुछ सर्गों में तो केवल सूर्यवंशी सम्राटों का नामोल्लेख ही किया गया जबकि 19वें सर्ग में अग्निवर्ण का विशद् वर्णन रचनाकार ने किया है। यह रचनाकार का संदेश है।

विद्वानों में संयमी रघुवंशी राजा सुदर्शन का पुत्र राजा अग्निवर्ण कामुक हैं। कुछ दिनों के बाद अपने मंत्रियों पर राज्य का भार डालकर, अपने यौवन एवं कामुकता का रस लेने में आकण्ठ डूबने लगे। (4.XIX, रघु.)

अब, वह कामी राजा अग्निवर्ण दिन-रात कामिनियों के साथ उनके भवनों में पड़ा रहने लगा। (5.XIX, रघु.)

वह क्षण-भर भी भोग-विलास के बिना नहीं रह सकता था। अतएव वह सदा रनिवास के भीतर रहकर ही विहार करने लगा, उसके दर्शन हेतु उसकी प्रजा अधीर थी। (6.XIX, रघु.)

वह महाकामी अग्निवर्ण उन बावलियों में सुन्दरी स्त्रियों के साथ विहार करता था, जिनमें विलास/संभोगगृह भी बने हुए थे। स्त्रियों के ऊँचे-ऊँचे स्तन जब बावली के कमलों से टकराते थे, तब उसमें मधुर कम्पायमान होने लगता। (9.XIX, रघु.), (10. XIX, रघु.), (19. XIX, रघु.)

जल में स्नान करने से जब स्त्रियों की आँखों का अंजन (काजल) छूट जाता था और होंठों पर लगी लाली घुल जाती थी, तब उन कामिनियों की स्वाभाविक सुंदरता देखकर वह कामी अग्निवर्ण अत्यधिक उत्तेजित हो उठता था जैसे हाथी विकसित कमलिनियों की गंध से भरे सरोवर में हथिनियों के साथ प्रविष्ट होता है, वैसे ही अग्निवर्ण भी सुन्दर स्त्रियों के साथ, मद्य के गंध में बसी मधुशाला में पहुँचता था।

मुखचुम्बनः नृत्य के परिश्रम से नर्तकियों के मुख पर पसीने की बूँदें ठहर जाती थीं, तब राजा अग्निवर्ण बड़े प्रेम से फूँक मार कर उनका मुख चूमने

लगता और स्वयं को इन्द्र और कुबेर से भी अधिक सुखी और भाग्यशाली मानता। (15. XIX, रघु.)

अर्द्ध रतिः अग्निवर्ण सदानवीन भोग की सामग्रियाँ चाहता; जिस वस्तु से उसका जी भर जाता उसे वह छोड़ देता। अतः स्त्रियाँ केलि के समय, राजा के साथ बीच में ही उठ खड़ी होतीं, पूरी नहीं क्योंकि उन स्त्रियों को यह डर रहता था कि यदि राजा पूर्ण रूप से तृप्त हो जाएगा तो उन्हें त्याग देगा। (16. XIX, रघु.), (18. XIX, रघु.), (20. XIX, रघु.), (21. XIX, रघु.), (23.XIX, रघु.)

अर्थात् जिस रात को अग्निवर्ण को किसी स्त्री से संभोग करने जाना होता था, तब इन्हीं को सब बातें बता देता था और पास ही छिपकर बैठ जाता था। वह स्त्री जब आती और विप्रलम्भा नायिका के समान इन्हीं से विरह की बातें करने लगती, तब उन बातों को छिपकर बड़े प्रेम से सुना करता।

यदि वह किसी रानी से प्रेम करता था तब वह गर्व से फूली नहीं समाती थी। यह देख कर उसकी सौतें जलतीं और कामातुर हो जाती थीं और किसी उत्सव का बहाना कर के वे राजा को अपने यहाँ बुलाकर उसके साथ, अपने मन और तन की तपन बुझाती थीं।

रात में किसी बाहरी स्त्री से संभोग कर के राजा अग्निवर्ण जब सवेरे महल लौटता, तब रात के भोगकालीन वेश में उसे देखकर उसकी प्रेमिकाएँ खंडिता नायिका की तरह आँसू बहाने लगतीं। किन्तु रात की थकावट के कारण वह उनसे भरपूर संभोग नहीं कर पाता, तब वे पुनः व्याकुल हो उठतीं। कभी-कभी राजा को मार्ग दिखलाती हुई, उस स्थान पर ले जातीं जहाँ लताओं के बीच में सेवकों की स्त्रियों के साथ सम्भोग के लिए फूलों की सेज बिछी रहती थीं। उस समय उसे यह डर होता था कि कहीं ये दासियाँ जाकर रानियों से न कह दें। अतएव वह उन दासियों से सम्भोग करके उन्हें संतुष्ट एवं प्रसन्न कर देता था। (25-27.XIX, रघु.), (30.XIX, रघु.), (32.XIX, रघु.)

अर्थात् जब अग्निवर्ण सोकर उठता था, तब उसके बिस्तर पर विस्तीर्ण केसर का चूर्ण सुनहला सा दीखता था। उस पर फूलों की मसली हुई मालाएँ और टूटी हुई करधनियाँ पड़ी रहती थीं और जहाँ-तहाँ महावर की छाप लगी रहती थी, जिसे देखकर यह लक्षित होता था कि राजा अग्निवर्ण कितना बड़ा कामुक है। कभी-कभी वह स्त्रियों के पैरों में स्वयं महावर लगाने बैठ जाता। परन्तु उसी समय उसकी दृष्टि स्त्रियों के उन नितम्बों पर पड़ जाती, जिन पर से कपड़ा खिसका हुआ रहता था। उन्हें देखकर वह ऐसा मुग्ध हो जाता कि जिससे वह महावर भी नहीं लगा पाता था।

संभोग के समय, जब वह स्त्रियों के अधरोष्ठों को चूमने लगता, तब वे मुँह फेर लेती थीं और जब कमर की डोरी खोलने लगता, तब वे हाथ थाम लेती थीं। इस प्रकार वह अग्निवर्ण जो करना चाहता, स्त्रियाँ भी नहीं करने देतीं, जिससे उसका कामवेग बढ़ता ही जाता। वे स्त्रियाँ जब कभी दर्पण के आगे खड़ी होकर दंतक्षत आदि संभोग के चिन्हों को देखने लगती, तब वह राजा उनके पीछे चुपके से खड़ा हो जाता और मुस्कुरा देता। दर्पण में जब उसका प्रतिबिम्ब स्त्रियाँ देख लेती थी, तब वे झेंपकर मुँह नीचा कर लिया करती थीं। प्रातःकाल जब वह पलंग से उठकर जाने लगता, तब स्त्रियों की इच्छा होती थी, कि बिछुड़ने से पहले राजा एक बार आलिंगन कर पुनः उनका चुम्बन ले। इन्द्र के वस्त्रों से भी सुन्दर अपने राजसी वस्त्र दर्पण में देखकर वह राजा उतना प्रसन्न नहीं होता, जितना संभोग के चिन्हों को देखकर होता था। (32-34.XIX, *रघु.*), (35.XIX, *रघु.*), (38-39.XIX, *रघु.*), (41-44.XIX, *रघु.*), (45.XIX, *रघु.*)

उस राजा अग्निवर्ण के साथ बहुत देर तक निर्दय संभोग करने के कारण स्त्रियाँ जब श्रम से अलसा जाती थीं, तब वे अपने स्थूल उन्नत स्तनों से राजा की छाती का चंदन पोंछती हुई उसके वक्षःस्थल पर ऐसे शयन करतीं थी जैसे संभोग का कंठसूत्र नामक आसन साध रही हों, जिसमें स्त्रियाँ अपने पति के

ऊपर लेटकर अपने स्तनों से धीरे-धीरे प्रियतम की छाती को थपथपाती हुई कसकर लिपट जाती हैं।

अग्निवर्ण रात को जब संभोग की इच्छा से छिपकर बाहर जाने को होता था तो दूतियों द्वारा पहले ही समाचार पाकर उसकी स्त्रियाँ उसके आगे खड़ी हो जाती थीं। उन स्त्रियों के स्पर्श से उसको वैसा ही आनन्द मिलता था, जैसा कि चन्द्रमा की किरणों से। अतएव वह कुमुदों की भांति रात भर जागता और दिन भर सोता था। राजा अग्निवर्ण ने गानेवाली स्त्रियों के ओष्ठों पर अपने दाँत के और उनकी जाँघों पर चिकोटी काट कर नखों से ऐसे घावकर दिए थे कि जब वे अपने अधरों पर बाँसुरी, और जाँघ पर वीणा रखती थीं, तब उन्हें बड़ा कष्ट होता था और अपनी टेढ़ी भौंहों से राजा की ओर यह जताती हुई देखने लगती थीं कि यह सब आपकी ही करनी है। उनकी यह भाव-भंगिमा देख कर राजा और भी कामुक और उत्तेजित हो जाता था। पलंग पर लेटी हुई स्त्रियाँ जब रुठकर अपना पीठ फेर कर सो जाती थीं, तब राजा उन्हें जल्दी नहीं मनाना चाहता था, बल्कि वह यह चाहता कि किसी प्रकार बादलों का भयंकर गर्जन हो, जिससे डरकर ये स्त्रियाँ उसकी भुजाओं में भर जाएँ।

कार्तिक की रातों में वह राजमहल के ऊपर चँदवा तनवा देता था और सुन्दरियों के साथ उस चाँदनी का आनन्द लेता था जो संभोग का श्रम दूर करती है और बादलों के अभाव में सदैव निखरी रहती है। क्षीण कटिवाली ये स्त्रियाँ, शीतकाल में ऐसे कपड़े पहनती थीं, जो माड़ी के कारण करकराते रहते थे। जिनके नीचे झलकती हुई सोने की करधनी देख उसे बाँधने और खोलने को लालायित कामुक राजा अग्निवर्ण मुग्ध हो जाता था। सभी प्रकार की संभोग क्रिया करने योग्य हेमन्त ऋतु की बड़ी-बड़ी रातों में वह राजमहल की उन भीतरी कोठरियों में विहार करता था, जहाँ उसके साक्षी केवल वे दीपक थे, जो वायु के न आने से एकटक सब कुछ देखा करते थे।

मलयपर्वत से आने वाले दक्षिणी पवन से आमों में नवपुष्प आ गए थे जिन्हें देखकर प्रेमिकाओं ने कामोन्मत होकर राजा से रुठना छोड़ दिया और उसके विरह में व्याकुल होकर वे उसे स्वयं खोजने लगीं। एक दिन स्त्रियों को गोद में बैठाकर वह उन झूलों पर झूलने लगा, जिन्हें नौकर झुला रहे थे। ग्रीष्मऋतु में स्तनों पर चंदन लगाकर तथा मोतियों का आभूषण पहनकर, नितम्ब पर मणिजटित करधनी लटकाए ये स्त्रियाँ उस राजा अग्निवर्ण के साथ संभोग करके उसे प्रसन्न करती थीं। (32-34.XIX, रघु.), (48-50.XIX, रघु.), (54.XIX, रघु.), (57.XIX, रघु.)

राजा अग्निवर्ण आम्र–बौर और पाटल के लाल फूलों से अलंकृत पात्र में मदिरापान करता, जिससे वसंत बीतने के कारण मंद पड़ा हुआ उसका काम वेग फिर से उद्दीप्त हो उठता था। इतना व्यसनी होने पर जैसे दक्ष के श्राप से चन्द्रमा को क्षय रोग हो गया था, अधिक भोग–विलास करने के कारण उसे भी क्षय रोग हो गया और वह राजा को धीरे–धीरे क्षीण करने लगा। वैद्यों के बार–बार रोकने पर भी, उसने काम को उत्तेजित करने वाली वस्तुएँ नहीं छोड़ी क्योंकि जब इन्द्रियाँ एक बार विषयों के सुस्वादु रस में फँस जाती हैं, तब उन्हें रोकना कठिन होता है। धीरे–धीरे उसका शरीर पीला पड़ता गया। दुर्बलता के कारण उसने आभूषण पहनना कम कर दिया। बाद में वह नौकरों के सहारे चलने लगा। जिस प्रकार वायु के वेग के आगे दीपक का वश नहीं चलता, वैसे ही राजा अग्निवर्ण भी उस रोग से काल के गाल में समा गया। तब आर्ध्वदैहिक कर्मकाण्ड के विज्ञ पुरोहित को साथ लेकर मंत्रियों ने राजमहल के उपवन में ही अग्निवर्ण का अंतिम संस्कार कर दिया। तदन्तर शीघ्र ही मंत्रियों ने उस राजा की गर्भवती धर्मपत्नी को राजगद्दी पर बैठा दिया। रानी के प्रसवकाल की प्रतीक्षा करने वाली प्रजा के कल्याणार्थ अपने उदर में बीजमुष्टि को संजोए हुए शमी के समान वह रानी गर्भ धारण किए हुए ही, राज्य के स्वर्ण सिंहासन पर बैठी। तदन्तर आत्मजनों के परामर्शानुसार वह शास्त्रीय विधि से राज्य का पालन करने लगी।

अग्निवर्ण के जीवन से पता चलता है कि मनुष्य का असंयम और उसकी बढ़ी हुई विलास-लालसा ही समय-समय पर मनुष्य जाति के पतन का कारण बनती रही है। परिस्थितियों ने स्त्री के हृदय को इतना आहत किया होगा, समाज की निष्ठुरता ने उसे इतना छला होगा कि वह आत्मगौरव को आडम्बर और स्नेह तथा त्याग को दिवा स्वप्न समझने लगी होगी। स्नेह ही मनुष्यता के मंदिर का एकमात्र देवता है। स्त्री के हृदय से जब स्नेह का बहिष्कार हो जाता है, उसकी कोमलतम भावनाएँ कुचल दी जाती हैं, तब वह कोई और ही प्राणी बन जाती है। उसमें फिर गरिमामय स्त्रीत्व की प्राण प्रतिष्ठा करने के लिए मनुष्य की ही अजस्र सहानुभूति तथा स्निग्धतम स्नेह की ज़रुरत पड़ती है।

स्त्री ने कभी किसी त्याग या बलिदान के सम्मुख कातरता नहीं दिखाई, किसी भी बंधन से भयभीत नहीं हुई। स्त्री ने अपने स्वाभिमान और समाज के कल्याण के लिए अपनी सृजनशीलता एवं अपने सम्पूर्ण जीवन को चिरनिवेदित किया है। जीवन का आदर्श और उस तक पहुँचने की साधना जितनी सत्य है, उस साधना के मार्ग में समय-समय पर आने वाली बाधाएँ भी उससे कम महत्व की नहीं हैं। सातों रचनाओं में पुरुषों की हृदयहीनता एवं स्वार्थपरता वर्णित चरित्रों में रच बस गई है। स्त्री पात्रों की सौन्दर्य और सत्य की सजीव प्रतिमायें भी उदरस्थ होने लगी हैं। स्त्री पात्रों में बौद्धिक ऐश्वर्य, हृदय की प्रेरणा और क्रिया में ऐसा सामंजस्य पूर्ण तारतम्य है, जो उनके जीवन के राग को विरोधी स्वरों से बेसुरा न बना सके। भव्य स्वप्न और पूर्ण आदर्श, जीवन श्रेष्ठ मूल्य के स्पन्दन की घोषणा करता है। सहज एवं मृदु स्वभाव से तत्कालीन सामाजिक व्यवस्था को चुनौती दी गई है और स्त्रियों की श्रेष्ठता एवं कुलीनता को रूपायित किया गया है जो विदुषी विद्योत्तमा के रचयिता होने के प्रमाण को पुष्ट करता है। वैदिक काल से ही, समाज के विभिन्न वर्गों एवं स्तरों में स्त्रियों की प्रभावशाली एवं सृजनात्मक उपस्थिति रही है।

कुमारसंभवम् : दैवी संभोग की आध्यात्मिकता

अद्वित्तीय अभिव्यंजना : कामीजनों के आदर्श भगवान शिव शंकर आदर्श योगी भी हैं, शंकर जी ने दिन रात पार्वती जी के साथ संभोग करते हुए सैकड़ों वर्ष एक रात्रि की भाँति बिता दिये। परन्तु भगवान शंकर जी का मन इतने संभोग से वैसे ही नहीं भरा, जैसे समुद्र के जल में रहने पर भी वड़वानल की प्यास नहीं बुझती। (91.VIII; *कुमार.*)

सुंदर केशों वाली पार्वती धर्मपरायणा थीं। वह नियमपूर्वक प्रतिदिन पूजन हेतु पुष्प चयन करतीं, बड़े सुव्यवस्थित ढंग से यज्ञ की वेदिका को तैयार करतीं, नित्यकर्म हेतु पवित्र जल तथा कुश लाकर उनकी सेवा करती हुई अंशगात्र भी नहीं थकती थीं। (60.I, *कुमार.*)

शिव को पति रूप में प्राप्त करने हेतु, पार्वती की तपस्या के संदर्भ में *कुमारसंभवम्* के अनुसार, ऐसे अनोखे प्रेम की पराकाष्ठा तथा ऐसा अनोखा पति, भला कहीं बिना तपस्या के मिल सकता है? जिसने पार्वती को तपस्या के क्रम में अपर्णा तक बना दिया था। (2.V, *कुमार.*)

कुमारसंभवकार के अनुसार संभोग हेतु पहला दृष्टांत शिव जी के मनुहार में मिलता है। (18.IX, *कुमार.*)

अर्थात् काम और लाज को अपनी मुस्कुराहट से छिपाती हुई और नीचे मुख कर के बैठी हुई पार्वती जी अपने पति शंकर भगवान को प्रेम-प्रीति भरे मीठे वचनों से मनाने लगीं। तदन्तर, पार्वती-शिव के संभोग-संयोग शृंगार का वर्णन-*कुमारसंभवम्* में किया गया है। (30-42.1, *कुमार.*)

अत्यन्त तीव्र बुद्धिवाली पार्वती जी ने पढ़ना प्रारम्भ किया, तो पूर्वजन्म की सभी विद्यायें उन्हें वैसे ही स्मरण हो आईं, जैसे शरदऋतु के आगमन पर गंगाजी में हंस स्वयं आ जाते हैं अथवा स्वतः चमकने वाली जड़ी बूटियों में

रात को चमक आ जाती है। धीरे-धीरे उनका बचपन बीत गया और उनके शरीर में वह यौवन फूट पड़ा, जो शरीर रूपिणी लता का स्वाभाविक शृंगार है, जो मदिरा के बिना ही मन को मतवाला बना देता है और जो बिना फूलों वाला कामदेव का बाण है। कूँची से ठीक-ठीक रंग भरने पर, जैसे चित्र खिल उठता है और सूर्य की किरणों का स्पर्श पा कर कमल का फूल खिलने लगता है, वैसे ही पार्वती जी का शरीर भी नवयौवन पाकर खिल गया।

जब वे चलती थीं, तब उनके स्वाभाविक लाल और कोमल पैरों के उभरे हुए अँगूठों के नखों से निकलने वाली चमक देखकर, ऐसा लगता था कि मानों वे पैर लाली उगल रहे हों। जब वे अपने उन चरणों को उठा कर रखती हुई चलती थीं, तब ऐसा लगता था कि मानों वे पग-पग पर स्थल कमल उगाती चल रही हों। यौवन के भार से झुकी हुई वे जब हाव-भाव प्रदर्शित करती चलती थीं, तो ऐसा लगता था कि मानों उनके पायल से निकलने वाली मधुर ध्वनि सीखने के लिए ललचाए हुए राजहंसों ने अपनी हाव-भाव भरी चाल के बदले में, उन्हें पहले ही सिखा दी हो।

पतली कमरवाली नवयौवना पार्वती जी के पेट पर जो सिकुड़न की तीन रेखाएँ पड़ी हुई थीं, उन्हें देखकर ऐसा प्रतीत होता था मानों कामदेव का ऊपर के स्थानों आदि अंगों पर चढ़ा ले जाने के लिए नव यौवन ने सीढ़ी बना दी हो। उस कमलनयनी के साँवली घुँड़ियोंवाले गोरे-गोरे दोनों स्तन बढ़कर आपस में ऐसे सट गए थे और उनके बीच में इतना भी स्थान नहीं रह गया था कि कमलनाल का एक सूत भी उसमें समा सके।

पार्वती जी की भुजायें सिरस के फूलों से भी अधिक कोमल थीं, जो मकरध्वज कामदेव ने, शिवजी से हार जाने पर, उनके गले में उन्हीं भुजाओं से फन्दा डाला था। पार्वती जी का गोल-गोल गला और आगे से उनके ऊँचे स्तनों पर लटका हुआ गोल मोतियों का हार दोनों परस्पर एक-दूसरे की शोभा बढ़ा रहे थे। (1-2. IX, *कुमार.*), (8-9. IX, *कुमार.*)

अर्थात् जब पार्वती जी के मुख कमल पर भौंरे के समान मुग्ध होकर शिवजी संभोग कर रहे थे, उसी समय एक कबूतर को घर में घुसते देखा। वह कबूतर वैसा ही बोल रहा था, जैसे संभोग के समय सुन्दरियाँ कराहती हैं। उसकी लाल-लाल आँखें इधर-उधर नाच रही थीं। वह कभी अपना कंठ ऊँचा कर लेता, कभी झुका लेता और बार-बार अपनी पूँछ को सिकोड़ता-फैलाता था। अपनी प्रिया के प्रेम और संभोग में ही शिवजी ने सौ वर्ष बिता दिए और यहाँ ऐसे एकान्त में रहने लगे कि शिवजी का दर्शन न पाने से इन्द्र आदि देवता बहुत घबड़ा उठे। अतएव यह जानकर अग्नि ने ही कबूतर का रूप बना लिया और वहाँ प्रवेश कर गया जहाँ शिवजी इस समय संभोग कर रहे थे।

कुमारसंभवम् में यह स्पष्ट है कि रति-क्रीड़ा के दो उद्देश्य होते हैं- एक तो रति केलि द्वारा समानरूप से दोनों सहयोगी आनन्द प्राप्त करते हैं तथा दूसरा, दोनों सहयोगियों-विशेषतः स्त्री को प्रणय क्रिया के अंतिम कार्य अर्थात् संभोग के लिए तैयार होना। इन दोनों ही तथ्यों पर ध्यान देने की स्थिति में पहुँच कर प्रणय-क्रीड़ा में अनावश्यक अवरोध पैदा कर दिया जाए या इस क्रीड़ा को बंद ही कर दिया जाय, तो स्त्री के मन में झुंझलाहट पैदा हो जाएगी जैसा कि *कुमारसंभवम्* में वर्णित, संभोग सुख में व्यवधान या बाधा पड़ने पर पार्वती जी क्रुद्ध हो उठीं और उन्होंने अग्नि को श्राप दे दिया कि अग्नि आज से पवित्र तथा अपवित्र सभी वस्तुयें खाएगा, संसार की वस्तुओं का भयानक काम करेगा, कुष्ठ रोग हो जाएगा एवं सदा धुएँ से भरा होगा। (16 IX, *कुमार.*)

शंकर जी भी अग्नि से क्रोधित हुए लेकिन अग्नि की यथार्थ बात सुनकर (शिवजी अपने वीर्य से एक ऐसा पुत्र उत्पन्न कीजिए, जिसे सेनापति बनाकर तीनों लोकों का पालन किया जा सके और ताड़कासुर का वध हो सके) उनका क्रोध शांत हो गया। तदनुसार योगशक्ति से अपने वीर्य को ऊपर खींचने में समर्थ शंकर जी का प्रलय की आग के समान असह्य तथा अचूक वीर्य संभोग

के अन्त में निकला, उसे उन्होंने अग्नि को दे दिया। (14.IX, *कुमार.*), (17.IX, *कुमार.*)

फलतः महादेव जी के वीर्य लेने मात्र से अग्नि का रूप ऐसा बिगड़ गया जैसे दक्ष के श्राप से, क्षय रोगी चंद्रमा का या मरे हुए कमलकोश का रूप बिगड़ जाता है।

शंकर जी ने जो अमोघ वीर्य अग्नि के शरीर में रख दिया था, उसे अग्नि ने गंगाजी में छोड़ दिया। वहाँ स्नान करती हुई छः कृत्तिकाओं के पेट में पहुँचकर गर्भ बन गया तथा उस गर्भ को कृत्तिकाओं ने सरपत के जंगल में फेंक दिया। उसी गर्भ से चर और अचर प्राणियों के हर्षदायक इस अनोखे बालक कुमार का जन्म हुआ।

यह पूरा चित्रण अद्भुत है। इस तरह के शब्द चित्र का उदाहरण साहित्य में अनुपम है। महादेव और देवी पार्वती के संभोग का चित्रण गरिमामय आध्यात्मिक शक्ति के उर्वर धरातल पर किया गया है। लेखन के गंभीर वैदुष्य को अभिव्यक्ति प्रदान करता है। विदुषी विद्योत्तमा के संदर्भ में विवेच्य उदाहरण सटीक प्रतीत होता है।

महादेव शंकर जी से पार्वती जी ने अकेले में जो काम-कला सीखी थी, उस कला के अनुरूप उन्होंने महादेव जी के साथ नव वधुओं के नैपुण्य से भरा जो संभोग किया, वही मानो काम-कला सीखने की शिष्यवत् गुरु दक्षिणा थी, जैसा कि *कुमारसंभवम्* के रचयिता अभिव्यक्त करते हैं। (17.8.X *कुमार.*)

इस बात का स्मरण रखना चाहिए कि जब किसी का मन किसी में रम जाता है, तब वह किसी के कहने-सुनने पर ध्यान नहीं देता, *कुमारसंभवम्* में द्रष्टव्य हैं। (82.V, *कुमार.*)

संभोग की श्रेष्ठतम अवस्था का चित्रण कैलाशगमन नामक अध्याय में *कुमारसंभवम्* के रचयिता ने किया है। (57.II, *कुमार.*), (21.IX,

कुमार.), (23.IX, *कुमार.*), (24-30.IX, *कुमार.*), (34.IX, *कुमार.*), (38-39.IX, *कुमार.*), (43.IX, *कुमार.*), (51-52.IX, *कुमार.*)

अर्थात् अत्यधिक पसीने की बूँदों से पार्वती जी की आँखों का आँजन (काजल) उनके मुँह पर फैल गया था। शंकर जी की प्रियतमा के मुख चन्द्र पर ये आँजन के चिन्ह चन्द्रमा के कलंक जैसे लग रहे थे। अताएव महादेव ने यह फैला हुआ आँजन अपने कंधे पर धरे कौपीन से पोंछ दिया। संभोग के समय जूड़ा (केश-पाश/बंध) खुल जाने से पार्वती जी के बाल कन्धों पर छितरा गए थे और जूड़े में खुँसे हुए सब फूल गिर गए थे। उस जूड़े को महादेव जी ने पारिजात के फूलों की माला से बाँध दिया। जब शंकर जी ने पार्वती जी के दोनों कानों में दो गोल कर्णफूल पहना दिए तो उनसे उनका मुख ऐसा सुंदर दिखने लगा कि जैसे वह कामदेव का रथ हो, जिस पर बैठकर वह तीनों लोक जीतने निकला हो और वे दोनों कर्णफूल उस रथ के दोनों पहिए हों।

कुमारसंभवम् की मान्यता है कि योगीजन यम-नियम-ध्यान-धारण आदि योगविधियों से अपने मन की वासनाओं को मिटा डालते हैं। (47. XVII, *कुमार.*)

योगी और भोगी का अनूठा संयोग, महादेव के भोगी सर्प से व्यक्त होता है। (39.IX, *कुमार.*)

भोग के साथ योगमय संसार को भी व्याख्यायित किया गया। योग के अभ्यास से असंभव भी संभव में परिवर्तित हो जाता है। *रघुवंशम्* के अनुसार गुरु वशिष्ठ ने योग-ध्यान से यह पता किया कि राजा दिलीप के पुत्र क्यों नहीं होते- कार्तवीर्य। *कुमारसंभवम्* में महादेव जी की वीरासन-मुद्रा का उल्लेख है। वे वीरासन मुद्रा में बैठे हैं, अपना शरीर सीधा और अचल कर रखा है। दोनों कंधे झुकाकर अपनी गोद में कमल के समान अपनी दोनों हथेलियों को नीचे-ऊपर किए निश्चल बैठे हैं। (45.X, *कुमार.*)

महादेव जी ने अपनी योग साधना से वीर्य को साधा है; फलस्वरूप देवताओं के इच्छा एवं आवश्यकतानुसार अपने अमोघ वीर्य से *कुमार* को उत्पन्न किया, जिसने युद्धभूमि में तारकासुर का नाश किया। (12.XI, *कुमार*.)

❖❖❖

॥ अष्टम अध्याय ॥

स्त्री और प्रकृति: साम्य के विविध आयाम

स्त्री एवं प्रकृति

सृजन ही चराचर प्रकृति का आधार है। नारी के कर्तव्य की चरम सीमा उसके प्रेयसी होने में ही समाप्त नहीं होती, उस पर मातृत्व का गुरु भार भी होता है। स्त्रीत्व के विकास तथा व्यक्तित्व की परिपूर्णता के लिए सन्तान साध्य के रूप में स्वीकृत है। अतएव प्रत्येक रमणी माता बनकर, एक परिपूर्ण व्यक्ति की स्वामिनी बन जाती है। शकुन्तला, पार्वती, धारिणी (वसुमित्र की माता), उर्वशी, अरुन्धती इत्यादि मुख्य स्त्री पात्रों के जीवन में यह तथ्य स्पष्ट रूप से प्रकट है।

प्रकृति की कोमलता एवं जीवन की असीमता

प्रकृति की कोमलता तथा स्त्रियों का सौन्दर्य, संदर्भित रचनाओं के स्त्री पात्रों में रचा बसा हुआ है। प्रकृति ने केवल उनके शरीर को ही अधिक सुकुमार नहीं बनाया, वरन् उसे जननी का पद देकर उसके हृदय में अधिक संवेदना, आँखों में अधिक आर्द्रता तथा स्वभाव में अधिक कोमलता भी भर दी। पुरुष ने भी प्रत्येक दशा में नारी को अपनी भावुकता का अर्घ्य देकर पूजा। नारी भी नारियल के कड़े छिलके के भीतर छिपे जल के समान पुरुष की बाह्य कठोरता के भीतर छिपी स्निग्ध प्रवृत्ति का पता पा गई थी, अतः उसने सारी शक्ति केवल उसकी कोमल भावना को जागृत करने में लगा दी। कठोर पुरुष भी स्त्री पात्रों के कोमल नारीत्व के सम्मुख कुण्ठित हो उठता था। स्त्री और पुरुष के सम्बन्ध में, जो तब सत्य था वह अब भी अधिकांशत: सत्य है।

प्रकृति में ही अन्यतम कामदेव भी सन्निविष्ट हैं। देह में प्रकृति का

निवास है। सभी ऋतुएं प्रकृति के अधीन हैं। संसार का चराचर जगत भी प्रकृति की शक्ति से अनुप्रणित है। जो इस प्रकृति के नियम का उलंघन करता है वह स्वयं दण्डित होता है। इसलिए स्थायी भाव 'शान्ति' का है। प्रकृति, स्फूर्ति और ऊर्जा का स्रोत है, जिसका वैभव मनुष्यों के बनाए हुए प्रासादों के वैभव से कहीं ज्यादा समृद्ध एवं आकर्षक रहा है। यदि एक ओर मणिमुक्ता, पन्ने लटके हैं तो दूसरी ओर फूलों एवं वनस्पतियों एवं वन्य जीवों से समृद्ध है।

1. उपमाओं तथा कल्पनाओं के माध्यम से सकल ब्रह्मांड की अनुगूंज, प्रकृति के विराट वैभव का सजीव चित्रण, बरबस वैदुष्यपूर्ण कोमलकांत स्त्री मन की ओर संलग्नता का प्रबल संकेत करता है, जहाँ प्रकृति भी स्वर्णमयी आभा के साथ नैसर्गिक रुप से सज्जित है। यह राजसी और वैदुष्यपूर्ण विलास का अनुपम उदाहरण है जो सभी सात कृतियों में अनुभूत है।

2. प्रकृति वर्णन में एक चित्रकार की दृष्टि और एक नर्तकी की भँगिमायें हैं। शब्दों को पढ़ने मात्र से यह दृश्य साकार हो उठते हैं। शब्द चित्र सुन्दर भी हैं, और सजीव भी।

3. विवेच्य रचनाओं में आम्रमंजरी, वासन्ती छटा, अशोक वृक्ष का दोहद-वर्णन, प्रकृति का यौवन, अनेकानेक जलनिधियाँ, गंगा व सरयू का गर्म जल, समुद्र की करनी, सुमेरु पर्वत, गिरिराज कैलाश, हेमकूट पर्वत, त्रिकुटा पर्वत, सह्याद्रि, ताम्रपाणि, मलय समीर, मेघमाला, विद्युन्माला, आकाशगंगा का विशद वर्णन है। विभिन्न प्रकार के पुष्पों, वृक्षों के तथा पशुओं का भी व्यापक चित्रण किया गया है। इस दृष्टि से उल्लेखनीय हैं जिसमें परिगणित है चंचल चितवन हरिणि, मृगशावक, मयूर, ऐरावत, गजदल, राजहंस, हंस, हंस-युग्म, पपीहा, मीन, हिरण, विहग, भ्रमर, सारस, क्रौंच, कोकिला, चातकियाँ, जुगुनू, नीलगाय इत्यादि ।

4. यहाँ उत्कृष्ट मानव विचारों को सौन्दर्यात्मक अभिव्यक्ति मिली, रचनाओं में सृजनात्मकता एवं चमत्कार से दैवीय तथा रहस्यात्मक मोहित करने वाले संसार को नारी के सक्रिय सहयोगी के रूप में प्रकृति का स्वाभाविक चित्रण एवं सफल प्रयोग हृदयस्पर्शी रूप में किया गया है। प्रकृति ऐसी रचनाकार है जिसके द्वारा जीवन को, विराट पर चिर नवीन मूर्तिमत्ता दी जा रही है। अतः उसके मस्तक से पदनख तक प्रत्येक हल्की गहरी रेखा और भंगिमा पूर्णता की अंशभूत है। जिस प्रकार मानव अपनी मानवता में महान है, उसी प्रकार तृण अपनी तृणवत्ता में महान है। प्रकृति के कठोर एवं कोमल, सुन्दर और विरल, लघु और विशाल सभी रूपों में स्त्री पात्रों की जैसी आत्मीयता है, उनकी दृष्टि की सूक्ष्म मर्मस्पर्शिता और प्रकृति के सब रूपों के प्रति सहज हार्दिकता है। यहाँ प्रकृति अपने लघुतम रूप में भी स्पन्दित महत्तम व्यक्तित्व रखती है।

इस संदर्भ में यह विचार प्रबल हो उठता है कि उपर्युक्त कल्पनाशीलता तथा उपमाओं की सहृदयता के साथ सुललित अभिव्यक्ति कहीं विदुषी विद्योत्तमा की रचयिता के रूप में एक सशक्त अंतर्धारा को ही तो व्यंजित नहीं करती है? रचयिता का आन्तरिक आह्लाद जीवन के कटु अनुभव से प्रभावित नहीं है। उसका अपना सृजन है जहाँ प्रकृति के उग्र रूप का किञ्चित मात्र भी स्थान नहीं है बल्कि काम और यौवन की कथाओं में प्रकृति इन्द्रधनुषी सात रंगों से सप्त रचनाओं का श्रृंगार कर रही है। दो ग्रंथों– *ऋतुसंहारम्* और *मेघदूतम्* में तो प्रकृति ही नायक है ।

प्रकृति–चित्रण और *ऋतुसंहारम्*

'*ऋतुसंहारम्*' का शाब्दिक अर्थ है– ऋतुओं का अन्त जिसके छह सर्गों में ग्रीष्म से आरंभ कर वसंत तक की छह ऋतुओं का सुंदर प्राकृतिक चित्रण प्रस्तुत किया गया है। सम्पूर्ण संस्कृत साहित्य में *ऋतुसंहारम्* ही पहली ऐसी रचना है, जिसमें भारतवर्ष में प्राप्त समस्त छः ऋतुओं का स्वतंत्र रूप से तथा

क्रमशः निरूपण किया गया है। इसमें अपने प्रिय को संबोधित कर छह ऋतुओं का, छह सर्गों में सांगोपांग वर्णन है। प्रकृति के आलंबनपरक तथा उद्दीपनपरक दोनों तरह के रमणीय चित्र काव्य की वास्तविक आत्मा हैं।

समस्त काव्यों एवं नाटकों में प्रकृति का निरुपण तो है ही, किंतु स्वतंत्र रूप से प्रकृति के चित्रण के लिए *ऋतुसंहारम्* की रचना की । *ऋतुसंहारम्* में बाह्य प्राकृत्तिक सौन्दर्य के निरुपण की अपेक्षा मानव-मन पर पड़ने वाले प्रभावों का वर्णन अधिक है, फिर भी ऋतुओं का स्वतंत्र चित्रण प्रकृति-प्रेम का द्योतक है। *ऋतुसंहारम्* के प्रथम पद्य में ग्रीष्म ऋतु का बड़ा ही सजीव चित्रण है। (1.I, *ऋतु.*)

प्रिये! ग्रीष्म ऋतु आ गयी है। सूर्य की किरणें प्रचण्ड हो गयी हैं। चन्द्रमा सुहावना लगने लगा है। निरंतर स्नान के कारण कुँओं-तालाबों का जल प्रायः समाप्त हो चला है। सायंकाल मनोरम लगने लगा है तथा काम का वेग स्वयं शांत हो गया है। इसी प्रकार कवि का वर्षा तथा अन्य ऋतुओं का वर्णन भी सजीवता एवं कमनीयता से परिपूर्ण है। भ्रमरों को मधुर शब्द करने वाला बताया गया है। (14.II, *ऋतु.*)

ऋतुसंहारम् में मंजरित, पल्लवित और सुरभित समीर से स्पन्दित परिवेश में विभिन्न ऋतुओं में पक्षियों का कलरव, भौरों का गुंजन विस्तार पाता है, पशु हर्षोन्माद से चंचल हो उठते हैं। मेघ गर्जन के ताल पर मयूर नाचते हैं, चातक पुकारते हैं, बगुले उड़ते हैं। यह केवल परिवेश के सामंजस्य पर प्रसन्न नहीं होता, वरन् विचार, भाव और उनसे प्रेरित कर्म की सामंजस्यपूर्ण स्थिति पर भी मुग्ध होता है। उसके अन्तर्जगत का सामंजस्य बाह्य जगत में अपनी अभिव्यक्ति चाहता है और बाह्य जगत का सामंजस्य अन्तर्जगत में अपनी प्रतिध्वनि सुनना चाहता है।

पूरे वातावरण को मधुर बनाने में कोयल एवं भ्रमर का योगदान भी

रेखांकित है। *ऋतुसंहारम्* में उल्लेख है कि काम की अधिकता से खिन्न शरीरवाली स्त्रियाँ, चैत्रमास में कोयलों के मीठे स्वरों के साथ जनों के चित्तों को मोहती हैं। (26.V, *ऋतु.*)

चैत्रमास में ही भ्रमरों के मीठे गुंजार के साथ कामिनी स्त्रियाँ सहृदयों के चित्त को आकर्षित कर मोहती हैं। (26.VI, *ऋतु.*)

ऋतु-चक्र का वर्णन ग्रीष्म से आरंभ कर प्रावृट् (वर्षा), शरद्, हेमन्त व शिशिर ऋतुओं का क्रमशः दिग्दर्शन कराते हुए प्रकृति के सर्वव्यापी सौंदर्य, माधुर्य एवं वैभव से सम्पन्न वसंत ऋतु के साथ इस कृति का समापन किया गया है। प्रत्येक ऋतु के संदर्भ में रचयिता ने न केवल संबंधित कालखंड के प्राकृतिक वैशिष्ट्य, विविध दृश्यों व छवियों का चित्रण किया गया है, बल्कि हर ऋतु में प्राकृतिक जगत में होने वाले परिवर्तनों व प्रतिक्रियाओं के प्रेमी-प्रेमिकाओं के प्रणय-जीवन पर पड़ने वाले प्रभावों का भी निरूपण व आँकलन किया गया है।

प्रकृति के प्रांगण में विहार करने वाले विभिन्न पशु-पक्षियों तथा नानाविध वृक्षों, लताओं व फूलों को भी रचयिता भूली नहीं है। प्राकृतिक जगत वैभव तथा जीव-जन्तुओं के वैविध्य के साथ-साथ उनके स्वभाव व प्रवृत्तियों से भी पूर्णतः परिचित है। प्रत्येक सर्ग के अंतिम पद्य में रचयिता ने संबोधित ऋतु के अपने समस्त वैभव व सौंदर्यपूर्ण उपादानों के साथ सभी के लिए मंगलकारी होने की अभ्यर्थना की है। इस प्रकार शब्द लालित्य के साथ-साथ नवरसों का भी इस काव्य में सम्यक ध्यान रखा गया है।

कला और साहित्य में ऋतुराज वसंत

प्रकृति के रंग : वसंत ऋतु में रंगों की विविधता भी मानव के व्यवहार और उसके मनोबल को प्रभावित करती है। नीला आकाश, हरी-भरी धरती, रंग-बिरंगे फूल और सुन्दर कलियाँ, यह सब मनुष्य के शरीर और उसकी आत्मा

पर सकारात्मक प्रभाव डालते हैं। वसंत ऋतु में हमारे चहुँ ओर हरा, नीला, लाल और पीला रंग बहुतायत में दिखाई देते हैं और हमारी आत्मा तथा शरीर पर इन रंगों का उल्लेखनीय प्रभाव पड़ता है। आकाश का नीला रंग शांति, सहमति, स्वभाव में नर्मी तथा प्रेम का आभास कराता है। हरा रंग, संबंध की तथा आत्म सम्मान की भावनाओं को उद्दीत करता है। लाल रंग कामना, उत्साह तथा आशा, विशेष प्रकार के आंतरिक झुकाव को उभारता है। सूर्य का पीले रंग का प्रकाश और कलियों का चटखना भविष्य के बारे में सकारात्मक सोच तथा कुछ कर गुज़रने की भावना उत्पन्न करता है।

प्रकृति और जीवन का सम है वसन्त। वह सर्दी का उतार और ग्रीष्म ऋतु के आगमन के बीच एक सेतु की तरह आता है। इसी तरह वसंत इस बात का संदेश है कि जीवन हर समय सुख और दुख की लहरों पर सवारी नहीं करता है। ज़्यादातर समय वह सम पर होता है। यही जीवन है, यही जीवन का सार है।

प्रकृति–चित्रण और मेघदूतम्

मेघदूतम् में प्रकृति एवं मानव में तादात्म्य स्थापित किया गया है। *पूर्वमेघ* में प्रधानतया प्रकृति के बाह्य रूप का चित्रण है, किंतु मानवीय भावनाओं का संस्पर्श भी है, *मेघदूतम्* तो वर्षा ऋतु की ही उपज है। वहाँ वर्षा से प्रभावित होने वाले समस्त जड़–चेतन पदार्थों का निरूपण है। मेघ जिस–जिस मार्ग से होकर आगे बढता है उस–उस मार्ग में अपनी छाप छोड़ता जाता है।

(22, उ. *मेघ.*)

जल बरसने के कारण पुष्पित कदम्ब को भ्रमर मस्त होकर देख रहे होंगे, प्रथम जल पाकर मुकुलित कन्दली को हरिण खा रहे होंगे और गज प्रथम वर्षा जल के कारण पृथ्वी से निकलने वाली गन्ध सूँघ रहे होंगे–इस प्रकार भिन्न–भिन्न क्रियाओं को देखकर मेघ के गमन मार्ग का स्वत: अनुमान हो जाता है। प्रकृति से मनुष्य का घनिष्ठ सम्बन्ध है। तभी वह मनुष्य के अंत:करण को

प्रभावित करती है। *मेघदूतम्* में इसी तथ्य को उजागर किया गया है। (3, पू. *मेघ.*)

मेघ को देख लेने पर तो सुखी अर्थात् संयोगी जनों का चित्त कुछ का कुछ हो जाता है फिर वियोगी लोगों का तो क्या कहना?

प्रकृति का उपदेशिका रूप

प्रकृति उपदेशिका रूप में भी है। प्रकृति से प्राप्त होने वाले सत्य का स्थान-स्थान पर उल्लेख है, जो मानव जीवन का मार्ग-निर्देशन करती है एवं आदर्श स्थापित करती है। मेघ बिना कुछ कहे चातकों को वर्षा जल प्रदान कर उनका उपकार करता है। (57.3, उ. *मेघ.*)

पपीहे के जल माँगने पर मेघ बिना उत्तर दिये उन्हें सीधे जल दे देता है। सज्जनों का यह स्वभाव होता है कि जब उनसे कुछ माँगा जाये तो वे मुँह से कुछ कहे बिना काम पूरा करके ही उत्तर दे देते हैं।

प्रकृति चेतन एवं भावनायुक्त

प्रकृति चेतन एवं भावनायुक्त है। पशु-पक्षी आदि तो चेतन व्यवहार करते ही हैं, सम्पूर्ण चराचर प्रकृति भी मानव की भाँति व्यवहार करती दिखायी देती है। मेघ को दूत बनाकर धूम, अग्नि, जल, पवन के सम्मिश्रण रूप जड़ पदार्थ को मानव बना दिया गया है। प्रकृति में न केवल मानव की बाह्य आकृत्ति का रूप है अपितु उसमें सुखः दुःखादि भावों की भी सम्भावना है। प्रकृति प्रायः प्रेमी अथवा प्रेमिका के रूप में है। *मेघदूतम्* में उज्जयिनी की ओर जाते हुए मेघ को मार्ग में पड़ने वाली निर्विन्ध्या नदी विभिन्न हाव-भाव से आकृष्ट करेगी। (29, उ. *मेघ.*)

हे मेघ! तरंगों की हलचल के कारण शब्दायमान पक्षियों की पंक्ति रूपी करधनी को धारण करने वाली, स्खलित प्रवाह के कारण सुन्दरतापूर्वक बहने वाली अर्थात् मस्त होकर चलने वाली, और भँवर रूप नाभि को दिखाने

वाली, निर्विन्ध्या नदी रूपी नायिका से मिलकर तुम रस अवश्य प्राप्त करना, क्योंकि कामिनियों के हाव-भाव का प्रदर्शन ही रतिप्रार्थना का वचन होता है।

मेघदूतम् संस्कृत साहित्य का वह जाज्वल्यमान हीरक है, जिसकी प्रभा समय के प्रवाह से और भी अधिक बहती जाती है, वह बड़ी ही आनंदमयी घड़ी थी, जब इस अमर काव्य की रचना की गई थी, बाह्य प्रकृति की मनोरम झाँकी प्रस्तुत करने में अन्तस्तल में सतत उदय होने वाले भावों के चित्रण में यह काव्य अपनी तुलना नहीं रखता ।

किसी विरहविधुरा प्रेयसी के पास, मेघ को प्रेम का संदेशवाहक दूत बनाकर भेजने की कल्पना ही विश्व के साहित्य में अपूर्व कोमल तथा हृदयावर्जक है। वाल्मीकीय *रामायण* में अशोक वाटिका में रावण के द्वारा अपहृत जनकनन्दिनी के पास हनुमान को भेजना, तथा *महाभारत* में हंस के द्वारा, दमयन्ती के हृदय में राजा नल के प्रति प्रणय भाव के प्रादुर्भाव की कथा अवश्यमेव प्राचीनतर है, परन्तु इनमें चेतन पदार्थो से ही दौत्य कर्म की सम्मति दीख पड़ती है। किसी अचेतन वस्तु को प्रेम प्रसंग के दौत्य कर्म के लिए भेजना तथा प्रणय में प्रगाढ़ अन्त्यातिरेक की सद्यः अभिव्यक्ति करना, सचमुच एक प्रतिभा सम्पन्न कवि की मौलिक कल्पना है । मेघ को दूत बताने में सुन्दर मुदित की सत्ता है। मेघ तो सूखते हुए पौधों को जल से सींच कर झड़ने से बचाता है, और यहाँ तो एक जीवित प्राणी विरह के मारे अधमरा बना हुआ सिसक रहा है, और वह भी किसी धनकुबेर के क्रोध का भाजन बना हुआ, प्रेयसी से वियुक्त होकर जीवन-यापन कर रहा है। फलतः वह विशेष रूप से मेघ की दया का पात्र है, अनुकम्पा का भाजन है।

मेघदूतम् बाह्य प्रकृति के सौन्दर्य तथा कमनीयता का उज्ज्वल प्रदर्शन है तो *उत्तर मेघ* मानव हृदय के सौन्दर्य तथा अभिरामता का विमल चित्रण है। यक्ष का प्रेम-संदेश उसके कोमल हृदय का स्वाभाविक स्नेह तथा नैसर्गिक सहानुभूति का एक मनोरम प्रतीक है और इस उदात्त प्रेम का अभिव्यंजक

काव्य सुषमा का भाव सौष्ठव से मण्डित ग्रन्थ रस का अक्षम्य स्रोत है, जिसकी भाव द्वारा सूखने की अपेक्षा प्रतिदिन आनन्दातिरेक से वृद्धि होती जा रही है।

मेघदूतम् भारतीय कवि की अद्भुत प्रतिभा के द्वारा अंकित भारतश्री का एक नितान्त सरस चित्रण है, दैववाणी का श्रृंगार है, माधुर्य का मधुर निवेश प्रमाण की स्निग्धता.., पदों की सरस शय्या.., अर्थ का सौष्ठव.., अलंकारों का मंजुल प्रयोग.., कमनीय काव्य के समस्त लक्षण.., इस कविता में अपना अस्तित्व धारण किए हुए हैं।

यहाँ निरीक्षण शक्ति अत्यन्त सूक्ष्म तथा पैनी है। प्रकृति वर्णन वैज्ञानिक तथा प्रतिभा मण्डित है। इसके रमणीय उदाहरण सर्वत्र दिखाई पड़ते हैं। पर्वत के झ़रणों पर जब दिन के समय सू्र्य की किरणें पड़ती हैं, तब उनमें इन्द्र धनुष चमकने लगता है। प्रकृति वर्णन में अनेक वैशिष्टय हैं, मानव सौन्दर्य की तीव्रता तथा यथार्थ की अभिव्यंजना के निमित्त प्रकृति का आश्रय लिया गया है, तो कहीं यह प्रकृति के ऊपर मानव भावों तथा व्यापारों का ललित आरोप लगाता है। कहीं वह प्रकृति और मानव के बीच परस्पर प्रगाढ़ मैत्री सहज सहानुभूति तथा रमणीय रम्यात्मक वृत्ति का सम्बन्ध जोड़ता है, तो कहीं प्रकृति को भगवान की ललित लीला का निकेतन मानकर आनन्द से विभोर हो जाता है। निस्सन्देह, प्रकृति के अन्तस्थल के सूक्ष्म पारखी हैं जिनकी दृष्टि प्रकृति के सौम्य रूप माधुर्य तम प्रवृत्ति स्निग्ध सौन्दर्य के ऊपर रीझती है।

प्रकृति–चित्रण और कुमारसम्भवम्

कवियों ने नारी के शरीर की तुलना प्राय: लता से की है, *कुमारसम्भवम्* में पार्वती को चलती–फिरती एवं फूलों से लदी लता के रूप में वर्णित किया गया है। (54.III, *कुमार.*)

प्रकृति के सहज सौन्दर्य, मानवीय राग, कोमल भावनाओं तथा कल्पना के नवनवोन्मेष का जो रूप *कुमारसम्भवम्* के अष्टम सर्ग में मिलता है, वह

भारतीय साहित्य का शिखर कहा जा सकता है। सन्ध्या और रात्रि का वर्णन, हिमालय के पावन प्रदेश में शिव के गरिमामय वचनों के द्वारा, पार्वती को सम्बोधित करते हुए कराया गया है। इस क्रम से प्रस्तुत प्रकृति का उदात्त और कमनीय वर्णन विश्व साहित्य में अन्यत्र दुर्लभ है। पश्चिम में डूबते सूर्य की रश्मियाँ सरोवर के जल में लम्बी-लम्बी होकर प्रतिबिम्बित हो रही हैं, तो लगता है कि अपनी सुदीर्घ परछाइयों के द्वारा विवस्वान भगवान ने जल में सोने के सेतुबन्ध रच डाले हों।

इसके कुछ शब्द चित्र उल्लेखनीय हैं:

- वृक्ष के शिखर पर बैठा मयूर, ढलते सूर्य के घटते चले जाते सोने के जैसे, गौर मण्डलयुक्त आतप को बैठा पी रहा है। (36.VII, *कुमार.*)
- पूर्व में अंधेरा बढ़ रहा है, आकाश के सरोवर से सूर्य ने जैसे आतपरूपी जल को सोख लिया है, तो इस सरोवर के एक कोने में जैसे कीचड़ ऊपर आ गया हो। (37.VIII, *कुमार.*)
- सूर्य ने किरणों का जाल समेट लिया है, तो हिमालय के निर्झरों पर अंकित इन्द्रधनुष धीरे-धीरे मिटते जा रहे हैं। (31.VIII, *कुमार.*)
- कमल का कोश बन्द हो रहा है, पर भीतर प्रवेश करते भ्रमर को स्थान देने के लिए कमल जैसे मुंदते-मुंदते ठहर गया है। (39.VIII, *कुमार.*)
- अस्त होते सूर्य की किरणें बादलों पर पड़ रही हैं, उनकी नोंकें रक्त, पीत और कपिश हो गयी हैं, जैसे सन्ध्या ने पार्वती को दिखाने के लिये तूलिका उठा कर उन पर रंग-बिरंगी छवियाँ उकेर दी हों। अस्त होते सूर्य ने अपना आतप, सिंहों के केसर और वृक्षों के किसलयों को जैसे बाँट दिया है। सूर्यास्त होने पर तमालपंक्ति सन्ध्यारूपी नदी का तट बन जाती है और धातुओं का रस उसका जलप्रवाह।

- ऊपर, नीचे, आगे, पीछे जहाँ देखो अंधेरा ही आँखों में भरता है, तिमिर के उल्ब में लिपटा संसार जैसे गर्भस्थ हो गया हो।

(8.54.VIII *कुमार.*)

- प्रकृति का सहज सौन्दर्य मानव-सौन्दर्य से और कृत्रिम साज-सज्जा से उत्कृष्ट है। *कुमारसम्भवम्* में चन्द्रमा की किरणों के लिये जौ के ताजा अंकुर का उपमान देकर उन्होंने मानों स्वर्ग को धरती से मिला दिया है। (6.VIII, *कुमार.*)

- कहीं पर शिव को, वृक्षों की टहनियों से बिछल (फिसल) कर, छन-छन कर धरती पर गिरती चाँदनी के थक्के, वृक्षों से टपक पड़े फूलों से लगते हैं, जिन्हें उठा-उठा कर पार्वती के केशों में सजाने का, उनका मन होने लगता है। (72.VIII, *कुमार.*)

- प्रकृति में मानवीय राग, करुणा और हृदय की कोमलता के दर्शन विश्वदृष्टि के द्वारा ही संभव हो सका है। अंधेरा रात्रि रमणी का जूड़ा है, जिसे चन्द्रमा ने अपने करों से बिखेर देता है, और फिर उस रमणी के सरोज लोचन वाले मुख को उठा कर वह चूम लेता है। (63.VIII, *कुमार.*)

- उत्प्रेक्षा और स्वभावोक्ति का प्रकृति-चित्रणों में भली प्रकार उगयोग किया गया है। 'कुडमलीकृतसरोजलोचनं' कहते हैं कामिनी का लज्जा से नेत्र मूँदने का चित्र होने से वल्लभदेव के अनुसार स्वभावोक्ति है, जबकि 'चुम्बतीव' में समासोक्ति तथा उत्प्रेक्षा दोनों अलंकार आ गये हैं।

- कहीं पर शिव को वृक्षों की टहनियों से बिछल (फिसल) कर छन-छन कर धरती पर गिरती चाँदनी के थक्के वृक्षों से टपक पड़े फूलों से लगते हैं, जिन्हें उठा-उठा कर पार्वती के केशों में सजाने का उनका मन होने लगता है- (72.VIII *कुमार.*)

- यहाँ कोमल भावों की मधुरिमा प्रत्येक रसिक के ह्रदय को हठात् अपनी ओर आकृष्ट करती है।
- आठ मूर्तियाँ (पृथ्वी, जल, अग्नि, वायु, आकाश, सूर्य, चंद्र और होता)। (26.VI, *कुमार.*)
- समुद्र उनकी विजय दुदुंभी बजाता।

आम के वृक्षों की डालियाँ मलय वायु से ऐसी झूम उठीं, जैसे उन्होंने अभिनय सीखना प्रारंभ कर दिया।

- कानों के लिए सुखदायी भौरों की गुंजार ही उनके गीत हैं।
- नगाड़ों के समान शब्द करने वाले हाथियों के कानों की फट-फट ध्वनि होती थी।
- वन के पक्षी चारणों के समान जो मंगल गीत गाते थे।
  कोकिल का कंठस्वर मीठा।
  कोयल की मीठी कूक। (14.IV, *कुमार.*)
  मानसरोवर की ओर उड़ चले और मारे मस्ती के साथ नाचने लगे।

प्रकृति-चित्रण और रघुवंश

प्रकृति के श्रेष्ठ तत्वों को ग्रहण कर उनकी अप्रस्तुत रूप में योजना की गई है। प्रकृति को मनुष्य के सुख-दु:ख में सहभागिनी निरूपित किया गया है। विरही राम को लताएँ, अपने पत्ते झुका-झुका कर, सीता के अपहरण का मार्ग बताती हैं, मृगियाँ दुर्वांकुर चरना छोड़कर बड़ी-बड़ी आँखें दक्षिण दिशा की ओर लगाये टुकुर-टुकुर ताकती रह जाती हैं।

पात्रों को उपस्थित करने के लिए, प्रकृति के सुन्दर तत्वों से सादृश्य स्थापित किया गया है। *रघुवंशम्* में राजा रघु के मुख-सौन्दर्य के वर्णन के लिए

प्रकृति के सुन्दरतम एवं प्रसिद्ध उपमान चन्द्र का आश्रय लिया गया है। (18. IV, रघु.)

रघुवंशम् में जल के स्वभाव से शिक्षा दी गई है। जल तो प्रकृत्या शीतल है, उष्ण वस्तु के सम्पर्क से भले ही कुछ क्षण के लिए जल में उष्णता उत्पन्न हो जाए। इसी प्रकार महात्मा भी प्रकृति से क्षमाशील होते हैं, अपराध करने पर वे कुछ क्षण के लिए ही उद्विग्न होते हैं। (54.V, रघु.)

बंद आँखों में पुतलियाँ घूम रही हैं और तालाबों में कमलों के भीतर भ्रमर गुंजायमान हैं। (68.V.रघु.)

शरद ऋतु में रघु के खिले हुए मुख और उज्ज्वल चन्द्रमा को देखकर दर्शकों को एक-सा आनन्द मिलता था।

प्रकृति के उदाहरण के करकामी पुरुषों की चतुराई का सुन्दर वर्णन किया गया है। दूसरे लोग केवल स्त्रियों का अधर-पान करते हैं, अपना अधर उन्हें नहीं पिलाते। लेकिन समुद्र इस बात में भी औरों से बढ़कर है क्योंकि जब नदियाँ ढीठ होकर चुम्बन अधर-पान के लिए अपना मुख इसके आगे बढ़ाती हैं, तब वह बड़ी चतुराई से अपना तरंगरूपी अधर उनको पिलाता है और उनका अधरपान स्वयं करता है। (9.XIII, रघु.)

नाटकों में प्रकृति

चर्चित तीन नाटकों में प्रकृति का अत्यन्त मनोरय चित्रण मिलता है। इसके कुछ प्रमुख उदाहरण द्रष्टव्य हैं।

-हिंगोर के फूल क्वचिदिङ्गुदीफलमिदः (*अभि.शा*); शमी का पेड़-शमीलतां.. (*अभि.शा.*); शकुन्तला पुत्र सदृश पालित 'दीर्घापांग' नामक मोर- (नर्तना मयूराः.. अभि.शा.; मृगजवाक्षमयव.. *अभि.शा.*) आदि के सन्दर्भ प्रकृति के प्रति संवेदनशीलता को व्याक्षिता करते हैं। अन्य प्रसंग इस प्रकार हैं।

–मालविका के चरणों में महावर की जो गीली लकीर है, वह ऐसी दिखलाई पड़ रही है मानो महादेव के क्रोध से जले हुए, कामदेव के वृक्ष में नई–नई कोपलें फूट आई हों। (11, III, *मालविका.*)

–कामी पुरुष कोयल को कामदेव की दूती कहते हैं, यथा– त्वाँ कामिनो मदनदूतिमुदाहरन्ति। (25.IV, *विक्रमो.*) उर्वशी की रचना करने के लिए या तो कान्ति को देनेवाला चन्द्रमा प्रजापति बना होगा, अथवा शृंगार रस के देवता कामदेव ने इसे स्वयं रचा हो अथवा वसन्त ऋतु ने इसकी रचना की हो, नहीं तो भला विषय वासना से दूर रहने वाला प्राचीन मुनि (ब्रह्मा) ऐसी सुन्दर आकृत्ति का निर्माण कैसे कर पाता? (10.I, *विक्रमो.*)

प्रकृति का सूक्ष्म निरीक्षण, उसके विविध रूपों के साथ, मन का ऐसा लगाव और उसकी ऐसी सहज रागमयी अभिव्यक्ति, इन रचनाओं को हृदयस्पर्शी बना देती है। आसक्ति द्वारा विरक्ति की साधना, प्रकृति और जीवन की किसी तात्विक एकता का ही संकेत देती है जिसमें विदुषी विद्योत्तमा को सृजित साहित्य में अनुभव किया जा सकता है, सुकोमल रचयिता के रूप में स्मरण किया जा सकता है।

मृदुल कोमल प्रकृति

ऋतु, वृक्ष, लता, औषधि आदि का प्रचुर उपयोग प्रकृति के प्रति व्यापक संवेदना को प्रभावित करता है। कुछ उल्लेख इस प्रकार है।

ग्रीष्मऋतु (1.I, *ऋतु.*)

चंदन (4.I, *ऋतु.*)

चन्दन (6.1, *ऋतु.*)

सचंदनाम्बुव्यजनोद्भवानिलै (8.I, *ऋतु.*)

कमलनाल (19.I, *ऋतु.*)

नए कुसुम के फूल (24.I, *ऋतु.*)

सेमर के वन (26.I, *ऋतु.*)

तालाब में कमल, फूल फूल कर भर गये हैं। गुलाब के पुष्पों से चारों ओर मीठी महक उड़ रही है (28.I, *ऋतु.*)

प्रावृड्वर्णन (वर्षा काल)

अति नीले रंग के कमल (2.II, *ऋतु.*)

विगतपत्तों वाली कमलिनी (14.II, *ऋतु.*)

कदम्ब, साल, अर्जुन तथा केतकी के वनों तथा उक्त वृक्षों के फलों से सुवासित (17.II, *ऋतु.*)

सुगन्धित पुष्प (18.II, *ऋतु.*)

कदम्ब के नवीन परागों से युक्त तथा केतकी के फूलों की मालाएँ, तथा अर्जुन की मंजरियों के गहने। (21.II, *ऋतु.*)

कालागुरु- मिश्रित चन्दन चर्चित (22.II, *ऋतु.*)

नीले कमल (23.II, *ऋतु.*)

कदम्बपुष्प (24.II, *ऋतु.*)

केतकी

मालती के फूलों से युक्त अशोक के पुष्पों की माला; खिली हुई नवीन फूलोंवाली जूही की कलियाँ तथा कचनार। (25.II, *ऋतु.*)

फूलों के बोझ से मृदु हुए पेड़ों का संपर्क वाला, केतकी के रज से उत्पन्न रुचिर गन्धधारी पवन, प्रवासियों के चित्तों को चुरा रहा है। (27.II, *ऋतु.*)

शरदवर्णन

काश के कपड़े। (1.III, *ऋतु.*)

प्रफुल्लित कमल (1.III, *ऋतु.*)

पके धान (1.III, *ऋतु.*)

नववधू के सदृश शरद-ऋतु (1.III, *ऋतु.*)

कुमुदों से तालाब (2.III, ऋतु.)

सप्तच्छदों के फूलों से झुके पेड़ों से वनों के प्रांतभाग (2.III, ऋतु.)

मालती के फूलों से उपवन सफेद-सफेद दिखलाई पड़ रहा है (2.III, ऋतु.)

बन्धूक के फूलों से पृथ्वी लाल-लाल हो रही है। (5.III, ऋतु.)

फूलों के प्रादुर्भाव से, कलियों की अधिकता से, कोमल पल्लवयुक्त अग्रभाग वाला, तथा मधुर रस वाला चमरिक पेड़ (6.III, ऋतु.)

धानों की राशियों को कँपाता हुआ (10.III, ऋतु.)

फूलों से झुके हुए कुरबकों के पेड़ (10.III, ऋतु.)

खिले हुए कमल तथा नलिनियाँ (10.III, ऋतु.)

शरत्कालीन पवन युवकों के हृदय को खूब मदमत्त करता है। (10.III, ऋतु.)

विकसित कमल (11.III, ऋतु.)

पुष्पों की उत्पत्ति श्री कदम्ब, कुटज, अर्जुन, सर्ज तथा नीम आदि वृक्षों। (13.III, ऋतु.)

सौगन्धिक कमल और कुमुद के फूलों। (15.III, ऋतु.)

फूलों के बोझ से लदी हुई। (18.III, ऋतु.)

कंकेलि फूल से रुचिर। (18.III, ऋतु.)

नूतन मालती का फूल। (18.III, ऋतु.)

मालती पुष्प और नीलकमल। (19.III, ऋतु.)

चन्दन रस। (20.III, ऋतु.)

स्वच्छ कमलों से व्याप्त। (21.III, ऋतु.)

प्रफुल्लित कमल (28.III, ऋतु.)

विकसित नीलकमल (28.III, *ऋतु.*)
खिले हुए नवीन काश के सफेद फूल (28.III, *ऋतु.*)
कुमुद के समान सुन्दर (28.III, *ऋतु.*)
रूपवाली नायिका की तरह यह। (28.III, *ऋतु.*)
शरद् ऋतु आपकी प्रीति को बढ़ाए। (28.III, *ऋतु.*)

हेमन्तवर्णन

नूतन पल्लवों के उद्गम तथा फूलों से मनोहर। (1.IV, *ऋतु.*)
पुष्पित लोध्रकुसुम। (1.IV, *ऋतु.*)
परिपक्व धान। (1.IV, *ऋतु.*)
तुषार गिराने वाला हेमंत ऋतु। (1.IV, *ऋतु.*)
मनोहर चन्दन के राग (2.IV, *ऋतु.*)
काला अगर धूप (5.IV, *ऋतु.*)
नीलकमल (9.IV, *ऋतु.*)
कदम्ब (9.IV, *ऋतु.*)
प्रियंगुलता (11.IV, *ऋतु.*)
पके हुए धान एवं इक्षुओं के खेत (1.IV, *ऋतु.*)
अत्यन्त कामवर्धक शिशिर ऋतु (1.IV, *ऋतु.*)
शीतल चन्दन (3.V, *ऋतु.*)
बालों के बीच अवस्थित फूलों (8.V, *ऋतु.*)
स्वर्णकमल (13.V, *ऋतु.*)
गुड़ से बने हुए भोज्य पदार्थ, स्वादिष्ट चावल, ईख (16.V, *ऋतु.*)

वसन्तवर्णन

प्रफुल्लित आम्र वृक्ष (1.VI, *ऋतु.*)
चम्पा के फूल (3.VI, *ऋतु.*)

फूलों से युक्त पेड़ (2.VI, ऋतु.)

कमलों से युक्त जल (2.VI, ऋतु.)

फूलों से झुके हुए आम्रवृक्ष (4.VI, ऋतु.)

नूतन कनेर के फूल (6.VI, ऋतु.)

अशोक के फूल (6.VI, ऋतु.)

प्रफुल्लित चमेली पुष्प (6.VI, ऋतु.)

स्वर्ण कमल (8.VI, ऋतु.)

अशोक वृक्ष (18.VI, ऋतु.)

कोमल मंजरियों वाली नयी-नयी लतायें (19.VI, ऋतु.)

अध खिली कुरबक की मंजरी (20.VI, ऋतु.)

प्रफुल्लित आम के पेड़ों तथा मनोहर कनेर के पुष्प (29.VI, ऋतु.)

मनोहर एवं सुनहले बौरों को आम की डालियों से गिरते हुए (30.VI, ऋतु.)

कुन्दपुष्पों की प्रभा (31.VI, ऋतु.)

मूंगे जैसी लाल-लाल किसलयों की लालिमा (31.VI, ऋतु.)

कनक कमल (32.VI, ऋतु.)

गीले चन्दन (32.VI, ऋतु.)

कमल (33.VI, ऋतु.)

लोध के वर्ण (33.VI, ऋतु.)

नए कुरबक पुष्प (33.VI, ऋतु.)

अमृत्तपूर्ण अधरों के सदृश लाल अशोक (36.VI, ऋतु.)

शुभ्र कुन्द (36.VI, ऋतु.)

विकसित कमल (36.VI, ऋतु.)

आम की कोमल मंजरियों से सुगन्धित (36.VI, ऋतु.)

मलय पवन से युक्त

सदा सुगन्धित मधु (37.VI, *ऋतु.*)

आम की कोमल मंजरियों के उत्तम बाण वाला। (38.VI, *ऋतु.*)

पलाश के सुन्दर फूल जिसका धनुष है। (38.VI, *ऋतु.*)

शरीररहित कामदेव वसन्त ऋतु सहित श्रेय स्कर हो। (38.VI, *ऋतु.*)

कुटज के ताजे पुष्प (4.*पू. मेघ.*)

आषाढ़ का पहला दिन (2.*पू. मेघ.*)

जामुन के कुंजों में (21.*पू. मेघ.*)

हरे-पीले कदम्ब के फूल-कदली की पत्तियाँ (22.*पू. मेघ.*)

कुटज के पुष्पों से शोभित सुगन्धित पर्वत (24.*पू. मेघ.*)

फूले हुए केवड़े (25.*पू. मेघ.*)

काली जामुन (25.*पू. मेघ.*)

कदम्ब के वृक्ष (27.*पू. मेघ.*)

जूही की कलियों और कमल की पंखुड़ियों के कर्णफूल (28.*पू. मेघ.*)

कमलों की गन्ध (33.*पू. मेघ.*)

महकती और कमल की गन्ध से सुगन्धवती (37.*पू. मेघ.*)

कमल के आभूषण एवं नए खिले कुन्द के फूल, लोध के फूलों का पराग मल कर उसे गोरा बनाते हैं। जूड़े में नए कुरबक के फूल, कानों में सिरस के फूल, वर्षा में पुष्पित कदम्ब के फूलों से अपनी माँग सजाया करती हैं (2.*उ. मेघ.*)

कल्पवृक्ष। (5.*उ. मेघ.*)

मंदारपुष्प। (11.*उ. मेघ.*)

स्वर्णकमल। (11.*उ. मेघ.*)

कल्पवृक्ष। (15.*उ. मेघ.*)

स्वर्ण कमल। (16.उ. *मेघ.*)

कुरबक वृक्ष। (18.उ. *मेघ.*)

चंचल पत्तों वाला लाल अशोक वृक्ष। (18.उ. *मेघ.*)

मौलसिरी का पेड़। (18.उ. *मेघ.*)

नील कमल। (37.उ. *मेघ.*)

(कदली) केले स्तम्भ। (38.उ. *मेघ.*)

मालती के नए कोमल फूल। (40.उ. *मेघ.*)

वृक्षों के कोमल पत्ते। (49.उ. *मेघ.*)

देवदारु के पत्ते। (50.उ. *मेघ.*)

भोजपत्र। (7.I, *कुमार.*)

देवदारु वृक्ष। (9.I, *कुमार.*)

सुगन्धित दूध। (9.I, *कुमार.*)

चमकने वाली अनेक जड़ी-बूटियाँ। (10.I, *कुमार.*)

देवदारु वृक्ष। (15.I, *कुमार.*)

पूजन हेतु कमल। (16.I, *कुमार.*)

आम्रमंजरियाँ। (27.I, *कुमार.*)

कमल। (32.I, *कुमार.*)

कदली स्तम्भ। (36.I, *कुमार.*)

सिरस के फूल। (41.I, *कुमार.*)

देवदारु। (54.I, *कुमार.*)

भोजपत्र के वृक्षों की छाल। (39.II, *कुमार.*)

नन्दनवन। (41.II, *कुमार.*)

स्वर्णकमल। (44.II, *कुमार.*)

वसन्त के हाथ में आम के बौर का बाण। (64.II, *कुमार.*)

आम की मंजरियाँ। (27.III, *कुमार.*)

अधखिले टेसू के फूल। (29.III, *कुमार.*)

प्रियाल पुष्प का पराग। (31.III, *कुमार.*)

आम्र मंजरी। (32.III, *कुमार.*)

देवदारु वृक्ष। (44.III, *कुमार.*)

रुद्राक्ष की माला। (46.III, *कुमार.*)

कमल तन्तु। (49.III, *कुमार.*)

अशोक के पत्ते, कर्णिकार पुष्पों, उजले सिन्धुवार के वासन्ती फूलों के आभूषण। (53.III, *कुमार.*)

वासन्ती शृंगार। (18.IV, *कुमार.*)

आम्र मंजरी। (38.IV, *कुमार.*)

हरिचन्दन। (8.V, *कुमार.*)

कमल-सुगन्ध। (27.V, *कुमार.*)

चन्दन। (55.V, *कुमार.*)

कल्पवृक्ष की शाखाएँ। (41.VI, *कुमार.*)

जड़ी-बूटियाँ। (43.VI, *कुमार.*)

देवदारु। (51.VI, *कुमार.*)

कमल नाल। (68.VI, *कुमार.*)

कल्पवृक्ष। (3.VII, *कुमार.*)

स्वर्णिम बन्दनवार। (3.VII, *कुमार.*)

रेशमी वस्त्र। (3.VII, *कुमार.*)

अगरचन्दन। (14.VII, *कुमार.*)

दूर्वा। (14.VII, *कुमार.*)

महुए के फूलों की माला। (14.VII, *कुमार.*)

गोरोचन। (15.VII, *कुमार.*), (17.VII, *कुमार.*)

जौ के अंकुर तथा लोध। (17.VII, *कुमार.*)

महावर। (19.VII, *कुमार.*)

नीलकमल। (20.VII, *कुमार.*), (23.VII, *कुमार.*)

चन्दन की कोमल शाखाओं के हिलाने और लौंग के फूलों की केसर उड़ाने वाला। (25.VII, *कुमार.*)

तमाल वृक्ष। (53.VII, *कुमार.*)

पारिजात पुष्प। (38.IX, *कुमार.*)

मार्ग में 'साल' की गोंद की गंध से सुवासित पुष्पों के रज-पराग को उड़ाता और वन के वृक्षों को धीरे-धीरे कंपाता हुआ पवन उनके शरीर को सुख देता हुआ उनकी सेवा करता था। (38.I, *रघु.*)

सुगन्धित पवन उनकी श्वाँस के समान सुवासित था; सरोवर की लहरों की झकोरों से जो कमलों की ठंडी सुगंध उड़ती थी, उसकी गंध लेते वे चले जा रहे थे। (43.I, *रघु.*)

देवदारु, पीतदारु , सुरदारु । (36.II, *रघु.*)

वसन्त ऋतु में पुराने पत्ते गिरकर नये और कोमल पत्तों से लदी हुई लताएँ। (7.III, *रघु.*)

रानी के स्तन ऐसे सुंदर लगने लगे मानों कमलयुगल पर भौंरे बैठे हैं। (8.III, *रघु.*)

अपने भीतर अग्नि छुपाये 'शमीवृक्ष'। (9.III, *रघु.*)

दिशाएँ प्रसन्न हो गयीं, शीतल-मंद-सुगन्ध वायु बहने लगी। (14. III, *रघु.*)

वासन्ती वायु सबके मन को भाती है क्योंकि वह बहुत ठंडी या बहुत गर्म नहीं होती। (8.IV, *रघु.*)

'लक्ष्मी' के समान 'शरद ऋतु' आ गयी, जिससे चारों ओर सुंदर 'कमल' खिल गये। (14.IV, रघु.)

रात में खिले हुए टिमटिमाते तारे। (19.IV, रघु.)

अँगूर की लता। (65.IV, रघु.)

भोज पत्र। (73.IV, रघु.)

कुबेर का 'चित्ररथ' नामक उपवन। (60.V, रघु.)

सूर्य किरणों से पुष्पित कमल। (69.V, रघु.)

कमलों के भीतर भौरों की गूँज। (68.V, रघु.)

वृक्षों के लाल पत्तों। (70.V, रघु.)

'राजहंसों' का शब्द। (75.V, रघु.)

मृगराज (सिंहशावक)। (3.VI, रघु.)

नन्दनवन और पारिजात वृक्ष। (6.VI, रघु.)

भौरों (द्विरेफ) (भ.र.)। (7.VI, रघु.)

मदवाही हाथियों। (7.VI, रघु.)

अगणित तारों, ग्रहों और नक्षत्रों से भरी रहने पर भी रात तभी चाँदनी रात कहलाती है जब चंद्रमा खिला हो। (22.VI, रघु.)

मानसरोवर की राजहंसिनी वायु। (26.VI, रघु.)

ताम्बूल (पान) की बेलें। (64.VI, रघु.)

चंदन के वृक्ष। (64.VI, रघु.)

इलायची के बेलें। (64.VI, रघु.)

ताड़ के पत्ते। (64.VI, रघु.)

प्रात:कालीन तारे। (2.VII, रघु.)

रंग-बिरंगे तोरण। (4.VII, रघु.)

आम्र वृक्ष। (21.VII, रघु.)

अशोकलता प्रवाल। (21.VII, रघु.)

पुष्परस के लोभी भौरें। (35.VIII, रघु.)

वसंत कालीन वृक्षों और लताओं का मधु और सुवास।

(36.VIII, रघु.)

चुलबुली वायु से हिलती हुई लताएँ। (59.VIII, रघु.)

आम और प्रियंगुलता का विवाह। (61.VIII, रघु.)

अशोक वृक्ष। (62.VIII, रघु.)

मौलसिरी के फूल। (64.VIII, रघु.)

'वटवृक्ष' की जटाएँ। (93.VIII, रघु.)

पहले फूल खिले, नयी कोपलें फूटीं। (26.IX, रघु.)

वसन्त की शोभा से सम्पन्न तालाब की कमलिनी। (27.IX, रघु.)

कुरबक के पेड़। (29.IX, रघु.)

बकुल (मौलसिरी) वृक्ष। (30.IX, रघु.)

रजनीवधू। (38.IX, रघु.)

'तिलक' वृक्ष के फूल। (41.IX, रघु.), (43.IX, रघु.)

कमलों की भीगी पंखुड़ियाँ। (56.IX, रघु.)

फूले हुए असन (सर्ज) वृक्ष की शिखर की टहनियाँ। (63.IX, रघु.)

चंदन का वृक्ष। (42.X, रघु.)

छह ऋतुएँ नन्दनवन को दीदीव्यमान करती हैं। (80.X, रघु.)

दण्डकवन। (9.XII, रघु.)

केला। (96.XII, रघु.)

औषधि। (97.XII, रघु.)

ताड़ तथा तमाल के वृक्ष। (15.XIII, रघु.)

केतकी का पराग। (16.XIII, रघु.)

कन्दलियों की कलियाँ। (29.XIII, रघु.)

बेंत के जंगल। (30.XIII, रघु.)

अशोकलता। (32.XIII, रघु.)

आम के वृक्ष। (34.XIII, रघु.)

पञ्चवटी। (34.XIII, रघु.)

तमाल का वृक्ष। (49.XIII, रघु.)

काले बरगद का पेड़। (53.XIII, रघु.)

नीले तथा श्वेत कमल। (54.XIII, रघु.)

श्वेत चंदन। (55.XIII, रघु.)

काले अगर का धुआँ। (12.XIV, रघु.)

दण्डक वन। (25.XIV, रघु.)

चमेली के फूल। (47.XVI, रघु.)

सिरस के फूल। (48.XVI, रघु.)

मनोहर गंधवाले आम के बौर। (52.XVI, रघु.)

सिरस फूल के कर्णफूल। (61.XVI, रघु.)

दूब, जौ के अंकुर तथा वटवृक्ष की छाल। (12.XVII, रघु.)

चंदन। (32.XIX, रघु.)

आम्र बौर। (43.XIX, रघु.)

हिंगोट के फूल। (14.I, *अभि. शा.*)

शमी वृक्ष। (18.I, *अभि. शा.*)

चमेली की कली। (I, *अभि. शा.*)

कमल; सेवार। (19.I, *अभि. शा.*)

वल्कल। (19.I, *अभि. शा.*)

केसर का वृक्ष। (I, *अभि. शा.*)

चमेली

आम के वृक्ष। (I, *अभि. शा.*)

(घनी छाया वाले)

सरिस के फूल। (28.I, *अभि. शा.*)

बेंत की लता। (II, *अभि. शा.*)

नवमल्लिका का फूल। (8.II, *अभि. शा.*)

कमल। (5.III, *अभि. शा.*)

खस। (7.III, *अभि. शा.*)

कमल की नाल। (7.III, *अभि. शा.*)

मुरझाई पत्तियों वाली माधवी लता। (8.III, *अभि. शा.*)

आम के वृक्ष। (IV, *अभि. शा.*)

लाल कमल। (19.III, *अभि. शा.*)

कमलिनी पत्रावली। (19.III, *अभि. शा.*)

कमलिनी के पत्ते पर। (24.III, *अभि. शा.*)

नवमल्लिका। (IV, *अभि. शा.*)

कुमुदिनी। (3.IV, *अभि. शा.*)

नारियल। (IV, *अभि. शा.*)

शमीवृक्ष। (4.IV, *अभि. शा.*)

बकुल। (IV, *अभि. शा.*)

कोमल दूब। (IV, *अभि. शा.*)

कुश। (8.IV, *अभि. शा.*)

नीली कमलिनी। (11.IV, *अभि. शा.*)

नवमालिका। (13.IV, *अभि. शा.*)

आम। (13.IV, *अभि. शा.*)

हिंगोट का तेल। (14.IV, *अभि. शा.*)

चंदन के पौधे। (18.IV, *अभि. शा.*)

तिन्नी के धान। (21.IV, *अभि. शा.*)

आम्र मंजरी। (1.V, *अभि. शा.*)

आम का बौर। (4.VI, *अभि. शा.*)

कुरबक का फूल। (4.VI, *अभि. शा.*)

तरलिका वृक्ष। (VI, *अभि. शा.*)

कल्पवृक्ष। (5.VI, *अभि. शा.*)

अपराजिता नाम की जड़ी। (1.VI, *अभि. शा.*)

निपुणिका-वसन्तोत्सव। (I, *मालविका.*)

-वसन्तोत्सव के अवसर पर उपायन के लोभी विदूषक।

(III, *मालविका.*)

-खिलते हुए कमल। (10.II, *मालविका.*)

-अशोक वृक्ष। (III, *मालविका.*)

-अभिनव कुरबक कुसुम भेजकर नवीन वसन्तागमन की सूचना।

(III, *मालविका.*)

प्रमदवन वायुवेग से प्रकम्पित। (III, *मालविका.*)

-खिली हुई आम्रमंजरियों की गंध में बसा हुआ दक्षिण पवन मेरे शरीर को स्पर्श करता हुआ ऐसा ज्ञात होता है मानों वसन्त ने अपना सुखद हाथ मेरे ऊपर रख दिया हो। (4.III, *मालविका.*)

-युवतियों के शृंगार को लजाने वाले वासन्ती पुष्पों से सजकर उपस्थित है। (III, *मालविका.*)

मैं आश्चर्यपूर्वक प्रमदवन को देख रहा हूँ। रक्ताशोक पुष्प की लालिमा से रमणियों के बिम्ब सदृश अधर पर लगा हुआ अलक्तक तिरस्कृत हो रहा है।

श्याम श्वेत अरुण रंग से युक्त कुरबक पुष्प के द्वारा कपोलस्थ चित्र पराजित हो रहा है। कज्जल सदृश संलग्न भ्रमर वाले पुन्नाग के पुष्प ललाटस्थ तिलक को पराजित कर रहे हैं। ज्ञात होता है कि यह वसन्त शोभा स्त्रियों के प्रसाधन की अवज्ञा कर रही है। (5.III, *मालविका.*)

मनोरम और कोमल दोहद की प्रतीक्षा करने वाला यह पुष्पहीन अशोक मुझ उत्कण्ठिता की ही अनुकृति कर रहा है। (III, *मालविका.*)

हम लोग भी श्यामलतावेष्टित अशोक के नीचे प्रस्तर खण्ड पर बैठे। (III, *मालविका.*)

अशोक तरु की छाया से बकुलावलिका मालविका के चरणों को अलंकृत कर रही है। (III, *मालविका.*)

रक्तकमल सदृश तुम्हारे चरण सुशोभित हैं। (III, *मालविका.*)

वसन्तावतार सर्वस्व आम्रमंजरी को धारण नहीं करते।

(III, *मालविका.*)

अशोक से पल्लव लेकर उस पर चरणन्यास किए। (16.III, *मालविका.*)

यह अशोक तुम्हारे द्वारा पाद-प्रहार से सम्मानित किया गया, उस पर भी यदि पुष्पित नहीं होता तो वह उसकी ही अगुणज्ञता है। (III, *मालविका.*)

बौरे हुए आम के साथ। (2.IV, *मालविका.*)

उनके पैर में लाल चन्दन लगा हुआ है। (IV, *मालविका.*)

बालाशोक के पल्लवों को मृगशावक चर रहा हो। (IV, *मालविका.*)

अशोक वृक्ष के पाँच दिन भी पूरे नहीं हुए, उसने अपने पुष्प विकसित कर दिए। (IV, *मालविका.*)

सब घास पात निकालकर, इस सुनहले अशोक की मेड़ ठीक ढंग से बाँध दी है। (V, *मालविका.*)

अशोक के सिंचनादि कार्य में तत्पर देवी। (V, *मालविका.*)

जिस प्रकार कमल धूप में आनन्दित और वर्षा में दुःखी हो जाता है उसी प्रकार मेरा हृदय प्रिया के दुर्लभ समागम से दुःखी। (3.V, *मालविका.*)

आगे फैले कुरबक के फल-फूल आम्र मंजरियों से मिल रहे थे। इस समय परिणामाभिमुख वसन्त ऋतु का यह यौवन चित्त को चंचल किए दे रहा है। (4.V, *मालविका.*)

फूलों के गुच्छों से लदा हुआ यह सुनहला अशोक ऐसा जान पड़ता है मानों इसका भी किसी ने श्रृंगार कर दिया हो।

इस तपनीया शोक ने पुष्प विकसित करने में विलम्ब करके अच्छा ही किया। आज इसकी शोभा विलक्षण हो रही है। देखो- ज्ञात होता है कि जिन अशोक के वृक्षों ने पहले फूल कर वसन्तागमन की सूचना दी थी, उन सबने अपने-अपने फूल इस अशोक वृक्ष को दे दिए हैं, जिनके फूलने का उपाय कुछ दिन पहले किया गया था। (5.V, *मालविका.*)

कमलपत्र पर स्थित जलबिन्दु के समान हमारा हृदय काँपता है।

(V, *मालविका.*)

-कमल खिल जाता है। (6.I, *विक्रमो.*)

-वसन्त काल, लताओं से वसन्त काल की शोभा जा मिलती है। (14.I, *विक्रमो.*)

-कमलनाल। (20.I, *विक्रमो.*)

-प्रमदवन। (20.II, *विक्रमो.*)

-माधवी लता। (4.II, *विक्रमो.*)

–कुरबक का फूल। (7.II, *विक्रमो.*)

–लाल अशोक। (7.II, *विक्रमो.*)

–आम के पेड़। (7.II, *विक्रमो.*)

–पारिजात के फूल। (12.II, *विक्रमो.*)

–नन्दनवन का शीतल पवन। (12.II, *विक्रमो.*)

–कनेर की कली। (22.II, *विक्रमो.*)

–वसन्त ऋतु के बीत जाने पर जब ग्रीष्मकाल आएगा।

(III, *विक्रमो.*)

–कमल के समान। (IV, *विक्रमो.*)

–वर्षाकाल। (IV, *विक्रमो.*)

–कदली के पेड़। (15.IV, *विक्रमो.*)

–जामुन की शाखा। (IV, *विक्रमो.*)

–लाल अशोक। (62.IV, *विक्रमो.*)

अशोक पुष्प के समान वर्ण वाला मणि। (63.IV, *विक्रमो.*)

–मन्दार के फूलों से सुगन्धित। (65.IV, *विक्रमो.*)

पर्वत, समुद्र व नदियाँ

समुद्र : प्रकृति के उदाहरण से कामी पुरुषों की चतुराई का सुन्दर वर्णन है। दूसरे लोग केवल स्त्रियों का अधर-पान करते हैं, अपना अधर उन्हें नहीं पिलाते । लेकिन समुद्र इस बात में भी औरों से बढ़कर है क्योंकि जब नदियाँ ढीठ होकर चुम्बन, अधर-पान के लिए अपना मुख इसके आगे बढ़ाती हैं, तब वह बड़ी चतुराई से अपना तरंगरूपी अधर उनको पिलाता है और उनका अधरपान स्वयं करता है, जैसा कि *रघुवंशम्* के रचयिता उद्धृत करते हैं। (13, IX, *रघु.*)

चर्चित रचनाओं में उल्लिखित पर्वत, समुद्र तथा नदियों का संक्षिप्त विवरण इस प्रकार है:

- रामगिरि। (1, *पू. मेघ.*)
- कैलाश पर्वत। (11, *पू. मेघ.*)
- आम्रकूट पर्वत। (17, *पू. मेघ.*)

जंगलों के पके हुए आमों से। (18, *पू. मेघ.*)

आम्रकूट पर्वत। (19, *पू. मेघ.*)

- 'नीच' नाम की पहाड़ी। (27, *पू. मेघ.*)
- रेवा नदी। (20, *पू. मेघ.*)
- वेत्रवती नदी। (26, *पू. मेघ.*)
- निर्विन्ध्या नदी। (30, *पू. मेघ.*)
- सिन्धु। (31, *पू. मेघ.*)
- शिप्रा नदी की वायु। (33, *पू. मेघ.*)
- गन्धवती नदी। (37, *पू. मेघ.*)
- गम्भीरा नदी। (44, *पू. मेघ.*)
- चर्मण्वती नदी। (49, *पू. मेघ.*)
- देवगिरि पहाड़। (46, *पू. मेघ.*)
- आकाश गंगा। (47, *पू. मेघ.*)
- सरस्वती नदी। (53, *पू. मेघ.*)
- गंगा जी। (54, *पू. मेघ.*)
- यमुना जी। (55, *पू. मेघ.*)
- कैलाश। (62, *पू. मेघ.*)
- हिमालय। (1.I, *कुमार.*)
- सुमेरु पर्वत। (2.I, *कुमार.*)
- गिरिराज। (13.I, *कुमार.*)

- भागीरथी। (15.I, *कुमार.*)
- गंगाजी की धारा सींचती थी। (54.I, *कुमार.*)
- मन्दाकिनी। (44.II, *कुमार.*)
- तालाब की व्याकुल मछलियाँ। (39.IV, *कुमार.*)
- उसका गौरी शिखर नाम पड़ गया। (7.V, *कुमार.*)
- नदियों से आर्यावर्त्त जीवित हैं। (67.VI, *कुमार.*)
- गंगाजी विष्णु के चरणों से निकलकर अपने को महान मानती हैं। (70.VI, *कुमार.*)
- महाकोशी नदी। (33.VI, *कुमार.*)
- सुमेरू पर्वत पर पहुँचे। (22.VIII, *कुमार.*)
- मलय पर्वत। (25.VIII, *कुमार.*)
- गन्धमादन पर्वत। (28.VIII, *कुमार.*)
- गंगाजी शंकर जी की ही जलमयी मूर्ति हैं। (26.X, *कुमार.*)
- गंगाजी। (28.X, *कुमार.*), (30.X, *कुमार.*)
- सोने के सुमेरु पर्वत पर। (26.II, *कुमार.*)
- स्फटिकमयी कैलाश। (30.XI, *कुमार.*), (4.XII, *कुमार.*)
- सुमेरु पर्वत। (19.XIV, *कुमार.*)
- आकाश गंगा में भी अचानक बाढ़ आ गयी। (11.XV, *कुमार.*)
- आकाशगंगा के जल की फुहारों से भरे। (53.XVII, *कुमार.*)

गंगाजी की धारा। (26.II, रघु.)

गौरी के पिता हिमालय। (26.II, रघु.)

कैलाश पर्वत। (35.II, रघु.)

- भीतर ही भीतर जल बहाने वाली 'सरस्वती' नदी होती है। (9.III, रघु.)
- 'कपिशा' नदी। (38.IV, रघु.)

- 'महेन्द्र' पर्वत। (39.IV, रघु.)
- 'कावेरी' नदी। (45.IV, रघु.)
- 'ताम्रपर्णी'। (50.IV, रघु.)
- 'मलय' और दर्दुर पहाड़ियाँ। (51.IV, रघु.)
- सह्याद्रि। (53.IV, रघु.)
- 'मुरला' नदी। (55.IV, रघु.)
- 'त्रिकूट पर्वत'। (59.IV, रघु.)
- लौहित्य नदी। (81.IV, रघु.)
- गंगाजी की फुहारों। (73.IV, रघु.)
- कैलाश पर्वत। (28.V, रघु.)
- नर्मदा नदी। (42.V, रघु.)
- ऋक्षवान पर्वत। (44.IV, रघु.)
- मन्दार पर्वत। (23.VI, रघु.)
- गोवर्धन पर्वत। (51.VI, रघु.)
- सुन्दर लहरों वाली रेवा। (43.VI, रघु.)
- 'जाह्नवी' जलनिधि। (85.VI, रघु.)
- 'शिप्रा' नदी की ठंडी वायु रहती है। (35.VI, रघु.)
- शोणनद गंगा की धार। (36.VII, रघु.)
- गंगा और सरयू का संगम। (95.VIII, रघु.)
- तमसा और सरयू के तट पर। (20.IX, रघु.)
- तमसा नदी। (72.IX, रघु.)
- सात प्रकार के समुद्र। (21.X, रघु.)
- गंगा की सभी धारायें समुद्र में जा गिरती हैं। (26.X, रघु.)
- गंगाजी के तट पर नीलकमल। (69.X, रघु.)

- कैलाश पर्वत। (89.XII, रघु.)
- गोदावरी नदी। (33.XIII, रघु.)
- पञ्चाप्सर सरोवर। (38.XIII, रघु.)
- गंगाजी सुशोभित हैं। (48.XII, रघु.)
- चित्रकूट पर्वत। (48.XII, रघु.)
- गंगा और सरयू के गर्म जल। (3.XIV, रघु.)
- हिमालय। (3.XIV, रघु.)
- विन्ध्याचल की चोटी। (8.XIV, रघु.)
- कैलाश नाथ। (20.XIV, रघु.)
- भागीरथी। (28.XIV, रघु.)
- सरयू में नावें चल रही हैं। (30.XIV, रघु.)
- गंगा। (52.XIV, रघु.)
- सरस्वती। (80.XV, रघु.)
- समुद्र की करधनी। (83.XV, रघु.)
- सरयू के तट पर। (95.XV, रघु.)
- सरयू के तट पर। (21.XVI, रघु.)
- मलय पर्वत से आने वाली दक्षिणी पवन। (4-3.XIX, रघु.)

गोदावरी नदी। (I, *अभि. शा.*)

मालिनी नदी। (I, *अभि. शा.*)

सोमतीर्थ। (I, *अभि. शा.*)

मालिनी नदी की लहरों। (5.III, *अभि. शा.*), (17.V, *अभि. शा.*)

शचीतीर्थ। (V, *अभि. शा.*)

आकाशगंगा। (6.VII, *अभि. शा.*)

समुद्र। (VII, *अभि. शा.*)

हेमकूट पर्वत। (VII, *अभि. शा.*)

अप्सरातीर्थ। (VII, *अभि. शा.*)

नदी धारा को प्यासे पथिक की भाँति तुम्हारे आश्वासन पर अपनी प्रियतमा को समीप में प्राप्त कर मेरा यह उत्कण्ठित हृदय प्रफुल्लित हो रहा है। (6.III, *मालविका.*)

यह इरावती- मेघमाला जिस प्रकार विद्युन्माला से विन्ध्यपर्वत को प्रताड़ित करती है, उसी प्रकार सक्रोध एवं साश्रुनयना यह इरावती उपेक्षापूर्वक पतित मेखला से मेरे ऊपर प्रहार करना चाह रही है। (21.III, *मालविका.*)

यह है समुद्र गृह। (IV, *मालविका.*)

वह घोड़ा जब सिन्धु नदी के दक्षिण तट पर चर रहा था, तो घुड़सवार सेना के एक यवन ने उसे पकड़ लिया। (V, *मालविका.*)

- हेमकूट पर्वत पर स्थित ये आपकी सखियाँ। (12.I, *विक्रमो.*)
- हेमकूट पर्वत की चोटी पर लता की शाखा। (I, *विक्रमो.*)

- जैसे प्रयाग का संगम देखने की इच्छा वाले पुरुष को गंगा के बिना केवल अकेली यमुना अच्छी नहीं लगती, वैसे ही अपनी सखी उर्वशी के बिना तुम भी अच्छी नहीं लग रही हो। (14.II, *विक्रमो.*)

मन्दाकिनी के तट पर। (IV, *विक्रमो.*)

वन्यजीव, पशु-पक्षी

भ्रमर-पक्षीगण : पूरे वातावरण को मधुरतम बनाने में कोयल एवं भ्रमर का योगदान भी रेखांकित है। *ऋतुसंहारम्* में उल्लेख है कि काम की अधिकता से खिन्न शरीर वाली स्त्रियाँ, चैत्रमास में कोयलों के मीठे स्वरों के साथ जनों के चित्तों को मोहती हैं। (26.VI; *ऋतु.*)

कामी पुरुष कोयल को कामदेव की दूती कहते हैं। (25.IV, *विक्रमो.*)

चैत्रमास में ही भ्रमरों के मीठे गुंजार के साथ कामिनी स्त्रियाँ सहृदयों के चित्त को आकर्षित कर देती हैं। (26.VI; *ऋतु.*)

भ्रमरों को मधुर शब्द करने वाला बताया गया है। (14.II, *ऋतु.*)

रघुवंशम् में उल्लेख है कि बंद आँखों में पुतलियाँ घूम रही हैं और तालाबों में कमलों के भीतर भ्रमर गुंजायमान ह। (68.V, *रघु.*)

–हंस (5.I, *ऋतु.*)
–हिरण (11.I, *ऋतु.*)
–मोर (13.I, *ऋतु.*)
–बलहीन सिंह (14.I, *ऋतु.*)
–शेर (15.I, *ऋतु.*)
–हाथियों (14.I, *ऋतु.*)
–शूकरसमूह (17.I, *ऋतु.*)
–मेढकों का झुण्ड (18.I, *ऋतु.*)
–सर्प (18.I, *ऋतु.*)
–मछलियाँ (19.I, *ऋतु.*)
–भयभीत सारस (19.I, *ऋतु.*)
–मेढक (20.I, *ऋतु.*)
–फेन तथा तारयुक्त मुखवाली कुछ भैसें (21. I, *ऋतु.*)
–विहग (23.I, *ऋतु.*)
–बन्दरों का झुण्ड (23.I, *ऋतु.*)
–चमरीमृग (23.I, *ऋतु.*)
–चमरी मृग और शरभगण (23.I, *ऋतु.*)
–हिरण (25.I, *ऋतु.*)

-हाथी (27.I, ऋतु.)
-मत्त हाथियोंवाला (1.II, ऋतु.)
-चातक पक्षी (3.II, ऋतु.)
-मयूर कुल (6.II, ऋतु.)
-विचित्र नीले रंगवाले मृग (8.II, ऋतु.)
-कीड़े-मकोड़े (3.II, ऋतु.)
-साँप (13.II, ऋतु.)
-मेढकों का झुण्ड (3.II, ऋतु.)
-मधुर शब्द-श्रवण करने वाले भ्रमर गण (4.II, ऋतु.)
-भ्रमरों का झुंड (15.II, ऋतु.)
-मदमत्त हाथी (15.II, 19.II, ऋतु.)
-नाचते मयूर (9.II, ऋतु.)
-बन्दर चुपचाप (9.II, ऋतु.)
-हंस (1.III, ऋतु.)
-हंसों के समीप (13.III, ऋतु.)
-हंसों से नदियों के जल (2.III, ऋतु.)
-हंसों का कलरव (8.III, ऋतु.)
-मछली (3.III, ऋतु.)
-मन्दोन्मत्त भौंरे (6.III, ऋतु.)
-सारस (18.III, ऋतु.)
-बत्तखों की चोंच से दो भागों में विभक्त तरंग रूपी मालायें। (8.III, ऋतु.)
-हंसयुग्म (1.III, ऋतु.)
-बगुले (12.III, ऋतु.)

-मोरगण (12.III, ऋतु.), (13.III, ऋतु.)

-हिरणियों (14.III, ऋतु.)

-गाय, हंस और सारस (16.III, ऋतु.), (7.III, ऋतु.)

-राजहंस (21.III, ऋतु.), (26.III, ऋतु.)

-हंस के कलरव (27.III, ऋतु.)

हेमंतवर्णनम्

-मृगी गणों। (8.IV, ऋतु.)

-क्रौंच पक्षियों के कलरव। (8.IV, ऋतु.)

-कलहंस। (9.IV, ऋतु.)

-क्रौंच पक्षियों के गीतों से व्याप्त। (19.IV, ऋतु.)

शिशिर वर्णनम्

-क्रौञ्च पक्षियों के कलरव से शोभायमान। (1.V, ऋतु.)

वसन्त वर्णनम्

-भौंरे (1.VI, ऋतु.)

-कोकिलपक्षी। (16.VI, ऋतु.)

-भ्रमर-भ्रमरियों। (16.VI, ऋतु.)

मदवाले भौरों द्वारा चूमी हुई। (19.VI, ऋतु.)

-शुक की चोंच। (22.VI, ऋतु.)

-कोयलों की कूक। (23.VI, ऋतु.)

-कोयल और भौरों के मधुर गुंजार। (26.VI, ऋतु.)

-कोयलों के गीत। (29.VI, 8.VI, ऋतु.)

-कोयलों की कूकें। (31.VI, ऋतु.)

-मदमाती कोयल की कूक। (35.VI, ऋतु.)

-भौरों की मदमस्त गुंजार। (34.VI, 36.VI ऋतु.)

–कोयल (37.VI, ऋतु.)
–हाथी (2, पू. मेघ.)
–राजहंस (11, पू. मेघ.)
–हाथी (21, पू. मेघ.)
–चातक (23, पू. मेघ.)
–चातकियों (23, पू. मेघ.)
–मोर (24, पू. मेघ.)
–सारसों की मीठी बोली (33, पू. मेघ.)
–मोर (36, पू. मेघ.)
–चपल मछली (44, पू. मेघ.)
–मोर (48, पू. मेघ.)
चमरी गाय (57, पू. मेघ.)
–मतवाले भौरें (3, उ. मेघ.)
–हंसों की पाँतें (3, उ. मेघ.)
–चमकीले पंखों वाले पालतू मोर (3, C. मेघ.)
–काले–काले घोड़ों (13, उ. मेघ.)
–भौरों (14, उ. मेघ.)
–जुगनुओं (21, उ. मेघ.)
–चकवी (23, उ. मेघ.)
–चकित हरिणी (46, उ. मेघ.)
–पपीहा (57, उ. मेघ.)
–हाथी (9.I, कुमार.)
–भौरों का झुण्ड (27.I, कुमार.)
–राजहंसों ने (34.I, कुमार.)

–हरिणियों से सीखी (46.I, *कुमार.*)

–नील गायें (56.I, *कुमार.*)

–वासुकी आदि सर्प (38.II, *कुमार.*)

–इन्द्रगज (ऐरावत) (50.II, *कुमार.*)

–उड़ते हुए भौंरे (30.III, *कुमार.*)

–मतवाले हिरण (31.III, *कुमार.*)

–कोकिल का मीठा कंठ स्वर। (32.III, *कुमार.*)

–भौंरा अपनी प्यारी भौंरी के साथ। (36.III, *कुमार.*)

–कृष्णसारमृगा द्वारा मृगी को सींग से खुजलाना। (36.III, *कुमार.*)

–हथिनी बड़े प्रेमपूर्वक अपने हाथी को पिलाने लगी। (37.III, *कुमार.*)

–चकवा कमलनाल चकवी को देने लगा। (37.III, *कुमार.*)

–कोयल की मीठी कूक का गूँजन। (14.IV, *कुमार.*)

–कोयल के मधुर आलाप। (16.IV, *कुमार.*)

–सरोवर की व्याकुल मछलियाँ। (39.IV, *कुमार.*)

–चक्रवाक (चकवे और चकवी) का जोड़ा। (26.IV, *कुमार.*)

–शेषनाग। (68.VI, *कुमार.*)

–मछलियाँ। (26.VIII, *कुमार.*)

–चकवी–चकवे। (32.VIII, *कुमार.*)

–कमलों में बंद भौरें। (33.VIII, *कुमार.*)

–चंद्रमा के समान उजला कबूतर। (3.IX, *कुमार.*)

–हरिण (10.XIV, *कुमार.*)

–घोड़े (19.XIV, *कुमार.*)

–हाथी (19.XIV, *कुमार.*)

–मृगराज (27.XIV, *कुमार.*)

–मतवाले हाथियों की चिग्घाड़।।(33.XIV, *कुमार.*)

–घोड़ों की हिनहिनाहट। (33.XIV, *कुमार.*)

–मस्त मोर (35.XIV, *कुमार.*)

–हंस (35.XIV, *कुमार.*)

–राजहंस (36.XVII, *कुमार.*)

मयूर अपने बसेरों की ओर और हिरण थककर हरी घासों पर बैठे हैं। (17.II, रघु.)

मयूर अपना मुँह उठाकर दुहरे मनोहर 'षडज' शब्द कर रहे हैं। (39.I, रघु.)

आकाश में उड़ते हुए मीठे बोलने वाले बगुले, जो एक पांत में उड़ते हुए ऐसे दीखते थे कि मानो खम्भे के बिना ही आकाश में 'बन्दवार' टंगी हो। (41.I, रघु.)

–आसपास के वृक्षों पर अगणित मतवाले पक्षी चहक रहे हैं। (9.II, रघु.)

–बड़े-बड़े थनों वाली करोड़ों गायों को देकर तुम उन्हें राजी कर सकते हो। (49.II, रघु.)

–'चकवा-चकई' के समान प्रगाढ़ प्रेम था। (24.III, रघु.)

–गाय का बछड़ा बड़ा होकर बैल हाथी का बच्चा बढ़ कर 'गजराज'। (32.III, रघु.)

–'पपीहा' भी बिना जलवाले बादलों से पानी नहीं माँगता। (17.V, रघु.)

–सैकड़ों ऊँटों और खच्चरों। (32.V, रघु.)

–जंगली हाथी। (43.V, रघु.)

–झुण्ड के झुण्ड भौरें। (43.V, रघु.)

–मोर के शब्दों से मेघों का स्वागत। (69.VII, रघु.)

–चकवे को चकवी प्रातः मिलती। (56.VIII, रघु.)

–मौन भौरों से भरे। (55.VIII, रघु.)

–मीठी बोली कोयल। (59.VIII, रघु.)

–मंदगति कलहंसिनियाँ। (59.VIII, रघु.)

–चंचल चितवन हरिणियाँ। (59.VIII, रघु.)

–भौरे गूँजने लगे और कोयल की कूक सुनायी दी। (26.IX, रघु.)

–भौरें और हंस मंडराने लगे। (27.IX, रघु.)

–'रुरु' जाति के हिरण। (51.IX, रघु.)

–घोड़े तुरंग। (51.IX, रघु.)

–गर्वीला काला हिरण। (55.IX, रघु.)

–द्रुतगामी घोड़े। (56.IX, रघु.)

–चमरमृगों और घोड़े। (66.IX, रघु.)

–मृग। (43.XIII, रघु.)

–'ऐरावत' सदृश बलवान हाथी। (32.XVII, रघु.)

–पिञ्जरे के सुग्गे। (20.XVII, रघु.)

–भौरें। (4.I, *अभि. शा.*)

–कालेमृग। (6.I, *अभि. शा.*)

–मृग। (6.I, *अभि. शा.*)

–मृग। (8.I, *अभि. शा.*)

–यह आश्रम का मृग है। (10.I, *अभि. शा.*)

–मृग छौना। (15.I, *अभि. शा.*)

–घोड़े। (I, *अभि. शा.*)

–सुग्गो के घोंसले। (14.I, *अभि. शा.*)

–हरिणियाँ। (25.I, *अभि. शा.*)

-घोड़ों की टाप। (30.I, *अभि. शा.*)

-टिड्डी दल। (30.I, *अभि. शा.*)

-जंगली हाथी। (31.I, *अभि. शा.*)

-हरिणों के झुंड। (31.I, *अभि. शा.*)

-मृग। (II, *अभि. शा.*)

-सूअर। (II, *अभि. शा.*)

-सिंह। (II, *अभि. शा.*)

-हिरण। (3.II, *अभि. शा.*)

-भैंसे। (6.II, *अभि. शा.*)

-हरिण। (6.II, *अभि. शा.*)

-सूअर। (6.II, *अभि. शा.*)

-सुग्गे की छाती । (III, *अभि. शा.*)

-भौंरा। (22.III, *अभि. शा.*)

-हरिणी। (12.IV, *अभि. शा.*)

-मृग। (14.IV, *अभि. शा.*)

-मोर। (12.IV, *अभि. शा.*)

-चकवे-चकवी। (16.IV, *अभि. शा.*)

-भ्रमर। (V, *अभि. शा.*)

-गजराज। (5.V, *अभि. शा.*)

-शकुन्तला पुत्र सदृश पालित मृग। (14.IV, *अभि. शा.*)

-मछली। (VI, *अभि. शा.*)

-हाथी। (VI, *अभि. शा.*)

-कोयल। (VI, *अभि. शा.*)

-रोहू मछली। (1.VI, *अभि. शा.*)

–हंस के जोड़े। (17. VI, *अभि. शा.*)

–मृग। (17. VI, *अभि. शा.*)

–भौंरा। (VI, *अभि. शा.*)

–दीमक। (11.VII, *अभि. शा.*)

–साँप। (11.VII, *अभि. शा.*)

–चिड़िया। (11.VII, *अभि. शा.*)

–हंस आँख मूँदकर विश्राम कर रहे हैं। धूप से भवन ऐसा तप गया है कि छज्जों पर कबूतर तक नहीं बैठ रहे हैं। चलते हुए रहट से उछलती हुई पानी की बूँदें पीने के लिए मोर उसके चारों ओर चक्कर काट रहे हैं और सूर्य अपनी सब किरणें लेकर उसी प्रकार चमक रहा है जैसे आप अपने सम्पूर्ण राजसी गुणों से चमक रहे हैं। (12.II, *मालविका.*)

–मतवाले कोकिलों की कानों को सुहानेवाली कूकों में मानों वसन्त ऋतु मुझ पर दया दिखलाते हुए पूछ रही हो। (4.III, *मालविका.*)

–सारस पक्षी के कलरव से वृक्ष की झुरमुट में छिपी नदी धारा को प्यासे पथिक की भाँति तुम्हारे आश्वासन पर अपनी प्रियतमा को समीप में प्राप्त कर मेरा यह उत्कण्ठित हृदय प्रफुल्लित हो रहा है। (6.III, *मालविका.*)

–जो बिल्ली के पंजे में पड़ी हुई कोयल का होता है।

(1.IV, *मालविका.*)

–मधुरभाषिणी कोयल और भ्रमरी, दोनों को प्रचण्ड पुरवाई और असमय की वर्षा ने पेड़ के कोटर में बन्द कर दिया। (2.IV, *मालविका.*)

–साँप ने काट लिया है। (IV, *मालविका.*)

–विष–वैद्य की आवश्यकता है। (IV, *मालविका.*)

–मृगशावक चर रहा है। (IV, *मालविका.*)

–पीले बन्दर ने भयभीत कर दिया। (IV, *मालविका.*)

–हाथी, घोड़े। (IV, *मालविका.*)

–कोयल की सुन्दर कूक सुनते हुए। (1.V, *मालविका.*)

–मैं चक्रवाक के तुल्य हूँ, मेरी प्रिया चक्रवाकी के समान साथ ही है। हम दोनों को मिलने से रोकने वाली यह धारिणी रात्रि सदृश है। (9.V)

–जिस प्रकार अंशुमान् ने घोड़ा लौटा दिया। (V, *मालविका.*)

–फूलों के रसपान से मदमत्त भौरों की गुंजार। (3.I, *विक्रमो.*)

–कोयल की नशीली कुक। (3.I, *विक्रमो.*)

–गरुड़। (5.I, *विक्रमो.*)

–घोड़े। (5.I, *विक्रमो.*)

–हरिण। (I, *विक्रमो.*)

–सिंह की दहाड़ : हाथियों की घबड़ाहट। (17.I, *विक्रमो.*)

–वानर। (II, *विक्रमो.*)

–भौरां। (22.II, *विक्रमो.*)

–शुक (तोता)। (22.III, *विक्रमो.*)

–हंसिनियाँ आँखों से आँसू बहाते हुए। (2.IV, *विक्रमो.*)

–उत्सुक हँसी विकसित कमलों के कारण। (4.IV, *विक्रमो.*)

–कोयल की बोली और भौंरों के गीतों। (12.IV, *विक्रमो.*)

–उसकी चाल हंस के सदृश। (20.IV, *विक्रमो.*)

–मोर की शोभा। (22.IV, *विक्रमो.*)

–पक्षियों में कोयल सबसे चतुर होती है। (IV, *विक्रमो.*)

–चकवी। (39.IV, *विक्रमो.*)

–भौरे। (40.IV, *विक्रमो.*)

–गजराज। (IV, *विक्रमो.*)

–हथिनी के वियोग से संतप्त हाथी वन में घूम रहा है, जिस पर मदगंध से मतवाले भौरें मंडरा रहे हैं। (43.IV, *विक्रमो.*)

–गजराज। (46.IV, *विक्रमो.*)

–कृष्णसार मृग। (57.IV, *विक्रमो.*)

मृग के छौने ने रोक लिया। (58.IV, *विक्रमो.*)

भगवानमुनि मेरे ऊपर कृपा कर रहे हैं। (IV, *विक्रमो.*)

–मोर, कोयल, हंस, चकवा, भौंरा, हाथी, हिरन– तुम्हारे विरह के कारण रोते–रोते वन में घूमते हुए। (72.IV, *विक्रमो.*)

–मणिकष्ठक नामक मोर को यहाँ भेज दीजिएगा। (13.V, *विक्रमो.*)

अयमसौ सुरभिकन्दरो नाम विशेषरमणीय। (IV, *विक्रमो.*)

–पर्वतराज। (50.IV, *विक्रमो.*)

–गंगा से मिलने की उत्सुकता वाली सुन्दर नदी। (53.IV, *विक्रमो.*)

❖❖❖

॥ नवम अध्याय ॥

स्त्री एवं स्वयंवर: विवाह एवं संस्कृति

'अभिज्ञानशाकुन्तलम्' नाटक के अनुसार राजाओं की कई रानियाँ होती थीं, कोई पटरानी, तो कई सह-रानियाँ। शकुन्तला को लेकर उसकी प्रिय सखी अनुसूया की माने तो, सखियाँ सदैव सतर्क रहती थीं, ताकि कि उनके परिजनों को पछताना न पड़े। (III, *अभि.शा.*)

'बहुवल्लभ' अर्थात् राजाओं की बहुत सी पत्नियों का होना- अभिप्राय पूर्ण है। यह भी स्मरण रहे कि बहुपत्नी की अवस्था में स्त्रियों के लिए यह आवश्यक था कि वह अपने सौतों/सह-रानियों से प्रसन्नतापूर्वक व्यवहार करें, क्योंकि यदि वे इन पर वे क्रोध करेंगी तब सामाजिक परिहास होगा और उनकी प्रतिष्ठा पर प्रश्न चिन्ह लगेगा। इस हेतु *मालविकाग्निमित्रम्* का निम्न प्रसंग द्रष्टव्य है। (IV, *मालविका.*)

अर्थात् स्त्री के सौभाग्य का मर्यादित विभाजन यदि किसी अन्य स्त्री को मिल रहा हो तो वह स्वीकार्य था। *मालविकाग्निमित्रम्* की परिव्राजिका के शब्दों में - साध्वी, ललनाएँ, अपनी सौतों के द्वारा भी पति की प्रसन्नता व संतुष्टि का संपादन करती ही हैं। (19.V, *मालविका.*)

अभिज्ञानशाकुन्तलम् ने भी 'ययाति के प्रसंग में इस तरह का वर्णन किया है। शर्मिष्ठा के पुत्र 'पुरु' की ही भाँति शकुन्तला को भी चक्रवर्ती पुत्र की प्राप्ति हो। (7.IV, *अभि.*)

अभिज्ञानशाकुन्तलम् में दुष्यन्त-शकुन्तला का पुत्र सर्वदमन भरत, जिससे देश का नाम 'भारत' पड़ा; *विक्रमोर्वशीयम्* में अप्सरा उर्वशी पुत्र आयुषकुमार, *मालविकाग्निमित्रम्* में अग्निमित्र की दो रानियाँ थीं-धारिणी पटरानी थीं जबकि

इरावती अग्निमित्र की दूसरी रानी थी तथा वह संतानहीन भी थी। उसका महत्व अत्यन्त सीमित था और वह स्वयं विलाप करती है। (IV, *मालविका.*)

अर्थात् मैं महाराज पर कुद्ध होकर ही क्या कर सकती हूँ? जबकि पटरानी धारिणी से वसुमित्र नामक मेधावी यशस्वी पुत्र तथा पुत्री के रूप में वसुलक्ष्मी प्राप्त हुई। *मालविकाग्निमित्रम्* का कथन द्रष्टव्य है।

(16.V, *मालविका.*)

अर्थात् भाग्य से पुत्र विजय के कारण, महाराज दम्पति का उदय हो रहा है। (V, *मालविका.*)

अर्थात् भगवति! मेरा पुत्र पिता के अनुरूप ही हुआ है, अतएव मैं संतुष्ट हूँ।

पार्वती विवाह

कुमारसंभव में पार्वता विवाह का रोचक वर्णन है। इसके अनुसार सर्वप्रथम उन्होंने दूब के अंकुरों और सरसों के दाने से उनका शृंगार किया। फिर नाभि तक ऊँची रेशमी साड़ी पहनाकर, उसमें एक बाण खोंस दिया गया। इस प्रकार तेल–उबटन लगाकर सजावट पूरी कर दी गई। विवाह का नया बाण कमर में खोंसकर पार्वती जी ऐसी सुन्दर लगने लगीं, जैसे शुक्ल पक्ष में सूर्य की किरणें पाकर चन्द्रमा चमक उठता है। तब सुहागिन स्त्रियों ने उनके शरीर पर लगे तेल को लोध की बुकनी से सुखाया और कुछ गीले तथा सुगन्धित लेप से उनका शरीर रंगा।

सुडौल अंगों वाली पार्वती जी का निचला ओठ ऊपर के ओठ से एक रेखा के द्वारा अलग लगा प्रतीत हो रहा था, जिस पर लगी हुई चिकनाई ने और भी लाली बढ़ाकर, उसे सुन्दर बना दिया था और जिसकी सुन्दरता फैलने ही वाली थी, वह ओठ जब फड़कता था, उस समय की शोभा अनिर्वचनीय थी।

आनन्दातिरेक से मैना की आँखों में आँसू उमड़ आए। अतएव ठीक-ठीक न देख सकने के कारण उन्होंने पार्वती जी के हाथ में बँधने वाला कंगन वहाँ न बाँधकर कहीं अन्यत्र बाँध दिया। बाद में उनकी धाय ने अपनी उँगलियों से उस कंगन को खिसकाकर ठीक स्थान पर कर दिया। रेशमी साड़ी पहने और हाथ में दर्पण लिए, उतराते हुए फेन वाली क्षीर समुद्र की लहर एवं चन्द्रयुक्त शरद की रात्रि जैसी दिखने लगीं।

विवाह के रीति-रिवाज से अनभिज्ञ मैना ने अपने कुल का यश बढ़ाने वाली पार्वती जी से कुलदेवताओं को प्रणाम करवाकर, सब सखियों के चरण स्पर्श कराए। तब लाज से सकुचाती हुई पार्वती को सब सखियों ने यह आशीर्वाद दिया कि 'तुम्हारे पति तुम्हें सदा तन-मन से प्यार करें।' परन्तु पार्वती जी ने भगवान शंकर के आधे शरीर में बस कर अपनी सखियों के सभी आशीर्वाद पीछे छोड़ दिए।

उधर हिमालय ने भी बड़े उत्साह तथा वैभव के अनुरूप पार्वती जी के विवाह के सब उपकरण जुटा लिए और फिर सभा में बैठकर भगवान शंकर के आगमन की राह देखने लगे।

उसी समय कैलाश पर्वत पर भी सप्त मातृकाओं ने शृँगार की वह सब सामग्री महादेव जी के आगे रख दी, जो उनके पहले विवाह में काम आई थी। माताओं का आदर करने के लिए शिव जी ने उन मंगल-शृँगार की सामग्रियों को केवल स्पर्श किया, पहना नहीं। अपनी शक्ति से ही उन्होंने अपने वेश को विवाह के योग्य बना लिया। उनके लिए चिंता की भस्म का उजला अंगराग, कपाल सिर का सुन्दर आभूषण और गज चर्म ही, ऐसा सुन्दर रेशमी वस्त्र बन गया, जिसके आँचलों पर गोरोचन से छपाई की हुई थी। उनके माथे पर पीली पुतली वाला चमकता हुआ जो तृत्तीय नेत्र था, वही सुन्दर तिलक के रूप में परिणत हो गया। उनके अंगों में जो बहुत-से साँप लिपटे हुए थे, वे भी उन-उन अंगों के आभूषण बन गए। किन्तु उनके फणों पर जो मणियाँ थीं, वे ज्यों की

त्यों चमकती रहीं। उनके मुकुट पर सदा विद्यमान रहने वाला, जो बाल-चन्द्र दिन में भी अपनी किरणें चमकाता था और जिसके छोटे होने से उसका कलंक दिखलाई नहीं देता था, वह चन्द्रमा ही उनका चूड़ामणि बन गया, तब वे दूसरा चूड़ामणि लेकर क्या करते?

श्री महादेव के आगे-आगे चलने वाले गणों ने, जो मंगलमयी तुरही बजायी तो उसकी ध्वनि ने देवताओं के विमानों की छतों पर गूँजकर उन्हें यह सूचना दी कि अब सबको अपने-अपने काम में जुट जाना है। तत्काल सूर्य ने विश्वकर्मा के हाथ का बना नया छत्र लेकर शिव जी के ऊपर लगा दिया। उस समय शिव जी के सिर के पास छत्र से लटका हुआ कपड़ा ऐसा दिख रहा था, मानों उनके सिर पर गंगा जी की धारा गिर रही हो। गंगा और यमुना भी मूर्तरूप में प्रकट होकर महादेव जी पर चँवर ढुलाने लगीं। वे चँवर ऐसे दिखते थे, मानों हंस उड़ रहे हों।

वर-कन्या दोनों पक्षवालों का कोलाहल दूर तक सुनायी दे रहा था और वे जब नगर के खुले फाटकों वाले द्वार पर आकर मिले तो ऐसे लगने लगा, मानो बाँध टूट जाने पर जल की दो धाराएँ आकर परस्पर मिल गई हों। पहले शंकर जी ने जब हिमालय को प्रणाम किया तो वे लाज से मानो गड़ गए, परन्तु उन्हें यह ज्ञात नहीं हुआ कि प्रणाम करने के पहले शिव जी की महिमा से ही उनका सिर झुक चुका था। इस विषय में हिमालय बहुत प्रसन्न थे। वे आगे-आगे चलकर उस सम्पन्न नगर में अपने जामाता को उस मार्ग से ले गए, जहाँ बाज़ार के मार्ग में टखनों तक फूल बिछे थे।

इस समय महादेव जी के दर्शन के लिए उतावली नगर की सुन्दरियाँ अपना सब काम-काज छोड़, अपने-अपने भवनों की छतों पर चली गईं। एक स्त्री ज्यों ही खिड़की की ओर हड़बड़ी में भागी, कि उसके जूड़े में बँधी हुई फूल की माला खुल गई और वह उसे अपने हाथ में थामे ही चली गई क्योंकि उसे बाँधने की सुध ही नहीं रही।

एक स्त्री अपने पैर में महावर लगवा रही थी, उसे यों ही छुड़ा कर वह खिड़की के पास तक अपने महावर लगे पैरों की छाप बनाती हुई दौड़ पड़ी। एक स्त्री अपनी दाई आँख में काजल लगा चुकी थी, परन्तु बाँई आँख में काजल लगाए बिना और हाथ में सलाई लिए हुए ही खिड़की की ओर चल पड़ी।

उस नगर की स्त्रियाँ सुध-बुध भूलकर इस तरह टकटकी लगाकर देखती हुई शिव जी को अपने नेत्रों से पी रही थीं, जैसे उनकी सब इन्द्रियाँ आँखों में ही समा गयी हों। उन्होंने सोचा, कि ऐसे उत्तम वर के लिए सुकुमार पार्वती का तप करना उचित ही था। क्योंकि ये इतने सुन्दर हैं कि जो स्त्री इनकी दासी हो, वह भी धन्य हो जाए। फिर जो इनकी गोद में सोये, उसका कहना ही क्या है। सौन्दर्य में एक-दूसरे से बढ़े-चढ़े इस जोड़े का, यदि विवाह न होता तो हम यही समझती कि ब्रह्मा जी ने इन दोनों का रूप बनाने में जो परिश्रम किया, वह सब व्यर्थ हो गया। अब हम समझ रही हैं कि इन्होंने कामदेव को क्रोध करके नहीं भस्म किया था, बल्कि कामदेव ही इनकी सुन्दरता देखकर ईष्या के कारण स्वयं भस्म हो गया।

हे सखी! पर्वतेश्वर हिमवान बड़े भाग्यशाली हैं। एक तो पृथ्वी धारण करने से उनका मस्तक वैसे ही ऊँचा हो गया था, उस पर अपने मनचाहे वर, शंकर जी से सम्बन्ध करके उनका सिर और भी उन्नत हो जाएगा।

औषधिप्रस्थ नगर की स्त्रियों की ऐसी मीठी-मीठी बातें सुनते हुए महादेव जी हिमालय के उस घर में पहुँचे, जहाँ इतनी भीड़ थी कि कुमारियों ने मंगलाचार के लिए जो धान के लावे फेंके थे, वे वहाँ के लोगों के भुजबन्धों की रगड़ से ही पिसकर चूर-चूर हो गए। वहाँ पहुँचने पर भगवान विष्णु ने हाथ का सहारा देकर, महादेव जी को इस प्रकार बैल से उतारा, जैसे शरद् ऋतु के उजले बादलों से सूर्य को उतारा गया हो। वहाँ से चलकर वे हिमालय के भवन की उस भीतरी कोठी में पहुँचे, जहाँ ब्रह्मा जी पहले से ही विराजमान थे। उनके पीछे-पीछे इन्द्र आदि देवता, सप्तर्षियों के साथ सभी महर्षि और महादेव जी

के सभी गण, हिमालय के घर में उसी प्रकार गये, जैसे किसी काम के प्रारम्भ हो जाने पर उसके पीछे और भी बहुत से बड़े-बड़े काम सिद्ध हो जाते हैं।

पार्वती जी और शंकर जी के नेत्र थोड़ी देर के लिए मिलते और फिर हट जाते थे। इस प्रकार वे दोनों एक-दूसरे को प्रेमपूरित नेत्रों से देखते थे, किन्तु उनके हृदय में फिर बड़ी लज्जा आ जाती थी, कि हमें ऐसा करते देख लोग क्या कहेंगे। तभी हिमालय ने पार्वती जी का हाथ आगे बढ़ाकर शंकर जी के हाथ पर रख दिया। पार्वती जी का वह लाल-लाल उँगलियों वाला हाथ ऐसा दीख रहा था कि जैसे महादेव जी के डर से छिपे हुए कामदेव के अंकुर फिर से निकल रहे हों। इस प्रकार उनके हाथ पकड़ते ही पार्वती जी को रोमाँच हो आया और महादेव जी की उँगलियों से भी पसीना निकलने लगा। इससे ऐसा जान पड़ा कि मानो इन दोनों का हाथ मिलाकर कामदेव ने दोनों को एक साथ अपने अधीन कर लिया हो।

विवाह के समय जिन पार्वती और शंकर जी का स्मरण किए जाने पर वे वधू और वर की शोभा बढ़ाते हैं, उन्हीं पार्वती और शंकर जी का जब स्वयं ही विवाह हो रहा है, तब उनकी शोभा का कहना ही क्या अग्नि का फेरा देते समय पार्वती और शंकर जी इस प्रकार शोभित हुए, जैसे रात और दिन दोनों मिलकर सुमेरु पर्वत की प्रदक्षिणा कर रहे हों। पार्वती और शंकर जी आँख मूँदकर एक-दूसरे के स्पर्श का आनन्द लेते हुए अग्नि की प्रदक्षिणा कर रहे थे। जलती हुई अग्नि के जब तीन फेरे हो गए, पुरोहित ने अग्नि में धान के लावा का हवन कराया।

तभी पुरोहित ने पार्वती जी से कहा- वत्से! यह अग्नि तुम्हारे विवाह का साक्षी है। आज से तुम सब प्रकार के संशय छोड़कर शिव जी के साथ सदा धर्म के काम करते रहना। पार्वती जी ने आँखों तक अपने कान फैलाकर पुरोहित की बात को वैसे ही आदर से ले लिया, जैसे गर्मी से तपी हुई धरती वर्षा की पहली फुहार को पी लेती है।

जब शंकर जी ने सदा स्थायी ध्रुव की ओर देख कहा, तब पार्वती जी ने ऊपर मुँह उठाकर बहुत लजाते हुए किसी प्रकार इतना भर कहा- 'हाँ, देख लिया।' इस प्रकार कर्मकाण्ड के विज्ञ पुरोहित ने संसार के माता-पिता, शिव-पार्वती का विवाह-कार्य पूरा कर दिया। तब कमल के आसन पर बैठे हुए पितामह ब्रह्मा जी को वर-वधू दोनों ने प्रणाम किया। तब ब्रह्मा जी ने बहू को आशीर्वाद देते हुए कहा- हे कल्याणी! तुम वीरपुत्र की माता बनो। किन्तु वाणी के स्वामी होते हुए भी ब्रह्मा जी यह नहीं समझ सके कि सब इच्छाओं से ऊपर रहने वाले शंकर जी को हम कौन-सा आशीर्वाद दें।

तदनन्तर पार्वती और शंकर जी ने थोड़ी देर शृंगार आदि रसों से युक्त सुन्दर हाव-भाव युक्त और पाँचों सन्धियों में अलग-अलग भाषा की शैलियों से निबद्ध वह नाटक देखा, जो अप्सराओं द्वारा अभिनीत था। नाटक समाप्त हो जाने पर इन्द्र आदि देवता विवाहित शंकर जी के पास गए और अपने किरीट युक्त सिर पर हाथ जोड़कर कहा- 'आपका विवाह हो जाने से श्राप भी समाप्त हो गया। अब आप आज्ञा दें तो कामदेव फिर जी उठे और आपकी सेवा करें।'

तब प्रसन्न मन से शंकर जी ने कहा-'अच्छा, अब कामदेव से कह दो कि वह जी भर कर हम पर बाण चलाए।' ठीक ही कहा है कि जो चतुर सेवक यह जानते हैं कि स्वामी से कौन बात कब कहनी चाहिए, वे स्वामी से जो प्रार्थना करते हैं, वह अवश्य पूरी होती है। तब शंकर जी ने इन्द्र आदि देवताओं को विदा किया और पार्वती जी का हाथ पकड़कर उस शयन-गृह में पहुँचे जहाँ सेज बिछी थी, फूलों की मालाएँ सजी थी और स्वर्ण कलश धरा था।

'लक्ष्मी स्वयंवर' (*विक्रमो.*)

गालव : गुरुजी द्वारा अभिनीत नाटक से देवताओं (पेलव से) की सभा आनन्दित हुई।

–जिसके गीत स्वयं सरस्वती ने बनाए थे, उन–उन में जो–जो रस जब–जब दिखलाए जाते थे, तब–तब उन रसों के प्रसंग में वह सभा मग्न हो जाती थी। (III, *विक्रमो.*)

–वारुणी का अभिनय करती मेनका। (III, *विक्रमो.*)

–लक्ष्मी का अभिनय करती उर्वशी। (III, *विक्रमो.*)

–होनहार के अनुसार मनुष्य की इन्द्रियाँ काम करती हैं। (III, *विक्रमो.*)

–गुरु ने उर्वशी को श्राप दिया था कि उनके उपदेश के अनुसार अभिनय नहीं किया, अतः तुम्हें स्वर्ग में निवास का सुख नहीं मिल सकेगा– अतएव जब तक वे तुम्हारे सन्तान का मुख न देख लें, तब तक तुम अपनी इच्छा के अनुसार, राजा पुरूरवा के साथ जाकर रहो।

–नारायण की जांघ से उत्पन्न हुई वह सुन्दर जांघों वाली उर्वशी। (भरत मुनि के दो शिष्यों का प्रवेश) (I, *विक्रमो.*)

पेलव– गालव! मैं नहीं जानता कि देवसभा प्रसन्न हुई या नहीं, किन्तु वहाँ जो लक्ष्मी स्वयंवर नामक नाटक हुआ था और जिसके गीत स्वयं सरस्वती ने बनाए थे, उन–उन में जो–जो रस जब–जब दिखलाए जाते थे, तब–तब उन रसों के प्रसंग से वह मगन हो जाती थी। परन्तु...

पेलव– उस नाटक में वारुणी का अभिनय करती हुई मेनका ने लक्ष्मी का अभिनय करती हुई उर्वशी से पूछा– सखी! यहाँ तीनों लोकों से लोकपाल तथा स्वयं विष्णु भगवान भी पधारे हैं, इनमें तुम्हें सबसे अच्छा कौन लग रहा है?

पेलव– तब उसे 'पुरुषोत्तम विष्णु' ऐसा कहना चाहिए था, किन्तु उस

समय उसके मुख से यह वाणी निकली कि मुझे तो पुरूरवा अच्छे लग रहे हैं।

गालव– होनहार के अनुसार मनुष्य की इन्द्रियाँ काम करती हैं। तब क्या उस पर गुरुजी कुपित नहीं हुए?

पेलव– गुरुजी ने तो उसे श्राप दे ही दिया था, किन्तु देवराज इन्द्र ने उसे किसी प्रकार बचा लिया।

गालव–वह कैसे?

पेलव–गुरुजी ने उसे यह श्राप दे दिया था कि तूने मेरे उपदेश के अनुसार अभिनय नहीं किया, अतः तुझे स्वर्ग में निवास का सुख नहीं मिल सकेगा। नाटक की समाप्ति होने पर लज्जा से सिर झुकायी हुई उर्वशी से इन्द्र ने इस प्रकार कहा– जिस राजर्षि के प्रति तुम्हारे मन में अनुराग है और जो युद्धकाल में मेरी सहायता किया करते हैं, इस अवसर पर उनको तुम सन्तुष्ट कर देना। इसलिए जब तक वे तुम्हारी सन्तान का मुख न देख लें तब तक तुम अपनी इच्छा के अनुसार राजा पुरुरवा के साथ जाकर रहो।

इन्दुमती स्वयंवर (रघु.)

रघुवंशम् में इन्दुमती का स्वयंवर, जिसमें स्त्रियों की सूझ-बूझ का उत्तम दृष्टान्त प्रस्तुत होता है। राजकुमारी से प्रभावित एवं आकर्षित हो अनेक राजाओं का इस स्वयंवर में आगमन हुआ। पुरुषों जैसी ढीठ और आगन्तुक राजाओं के वंशों का समग्र वृत्तान्त जानने वाली रनिवास की प्रतिहारी सुनन्दा, इन्दुमती को विभिन्न राजाओं के गुण-दोष से अवगत कराती, यथा सर्वप्रथम सुनन्दा इन्दुमती को मगध नरेश के समीप ले गई। (20.VI, रघु.)

रनिवास की प्रतिहारी सुनन्दा के साथ राजकुमारी इन्दुमती स्वयंवर में

1 **मगध नरेशपरंतप : मगधप्रतिष्ठः राजा** (21.VI, रघु.)

राजधानी–पाटलिपुत्र

गुण : पराक्रमी, शरणागत, यशस्वी, शत्रुओं को ताप देनेवाला यज्ञकर्त्ता

2 अंगदेश–अंगराज/मुंगेर : अंगनाथ (27.VI, रघु.)

गुण : यौवन, इन्द्र के समान सुख भोगी, लक्ष्मी–सरस्वती इनके पास थीं।

तुम तीसरी सहचरी बन सकती हो। (29.VI, रघु.)

3 अवन्ति देश/उज्जयिनी : अवन्तिनाथोऽयम् (32.VI, रघु.)

गुण : सुदर्शन–लम्बी भुजा, चौड़ी छाती, पतली व गोल कमर, महाकाल के मन्दिर के पास ही इसका राजभवन।

दोष : जो कमल को तो खिलाता है, किन्तु शत्रुरूपी कीचड़ को सुखा देता है। (36.VI, रघु.)

4 महाबाहु राजा/ अनूपदेश/कार्त्तवीर्य वंशीय/माहिष्मती नगरी : किल कार्तवीर्यः (38.VI, रघु.)

गुण : अव्यसनी/लक्ष्मी की विद्यमानता, पराक्रमी।

दोष : बादलविहीन आकाश वाली शरद् ऋतु पूर्ण चन्द्रमा भी कमलिनी को नहीं भाता। (44.VI, रघु.)

5 मथुरा के राजा सुषेण : शूरसेनाधिपतिं सुषेण (45.VI, रघु.)

गुण : इसकी कीर्ति स्वर्ग के देवता भी गाते हैं। चरित्रवान/शुद्ध चरित्र से माता–पिता के कुलों को उज्ज्वल कर दिया, यज्ञकर्त्ता, विद्वता–मौनता : साथ–साथ रहते हैं। कौतुभ मणि धारण कर्ता– सुष्ठ सौन्दर्य, कुबेर का चैत्ररथ उद्यान/गोवर्धन पर्वत।

दोष : इन्दुमती राजा सुषेण को छोड़कर वैसे ही आगे बढ़ गई, जैसे समुद्र की ओर जानेवाली नदी बीच में पड़ने वाले पहाड़ों को छोड़ देती है।

(52.VI, रघु.)

6 कलिंग नरेश हेमाँगद (53.VI, रघु.)

गुण : महेन्द्र पर्वत के समान शक्तिशाली, महेन्द्र पर्वत एवं समुद्र पर इनका अधिकार है, सुन्दर भुजाएँ, अप्रतिम धनुषधारी, इनके राजभवन के नीचे ही समुद्र की लहरें हैं।

दोष : पुरुषार्थ से प्राप्त सम्पदा, भाग्य के फेर से छोड़कर चली जाती है। (58.VI, रघु.)

7 नागपुर के राजा/पांड्य देश के राजा : अथोरगारव्यस्य पुरस्य नाथं (59.VI, रघु.)

गुण : हिमालय के शिखर जैसे सुन्दर जो प्रातःकाल की धूप से लाल हो गया हो और जिसपर से पानी के अनेक झरने गिर रहे हों, अश्वमेध यज्ञोपरान्त स्नान के समय महर्षि अगस्त्य इनसे कुशल क्षेम पूछने आते हैं, विंध्याचल को आगे बढ़ने से रोका और पूरे समुद्र को पी कर निकाल दिया था। रावण ने भी इनसे संधि कर ली थी, क्योंकि शिव से प्रतापशाली अस्त्र इन्हें प्राप्त था, उच्च कुलोत्पन्न।

दोष : रत्नों से भरी दक्षिण देश की पृथ्वी की सौत बनना। जैसे सूर्य के अस्त हो जाने पर बन्द कमल के भीतर चन्द्रमा की किरणें नहीं पहुँचतीं हैं वैसे ही सुनन्दा की बातें इन्दुमती के मन में घर नहीं कर सकी। (63.VI, रघु.)

जिन-जिन राजाओं को छोड़कर इन्दुमती आगे बढ़ गई, उनका मुँह उदास हो गया, जैसे कि रात को लोग जब दीपक लेकर चलते हैं, तब राजमार्ग के जो-जो भवन पीछे छूटते हैं, वे अंधेरे में पड़ते जाते हैं। (67.VI, रघु.)

-कामरूप के राजा। (17.VII, रघु.)

-कुण्डिनपुर के राजा भोज। (33.VII, रघु.)

-कोसलेन्द्र। (34.7, रघु.)

इसी बीच विवाह के समय का वेष धारण किए इन्दुमती वर चुनने के लिए पालकी पर जाकर मंचों के बीचवाले राजमार्ग से आयी। उस पालकी को मनुष्य लेकर चल रहे थे और उसके चारों ओर दासियाँ पैदल चल रही थीं। वह कन्या ब्रह्मा की रचना का एक बहुत ही सुन्दर नमूना थी। उसे सैकड़ों आँखें एकटक देख रही थीं। उसकी सुन्दरता देखते ही सब राजाओं का मन तो उस पर चला गया, केवल उनके शरीर भर मंचों पर रह गए। राजाओं ने अपना प्रेम प्रदर्शित करने के लिए, वृक्षों के पत्तों की भॉति अनेक प्रकार से भौंह आदि चला कर जो शृंगारमयी चेष्टाएँ की, वे ही मानों उनके प्रेम को इन्दुमती तक पहुँचाने वाली अग्रदूतियाँ थीं।

दूसरा विलासी राजा थोड़ा-सा मुँह घुमा कर कंधे से सरकी और बाजूबन्ध में उलझी हुई रत्नों की माला को उठाकर ठीक से गले में पहनने लगा। तीसरा राजा भौंहें चला कर तथा पैर की उँगली सिकोड़ कर पैर के नखों की कान्ति तिरछी डालते हुए सोने के पाँव-पीढ़े पर पैर से कुछ लिखने लगा। एक राजा सिंहासन पर बाँयीं भुजा टेक कर बैठ गया और अपने पास बैठे हुए मित्र से बातें करने लगा, जिससे उसका बायाँ कन्धा उठ गया और गले की माला पीठ पर लटक गयी। दूसरा युवा राजा था, जिसके नख मानों प्रियतमा के नितम्बों पर चिन्ह बनाने के लिए ही बने हुए थे। वह उन नखों से केतकी के उन पीले पत्तों को नोचने लगा, जो किसी विलासिनी स्त्री के शृंगार के लिए कान के आभूषण के रूप में कटे हुए थे। एक दूसरे राजा ने जिसकी हथेलियाँ कमल के समान लाल थीं और जिन पर ध्वजा की रेखाएँ बनी हुई थीं, वह अपने हाथों में पासे उठा रहा था और उसकी अंगूठी की झलक उन पासों पर पड़ रही थी। एक राजा बार-बार अपने हाथ से उस मुकुट को सीधा कर रहा था, जो पहले से ही सीधा था। ऐसा करने से उसके हाथ की उँगलियों का मध्य भाग रत्नों की किरण से चमक उठता था।

मगध-देश: उसी समय पुरुषों जैसी ढीठ और राजाओं के वंशों का

वृत्तान्त जानने वाली रनिवास की प्रतिहारी सुनन्दा इन्दुमती को सबसे पहले मगधदेश नरेश के सामने ले गई और उससे कहने लगी- ये महाराज बड़े पराक्रमी हैं और शरण में आने वालों की रक्षा करते हैं। अपनी प्रजा को सुख देकर इन्होंने बड़ा यश कमाया है। इनका नाम परंतप है और ये वास्तव में परंतप (शत्रुओं) को ताप देने वाले हैं। जैसे अगणित तारों, ग्रहों और नक्षत्रों से भरी रहने पर भी रात तभी चाँदनी रात कहलाती है जब कि चन्द्रमा खिला हुआ हो, वैसे ही यद्यपि संसार में सहस्रों राजा हैं, किन्तु इन्हीं के रहने से पृथ्वी राजायुक्त कहलाती है। इन्होंने क्रमशः अनेक यज्ञ करके बार-बार इन्द्र को अपने यहाँ बुलाया है जिससे इन्द्राणी के सिर की चोटी कल्पवृक्ष के फूलों का शृंगार न होने से उनके पीले-पीले गालों पर झूलने लगी, क्योंकि पति के अपने पास न रहने से उन्होंने शृंगार करना ही छोड़ दिया था। यदि इसके साथ तुम विवाह करना चाहो तो अवश्य करो। क्योंकि इनके साथ विवाह कर के जब तुम इनकी राजधानी पाटलिपुत्र में पहँचोगी, तब वहाँ की स्त्रियाँ झरोखों में बैठ कर तुम्हें निहारेंगी, जिससे उनकी आँखों को सुख मिलेगा।

सुनन्दा की बातें सुनीं तो इन्दुमती ने तनिक आँख उठा कर उस राजा को देखा तो दूब में गुंथी हुई उसके हाथ की महुए की माला कुछ सरक गयी और बिना कुछ कहे-सुने सीधा-सा प्रणाम करके उसे अस्वीकार करती हुई वह चुपचाप आगे बढ़ गई।

अंगदेश: जैसे मानसरोवर की राजहंसिनी वायु से उठी हुई लहर के सहारे एक कमल से दूसरे कमल पर पहुँच जाती है, उसी तरह सुनन्दा ने राजकुमारी इन्दुमती को दूसरे राजा के आगे पहुँचा दिया। वह बोली- यह अंगदेश के राजा हैं। इनके यौवन को देवताओं की स्त्रियाँ भी चाहती हैं। हाथियों को सधाने की विद्या जानने वाले बड़े-बड़े लोग इनके हाथियों को सिखाते हैं। पृथ्वी पर रहते हुए भी ये इन्द्र के समान सुख भोगते हैं। जिन राजाओं को इन्होंने युद्ध में मार डाला था, उनकी स्त्रियों ने अपने दिवंगत पति के शोक में मोतियों का

हार उतार फेंका। परन्तु रोने के कारण उनके स्तनों पर गिरती हुई अश्रुबिन्दुओं की धाराएँ ही मोतियों के हार जैसी लगने लगीं। उन्हें देख कर ऐसा लगता था कि मानो इन्होंने शत्रुओं की स्त्रियों के गले से मोतियों के हार उतार कर उन्हें आँसुओं के हार पहना दिए हैं। यूँ तो लक्ष्मी और सरस्वती दोनों में कभी नहीं पटती, परन्तु इनके पास वे दोनों ही मिल-जुल कर रहती हैं। हे कल्याणी! तुम सुन्दर हो और तुम्हारी वाणी भी मधुर है। अतः केवल तुम उन दोनों के साथ तीसरी सहचरी बन कर रह सकती हो।

इन्दुमती ने उस अंगदेश के राजा से आँखें हटा लीं और सुनन्दा से कहा- आगे चलो। यह बात नहीं थी कि वह राजा सुन्दर नहीं था और न ही यह बात थी कि इन्दुमती ने उसे ठीक से देखा नहीं था। लेकिन अपनी-अपनी रुचि ही तो है, किसी को कोई अच्छा लगता है किसी को कोई और भाता है।

अवन्तिदेश : वहाँ से आगे बढ़ कर प्रतिहारी सुनन्दा ने एक दूसरे राजा को दिखलाया, जो शत्रुओं को कँपाने वाला वीर था- जिसका रूप और यौवन पूर्णिमा के नवोदित चन्द्रमा जैसा सुन्दर था। उसे दिखा कर सुनन्दा बोली- देखो, ये जो लम्बी भुजा, चौड़ी छाती और पतली एवं गोल कमर वाले राजा सूर्य के समान चमक रहे हैं, ये अवन्ति देश के राजा हैं। ऐसा लगता है कि विश्वकर्मा ने अपने शान धरने के चक्र पर इन्हें बड़े यत्न से खरादा है। जब ये सारी शक्ति के साथ शत्रुओं पर चढ़ाई करते हैं, तब सेना के आगे वाले घोड़ों की टापों से उड़ी हुई धूल से शत्रुओं के मुकुटस्थ मणियों की चमक धुँधली पड़ जाती है। महाकाल-मन्दिर में बैठे हुए और सिर पर चन्द्रमा धारण करने वाले शिव जी के पास ही इनका राज-भवन है। अतएव अँधेरे पाख में भी शिव जी के सिर पर विद्यमान चन्द्रमा की चाँदनी से ये अपनी स्त्रियों के साथ सदा उजले पाख का आनन्द लिया करते हैं। केले के खम्भे के समान जाँघवाली हे इन्दुमती! क्या तुम उज्जयिनी के उन उद्यानों में विहार करना चाहती हो, जिनमें दिन-रात शिप्रा नदी की ठंडी वायु बहती रहती है।

अनूपदेश: कमल जैसी सुन्दरी, असाधारण गुणवती विधाता की सुन्दर रचना और सुन्दर दाँतोंवाली इन्दुमती को सुनन्दा वहाँ से हटा कर अनूपदेश के राजा के आगे ले जाकर बोली- बहुत दिनों पहले कार्त्तवीर्य नाम के एक बहुत बड़े योगी थे। उनमें विशेषता यह थी कि जब वे लड़ने जाते थे, तब उनके सहस्रों हाथ निकल आते थे। उन्होंने अठारह द्वीपों में जाकर यज्ञ के खम्भे गाड़े थे। वे ऐसे प्रतापी थे कि उनके सामने कोई अपने को राजा नहीं कह पाता था। उस समय यदि कोई पाप करने का विचार करता था तो वे धनुष-बाण लेकर उसके समक्ष जा पहुँचते थे। ऐसा करके उस दण्डधारी राजा ने सब लोगों के मन से पाप भावना निकाल डाली थी। जिस रावण ने इन्द्र को जीत लिया था, उसको भी उन्होंने अपने कारागार में बन्द कर दिया और उसकी भुजाएँ इस प्रकार धनुष की डोरी से कस कर बाँध दी कि वह बेचारा दिन-रात गरम साँसें लेता रहा और जब तक कार्त्तवीर्य उस पर प्रसन्न नहीं हुए तब तक उसे नहीं छोड़ा। उन्हीं कार्त्तवीर्य नाम से प्रसिद्ध राजा के वंश में यह उत्पन्न हुए हैं। यह वेदों और वृद्धों की बड़ी सेवा करते हैं। लक्ष्मी पर लोग चंचलता का दोष लगाते थे, परन्तु उनका यह दोष भी तब से धुल गया, जब से वे इनके साथ रहने लगीं। क्योंकि लक्ष्मी तो उसी पुरुष को छोड़ कर जाती है, जो व्यसनी होते हैं। इनमें कोई व्यसन नहीं है, तब वे इन्हें छोड़ कर क्यों जाएँ? यह इतने बलवान हैं कि अग्नि की सहायता पा लेने से परशुराम जी के उस फरसे की तेज धार को भी पंखुड़ीदार कमल के समान कोमल समझते हैं, जिसने युद्ध में क्षत्रिय जाति का संहार कर दिया था। यदि तुम राजमहल के झरोखों से उस सुन्दर लहरों वाली नर्मदा का सुन्दर दृश्य देखना चाहती हो, जो माहिष्मती नगरी के चारों ओर करधनी जैसी घूमी हुई है, तो इस महाबाहु राजा के साथ विवाह कर लो। जैसे बादलविहीन आकाशवाली शरद् ऋतु का पूर्ण चन्द्रमा भी कमलिनी को नहीं भाता, वैसे ही वह सुन्दर राजा भी इन्दुमती को नहीं जँचा।

मथुरा : तब रनिवास की प्रतिहारी सुनन्दा राजकुमारी को मथुरा के राजा

सुषेण के आगे ले गई, जिसकी कीर्ति स्वर्ग के देवता भी गाते थे और जिसने अपने शुद्ध चरित्र से माता और पिता दोनों के कुलों को उज्ज्वल कर दिया था। उसे दिखलाती हुई सुनन्दा बोली- यह मथुरा के महाराज बड़ी विधि से यज्ञ करते हैं और प्रशंसनीय वंश में उत्पन्न हुए हैं। जैसे ऋषियों के शान्त आश्रमों में सब जीव वैर छोड़ कर एक साथ रहते हैं, वैसे ही विद्वत्ता और मौन- ये परस्पर विरोधी गुण भी इनमें साथ-साथ रहते हैं। चन्द्रमा की चाँदनी की तरह आँखों का सुखदायी प्रकाश तो घर में रहता है, किन्तु सूर्य के समान प्रचण्ड तेज शत्रुओं के उन राजभवनों पर छाया रहता है, जिनके उजड़ जाने पर उनमें घास जमी रहती है। जल-विहार के समय इनकी रानियों के स्तनों पर लगा हुआ चन्दन, जल में मिल कर जब यमुना में बहता है, उस समय यमुना जी का रंग ऐसा हो जाता है कि मानो मथुरा में ही उनका गंगा जी की लहरों से संगम हो गया हो। अपने गले में जब ये उस मणि को पहन लेते हैं, जो इन्हें उस कालिय नाग से मिली थी, जो गरुड़ के डर से यमुना के जल में रहने लगा था। उस समय इनकी शोभा कौस्तुभ मणि पहन कर सुशोभित श्रीकृष्ण जी की शोभा को भी लजा देती है। हे सुन्दरी! इनके साथ विवाह करके आप कुबेर के चैत्ररथ उद्यान से भी सुन्दर वृन्दावन में कोमल पत्तों और फूलों की शय्याओं पर इच्छानुसार विहार करें। वर्षा के दिनों में गोवर्धन पर्वत की गुफाओं में पानी के फुहारों से भीगी शिलाजीत की गन्धवाली पत्थर की चट्टानों पर बैठ कर मोरों का नाच देखें।

पानी की भँवर जैसी गहरी नाभि वाली और अन्य किसी से विवाह न करने वाली इन्दुमती राजा सुषेण को छोड़ कर वैसे ही आगे बढ़ गई, जैसे समुद्र की ओर जाने वाली नदी बीच में पड़ने वाले पहाड़ों को छोड़ देती है।

कलिंगदेश : वहाँ से आगे बढ़ कर दासी सुनन्दा पूर्ण चन्द्रमा जैसी मुखवाली इन्दुमती को उस कलिंगदेश के हेमाँगद के समक्ष ले गई, जो अपनी बाँह में भुजबन्ध पहने हुए थे और जिन्होंने अपने शत्रुओं को नष्ट कर दिया था। उन्हें

दिखलाती हुई सुनन्दा ने कहा, ''ये महेन्द्र पर्वत के समान शक्तिशाली हैं और महेन्द्र पर्वत तथा समुद्र दोनों पर इनका अधिकार है। जब ये युद्ध करने चलते हैं, उस समय इनके आगे-आगे चलने वाले मतवाले हाथी ऐसे लगते हैं, मानो हाथियों का वेष बनाकर स्वयं महेन्द्र पर्वत चल रहा हो। इनको देखो, कैसी सुन्दर इनकी भुजाएँ हैं। धनुषधारियों में इनसे बढ़ कर कोई और नहीं है। इनकी भुजाओं पर जो दो काली-काली रेखाएँ धनुष की डोरी खींचने से बन गई हैं, वे ऐसी लगती हैं कि मानों ये शत्रुओं की उस राज्यलक्ष्मी के आने की दो पगडंडियाँ हैं, जो इन्होंने शत्रुओं से छीन ली है और जिनके कजरारे नेत्रों से बहे हुए आँसुओं के कारण ये काले पड़ गए हैं। इनके राजभवन के नीचे ही समुद्र हिलोरें लेता है। उसकी लहरें राजभवन के झरोखों से साफ दिखलाई देती हैं। जब ये अपने राजमहल में सोते हैं, तब वह समुद्र ही नगाड़े की ध्वनि से भी गंभीर, आपने गर्जन द्वारा सबेरे इन्हें जगाता है। तुम्हारी इच्छा हो तो इनके साथ विवाह कर के समुद्र के उन तटों पर विहार करो, जहाँ दिन-रात ताड़ के जंगलों की तड़तड़ाहट सुनाई देती रहती है। वहाँ जब तुम्हें पसीना होगा, तब लौंग के फूलों की सुगन्ध से सुवासित एवं दूसरे द्वीपों से आया हुआ शीतल पवन तुम्हारा पसीना पोंछ दिया करेगा।

विदर्भ: अपनी दासी की लुभावनी बातों को सुनकर भी विदर्भराज की छोटी बहन सुन्दरी इन्दुमती उस राजा को छोड़ कर उसी प्रकार आगे बढ़ गई, जैसे पुरुषार्थ से प्राप्त सम्पदा भाग्य के फेर से छोड़ कर चली जाती है। उसके बाद सुनन्दा उस देवता सदृश मनोहर नागपुर के राजा के पास ले जाकर बोली, ''हे चकोर नयनी! इधर देखो ये पांड्य देश के राजा हैं। इनके कंधे पर हार लटकता है और शरीर पर हरिचन्दन का लेप किया हुआ है। इस वेश में ये उस हिमालय के शिखर जैसे सुन्दर दीख रहे हैं, जो प्रातःकाल की धूप से लाल हो गया है और जिस पर से पानी के अनेक झरने गिर रहे हैं। अश्वमेध यज्ञ करके जब ये स्नान करते हैं, तब महाप्रतापी महर्षि अगस्त्य इनसे कुशल-क्षेम पूछने आते हैं, जिन्होंने विंध्याचल को आगे जाने से रोका

था और पूरे समुद्र को पीकर फिर निकाल दिया था। महाप्रतापी रावण जब इन्द्र को जीतने चला, तब उसने इस डर से इनके साथ संधि कर ली थी कि कहीं ऐसा न हो कि ये मेरे देश को नष्ट-भ्रष्ट कर दें क्योंकि इन्होंने शिव जी से बड़ा प्रतापशाली अस्त्र प्राप्त किया है। ये बड़े अच्छे कुल में उत्पन्न हुए हैं और तुम भी पृथ्वी के समान महिमामयी हो। इनके साथ विधिवत् विवाह करके तुम रत्नों से भरी उस दक्षिण देश की पृथ्वी की सौत बन जाओ, जिसकी मेखला रत्नों से भरा हुआ समुद्र है। यदि तुम मलय पर्वत की उन घाटियों में सदा विहार करना चाहो, जिनमें पान की बेलों से ढँके हुए सुपारी के पेड़ खड़े हैं, इलायची की बेलों से लिपटे हुए चन्दन के पेड़ लगे हुए हैं और स्थान-स्थान पर ताड़ के पत्ते फैले हुए हैं तो तुम इनके साथ विवाह कर लो और फिर ये नीलकमल के समान साँवले हैं और तुम गोरोचन सदृश गोरी हो। अतएव यदि तुम दोनों का विवाह हो जाएगा तो तुम ऐसी सुन्दर लगोगी, जैसे बादल के साथ बिजली चमकती है।

किन्तु सुनन्दा की बातें इन्दुमती के मन में वैसे ही घर नहीं कर सकीं, जैसे सूर्य के अस्त हो जाने पर बन्द कमल के भीतर चन्द्रमा की किरणें नहीं पहुँच पातीं। रात को लोग जब दीपक लेकर चलते हैं, तब राजमार्ग के जो-जो भवन पीछे छूटते हैं, वे अंधेरे में पड़ते जाते हैं। उसी प्रकार जिन-जिन राजाओं को छोड़ कर इन्दुमती आगे बढ़ गई, उनका मुँह उदास हो गया।

अयोध्या : जब वह अयोध्या के राजा रघु के पुत्र अज के आगे आयीं, तो अज के मन में भी संशय होने लगा कि यह मुझे वरेगी या नहीं। किन्तु उसी समय भुजबन्ध के पास उसकी दाईं भुजा फड़कने लगी, जिससे उनकी शंका निवृत्त हो गई। रघुकुल के समय अयोध्या की प्रजा ने भी अज के राजा होने पर यही समझा था कि मानो रघु ही फिर से युवा हो गए हैं क्योंकि अज ने रघु की केवल राज्यलक्ष्मी ही नहीं पाई थी, बल्कि रघु के सब गुण भी प्राप्त कर लिए थे।

इन्दुमती ने सर्वांग सुन्दर राजा अज को जब देखा, तब वह वहीं रुक गयी और फिर किसी राजा के आगे नहीं जा पायी, क्योंकि जब भौंरों का झुण्ड आम के वृक्ष पर पहुँचता है, तब उसे दूसरे वृक्षों के पास जाने की इच्छा नहीं रहती। बात करने में बड़ी चतुर सुनन्दा ने जब देखा कि चन्द्रमा सदृश मुखवाली इन्दुमती अज के रूप पर मुग्ध हो गई है, तब वह बहुत विस्तार के साथ बात बनाती हुई बोली, "देखिए इक्ष्वाकु वंश के सब राजाओं में श्रेष्ठ तथा सुन्दर लक्षणों से युक्त ककुत्स्थ नाम के राजा हो गए हैं। जिनके कारण उनके बाद वाले उत्तर कौशल के राजा अपने को ककुतस्थ कहते हैं। उन राजा ककुत्स्थ ने युद्ध में जब असुरों को मारा था, तब वे बैल पर सवार शिव जी के समान लगते थे। उस समय स्वयं इन्द्र भगवान उनके बैल बने थे और उस युद्ध में उन्होंने जिन असुरों को मार डाला था, उनकी स्त्रियों ने पतियों से बिछुड़ जाने के कारण अपने कपोलों पर चित्रकारी करना छोड़ दिया था। युद्ध की समाप्ति पर जब इन्द्र अपने सही रूप में ऐरावत पर चढ़कर स्वर्ग जाने लगे, तब उनके साथ ककुत्स्थ भी बैठे थे। उस समय वे इन्द्र की देह से ऐसे सटे हुए थे कि ऐरावत को बार-बार अंकुश लगाने से इन्द्र के जो भुजबन्ध ढीले पड़ गए थे, वे ककुत्स्थ के भुजबन्ध से बराबर रगड़ खाते चलते थे।

जैसे देवराज इन्द्र के परम प्रतापी पुत्र जयन्त हुए थे, वैसे ही ये कुमार अज भी उन्हीं प्रतापी रघु के पुत्र हैं और अपने प्रतापी पिता के समान ही ये भी राज्य का सब काम सँभाले हुए हैं। इनका कुल, इनका रूप, इनका यौवन और इनकी नम्रता, ये सब गुण ठीक तुम्हारे जैसे है। तुम इनसे अवश्य विवाह कर लो, जिससे कि रत्न और सोने का सही-सही संयोग हो जाये।" इस प्रकार जब सुनन्दा कह चुकी, तब इन्दुमती ने निःसंकोच भाव से अपनी हँसती हुई आँखें अज पर डालीं और आँखों ही आँखों से उन्हें वर लिया, जैसे वह दृष्टि ही स्वयंवर की माला थी। लाज के मारे इन्दुमती अपने प्रेम की बात अज को तो नहीं जता सकी, परन्तु उस प्रेम के कारण उसे रोमाँच हो आया, जिससे

घुँघराले बालों वाली इन्दुमती के हृदय का वह प्रेम छिपाये नहीं छिप सका, जैसे उनके रोगटों के रूप में वह प्रेम ही शरीर फोड़ कर बाहर निकल आया हो।

जब सुनन्दा ने इन्दुमती की यह दशा देखी तो ठिठोली करते हुए उसने कहा, ''आर्ये! चलिए, आगे बढ़िए। तब आँखें तरेर कर इन्दुमती ने सुनन्दा की ओर निहारा। तदनन्तर हाथी की सूँड जैसी जंघाओंवाली इन्दुमती ने वह स्वयंवर की माला सुनन्दा के हाथों रघु तनय अज के गले में डलवा दी। उस समय माला के डोरे में लगी हुई रोली साक्षात् अनुराग के समान दीख रही थी। अज के गले में जब वह फूलों की मंगलमयी माला पड़ी और उनकी चौड़ी छाती पर झूलने लगी, तब उसे देख कर अज ने यही समझा कि मानो इन्दुमती ने मेरे गले में अपनी भुजाएँ ही डाल दी हैं।

वहाँ के नगरवासियों ने जब देखा कि समान गुणवाले अज और इन्दुमती का सम्बन्ध हो गया, तब वे एक साथ बोल उठे। वे कहने लगे कि यह तो चाँदनी और चन्द्रमा का मेल हुआ है अथवा गंगा जी समुद्र में जा मिली है। उनकी इन बातों को सुन-सुन कर अन्य राजा मन ही मन कुढ़ रहे थे। उस स्वयंवर-मंडप में एक ओर अज के पक्षवाले लोग हँसते हुए खड़े थे और दूसरी ओर उदास मुँह वाले राजा थे। उस समय वह मण्डप प्रातःकाल के उस सरोवर सरीखा दीखने लगा, जिसमें एक ओर विकसित कमल हों और दूसरी ओर सम्पुटित कुमुदों का झुण्ड खड़ा हो। (1-9, VI, रघु.)

स्वयंवर के बाद योग्य वर से युक्त अपनी बहन इन्दुमती को लेकर विदर्भ-नरेश नगर की ओर चले। उस समय अपनी पत्नी इन्दुमती के साथ जाते हुए अज ऐसे दिख रहे थे, जैसे देव सेना के साथ साक्षात् कार्तिकेय जा रहे हों। अन्योन्य राजा भी प्रातःकालीन तारों के समान अपना उदास मुँह लिए अपने-अपने आवास पर चले गए। वे सब कह रहे थे कि जब इन्दुमती नहीं मिली, तब हमारा यह रूप और यह वेश व्यर्थ है। उस स्वयंवर में साक्षात् इन्द्राणी उपस्थित थीं, इसी से वहाँ किसी राजा का साहस नहीं हुआ कि कुछ

गड़बड़ी करे। यों तो वे हारे हुए सभी राजा अज से मन ही मन जलते थे, किन्तु इन्द्राणी की उपस्थिति से उनका क्रोध भी शान्त हो गया।

सीता–विवाह वर्णन (रघु.)

राजा जनक को जब यह समाचार मिला कि विश्वामित्र जी के साथ राम और लक्ष्मण भी आए हुए हैं, तब वे पूजा की सामग्री लेकर उनकी अगवानी करने चले। जनक जी को वे दोनों भाई ऐसे लगे, मानों मूर्तिमान् धर्म के साथ अर्थ और काम भी चले आए हों। वे दोनों राजकुमार ऐसे सुन्दर लग रहे थे, जैसे दो पुनर्वसु नक्षत्र पृथ्वी पर उतर आए हों। जनकपुर के निवासी तो ऐसे मगन होकर अपनी आँखों से उनका रूपामृत्त पी रहे थे कि पलकों का गिरना भी उन्हें बहुत अखर रहा था।

जब राजा जनक ने देखा कि धनुष तोड़कर राम ने अपना पराक्रम दिखला दिया है, तब उन्होंने उनका बड़ा आदर किया और पृथ्वी से उत्पन्न अपनी कन्या जानकी, उसी प्रकार राम के हाथों में सौंप दी, मानों साक्षात् अपनी राज्यलक्ष्मी ही उन्हें दे डाली हो। अपनी प्रतिज्ञा सत्य करने वाले जनक ने विश्वामित्र जी को ही विवाह का साक्षी अग्नि समझ लिया और उन्हीं के आगे राम को सीता समर्पित कर दी। तब राजा जनक ने अपने पूज्य पुरोहित द्वारा दशरथ जी के पास यह संदेश भेजा कि मेरी पुत्री सीता को स्वीकार कर के आप इस निमि–कुल पर वैसी ही कृपा कीजिए, जैसे अपने सेवकों पर कृपा करते हैं। उधर राजा दशरथ यह सोच ही रहे थे कि योग्य पतोहू मेरे घर में आए। इतने में ही जनक जी के पुरोहित उनकी इच्छा पूर्ण होने का समाचार लेकर जा पहुँचे। ठीक ही है, पुण्यवानों की अभिलाषा कल्पवृक्ष के समान तत्काल फल देती है।

राम का सीता से और लक्ष्मण का सीता की छोटी बहन उर्मिला से विवाह हुआ। जनक जी के छोटे भाई कुशध्वज की माण्डवी और श्रुतकीर्ति नाम की कन्याओं से भरत और शत्रुघ्न का विवाह हो गया। वे चारों भाई उन नई बहुओं

के साथ ऐसे सुशोभित हुए, जैसे राजा दशरथ को साम, दाम, दण्ड और भेद-इन चारों उपायों की सिद्धियाँ मिल गई हों। उन चारों राजकुमारों को पाकर राजकन्याएँ और राजकन्याओं को पाकर वे राजकुमार कृतकृत्य हो गए। वरों और वधुओं का यह मिलन ऐसा सुशोभित हुआ कि जैसे शब्द के मूलरूप में प्रत्यय जुड़ गए हों।

इस प्रकार महाराज दशरथ ने चारों बेटों का विवाह कर के मार्ग में तीन पड़ाव आगे पहुँचकर, वहाँ से जनक जी को लौटा दिया और स्वयं बड़े प्रसन्न मन से अयोध्या की ओर चल पड़े। बढ़ी हुई नदी की धारा जैसे आस-पास की भूमि को उजाड़ देती है, वैसे ही एक दिन मार्ग में सेना के ध्वजारूपी वृक्षों को झकझोर देने वाली वायु ने सारी सेना को बहुत क्लेश दिया। तदनन्तर सूर्य के चारों ओर एक बड़ा भारी मण्डल बन गया। वह ऐसा लगने लगा कि जैसे गरुड़ द्वारा मारा हुआ कोई साँप अपने सिर से गिरे हुए मणि के चारों ओर कुण्डली मार कर बैठा हुआ हो। जैसे रूखे और मैले बालों तथा रक्त से रक्तिम वस्त्रों वाली रजस्वला स्त्री देखने में अच्छी नहीं लगती, उसी प्रकार उस समय वे चारों दिशाएँ भी आँखों को अच्छी नहीं लग रही थीं, जिनमें मटमैले बाजों के पंख उड़ रहे थे और संध्या के लाल बादल छाए हुए थे।

कुमुद्वती – परिणय (रघु.)

शत्रु विनाशक और प्रजा हितैषी राजा कुश ने फहराती हुई ध्वजा वाली अपनी सेना को नगर के आस-पास वाले स्थानों में ठहरा दिया। जैसे बादल इन्द्र की आज्ञा से जल बरसा कर गरमी से तपी धरती को हरी-भरी कर देते हैं, वैसे ही कुश की आज्ञा से कारीगरों ने अपने यंत्रों के सहारे अयोध्या को नया रूप दे दिया। तदनन्तर रघुकुल वीर कुश ने व्रती, उपवासी एवं वास्तु-विद्या में निपुण पंडितों द्वारा अनमोल मूर्तियों से भरे घरों वाली अयोध्या के विधिवत् पूजन के पश्चात् पशुओं की बलि दी। जैसे कोई कामी पुरुष स्त्री के हृदय में प्रविष्ट हो जाता है, वैसे ही कुश भी अयोध्या के राजमहल में प्रविष्ट हो गए और उन्होंने अपने मंत्रियों आदि को रहने के लिए दूसरे अनेक भवन दिए।

अयोध्या के बाज़ारों में सुन्दर वस्तुएँ सजी हुई थीं। घुड़साल में घोड़े बँधे थे और हस्तिशालाओं में खम्भों से हाथी बँधे हुए थे। इस प्रकार वह नगरी ऐसी सुन्दर लगती थी, जैसे सारे शरीर पर गहने पहने कोई स्त्री खड़ी हो। अब अयोध्या फिर पहले जैसी सुन्दर लगने लगी। इसमें निवास करते हुए जानकी जी के पुत्र कुश को ऐसा सुख मिला कि न तो उनमें सुन्दरी अप्सराओं से भरे स्वर्ग के स्वामी बनने की इच्छा रह गयी और न ही असंख्य रत्नों वाली अलकापुरी को ही पाने की चाह रही।

हे राजन्! मेरी छोटी बहन कुमुद्वती जीवन भर आपकी सेवा कर के अपने अपराध का मार्जन करना चाहती है। अतएव आप इसे अपनी पत्नी के रूप में स्वीकार कर लें। ऐसा कहकर कुमुद ने वह आभूषण कुश को दे दिया। कुश ने कहा, ''आज से आप मेरे आदरणीय सम्बन्धी हुए।'' यह सुनकर कुमुद ने अपने कुटुम्बियों को बुलाया और बड़ी धूम-धाम से उस कन्या का कुश के साथ विवाह कर दिया।

राजा कुश ने जब अग्नि के समक्ष उस कन्या का ऊँनी कंगन बँधा हुआ हाथ पकडा, उस समय तुरही आदि बाजों की ध्वनि से दसों दिशाएँ गूँज उठीं और विचित्र प्रकार के मेघों ने आ-आकर आकाश से उनके उपर सुगन्धित पुष्पों की वर्षा की। नागराज कुमुद ने इस प्रकार त्रिलोकीनाथ विष्णु अर्थात् राम के पुत्र कुश को अपना सम्बन्धी बनाकर गरुड़ से डरना छोड़ दिया। क्योंकि अब गरुड़ उनके सम्बन्धी के पिता के वाहन मात्र रह गए थे। इधर कुश ने भी नागराज तक्षक के पाँचवें पुत्र कुमुद को अपना सम्बन्धी बनाया, तभी से सर्प शान्त हो गए और कुश पृथ्वी पर यथावत् शासन करने लगे।

शकुन्तला-गंधर्व विवाह (*अभि.शा.*)

राजा दु:ख-सुख में साथ देनेवाली अपनी इन सखियों के पूछने पर यह बाला अवश्य ही अपने मन की बात बता देगी। यद्यपि

शकुन्तला ने उस समय बड़े प्यार और बार-बार ललचाई आँखों से मुझे देखा था। फिर भी मेरे जी में बेचैनी का क्या कारण बतलाती है?

शकुन्तला सखी! आश्रम की रक्षा करने वाले वे राजर्षि, जब से मेरी आँखों में समाए हैं तभी से उन्हीं के प्रेम में मेरी यह दशा हो गई है।

राजा (हर्ष से) मैं यही सुनना चाहता था- जिस कामदेव ने मुझे इतना सन्ताप पहुँचाया उसी ने मुझे इस प्रकार जिला दिया जैसे गर्मी का दिन पहले तो जीवों को व्याकुल करता है, पर गर्मी बीत जाने पर बरसात में वही सबका जी हरा कर देता है।

शकुन्तला (बांचती है) हे निर्दयी! मैं तुम्हारे मन की बात तो नहीं जानती, किन्तु तुम्हारे प्रेमपाश में आबद्ध मेरे समस्त अंगों को बलवान कामदेव दिन-रात सन्तप्त करता है।

राजा आह! मन की साध पूरी होने में कितनी बाधाएँ आती हैं। क्योंकि- सुन्दर पलकों वाली शकुन्तला के उस मुख को उठा कर मैं चूम भी नहीं पाया, जो अपने होंठ को बार-बार अपनी अंगुलियों से ढँकती रहती थी, जो बार-बार नहीं-नहीं कहते हुए बड़ा सुन्दर लग रहा था और जिसे वह बार-बार अपने कन्धे की ओर मोड़ लेती थी। अब मैं कहाँ जाऊँ? अच्छा इसी लता कुंज में थोड़ी देर ठहर जाता हूँ, जहाँ मेरी प्यारी इतनी देर रह कर चली गई है।

इस पटिया पर उसके शरीर से मसला हुआ फूलों का बिछावन पड़ा है। कमलिनी के पत्ते पर नखों से लिखा और मुरझाया हुआ प्रेम-पत्र भी रखा है। उसके हाथों से सूख कर गिरे हुए ये कमल नाल के आभूषण बिखरे पड़े हैं। अतएव अपने नेत्रों को उलझाने

वाली इतनी वस्तुओं के होते हुए बेंतों से घिरे सूने लता मण्डप को इतनी जल्दी छोड़कर मैं कहीं भी जाने में असमर्थ हूँ।

अनुसूया प्रियंवदा! यद्यपि शकुन्तला का गन्धर्व विवाह हो गया और उसे योग्य पति भी मिला, किन्तु एक बात की बड़ी चिन्ता है।

प्रियंवदा कैसी चिन्ता?

अनुसूया वह यह कि आज यज्ञ पूर्ण हो चुकने पर जब राजा दुष्यन्त ऋषियों से विदा लेकर अपने नगर के रनिवास में पहुँच जाएँगे, तब उनको यहाँ की सुधि रहेगी भी या नहीं।

मालविका–अग्निमित्र (*मालविका.*)

राजा चित्र में मालविका की सुन्दरता देखकर हृदय शंकित था कि वह वास्तव में इतनी सुन्दर होगी। परन्तु साक्षात् रूप में इसे देखकर मैं समझता हूँ कि चित्रकार ने सावधानी से इसका चित्र नहीं बनाया है। (मन ही मन) इसके सम्पूर्ण अंगों की पवित्रता आश्चर्यजनक है क्योंकि इसका बड़ी–बड़ी आँखों वाला, शरत्काल के चन्द्रमा की शोभा से सम्पन्न मुख, कंधों पर कुछ झुकी हुई भुजायें, उन्नत एवं कठोर स्तनों से जकड़ी हुई छाती, पार्श्व परिमार्जित तुल्य, मुट्ठी भर की कटि, मोटी–मोटी जाँघें, झुकी हुई अंगुलियों वाले चरण हैं। ज्ञात होता है कि मानों इसका सम्पूर्ण शरीर इसके नाट्य गुरु गणदास जी के कहने पर गढ़ा गया होगा।

मालविका महाराज की मनोदशा का मुझे बिलकुल ज्ञान नहीं है। ऐसी दशा में उनके प्रति अभिलाषा करती हुई मुझे स्वयं लज्जा हो रही है। मुझ में इतनी शक्ति भी नहीं है कि मैं अपने प्यारे सारस पक्षी के कलरव से वृक्ष के झुरमुट में छिपी नदी की धारा को, प्यासे पथिक की भाँति तुम्हारे आश्वासन पर अपनी प्रियतमा को समीप में प्राप्त कर, मेरा यह उत्कण्ठित हृदय प्रफुल्लित हो उठा है तो श्रीमती मालविका कहाँ है?

मालविका सखि! उस समय शीघ्रतावश महाराज के सौन्दर्य को जी भर कर नहीं देख सकी। आज भी मुझे वैसा ही लग रहा है। महाराज के दर्शन की प्यास मिटती ही नहीं।

विदूषक महाराज! सुना आपने। मालविका को आपने जिस दृष्टि से देखा, क्या आपको उसने उसी दृष्टि से नहीं देखा? पिटारी जिस प्रकार रत्नगर्व धारण करती है, उसी प्रकार आप व्यर्थ ही युवावस्था का गर्व धारण करते हैं।

राजा मित्र विदूषक! उत्कण्ठित होने पर भी वनिताएँ अत्यन्त लज्जाशील हुआ करती हैं। देखो- स्त्रियाँ जिस पुरुष से पहले-पहल मिलती हैं, उसे वे जी भर कर देख लेना तो चाहती हैं, पर उन विशाल नेत्रों वाली सुन्दरियों के नेत्र अपने प्रियतम की ओर ठीक से हो ही नहीं पाते।

विदूषक आज धारिणी देवीपण्डिता कौशिकी से कह रही थी- भगवती! यदि आपको वस्तुतः अलंकार पहनाने की कला का अभिमान है, तो मालविका को विवाह-वेश से अलंकृत करें। इस पर उन्होंने मालविका को विशेष रूप से अलंकृत किया है हो सकता है, देवी आपकी इच्छा पूर्ण करें।

मालविका (मन ही मन) मेरे इस अनुपम रूप में अलंकृत किए जाने का कारण हमें ज्ञात है, फिर भी कमल पत्र पर स्थित जलबिन्दु के समान हमारा हृदय काँपता है। बाँई आँख भी निरन्तर फड़क रही है।

उर्वशी-पुरुरवा (*विक्रमो.*)

राजा (उर्वशी को देख कर, मन ही मन) यह उचित ही है- नारायण ऋषि को लुभाती हुई अप्सराओं ने जब उनकी जाँघ से पैदा हुई इस उर्वशी को देखा तो वे सब लज्जित हो गईं। मैं समझता हूँ कि ऐसे

सुन्दर रूपवाली सुन्दरी को कोई तपस्वी पैदा कर ही नहीं सकता क्योंकि इसकी रचना करने के लिए या तो कान्ति को देने वाला चन्द्रमा प्रजापति बना होगा, अथवा शृंगार रस के देवता कामदेव ने इसे स्वयं रचा हो, अथवा वसन्त ऋतु ने इसकी रचना की हो; नहीं तो भला बतलाइए वेद का स्वाध्याय करने के कारण जड़ तथा साँसारिक विषय वासना से दूर रहने वाला प्राचीन मुनि (ब्रह्मा) ऐसी सुन्दर आकृत्ति का निर्माण कैसे कर पाता।

उर्वशी (मन ही मन) आपके वचन अमृत्त (के समान) हैं अथवा यदि चन्द्रमा से अमृत्त की बूँदें बरसें तो क्या आश्चर्य है? (प्रकट में) इसीलिए अपनी सखियों के लिए मेरा हृदय उतावला हो रहा है।(उर्वशी राजा को प्रेमभरी दृष्टि से देखती है।)

चित्रलेखा सखी! क्या देख रही हो?

उर्वशी अपने दुःख में साथ देने वाले महाराज के सौन्दर्य का दोनों आँखों से पान कर रही हूँ।

राजा इसे तुम केवल समाश्वासन कह रहे हो? मैं तो जब उस मद भरे नयनों वाली (उर्वशी) के उदार मानसिक भावों से परिपूर्ण इन शब्दों को तथा उसके मन में भी मेरे ही मन के जैसे प्रेम भाव को प्रकट करने वाले प्रेम पत्र को पढ़ता हूँ, तब मुझे ऐसा लगता है कि मानो हम दोनों आमने-सामने खड़े हों।

उर्वशी अब जाकर हम दोनों का प्रेम समान हो पाया है।

विदूषक मैं ऐसा कहना चाह रहा था कि आप अपने शरीरावयवों को दुःखी न करें। आपके प्रति स्नेह करने वाली उर्वशी यहाँ से चली जाने पर भी अपने प्रेम को शिथिल नहीं करेगी।

राजा मेरा मन भी यही कह रहा है। उसने अपने प्रस्थानकाल में अपने शरीर पर अधिकार न होने पर भी अपने वश वाले हृदय को अपने उसाँसों के साथ मुझे सौंप दिया, जो उसके स्तनों के कम्पन से स्पष्ट प्रतीत हो रहा था।

अनेक स्वयंवर विवाहों का विस्तार से आद्योपान्त वर्णन यहाँ उपलब्ध है। यहाँ तक कि सभी अद्भुत सुनहरी उपमाओं की ओर ध्यानाकर्षण स्वाभाविक है यथा- स्वर्णिम वंदनवार, मणिस्तम्भो पर तनाव चंदवा, स्वर्ण कलश, स्वर्ण सिंहासन, स्वर्णाभूषण, मणि मुक्ताहार, मणियों की तगड़ी, रेशमी वस्त्र, मंगल श्रृंगार, ऋषिगण का आशीष, अप्सरा व गंधर्वों के गीत रीत, सुगंधित अग्नि, नंदनवन का शीतल पवन, पारिजात की शैय्या, कुरबुक की सज्जा, चंद्रमा की चंद्रिका, राजपथ का वैभव, इन्द्रधनुषी रंग बिरंगे तोरण, वर-वधु की सुन्दरता में सराबोर सहृदय अपनी सुधि-बुधि खो बैठते हैं। ये सभी स्वतः ही एक राजसी वैभव एवं समृद्ध परंपरा से अवगत करा देते हैं। एक विदुषी राजकुमारी के हृदय से निकला यह सप्त रचनाओं का संगीत उनके अदृश्य होने के प्रयत्न को समाप्त कर देता है। तीव्र दृष्टि से अवलोकन करने के पश्चात्, राजकुमारी विद्योत्तमा की लेखिका की भूमिका स्वतः ही सिद्ध होने लगती है। इतिश्री।

संदर्भ : राजा व रानियाँ

–राजा कुबेर। (3, पू. *मेघ.*)

–पुष्कर और आवर्तक दो प्रसिद्ध एवं ऊँचे कुल। (6, पू. *मेघ.*)

–वत्स देश के राजा उदयन। (35, पू. *मेघ.*)

–उज्जयिनी के महाराज प्रद्योत की पुत्री वासवदत्ता। (35, पू. *मेघ.*)

–कुबेर की राजधानी अलका। (60, उ. *मेघ.*)

–मेना। (18.I, *कुमार.*)

मनु के वंश। (4.II, *रघु.*)

इक्ष्वाकुवंशीय राजाओं। (72.I, रघु.)

राजा दिलीप। (12.I, रघु.)

मगधवंश में उत्पन्न सुदक्षिणा। (31.I, रघु.)

सूर्यवंश। (2.I, रघु.)

वैवस्वत मनु।च(11.I, रघु.)

'क्षत्रिय' शब्द का अर्थ है जो दूसरों को नष्ट होने से बचाया जाय। (53.II, रघु.)

वंगीय राजाओं। (36.IV, रघु.)

गंगासागर द्वीप में अपना जियस्तम्भ। (36.IV, रघु.)

उड़ीसा के राजाओं। (38.IV, रघु.)

उत्कलादर्शितपथ। (38.IV, रघु.)

पाण्ड्य राजा। (49.IV, रघु.)

केरल देश की स्त्रियाँ। (54.IV, रघु.)

अपरान्ह (पश्चिम देशवासी)। (53-58.IV, रधु.)

पारसी (इरान) राजाओं। (60.IV, रघु.)

हूण राजाओं। (68.IV, रघु.)

यवनियों (यवनान)। (61.IV, रघु.)

कम्बोज (काबुल)। (69.IV, रघु.)

प्राग्ज्योतिषपुर। (81.IV, रघु.)

कामरूप के राजा। (83.IV, रघु.)

कैलाश के स्वामी कुबेर। (28.V, रघु.)

कुबेर ने रात सोने की वर्षा कर दी। (30.V, रघु.)

–अयोध्यानिवासी। (31.V, रघु.)

–क्रथकैशिक (विदर्भ देश) के राजा भोज। (39.V, रघु.)

–कार्त्तिकेय। (36.V, रघु.)

–विदर्भ देश। (40.V, रघु.)

–गन्धर्वों के राजा प्रियदर्शन का पुत्र प्रियंवद। (53.V, रघु.)

–इक्ष्वाकुवंश। (55.V, रघु.)

–गन्धर्व। (57.V, रघु.)

–वनायु (पारस) देश के घोड़े सेंधा नमक के उन टुकड़ों। (73.V, रघु.)

–मगध नरेश। (20.VI, रघु.)

–अंग देश के राजा। (27.VI, रघु.)

–अवन्ति देश के राजा। (32.VI, रघु.)

–महाकाल मंदिर (उज्जैन)। (34.VI, रघु.)

–अनूप देश के राजा। (37.VI, रघु.)

–'माहिष्मती'/हैहयवंशीय राजाओं की परम्परागत राजधानी। (43.VI, रघु.)

–मथुरा के सुषेण। (45.VI, रघु.)

–वृन्दावन। (50.VI, रघु.)

–कलिंग नरेश हेमाङ्गद। (53.VI, रघु.)

–पाण्ड्य देश (दक्षिण)। (60.VI, रघु.)

–सूर्य और चन्द्रवंशी राजाओं। (8.VI, रघु.)

–विदर्भ नगर नरेश। (1.VII, रघु.)

–राजमार्ग। (4.VII, रघु.)

–कुण्डिनपुर के राजा भोज। (33.VII, रघु.)

–रत्नस्वरूपा इन्दुमती। (34.VII, रघु.)

–क्रथकैशिक (विदर्भ) राजा के वंश में जन्म लेकर तुम्हारी रानी हुई थी। (82.VIII, रघु.)

–उत्तर कोशल का राज्य। (1.IX, रघु.)

–मनुवंशी दशरथ। (3.IX, रघु.)

–कुबेर की राजधानी 'अलकापुरी'। (14.IX, रघु.)

–मगध, कोशल, केकय। (17.IX, रघु.)

–मिथिलापुरी। (32.XI, रघु.)

राजा जनक। (35.XI, रघु.)

–विदेहनगरी। (36.XI, रघु.)

–नन्दिग्राम। (18.XII, रघु.)

–लंका। (63.XII, रघु.)

–लंका की स्त्रियाँ। (78.XII, रघु.)

–राजा 'नदुष'। (36.XIII, रघु.)

–साकेत। (79.XIII, रघु.)

–अयोध्या और राजमहल के छत। (29.XIV, रघु.)

–लवणपुर। (15.XV, रघु.)

–'तक्ष' और 'पुष्कल' की राजधानियाँ। (89.XV, रघु.)

–अंगद और चंद्रकेतु 'कारापथ' के राजा। (90.XV, रघु.)

–'कुशावती' का राज्य कुश को दे दिया। (97.XV, रघु.)

–अयोध्यावासियों ने। (98.XV, रघु.)

–उत्तरगिरि (हिमालय) हनुमानजी को। (103.XV, रघु.)

–दक्षिणगिरि (त्रिकुटपर्वत) विभीषण को दिया। (103.XV, रघु.)

–कुल राजधानी। (22.XVI, रघु.)

–राजधानी कुशावती। (25.XVI, रघु.)

–अंग राजधानी। (26.XVI, रघु.)

–राजा अतिथि। (1.XVII, रघु.)

–कार्तिकेय जैसा पराक्रमी राजा। (67.XVII, रघु.)

–लोकपाल। (81.XVII, रघु.)

–निषधराज। (1.XVIII, रघु.)

–कुश। (4.XVIII, रघु.)

–पुण्डरीक। (8.XVIII, रघु.)

–क्षेमधन्वा। (9.XVIII, रघु.)

–देवानीक। (10.XVIII, रघु.)

–अहीनगु। (14.XVIII, रघु.)

–पारियात्र। (16.XVIII, रघु.)

–उन्नाभ। (20.XVIII, रघु.)

–वज्रनाभ। (21.XVIII, रघु.)

–शंखण। (22.XVIII, रघु.)

–व्युषिताश्व। (23.XVIII, रघु.)

–विश्वसह। (24.XVIII, रघु.)

–हिरण्यनाभ। (25.XVIII, रघु.)

–उत्तरकोशल का स्वामी का पुत्र कौसल्य। (27.XVIII, रघु.)

–ब्रह्मिष्ठ। (28.XVIII, रघु.)

–पुत्र। (30.XVIII, रघु.)

–पुष्य। (31.XVIII, रघु.)

–ध्रुवसन्धि। (34.XVIII, रघु.)

–सुदर्शनं। (35.XVIII, रघु.)

–अग्निवर्ण

अभिज्ञानशाकुन्तलम

–पुरुवंशी राजा दुष्यंत (नायक)। (I, *अभि. शा.*)

–शकुन्तला (नायिका)

–हस्तिनापुर। (IV, *अभि. शा.*)

मालविकाग्निमित्रम्

अग्निमित्र : विदिशा - नरेश (नायक)

–विदिशानाथ आ रहे हैं। (IV, *मालविका.*)

–विदिशा के तट पर विस्तृत उपवनों। (IV, *मालविका.*)

–विदर्भ से जो कला मर्मज्ञ। (V, *मालविका.*)

–विदर्भराज को पराजित कर जिन्हें बन्दीगृह से मुक्त करवाया है, उन्हीं माधवसेन की छोटी बहन यह मालविका है। (V, *मालविका.*)

–विदर्भ देश के विषय में जो कर्त्तव्य था, वह कर दिया गया।

(V, *मालविका.*)

–वरदा नदी के दक्षिण तथा उत्तर तट का अलग–अलग शासन करें। (13.V, *मालविका.*)

–वह घोड़ा, जब सिन्धु नदी के तट पर चर रहा था तो घुड़सवार सेना के एक यवन ने उसे पकड़ लिया। (V, *मालविका.*)

–चित्रलेखा कहती है–प्रतिष्ठानपुरी/यमुना के संगम के कारण अधिक पवित्र बने हुए गंगा के जल में मानो अपना प्रतिबिम्ब देख रहा हो।

(II, *विक्रमो.*)

❖❖❖

॥ दशम अध्याय ॥

स्त्री:
कुलीनता एवं वैभव

विविध रत्न, वैभव एवं स्त्रियाँ

बनारस की राजकुमारी विद्योत्तमा की विदुषी के रूप में प्रसिद्धि है। ज्ञान के प्रति पिपासा, जिज्ञासा और विद्वता का सम्मान, उनकी शोभा उनका जीवन-आदर्श रहा। उनके यहाँ नवरत्न की स्थिति, ज्ञानपूर्ण वैभव के सांस्कृतिक और दार्शनिक पक्ष को अभिव्यक्त करती है।

राजकीय वैभव, सौम्यता, विविध ज्ञान - वेद, उपनिषद्, काम-शास्त्र व लोक-शास्त्र आदि से सातों रचनाएँ पूरी तरह संवलित हैं। ये रचनाएं राजसी वैभव के अनुरूप रत्नों का व्यवहार, वैभव, आचार, विचार और व्यवहार, महलों की अट्टालिकाएँ तथा अंतःपुर का वैभव, पाठकों को सौम्य वैभवपूर्ण संसार से परिचित कराती हैं। यदि दैवी कृपा से कालिदास साहित्य रचना करते तो त्याग, आध्यात्म और मुक्ति की कथा लिखते, न कि यौवन, श्रृंगार, काम और राजसी वैभव और भोग-विलास का वर्णन करते। यह तो विदुषी विद्योत्तमा के ही सृजन का प्रमाण है।

चर्चित रचनाओं में विविध रत्नों की उपस्थिति से तत्कालीन स्त्रियों के आकर्षक वैभव का अभिज्ञान होता है। इस संदर्भ में निमांकित संदर्भ महत्वपूर्ण हैं।

-सुगन्धि से परिपूर्ण अट्टालिकाएँ तथा कामोद्दीपक मधुर गीत।

(3.I, ऋतु.)

-वैदूर्य मणियों की कान्ति। (5.II, ऋतु.)

–स्वर्ण कमल। (13.V, *ऋतु.*)

–महल। (11.VI, *ऋतु.*)

–स्फटिक के समान। (55, *पू. मेघ.*)

–मणिशिखर। (64, *पू. मेघ.*)

–अलकापुरी के ऊँचे-ऊँचे भवन, अटारियाँ आकाश चूमती हैं एवं धरती नीलम से जड़ी हुई है। (1, *उ. मेघ.*)

–स्फटिकमणि से निर्मित भवन। (39, *उ. मेघ.*)

–साड़ियाँ। (7, *उ. मेघ.*)

–चन्द्रकान्तमणि। (19, *उ. मेघ.*)

–उज्जयिनी में करोड़ों मोतियों की माला, जिसके बीच में रत्न गुंथे होंगे। कहीं करोड़ों शंख और सीपियाँ होंगी और कहीं नीले और चमकीले नीलम होंगे तथा ऐसा जान पड़ेगा कि सभी रत्न यहीं रखे हैं और समुद्रों में केवल पानी ही रह गया है। (34, *पू. मेघ.*)

–सीढ़ियों में जड़ा नीलम और चिकने वैदूर्यमणि की डंठल वाले बहुत से कमल। (16, *उ. मेघ.*)

–बनावटी पहाड़ जिसकी चोटी नीलम की है और चारों ओर सोने के केलों से घिरा। (17, *उ.मेघ.*)

–नीलम चमक रहा है। (38.I, *कुमार.*)

–रत्नों की माला के यज्ञोपवीत। (6.IX, *कुमार.*)

–सोने के आसन पर बैठाये गये। (46.IX, *कुमार.*)

–कस्तूरी की पिण्डी। (41.IX, *कुमार.*)

–अनमोल चूड़ामणि। (44.IX, *कुमार.*)

–चन्द्रचूड। (9.IX, *कुमार.*)

-मणियाँ। (9.IX, *कुमार.*)
-सोने की चट्टान। (29.VIII, *कुमार.*)
-सूर्यकान्तमणि। (75.VIII, *कुमार.*)
-स्फटिकमय कैलाश। (41.VIII, *कुमार.*)
-कस्तूरी की पिण्डी। (41.VIII, *कुमार.*)
-रत्न तो रत्नाकर से निकलता है। (11.XI, *कुमार.*)
-सोने के सुमेरु पर्वत। (26.XI, *कुमार.*)
-स्फटिकमय कैलाश। (30.XI, *कुमार.*)
-स्फटिकमणि से बने हुए कैलाश। (4.XI, *कुमार.*)
-रंग-बिरंगे मणियों की पच्चीकारी एवं बड़ा भारी सोने का डंडा। (5.XII, *कुमार.*)
नन्दी। (6.XII, *कुमार.*)
-स्फटिक का पहाड़। (21.XII, *कुमार.*)
-विविध रत्नों की चमक से सुहावनी सीढ़ियाँ। (42. XIII, *कुमार.*)
-बढ़िया सिन्दूर और सुमेरूगिरि की चमकदार सोने की धरती। (24.XIV, *कुमार.*)
-स्फटिक निर्मित बड़े-बड़े भवन। (38.XIII, *कुमार.*)
-रत्नों से परिपूर्ण गन्धर्वनगर। (31.XIV, *कुमार.*)
-चंदन मिश्रित जल। (49.XVI, रघु.)
-सभी प्रकार के कोष। (1.V, रघु.)
-सोने चाँदी के पात्र। (2.V, रघु.)
-सौन्दर्यलक्ष्मी। (67.V रघु.)
-सोने के पांव-पीढ़े पर। (15.VI, रघु.)
-रत्नों से भरी उस दक्षिण देश की पृथ्वी :

रत्नानुविद्धार्णवमेखलाया दिशः .... दक्षिणस्याः..

(63.VI, रघु.)

–पृथ्वी बहुत से रत्न उत्पन्न किए। (28.VIII, रघु.)

–दिव्य आभूषणों से युक्त। (11.X, रघु.)

–स्वर्णपात्र। (51.X, रघु.)

–विमान के नीचे लटकने वाली सोने की किंकणियाँ।

(33. XIII, रघु.)

–स्फटिकमणि–जटित सीढ़ी। (69.XIII, रघु.)

–सैकड़ों तल्लों वाली अट्टालिकाओं। (11.XVI, रघु.)

–भवनों पर मोती की माला। (18.XVI, रघु.)

–हीरे की खानों का आभूषण पहनने वाला पृथ्वी का स्वामी बना।

(21.XVIII, रघु.)

–समुद्र के सुन्दर एवं मनोहर रत्न। (16.I, रघु.)

–बहुमूल्य रत्नों से भरी तथा समुद्र से घिरी हुई पृथ्वी। (9.III, रघु.)

–पहाड़ी राजाओं ने रत्नों के ढेर रघु को भेंट किए। (79.IV, रघु.)

–पृथ्वी बहुत से रत्न उत्पन्न किए। (28.VIII, रघु.)

–नन्दनवन के विलासमय भवनों। (95.VIII, रघु.)

–समुद्र को रत्न उत्पन्न करने के लिए मथे जाने तक। (3.X, रघु.)

–समुद्र के रत्न और सूर्य की किरणें नहीं गिनी जा सकती।

(30.X, रघु.)

–शिलाजीत से पुती चट्टानें। (55.IV, रघु.)

–सूर्यकान्तमणि। (7.II, *अभि.शा.*)

–मणिशिला। (VI, *अभि.शा.*)

–रत्नशिलाओं। (12.VII, *अभि.शा.*)

–वैभव की पराकाष्ठा के अनेक दृष्टांत हैं। तपस्वी भी रत्नशिला पर बैठकर समाधि लगाते हैं यथा– यहाँ तपस्वीगण उन वस्तुओं के बीच में बैठ

कर तप कर रहे हैं, जिन्हें पाने के लिए अन्य ऋषि तपस्या किया करते हैं। यहाँ पर ये लोग कल्प वृक्षों के वन की वायु पीकर जीते हैं, सुनहरे कमल के पराग से सुवासित जल में स्नान करके पूजा-पाठ करते हैं, रत्नशिलाओं पर बैठकर समाधि लगाते हैं और अप्सराओं के बीच में बैठकर संयम साधते हैं जैसा कि *अभिज्ञानशाकुन्तलम्* में उल्लेख है। (12.VII, *अभि.शा.*)

–स्फटिक पत्थर के स्तम्भ। (IV, *मालविका.*)

–महारानी उनके कल्याणार्थ सौ निष्क सोना प्रतिदिन योग्य पात्रों को दे रही है। (V, *मालविका.*)

–माधवसेन ने अनेक बहुमूल्य रत्न हाथी, घोड़े, शिल्पकन्याएँ, दास इत्यादि उपहार लेकर अपना इत्र महाराज के पास भेजा है। (V, *मालविका.*)

–आभूषणों से लदी हुई अलंकार-पेटिका हो गई है। (V, *मालविका.*)

–वैदूर्यरत्न को उत्पन्न करने वाली विदूरभूमि। (24.V, *मालविका.*)

–रत्नजटित पत्थर की चौकी। (II, *विक्रमो.*)

–मणिहर्म्य की छत। (III, *विक्रमो.*)

–मणिहर्म्य के ऊपर बिखरी हुई चन्द्र किरणें। (III, *विक्रमो.*)

–सोने की रेखा। (7.IV, *विक्रमो.*)

–स्फटिक की चट्टानों पर उजले झरनों वाले। (50.IV, *विक्रमो.*)

–चमकते हुए मणि को चोंच में लेकर। (3.V, *विक्रमो.*)

–मणि दूर ले जाये जाने पर। (4.V, *विक्रमो.*)

–रत्न के विषय में ठीक समझा दिया। (V, *विक्रमो.*)

–रत्न के साथ आकाश से नीचे गिर पड़ा। (6.V, *विक्रमो.*)

–चन्द्रकान्ता मणि। (11.V, *विक्रमो.*)

–मणिकठक नामक मोर। (13.V, *विक्रमो.*)

–राज्यलक्ष्मी। (22.V, *विक्रमो.*)

–नीलकमल की माला। (55.IV, *विक्रमो.*)

–विक्रमोवर्शीयम् के एक विशिष्ट प्रसंग में रत्न जटित पत्थर की चौकी पर भ्रमर समूहों के साथ बैठने की बात कही गई है। (II *विक्रमो.*)

अलकापुरी

मेघनदूत में मेघ की स्मृति के माध्यम से अलकापुरी के वैभव का चित्र खींचा गया है। मेघ के शब्दों में अलकापुरी के ऊँचे–ऊँचे भवन सब बातों में तुम्हारे ही सदृश हैं। यदि तुम्हारे पास बिजली है, तो उन भवनों में चटकीली नारियाँ हैं। यदि तुम्हारे पास इन्द्रधनुष है, तो उन भवनों में रंग–बिरंगे चित्र लटके हुए हैं। यदि तुम मृदु और गम्भीर गर्जन कर सकते हो, तो वहाँ संगीत के साथ मृदंग बजते हैं। यदि तुम्हारे भीतर नीला जल है, तो उनकी धरती भी नीलम से जड़ी हुई है और यदि तुम ऊँचे हो, तो उनकी अटारियाँ भी आकाश चूमती हैं।

वहाँ की कुलवधुएँ हाथों में कमल के आभूषण पहनती हैं। अपनी चोटियों में नए खिले हुए कुन्द के फूल गूँथती हैं। मुँह में लोध के फूलों का पराग मलकर उसे गोरा करती हैं। जूड़े में नए कुरबक के फूल खोंसती हैं। कानों पर सिरस के फूल रखती हैं और वर्षा में फूलने वाले कदम्ब के फूलों से अपनी माँग सजाया करती हैं।

वहाँ पर सदा फूलने वाले बहुत से ऐसे वृक्ष तुम्हें मिलेंगे, जिन पर मतवाले भौरे गुनगुनाते होंगे। बारहमासी कमल और कमलिनियों को हंसों की पाँतें घेरे रहती होंगी। सदा चमकीले पंखों वाले पालतू मोर सिर ऊँचा किए हुए रात–दिन बोलते रहते होंगे और वहाँ की रातें सदा चाँदनी रहने से बड़ी उजली और मनभावनी होंगी।

वहाँ रहने वाले यक्षों की आँखों में केवल आनन्द के ही आँसू आते हैं। अपने प्यारे के मिलन से दूर हो जाने वाले विरह के ताप को छोड़ कर और किसी प्रकार का ताप वहाँ नहीं होता। प्रेम में रूठने को छोड़कर और कभी किसी से बिछोह नहीं होता और जवानी की अवस्था को छोड़कर दूसरी अवस्था वहाँ नहीं देखी जाती।

वहाँ के यक्ष अपनी अलबेली स्त्रियों को लेकर स्फटिक मणि के बने अपने उन भवनों पर बैठते हैं, जिनकी छत पर पड़ी हुई तारों की छाया ऐसी जान पड़ती है, मानों फूल जड़े हुए हों। वहाँ बैठ कर वे कामदेव को उभारने वाला वह मधु पी रहे होंगे, जो उन बाजों के मन्द-मन्द बजने पर कल्पवृक्ष से निकलता है और जो तुम्हारे गम्भीर गर्जन के समान ही नित्य गूँजा करते हैं।

वहाँ की कन्याएँ इतनी सुन्दर होती हैं कि देवता भी उन्हें पाने को तरसते हैं। वे कन्याएँ मन्दाकिनी के जल की फुहारों से शीतल पवन में तथा तट पर खड़े कल्पवृक्षों की छाया में, तपन मिटाती हुई अपनी मुट्ठियों में रत्न ले तथा उनको सुनहरे बालू में डाल कर छिपाने और ढूँढ़ने का खेल खेलती रहती हैं।

वहाँ के प्रेमी लोग संभोग के लिए जब अपने चंचल हाथों से अपनी प्यारियों की कमर की गाँठें खोलकर उनकी ढीली साड़ियों को हटाने लगते हैं, तब वे लाज से इतनी सकुचा जाती हैं कि और कुछ न पाकर मुट्ठी में गुलाल भर कर जगमगाते हुए रत्नदीपों पर फेंकने लगती हैं, परंतु उनका वह गुलाल फेंकना भी अकारथ हो जाता है।

तुम्हारे जैसे बहुत से बादल वायु के झोंकों के साथ वहाँ के सतमहले भवनों के ऊपरी खंडों में घुस कर दीवार पर टँगे चित्रों को अपने जलकणों से भिंगोकर मिटा देते हैं और फिर वे धुएँ का रूप बनाने में चतुर बादल डर के मारे झट से झरोखों की जालियों में से छितरा-छितराकर बाहर निकल जाते हैं।

वहाँ आधी रात को खुली चाँदनी में झालरों में लटकी चन्द्रकान्त मणियों से टपकता हुआ जल, उन स्त्रियों की संभोगजनित थकावट को दूर करता है, जिनके शरीर प्रियतम की भुजाओं में कसे रहने से ढीले पड़ जाते हैं।

वहाँ अचल सम्पत्ति वाले कामी लोग अप्सराओं के साथ बातें करते और ऊँचे स्वर में मधुर कंठों से कुबेर का यश गाने वाले किन्नरों के साथ बैठे हुए वैभ्रज नाम के बाहरी उपवन में रात-दिन विहार करते हैं।

वहाँ रात को जब कामिनी स्त्रियाँ अपने प्रेमियों के पास जल्दी-जल्दी पैर बढ़ा कर जाने लगती हैं, तो उस समय उनकी चोटियों में गुँथे हुए कल्पवृक्ष के फूल और पत्ते खिसक-खिसक कर निकल जाते हैं, उनके कानों पर रखे सोने के कमल गिर जाते हैं और हारों से टूटे हुए मोती भी इधर-उधर बिखर जाते हैं। जब दिन निकलता है तो इन वस्तुओं को मार्ग में बिखरा हुआ देख कर लोग समझ लेते हैं कि कामिनी स्त्रियाँ किधर से होकर अपने प्रेमियों के पास गयी थीं।

वहाँ रंग-बिरंगे वस्त्र, नयनों में बाँकापन पैदा करने वाली मदिरा, कोमल पत्ते तथा फूल, पैरों में लगने वाला महावर आदि स्त्रियों की शृंगार-सम्बन्धी सभी वस्तुएँ कल्पवृक्ष से ही प्राप्त हो जाती हैं।

वहाँ सूर्य के घोड़ों से होड़ करने वाले और पल्लव सदृश काले-काले घोड़ों, पर्वत के समान ऊँचे और तुम्हारी तरह मद की धारा बहाने वाले हाथियों एवं रावण से भी लोहा लेने वाले ऐसे वीर योद्धा तुम्हें दिखलाई देंगे, जिनके शरीर में पड़े घावों के निशान अलंकारों की शोभा को भी मात कर रहे होंगे।

वहीं पर कुबेर के मित्र शिव जी भी रहा करते हैं, इसीलिए डर के मारे कामदेव अपना भौंरों की डोरी वाला धनुष वहाँ अपने साथ नहीं रखता, क्योंकि वहाँ की छबीली और चतुर स्त्रियाँ, जो अपने प्रेमियों की ओर बाँकी चितवन रूपी बाण चलाती हैं, उसी से कामदेव का काम चल जाता है।

वहीं कुबेर के भवन से उत्तर की ओर इन्द्रधनुष सदृश सुन्दर तथा गोल-गोल फाटक वाला हमारा घर तुम्हें दूर से ही दिखलाई देगा। उसी के पास एक छोटा-सा कल्पवृक्ष है, जिसे मेरी स्त्री ने पुत्रवत् पाल रखा है। वह फूलों के गुच्छों से इतना झुका दीखेगा कि नीचे खड़े-खड़े ही उन गुच्छों को हाथ से तोड़ा जा सकता है।

हे सखे! भीतर जाने पर तुम्हें एक बावली मिलेगी, जिसकी सीढ़ियों पर नीलम जड़ा होगा और जिसमें चिकने वैदूर्य मणि की डंठल वाले बहुत-से सुनहले कमल खिले हुए होंगे। वहाँ के जल में रहने वाले हंस इतने सुखी मिलेंगे कि मानसरोवर के अति समीप होते हुए भी वे तुम्हें देख कर वहाँ भी नहीं जाना चाहेंगे।

उसी बावली के पास एक कृत्रिम पहाड़ है, जिसकी चोटी नीलम की बनी हुई है। वह चारों ओर सोने के केलों से घिरा होने के कारण देखते ही बनता है। वह पर्वत मेरी गृहिणी को बड़ा प्यारा है। इसलिए जब मैं तुम्हें बिजली के साथ देखता हूँ, तब मेरा मन अकेला होने से उदास हो जाता है और वह पहाड़ मेरी आँखों के आगे नाचने लगता है। उस बनावटी पर्वत पर कुरबक के वृक्षों से घिरे माधवी मण्डप के पास ही एक चंचल पत्तों वाला लाल अशोक का वृक्ष है और दूसरा मौलसिरी का पेड़ है। जैसे मैं तुम्हारी सखी के पैर की ठोकर खाने के लिए तरस रहा हूँ, वैसे ही वह अशोक भी फूलने का बहाना लेकर मेरी पत्नी के बाँऐं पैर की ठोकर खाने के लिए बेचैन होगा।

हे प्रिये! अगली हरिबोधिनी एकादशी को जब विष्णु भगवान शेषनाग की शय्या से उठेंगे, उसी दिन मेरा श्राप भी समाप्त हो जाएगा। इसलिए बाकी चार महीनें भी किसी प्रकार आँख मूँद कर बिता लो। फिर तो हम दोनों बिछोह के दिनों में सोचे हुए अपने मन के सभी मनोरथ शरद् ऋतु की सुहावनी चाँदनी रात में पूरी कर लेंगे।

अलकापुरी में पहुँच कर उसके शुभचिन्तक मेघ ने यक्ष की पत्नी के प्राण बचाने के लिए दैवी वाणी में सारा सन्देश कह सुनाया। वह अपने प्रियतम का कुशल समाचार सुन कर हर्ष से विभोर हो गई। क्योंकि भले-मानुस से कोई काम करने को कहा जाये तो वह पूर्ण होता ही है। जब मेघ के सन्देश की चर्चा कुबेर के पास पहुँची, तब उनको बड़ी दया आयी और उन्होंने अपना श्राप लौटा कर उस यक्ष और उसकी पत्नी दोनों को पुनः मिला दिया। इस मधुर मिलन से उनका दुःख दूर हो गया और कुबेर ने ऐसा प्रबन्ध कर दिया जिससे कि फिर उन्हें कोई कष्ट नहीं हुआ।

आर्या अर्थात् महाकाली के चरणों को प्रणाम कर सुन्दर पदों से सँवारकर '*मेघदूतम्*' काव्य को रचा गया है। यह काव्य उन वियोगियों का मन बहलाएगा, जिन्हें कामक्रीड़ा (भोग-विलास) का अवसर ही नहीं मिला। इसमें मेघ का उत्तम कौशल और कवियों की अनोखी कल्पनाओं का नमूना भी देखने को मिलेगा।

दशपुर (मालवा) : लाटप्रदेश का वैभव

समकालीन गुप्तकाल के ही कुमारगुप्त प्रथम के मंहवाय श्रेणी के मंदसौर शिलालेख के उद्धरणों से तत्कालीन स्त्रियों के वैभव का ज्ञान होता है जिसका प्रभाव सातों कृतियों पर प्रभावशाली रूप से देखा जा सकता है।

वनस्पतियों से हरे-भरे पर्वतों से युक्त लाट (गुजरात) नामक देश था, जो प्रस्फुटित पुष्पों से झुकी डालियों वाले श्रेष्ठ वृक्षों, देवमन्दिरों, सभागृह और चैत्य विहारों के कारण अत्यन्त चित्ताकर्षक था। वहाँ से विश्वविख्यात शिल्पीगण (मालवा में स्थित) दशपुर नामक नगर में आए। पहले वे संकल्प बनाकर अर्थात् व्यक्तिगत रूप से ही आए थे; परन्तु कालान्तर में वे अपने बन्धु-बाँधव एवं परिजनों को एकत्र कर यहाँ आए। यद्यपि मार्ग में उन्हें अनवरत थकान एवं कष्टों का सामना करना पड़ा, तथापि मालव नरेश के गुणों

से आकृष्ट होकर उन्होंने कष्टों का ध्यान नहीं दिया। (4-5, *मं. शिला.*)

यह दशपुर नगर, क्रमशः विश्व में अग्रणी हो गया था। इसकी कान्ति कहीं तो उन्मत्त गजराजों के मस्तकों से चूते हुए मद-जल से सिंचित चट्टान वाले सहस्त्रों पर्वतों से विभूषित होने लगती थी, तो कहीं उसकी भूमियाँ खिले हुए सुमनों से झुकी हुई शाखाओं वाले वृक्षों से सुशोभित थीं। तट पर उगे हुए वृक्षों से विविध पुष्पों के गिरने के कारण सरोवरों के किनारे का जल विचित्र शोभा को धारण करता था। जहाँ खिले हुए कमल आभूषणों के समान शोभित हो उठते थे, ऐसे तालाबों के जल में हँस तैरते रहते थे। (6-7, *मं. शिला.*)

इन सरोवरों में तैरते हुए कलहंस चँचल लहरों के थपेड़ों से गिरते हुए कमल-पराग द्वारा पीत-वर्ण के लगते थे और इनमें प्रस्फुटित कमल अपनी ही पंखुड़ियों के भार से अवनत दृष्टिगोचर होते थे। जिस मालव देश के दशपुर नगर की वाटिकाएँ पुराँगनाओं को निरन्तर मंथर चाल द्वारा सुशोभित थीं, उनके वृक्ष अपने ही पुष्पों के भार से झुके हुए तथा सुमनों के रसपान द्वारा उन्मत्त भ्रमरों के कारण समलंकृत थे। (8-9, *मं. शिला.*)

जिस दशपुर के भवन में फहराते हुए झण्डों से, कोमलाँगी ललनाओं से तथा ऊँचे-ऊँचे श्वेत शिखरों से सुशोभित हो रहे थे मानो विद्युल्लता की दीप्ति से रंग-बिरंगे बने हुए श्वेत मेघ के टुकड़े हों। (10, *मं. शिला.*)

यहाँ के गृह कैलाश पर्वत के तुल्य गगनचुम्बी शिखरों से युक्त थे। उनकी वाटिकाओं में कदली वृक्ष लहलहा रहे थे एवं उनमें लताकुंज व वेदिकाएँ सुशोभित थीं। वे संगीत की ध्वनियों द्वारा मुखरित होते थे और उनमें चित्रशालायें वर्तमान थीं। वह नगर कई मंजिलों से युक्त महलों द्वारा विभूषित था। उन्हें देखने से आभास होता था कि मानो वे पृथ्वी को भेद कर उठ आए हुए विमानों की पंक्तियाँ हों। आकाश में बने हुए भवनों के तुल्य वहाँ के घर पूर्ण चंद्र की भाँति धवल लगते थे। (11-12, *मं. शिला.*)

चंचल लहरों वाली, दो सुन्दर नदियों से घिरा हुआ नगर ऐसा लग रहा था कि मानों उरोज-वाहिनी प्रीति और रति नाम की दो स्त्रियों से एकान्त में आलिंगित होता हुआ कामदेव का शरीर हो। (13, *मं. शिला.*)

सत्य, क्षमा, संयम, शान्ति, नियम, पवित्रता, धैर्य, स्वाध्याय, सरलता, विनयशीलता, स्थिरता और तीव्र बुद्धि आदि गुणों से युक्त, विद्या और तप के धनी एवं अभिमान रहित ब्राह्मणों से परिपूर्ण यह नगर चमकते नक्षत्रों से भरपूर आकाश के समान शोभित होता था। (14, *मं. शिला.*)

इसके बाद अनवरत पारस्परिक संगति के कारण, प्रतिदिन बढ़ती हुई मित्रता से युक्त और राजाओं द्वारा पुत्र के समान सम्मानित, अतएव प्रसन्नचित्त शिल्पीगण सुखपूर्वक इस नगर में रहने लगे। (15, *मं. शिला.*)

शिल्पियों में कतिपय धनुर्विद्या में प्रवीण थे, उनके धनुष-प्रत्यंचाओं की ध्वनि कानों को सुख पहुँचाती थी। कतिपय सैकड़ों अच्छे आचरणों से युक्त थे, कुछ विचित्र कथाओं के ज्ञाता थे। कुछ लोग विनीत और शान्त स्वभाव के थे। अन्य लोग यथार्थ धार्मिक प्रसंगों में प्रवीण थे, तो दूसरे लोग सुखद, कोमल और हितकारी वचन बोलने में अति समर्थ और क्षमाशील थे। (16, *मं. शिला.*)

इनमें से कुछ शिल्पी अपनी कला अर्थात रेशम बुनने के अपने व्यवसाय में प्रवीण थे। कुछ आत्मसंयमी लोग ज्योतिष शास्त्र के मर्मज्ञ थे और कुछ धैर्यशाली लोग आज भी युद्ध में प्रगल्भ तथा डट कर शत्रुओं का संहार करते थे। इनकी स्त्रियाँ परम सुन्दरी थीं। वे विख्यात एवं उच्च वंशों में उत्पन्न हुई थीं। वे अपने कुल के अनुरूप ही आचरण रूपी अलंकार से विभूषित थे। वे सत्यपरायण प्रेमियों के उपकार में कुशल और विश्वासपूर्वक दृढ़ता से मित्रता को निभाते थे। (17-18, *मं. शिला.*)

इस प्रकार इन शिल्पियों का समूह साँसारिक विषयों को जीतने वाले धर्मात्मा, कोमल स्वभाव वाले, अत्यधिक शक्तिशाली, लोक व्यवहार में देवता के समान, अपने वंश में तिलक स्वरूप अर्थात् कुल भूषण, वासनारहित और उदार प्रकृत्ति के व्यक्तियों से सुशोभित था। (19, *मं. शिला.*)

तरुणावस्था के सौन्दर्य के सम्पन्न होने पर भी, सोने के हार, ताम्बूल और पुष्पभरणों से प्रसाधित होने पर भी वहाँ की ललनायें अपने प्रिय से मिलने तब तक नहीं जाती थीं, जब तक कि वे रेशम के युगल वसनों को धारण नहीं कर लेती थीं। इन शिल्पियों ने छूने में मुलायम, भिन्न-भिन्न रंगों के अद्भुत और नेत्रों को आनन्दित करने वाले रेशमी वस्त्रों से सम्पूर्ण पृथ्वी को सुसज्जित कर दिया था। (20-21, *मं. शिला.*)

जिस प्रकार वायु के झोंके से विद्याधारियों के सुन्दर और पल्लवनिर्मित कर्णफूल उड़ जाते हैं, उसी प्रकार संसार में मनुष्य जीवन एवं विपुल धन संचय को क्षणभंगुर समझने के कारण, इन शिल्पियों ने अपने मन में हितकारी और दृढ़ निश्चय कर लिया। (22, *मं. शिला.*)

चारों समुद्र के तट ही जिसकी चंचल करधनी हैं, सुमेरु और कैलाश पर्वत जिसके विशाल उरोज हैं, उपवनों के मध्य घिरे हुए विकसित सुमन समूह जिसकी हास है वही दशपुर मालवा प्रदेश है। (23-24, *मं. शिला.*)

दशपुर (मन्दसौर) को ही 'पश्चिमपुर' कहा जाता था, क्योंकि उस समय पश्चिम भारत का यह सर्वश्रेष्ठ नगर माना जाता था जो उज्जयिनी की वृहत् परिधि में आता है। यहाँ गुप्तवंश का शासन था। लाट प्रदेश गुजरात की एक प्राचीन प्रशासनिक इकाई थी। मालवगण प्रचलित सेवत् था। किन्तु चन्द्रगुप्त द्वित्तीय ने जब शकों से मालव जीता तब इसका नाम विक्रमसेवत् पड़ा। बहुत प्राचीन काल में इसी को 'कृत' सेवत् भी कहा जाता था।

राजकुमारी इन्दुमती का राजमहल और उसका वैभव (रघु.)

स्वयंवर की सभा में जाकर अज ने देखा कि सुसज्जित मंचों पर बैठे हुए राजा लोग ऐसे सुन्दर लग रहे हैं, जैसे विमानों पर देवता बैठे हों। वहाँ जब दूसरे राजाओं ने अज को देखा, तब उन्होंने इन्दुमती को पाने की सब आशाएँ छोड़ दीं। क्योंकि अज ऐसे लग रहे थे कि जैसे कामदेव हों और रति की प्रार्थना पर शिव जी ने उसे पुनः जीवित कर दिया हो जैसे सिंह शावक एक-एक शिला पर पैर रखता हुआ पहाड़ पर चढ़ जाता है, वैसे ही राजकुमार अज सुन्दर सीढ़ियों पर चढ़कर भोज के बतलाए हुए मंच पर जाकर बैठ गए। जिस सिंहासन पर वे बैठे, वह सोने का बना हुआ था। उसमें रत्न जड़े थे और रंग-बिरंगे वस्त्र बिछे थे। उस पर बैठ कर वे ऐसे सुन्दर लग रहे थे, जैसे कार्त्तिकेय अपने मोर की पीठ पर बैठे हुए हों। वहाँ बैठे राजाओं का ठाट-बाट और तड़क-भड़क देख कर आँखें चौधियाँ जाती थीं और ऐसा लगता था कि मानो लक्ष्मी ने अपनी शोभा वैसे ही उन लोगों में बाँट दी हो, जैसे बिजली अपनी दीप्ति बादलों में बाँट देती है।

नन्दन वन के वृक्षों में जैसे पारिजात का वृक्ष सबसे सुन्दर होता है, वैसे ही बहुमूल्य सिंहासनों पर बैठे और ठाट-बाट से सजे हुए राजाओं के बीच में अकेले अज ही जँचते थे। जैसे भौंरें फूलवाले वृक्षों को छोड़ कर मदवाही जंगली हाथियों की ओर झुक पड़ते हैं, वैसे ही नगरवासियों की आँखें सब राजाओं से हट कर अज पर जा टिकीं।

उसी समय सब राजाओं के वंशों को जानने वाले भाटों ने, सूर्य और चन्द्रवंशी राजाओं की बिरुदावली गायी और अगर के सार से बनायी हुई धूप-बत्तियों का धुआँ चारों ओर से उड़ता हुआ फहराती हुई पताकाओं तक जा पहुँचा। जिन शंखों और मंगलवाद्यों के बजने पर नगर के आस-पास की अमराइयों के निवासी मोर उसे बादल की गर्जना समझ कर नाचने लगते हैं, उन वाद्यों की ध्वनि से दसों दिशाएँ गूँज उठीं।

प्रमुख नगर

–चित्रकूट (रामगिरि)। (1, पू. *मेघ.*)

–अलका नगरी। (7. पू. *मेघ.*)

–दशर्ण देश की विदिशा नाम की प्रसिद्ध राजधानी। (26, पू. *मेघ.*)

–उज्जयिनी। (29, पू. *मेघ.*)

–अवन्ति देश के गाँव के बड़े–बूढ़े लोग महाराज उदयन की कथा भली प्रकार जानते हैं। (32, पू. *मेघ.*)

–अवन्ति देश की श्रीविशाला नगरी। (32, पू. *मेघ.*)

–वत्सदेश के राजा उदयन। (35, पू. *मेघ.*)

–उज्जयिनी के महाराज प्रद्योत की पुत्री वासवदत्ता। (35, पू. *मेघ.*)

–कुबेर की राजधानी अलका। (60, उ. *मेघ.*)

–उज्जयिनी (34, पू. *मेघ.*)

–वंग प्रदेश। (36.IV, *रघु.*)

–गङ्गासागर द्वीप। (36.IV, *रघु.*)

–उड़ीसा। (40.IV, *रघु.*)

–उत्कलादर्शितपथ। (38.IV, *रघु.*)

–पाण्ड्य राजा। (49.IV, *रघु.*)

–केरल देश की स्त्रियाँ। (54, *रघु.*)

–अपरान्त (पश्चिम देशवासी)। (53-58.IV, *रघु.*)

–पारसी (इरान) राजाओं। (60.IV, *रघु.*)

–हूण राजाओं। (68.IV, *रघु.*)

–यवनियों (यवनान)। (68.IV, *रघु.*)

–कम्बोज (काबुल)। (69.IV, *रघु.*)

–प्राग्ज्योतिषपुर। (81.IV, *रघु.*)

–कामरूप के राजा। (83.IV, रघु.)

–कैलाश के स्वामी कुबेर। (28.V, रघु.)

–कुबेर। (30.V, रघु.)

–अयोध्यानिवासी। (31.V, रघु.)

–क्रथकैशिक (विदर्भ देश) के राजा भोज। (39.V, रघु.)

–कार्त्तिकेय। (36.V, रघु.)

–विदर्भ देश। (40.V, रघु.)

–गन्धर्वों के राजा प्रियदर्शन का पुत्र प्रियंवद। (53.V, रघु.)

–इक्ष्वाकुवंश। (55.V, रघु.)

–गन्धर्व। (57.V, रघु.)

–वनायु (पारस) देश के घोड़े सेंधा नमक के उन टुकड़ों। (73.V, रघु.)

–मगध नरेश। (20.VI, रघु.)

–राजधानी पाटलिपुत्र। (24.VI, रघु.)

–अङ्ग देश के राजा। (27.VI, रघु.)

–अवन्ति देश के राजा। (32.VI, रघु.)

–महाकाल मंदिर (उज्जैन)। (34.VI, रघु.)

–अनूप देश के राजा। (37.VI, रघु.)

–'माहिष्मती' हैहयवंशीय राजाओं की परम्परागत राजधानी। (43.VI, रघु.)

–मथुरा के सुशेण। (45.VI, रघु.)

–वृन्दावन। (50.VI, रघु.)

–कलिंग नरेश हेमाङ्गद। (53.VI, रघु.)

–पाण्ड्य देश (दक्षिण)। (60.VI, रघु.)

–सूर्य और चन्द्रवंशी राजाओं। (8.VI, रघु.)

–विदर्भ नगर नरेश। (1.VII, रघु.)

–राजमार्ग। (4.VII, रघु.)

–कुण्डिनपुर के राजा भोज। (33.VII, रघु.)

–रत्नस्वरूपा इन्दुमती। (34.VII, रघु.)

–क्रथकैशिक (विदर्भ) राजा के वंश में जन्म लेकर तुम्हारी रानी हुई थी। (82.VIII, रघु.)

–उत्तर कोसल का राज्य। (1.IX, रघु.)

–मनुवंशी दशरथ। (3.IX, रघु.)

–कुबेर की राजधानी 'अलकापुरी'। (14.IX, रघु.)

–मगध, कोसल, केकय। (17.IX, रघु.)

–मिथिलापुरी। (32.XI, रघु.)

–राजा जनक। (35.XI, रघु.)

–विदेहनगरी। (36.XI, रघु.)

–नन्दिग्राम। (18.XII, रघु.)

–लंका। (63.XII, रघु.)

–लंका की स्त्रियाँ। (78.XII, रघु.)

–साकेत। (79.XIII, रघु.)

–अयोध्या और राजमहल के छत। (29.XIV, रघु.)

–लवणपुर। (15.XV, रघु.)

–'तक्ष'और'पुष्कल'की राजधानियाँ। (89.XV, रघु.)

–'कारापथ'। (90.XV, रघु.)

–'कुशावती' राज्य। (97.XV, रघु.)

–उत्तरगिरि (हिमालय)। (98.XV, रघु.)

–दक्षिणगिरि (त्रिकुटपर्वत)। (103.XV, रघु.)

–राजधानी कुशावती। (25.XVI, रघु.)

–अङ्ग राजधानी। (26.XVI, रघु.)

–विदर्भदेश (V, *मालविका.*)

–वरदा नदी (13, *मालविका.*)

–सिन्धु नदी

विक्रमोर्वशीयम्

–प्रतिष्ठानपुरी। (II, *विक्रमो.*)

देवगण व प्रमुख ऋषि

–कामदेव को जगाया। (8.I, *ऋतु.*)

–कुबेर (1, पू. *मेघ.*)

–इंद्र। (6, पू. *मेघ.*)

–शिव। (7, पू. *मेघ.*)

–रामचंद्र। (12, पू. *मेघ.*)

–षडानन। (47, पू. *मेघ.*)

–पार्वती। (54, पू. *मेघ.*)

–गौरी। (64, पू. *मेघ.*)

–शिव। (54, पू. *मेघ.*)

–हनुमान। (42, उ. *मेघ.*)

–सीता। (42, उ. *मेघ.*)

–हरिबोधिनी एकादशी को जब विष्णु भगवान शेषनाग की शय्या से उठेंगे। (53, उ. *मेघ.*)

–आर्या। (63, उ. *मेघ.*)

–ब्रह्मा जी कुलगुरु वशिष्ठ

–अरुन्धती (वशिष्ठ पत्नी)। (35.I, रघु.)

–तपस्या तथा दान तर्पण और पिण्डदान। (69.I, रघु.)

-सुरभि (कामधेनु)। (75.I, रघु.)

-नन्दिनी। (82.I, रघु.)

-श्रुति और स्मृति। (2.II, रघु.)

-ब्रह्मा की पुत्री श्रद्धा। (16.II, रघु.)

-पार्वती और शिव। (1.I, रघु.)

-वाणी और अर्थ। (1.I, रघु.)

-यज्ञ की पत्नी दक्षिणा। (31.I, रघु.)

-तपस्वी। (49.I, रघु.)

-ऋषि-कन्याएँ। (51.I, रघु.)

-वशिष्ठ के शिष्य। (95.I, रघु.)

-गौरी के पिता हिमालय। (26.II, रघु.)

-अष्टमूर्ति शंकर। (35.II, रघु.)

-कुम्भोदर गण तथा निकुम्भः। (35.II, रघु.)

-अत्रि ऋषि। (75.II, रघु.)

-इन्द्राणी। (13.III, रघु.)

-अग्नि (14.III, रघु.)

-'कार्तिकेय' (23.III, रघु.)

-'रघु' (21.III, रघु.)

-प्रजापति ब्रह्मा (27.III, रघु.)

-दक्ष' (33.III, रघु.)

-ऋग्वक। (49.III, रघु.)

-सिद्धगण। (57.III, रघु.)

-सरस्वती। (6.IV, रघु.)

-कौत्स ऋषि। (1.V, रघु.)

–ऋषि वसन्त। (10.V, रघु.)
–कैलाश के स्वामी कुबेर। (28.V, रघु.)
–कुबेर। (30.V, रघु.)
–मतंग ऋषि। (53.V, रघु.)
–रति और कामदेव। (2.VI, रघु.)
–शिव। (2.VI, रघु.)
–लक्ष्मी और सरस्वती। (29.VI, रघु.)
–चंद्रमौली शिव। (34.VI, रघु.)
–महर्षि अगस्त्य। (61.VI, रघु.)
–इन्द्राणी। (3.VII, रघु.)
–समुद्र के किनारे गोकर्णवासी शंकर। (33.VIII, रघु.)
–विष्णु भगवान। (5.X, रघु.)
–कमल सना लक्ष्मी। (8.X, रघु.)
–भगवान विष्णु। (36.X, रघु.)
–सरस्वती। (36.X, रघु.)
–ऋत्विक'। (50.X, रघु.)
–काकपक्षधारी राम। (1.XI, रघु.)
–महारोधी परशुराम। (46.XI, रघु.)
–कोसलाधिपति। (49.XI, रघु.)
–मिथिला। (52.XI, रघु.)
–ब्रह्मा। (6.XIII, रघु.)
–तपस्वी सुतीक्ष्य। (41.XIII, रघु.)
–शातकर्णी ऋषि। (38.XIII, रघु.)
–अग्निहोत्री शरभंग ऋषि। (45.XIII, रघु.)

–सप्तर्षि। (51.XIII, रघु.)

–इन्द्र के छोटे भाई विष्णु। (59.XIV, रघु.)

–अगस्त्य ऋषि। (54.XV, रघु.)

–वाल्मीकि। (64.XV, रघु.)

–वाल्मीकि। (69.XV, रघु.)

–दुर्वासा मुनि। (94.XV, रघु.)

–कपिलमुनि। (34.XVI, रघु.)

–विष्णु और उसके पुत्र। (82.XVI, रघु.)

–जैमिनि ऋषि। (33.XVIII, रघु.)

–सिद्ध जाति के लोग। (5.I, *कुमार.*)

–किरात। (6.I, *कुमार.*)

–सप्तर्षि/सप्तर्षि मंडल। (16.I, *कुमार.*)

–कामदेव। (31.I, *कुमार.*)

–मकरध्वज कामदेव। (41.I, *कुमार.*)

–नारद। (50.I, *कुमार.*)

–शिव। (50.I, *कुमार.*)

–गन्धर्व। (54.I, *कुमार.*)

–ब्रह्मा। (2.II, *कुमार.*)

–ब्रह्मा, विष्णु एवं महेश। (4.II, *कुमार.*)

–रुद्र। (26.II, *कुमार.*)

–पुष्पधन्वा कामदेव। (66.III, *कुमार.*)

–ब्रह्मा। (41.IV, *कुमार.*)

–अंगिरा ऋषि। (65.VI, *कुमार.*)

–वामन अवतार। (71.VI, *कुमार.*)

–अणिमा आदि आठों सिद्धियों के स्वामी। (75.VI, *कुमार.*)

–अम्बिका। (90.VI, *कुमार.*)

–सप्तमातृका। (30.VII, *कुमार.*)

–भद्रकाली। (39.VII, *कुमार.*)

–विश्वावसु आदि प्रसिद्ध गन्धर्व। (48.VII, *कुमार.*)

–शिव। (1.I, *अभि.शा.*)

–ब्रह्मा। (1.I, *अभि.शा.*)

–महर्षि कण्व। (I, *अभि.शा.*)

–राजर्षि विश्वामित्र। (I, *अभि.शा.*)

–कुलपुरोहित सोमरात। (V, *अभि.शा.*)

–नारद मुनि। (VII, *अभि.शा.*)

–इन्द्र। (1.VII, *अभि.शा.*), (28.VII, *अभि.शा.*)

–दक्ष और मरीचि। (27.VII, *अभि.शा.*)

मालविकाग्निमित्रम्

–पार्वती और भगवान शिव (1.I, *मालविका.*)

–गणदास (I, *मालविका.*)

–भगवती कौशिकी। (I, *मालविका.*)

–कुमार

–और्व ऋषि थे। (17.V, *मालविका.*)

–परम शिव। (1.I, *विक्रमो.*)

–नर के मित्र (नारायण) (4.I, *विक्रमो.*)

–देवराज इंद्र। (I, *विक्रमो.*), (6.I, *विक्रमो.*)

–नारायण ऋषि। (10.I, *विक्रमो.*)

–कामदेव। (10.I, *विक्रमो.*)

–प्राचीन मुनि (ब्रह्मा)। (10.I, *विक्रमो.*)

–गंधर्वराज। (16.I, *विक्रमो.*)

–इन्द्र। (17.I, *विक्रमो.*), (I, *विक्रमो.*), (II, *विक्रमो.*)

–देवगुरु वृहस्पति। (II, *विक्रमो.*)

–भरतमुनि। (II, *विक्रमो.*)

–च्यवन मुनि। (V, *विक्रमो.*)

–लक्ष्मी और सरस्वती। (24.V, *विक्रमो.*)

❖❖❖

॥ एकादश अध्याय ॥

उत्तमा विद्या विद्योत्तमा: महाकवि या विदुषी

ब्रह्मांड की अनुगूंजः साहित्य, सौन्दर्य व अभिव्यक्ति

सातों रचनाओं में ज्ञान से ओतप्रोत उक्तियाँ *भरत वाक्य*, *मंगलाचरण*, और *पुष्पिता* हमें सोचने के लिए बाध्य करती हैं कि यह साधारण साहित्य नहीं है। यहाँ वेदों का सार है, उपनिषदों का ज्ञान–दर्शन एवं पौराणिक इतिवृत्तों का ताना–बाना है। क्या यह कालिदास की रचना हो सकती है? संभवतः नहीं। यह तो विदुषी विद्योत्तमा की वर्षों की साधना का प्रतिफल है। विद्योत्तमा एवं उत्तमा विद्या के संदर्भ में 'विद्या' का सांगोपांग विवेचन इस अध्याय को अभिप्रेत है। 'विद्' धातु विद्या के मूल में है, जिसका शास्त्रीय विवेचना एवं वैदुष्य चिन्तन, दोनों से ही अनन्य सम्बन्ध है।

प्रकृति का वर्णन सिर्फ पृथ्वी तक ही सीमित नहीं है वरन् यहाँ पर ब्रह्मांड का वैदुष्यपूर्ण चित्रण है जिसमें सूर्य, चंद्र, अग्नि, होता, आकाश, पृथ्वी और वायु के आठ रूपों का विस्तार से वर्णन है (*अभिज्ञानशाकुंतलम्* का मंगलाचरण)।

तीन अग्नि : तीन पूजनीय अग्नि– गार्हपत्य, दक्षिणात्य और आहवनीय के स्थापित होने की सूचना है। (25, रघु.)

चार लोकपाल और पञ्च तत्व। (78.XII, रघु.)

पञ्च वायु : पाँच प्रकार की वायु– प्राण, अपान, समान, उदान और व्यान को राजा रघु ने अपने योग बल से वश में कर लिया था–यथा मरुत। (20.XIII, रघु.)

धूमकेतु (पुच्छलतारा)। (32.II, *कुमार.*)

छ: कृत्तिका। (24.XI, *कुमार.*)

सातों समुद्रों के जल में निवास करते हैं। (21.X, *रघु.*)

सप्त अग्नियाँ। (21.X, *रघु.*)

सप्तलोक। (21.X, *रघु.*)

आठ मूर्तियाँ। (26, *कुमार.*)

दस नक्षत्र तथा दक्षिणावर्त सूर्य। (25.XII, *रघु.*)

ग्यारह रुद्र। (26.II, *कुमार.*)

द्वादश आदित्य : विवस्वान्, अर्यमा, पूषा, त्वष्टा, सविता, भग, धारा, विधाता, वरुण, मित्र, शुक्र, तथा विष्णु। ये सभी अदिति के पुत्र हैं। (24. II, *कुमार.*)

उनचास मरुत। (25.II, *कुमार.*)

मेघ निर्माण हेतु तत्व। (5, पू. *मेघ.*)

व्यक्त पाठों में अव्यक्त विद्योत्तमा–'उत्तमा विद्या'

प्रणव वेद : ओंकार ध्वनि वाचक और प्रणव वेद है। वैदिक वाणियों, ऋचाओं को वैदिक ऋषियों ने ही साक्षात् किया है, जिसका प्रारम्भ प्रणव से होता है। ओंकार के उच्चारण में स्वर या नाद की तीन अवस्थाओं का वर्णन है जैसा कि *कुमारसंभवम्* में अभिव्यक्त किया गया है। (12.II, *कुमार.*)

वाणी की तीन अवस्थाओं से युक्त मंत्रों के द्रष्टा ऋषिगण हैं। उदात्त, अनुदात्त और स्वरित के साथ वैदिकी स्वर वाणी, विद्या को चार रूपों वाली माना है- परा, पश्यन्ती, मध्यमा तथा वैखरी। उपर्युक्त चारों रूपों को ब्रह्मा जी

के चार मुखों से सम्बद्ध करके देखा जाता है। (17.II, *कुमार.*)

वैदिकी विद्या को आत्मसात् करने वाले ऋषिगण को वेदों में श्रेष्ठ बताया गया है। (64.V, *कुमार.*)

कुमारसंभवम् के अनुसार वेद-वेदांत के ज्ञाता और प्रेम से पुलकित ऋषिगणों का उद्‍घोष है। (16.VI, *कुमार.*)

ऐसे वेद विद्या से सम्पन्न ऋषिगण मंत्रदृष्टाओं में सर्वश्रेष्ठ एवं कुशाग्रबुद्धि से सम्पन्न होते हैं। (4.V, *रघु.*)

साम : *रघुवंशम्* में गायन का उल्लेख है। (21.X, *रघु.*)

अथर्व : अथर्ववेद के विज्ञ मुनि आर्य वसिष्ठ का उल्लेख भी है। (4.VIII, *रघु.*)

पवित्र अग्नि की 'योग-विद्या' की समृद्ध परंपरा *रघुवंशम्* में उल्लिखित है (25.V, *रघु.*)

गार्हपत्य, दाक्षिणात्य तथा आहवनीय- ये तीन प्रकार की पूजनीय अग्नियाँ स्थापित की जाती हैं। अन्य प्रसंग में भी इन अग्नि विद्याओं का तेज का उल्लेख भी *रघुवंशम्*। (35.XV, *रघु.*)

यज्ञ के प्रसंग में भी अग्नि के विविध रूप - स्वाहा, स्वधा और वषट का उल्लेख किया गया है। (17.X, *कुमार.*)

रूद्र : यह शिव के पर्याय हैं और *कुमारसंभवम्* के रचयिता ने ग्यारह रूद्रों का उल्लेख किया है। (26.II, *कुमार.*)

मरुतः सृष्टि के पंचतत्व में मरुत् की गणना की गई है तथा उनचास प्रकार के मरुतों की विशद व्याख्या उपलब्ध है। (25.II, *कुमार.*)

आदित्य : बारह आदित्यों का उल्लेख *कुमारसंभवम्* में है। ये संभवतः

वर्ष के 12 महीनों की दशा और अवस्था के अनुरूप ही आदित्यों की स्थिति भी क्रमशः बारह प्रकार की है। आदित्य, सूर्य का समानार्थी शब्द है। यह भी स्मरण रहे कि सूर्य की वैसी किरणें जो जल बरसाने या वृष्टि करने की क्षमता रखने वाली हैं उसे 'अमृत्ता' कहा है।

(24.II, *कुमार.*, 58.X, *रघु.*)

धर्मशास्त्रीय विद्या : विद्या का धर्मशास्त्रीय आधार और विवेचना मीमाँसापरक है। *रघुवंशम्* के रचयिता के अनुसार 'विद्या' ही ऐसा भाव या गुण है जो साँसारिक भोगों को अपने पास नहीं आने देती तथा समस्त श्रेष्ठ विद्याओं का हृदयाँगम करती है। (23.I, *रघु.*)

विद्या से सरस्वती अभिप्रेत हैं। सरस्वती विद्या एवं ज्ञान की सलिला के रूप में अभिवर्णित हैं। (9.III, *रघु.*)

विद्या, वाणी और ज्ञान की अधिष्ठात्री सरस्वती गूढरूपा हैं।

(46.XV, *रघु.*)

चतुर्दश विद्या : चौदह विद्याओं का ज्ञान, तत्कालीन 14 करोड़/कोटि स्वर्ण मुद्रा के मूल्य के अनुरूप हैं। (21.V, *रघु.*)

कुलविद्या : यही जीवन को निर्देशित करती है। (3.XVII, *रघु.*)

प्रभावतीविद्या : विद्या का यह अन्यतम गुण है। (9.XI, *रघु.*)

बला–अबला विद्या : बला और अबला नाम की दो विशिष्ट विद्याओं का भी रघुवंशकार ने उल्लेख किया है। (9.XI, *रघु.*)

अध्यात्म विद्या : *मालविकाग्निमित्रम्* के अनुसार पण्डिता कौशिकी अध्यात्म विद्या के साथ शरीरधारिणी वेदत्रयी का ज्ञान रखती है।

(14.I, *मालविका.*)

वेदत्रयी एवं अध्यात्म विद्या का सायुज्य वैदुष्य का एक विशिष्ट वातावरण उपस्थित करता है। ऐसी शरीर धारिणी वेदत्रयी पण्डिता से विदुषी विद्योत्तमा का संकेत मिलता है।

अष्टमूर्त्ति : सनातन हिंदू संस्कृति में अष्ट मूर्त्तियों तथा अष्ट सिद्धियों का सूक्ष्म स्थान है। इससे चराचर जगत् व्याप्त है। *कुमारसंभवम्* के अनुसार पृथ्वी, जल, अग्नि, वायु, आकाश, सूर्य, चन्द्र और होता- ये अष्ट मूर्त्तियाँ हैं। (26.VI, *कुमार.*)

अणिमा आदि अष्ट सिद्धि विद्या का भी उल्लेख है। (75.VI, *कुमार.*)

यौग विद्या : ज्ञान के अन्तर्गत योगबल, योगतंत्र तथा योग विधियाँ बतायी जाती हैं। यद्यपि 'योग शास्त्र' स्वयं में एक विज्ञान है जिसके साथ ऋषि पतंजलि का नाम लिया जाता है। परन्तु भगवान शिव ही योग के प्रवर्तक एवं प्राचीनतम योगाचार्य हैं। *कुमारसंभवम्* में शिव की 'पर्यंकमुद्रा' का उल्लेख है। यह एक विशेष प्रकार की प्राचीनतम यौगिक मुद्रा, जिसमें मन और शरीर एक विशेष अवस्था को प्राप्त कर उर्ध्वगामी होते हैं। शिव की इस पर्यंकमुद्रा की अवस्था, योगशास्त्र की आत्मा के रूप में मान्य है। (45.III, *कुमार.*)

अर्थात् शिव पर्यंक मुद्रा में बैठे हैं, अपना शरीर सीधा और अचल कर रखा है। दोनों कन्धे झुकाकर अपने गोद में कमल के समान दोनों हथेलियों को नीचे-ऊपर किए हुए वे निश्चल बैठे हैं। इसे शिव की योग की राजमुद्रा से भी सम्बोधित करें तो कोई अतिशयोक्ति नहीं होगी। योगबल से अपने शरीर के अंतस्थलों में रहनेवाली-प्राण, अपान, समान, उदान और व्यान, इन पंच वायु को साध लिया जाता है जैसा रघुवंशकार ने इसे उद्धृत किया है।

(19.VIII, रघु.)

कुमारसंभवम् के अनुसार योगीजन यम-नियम-आसन-प्राणायम, ध्यान,

धारणा इत्यादि योगविधियों से अपने मन की वासनाओं तथा कामनाओं को शमित कर डालते हैं, जिससे योग सिद्ध हो पाता है। (47.XVII, *कुमार.*)

धनुर्विद्या : *विक्रमोर्वशीयम्* के अनुसार तत्कालीन योद्धा धनुर्विद्या में निष्णात थे। (V, *विक्रमो.*)

वास्तुविद्या: यहाँ भी स्थानीय जन निपुण थे- वास्तुविधानविद्भिर्निर्वर्तयामास, वास्तु-विद्या, उपवास एवं व्रत में निपुण राजपुरुषों का उद्घोष रघुवंशकार करता है।

ज्योतिष विद्या : तत्कालीन समाज में खगोलीय गणना तथा ज्योतिष विद्या का समादरणीय स्थान था। विवेच्य पाठालोचन में यत्र-तत्र इसकी छाया मिलती है। इसे *मालविकाग्निमित्रम्* में विदूषक के कथनों में देखा जा सकता है। (III, *मालविका.*)

यहाँ मंगल ग्रह वक्र भाव से दूसरी राशि में गमन करता है। ग्रहों का गमन, उनका प्रभाव दैनिक जीवन को प्रभावित करता है। विद्या, विद्याधर एवं विद्याधरा- इन तीनों शब्दों में अन्तर्निहित भाव अवलोकनीय हैं।

(46.VI, *कुमार.*), (34.XI, *कुमार.*), (23.IV, *विक्रमो.*)

विद्याधारा, विद्या-बुद्धि का भी द्योतन करती प्रतीत होती है। विद्योत्तमा के संदर्भ में, वह विद्या और कुल की ज्योतिपुंज थी। (58.II, *कुमार.*)

सरस्वती की साधना ने ही विद्योत्तमा को विद्योत्तमा बनाया। सरस्वतीम् (43.IV, *कुमार.*) शब्द की प्रचुरता भी संकेतित करता है।

व्यवहारशास्त्रीय विद्या : धर्मशास्त्र के अन्तर्गत स्मृतिग्रंथ तथा व्यवहारशास्त्र के अन्तर्गत कौटिल्यीय *अर्थशास्त्र* और इसकी परंपरा तथा आचार्य वात्स्यायन का *कामशास्त्र* और इसकी परंपरा की गणना की जाती है। विवेच्य सभी सातों ग्रंथों में विद्यापरक धर्मशास्त्रीय एवं व्यवहारशास्त्रीय ज्ञान

भरा पड़ा है। अर्थशास्त्रीय : *अन्वीक्षिकी*, त्रयी, वार्ता और *दण्डनीति* प्राचीन *अर्थशास्त्र* का व्यवहार बिन्दु है; यथा- *रघुवंशम्* के दो भिन्न-भिन्न स्थलों पर 'राजविद्या' को परिगणित किया गया है। (3.XVII, रघु.)

तत्कालीन समाज के लिए अर्थात् त्रयी विद्या (तीनों वेद), वार्ता (कृषि) और दण्डनीति- इन तीनों विद्याओं की उपयोगिता उल्लिखित है और राजपुरुषों के द्वारा शीघ्रताशीघ्र उपर्युक्त विद्याओं को सीख लेने की चर्चा *रघुवंशम्* में उपलब्ध होती है। (30.III, रघु.)

इस तरह राजनीति और दण्डनीति परक विशिष्ट विद्याओं से राजपुरुष प्रशिक्षित हो जाया करते थे। (46.XVIII, रघु.)

षण्णां षण्मुखविक्रमः छः 'विद्याओं या नीतियों सन्धि, विग्रह, यान, आसन, संश्रय और द्वैधीभाव, इनको राष्ट्रनीति के लिए कैसे उपयोग में लाना चाहिए अर्थात् कुश ने अपने पुत्र अतिथि को ये राजविद्यायें सिखायीं।

(50.XVIII, रघु.)

कला: यह सांस्कृतिक उन्नयन का बोधक होती है जो समाज को सांस्कृतिक एवं बौद्धिक स्तर पर समृद्ध करता है तथा सामाजिक व्यक्तित्व को सौन्दर्य प्रदान करता है। कला से कलावन्त स्त्रियों का अन्यतम एवं श्रेष्ठतम संबंध प्राचीन काल से रहा है।

नृत्यकला सृष्टि एवं शिव, दोनों का वाचक है। संगीत उसमें सहायिका का कार्य करती है। (8, II, *मालविका.*)

अर्थात् गीत की सभी बातों का ठीक-ठीक अर्थ अंगों के अभिनय से बता दिया गया। इनके पैर भी लय के साथ-साथ चल रहे थे। फिर गीत के रस में भी वे तन्मय हो गईं थीं। हस्त संचालन द्वारा किया गया अभिनय- 'हस्ताभिनय' सुकुमार था। उसके अनेक प्रकार एक-दूसरे की सहायता करते

रहे, सर्वत्र समान राग का दृश्य बना रहा।

आशय स्पष्ट है कि तत्कालीन समाज 'नाट्य-विद्या' की व्यवस्था से भली-भाँति परिचित था। परिव्राजिका के शब्दों में यह भाव अन्तर्निहित है। (I, *मालविका*)

अर्थात् नाट्यशास्त्र तो अभिनय है केवल वाग्विवाद से क्या लाभ? अभिनय का सम्बन्ध शरीर के अंगों से होने के कारण से 'आंगिक' अभिनय भी कहा जाता है जो 'वाचिक' अभिनय से भिन्न होता है। *रघुवंशम्* में गान-विद्या, नृत्य और ललित कलाओं की बोधिका के रूप में स्त्री का उल्लेख है। (67.VIII, *रघु.*)

काम-कला का विशद् एवं सूक्ष्म शृंगारिक वर्णन, तीनों नाटकों, दोनों महाकाव्यों तथा दोनों गीति एवं खण्ड काव्यों की आत्मा है। यहाँ शृंगारयुक्त सौन्दर्यात्मक वर्णन सौम्य है, अश्लील और उत्तेजक नहीं। क्योंकि सनातन परंपरा में अर्थ एवं काम दोनों ही धर्म द्वारा मर्यादित हैं जिससे 'मोक्ष' प्राप्ति का मार्ग प्रशस्त होता है।

चित्र कला एवं ललित कला : दुष्यन्त, शकुन्तला, उर्वशी एवं मालविका के विभिन्न प्रसंगों में चित्र कला, जो नारी मन को अभिव्यक्ति प्रदान करता है- का प्राञ्जल वर्णन भी उपलब्ध होता है। *रघुवंशम्* के रचयिता के अनुसार, नायक हाथ में तूलिका लेकर किसी नर्तकी का चित्र बनाती है।

(18.XIX, *रघु*)

नर्तकी याद आने पर सात्विक भावोदय के कारण उसकी अंगुलियों में पसीना आ जाता, जिससे कूची/तूलिका फिसल जाती थी। (19. XIX, *रघु.*)

एक अन्य स्थल पर प्रियतमा के चित्र को देख-देख तथा स्वप्न में उससे

क्षणभर के समागम का आनन्द का उल्लेख है। (92.VIII, *रघु.*)

संगीत सहायिका भी द्रष्टव्य है। (V, *मालविका.*)

ज्ञान की भावभूमि में विद्या की विविधता; व्यापकता और उसके नैरन्तर्य बौद्धिक प्रतिभा को व्यक्त करती है। विवेच्य विभिन्न पाठों एवं कथानकों में वेद, वेदांग, उपनिषद्, पौराणिक एवं बौद्ध साहित्य, योग और योगाचार्य की परंपरा, ज्योतिषी ज्ञान एवं गणना, सौर-चंद्र शास्त्र, *आयुर्वेद*, *धनुर्वेद*, *नाट्यवेद*, इत्यादि के मूल में 'विद्या' की ही भूमिका सिद्ध होती है। विद्या की अनवरत धारा समाज को समृद्ध करती रही। विद्योत्तमा के संदर्भ में ऐसा लगता है कि विद्वता एवं मौन- ये परस्पर विरोधी गुण भी समवेत रूप से इसमें साथ-साथ ही रहते हैं। (46. VI, *रघु.*)

चित्रकारी

-उन भवनों में रंग-बिरंगे चित्र लगे हैं। (1, *उ.मेघ.*)

-दीवार पर टंगे चित्रों को अपने जल कणों से भिगोकर मिटा देते हैं। (8, *उ.मेघ.*)

-अपनी कल्पना द्वारा विरह से मेरे इस दुबले शरीर का चित्र बनाती मिलेगी। (25, *उ.मेघ.*)

-सिल्ली पर गेरु से तुम्हारी रुठी हुई मूर्ति का चित्र बनाना चाहता हूँ लेकिन निर्दयी दैव को हमारा मिलना चित्र में भी नहीं सुहाता। (47,3. *मेघ.*)

-भोजपत्रों पर लिखे अक्षर, उन भोजपत्रों को विद्याधारियाँ अपने प्रेमपत्र लिखने के काम में लाती थी। (7.I, *कुमार.*)

-कूची से ठीक-ठाक रंग भरने पर जैसे चित्र खिल उठता है। (32.I)

–कामदेव के नाम के अक्षर लिखे हुए हों। (27.III, *कुमार.*)

–जिन पर की हुई चित्रकारी पुँछ गयी थीं। (38.III, *कुमार.*)

–एक ही संकेत में चित्रलिखित सदृश दीखने लगा। (42.III, *कुमार.*)

–अत्यन्त लाल गोरोचन से उनके शरीर को चित्रित किया। (15.VII, *कुमार.*)

–चित्रकारी। (22.IX, रघु.)

–चित्र लिखित हों। (15.III, रघु.)

–वर्णमाला को लिखना, पढ़ना, सीखना साहित्य का स्वाध्याय। (28.III, रघु.)

–सोने के पाँव-पीढ़े पर पैर से कुछ लिखने लगा। (15.VI, रघु.)

–खुदे हुए अक्षरों से उनके नामों का ज्ञान। (38.VII, रघु.)

–वनवास कालीन चित्र। (25.XIV, रघु.)

–माला पहने और हंस का चित्र छपा हुआ टुपट्टा। (25.XVII, रघु.)

–तूलिका लेकर नर्तकी का चित्र निर्माण। (19.XIX, रघु.)

–चित्रलिखित सी दीख रही है। (IV, *अभि. शा.*)

–यह रहा देवी का चित्र (चित्र फलक)।

–चित्रकार। (14.VI, *अभि. शा.*), (VI, *अभि. शा.*), (21.VI, *अभि. शा.*)

–महारानी चित्रशाला में पहुँचकर चित्रकला के आचार्य के हाथ के बनाये हुए गीले चित्रों को देख रही थीं। (I, *मालविका.*)

–जिस प्रकार वह चित्र में सुन्दर थी, उससे किसी प्रकार भी कम सुन्दर नहीं है (II, *मालविका.*)

–चित्र में इसकी सुन्दरता देखकर मेरा हृदय शंकित था कि वह वास्तव में इतनी सुन्दर थी। परन्तु साक्षात् रूप में इसे देखकर मैं समझता हूँ कि चित्रकार ने सावधानी से इसका चित्र नहीं बनाया। (2.II, *मालविका.*)

–हे कमलनयने ! चित्र में बने हुए मेरे भाव को ही देख कर, तुम मुझसे क्यों रूठी जा रही हो? तुम्हारा यह अनन्य दास तो तुम्हारे समक्ष ही उपस्थित है। (10.IV, *मालविका.*)

–चित्रलेखा। (I, *विक्रमो.*)

–मानो ये चित्र में लिखी गई हों। (5.I, *विक्रमो.*)

–प्रसन्न हिरण, जिसकी ध्वजा पर चित्रित है। (I, *विक्रमो.*)

–चित्र फलक पर आदरणीया उर्वशी का चित्र बनाकर उसे देखते रहे। (II, *विक्रमो.*)

–मेरी प्रिया के इस प्रेमपत्र को तुम पकड़े रहो, कहीं मेरी अंगुलियों के पसीने से इसके अक्षर मलिन न हो जाए। (II, *विक्रमो.*)

भोजपत्र। (II, *विक्रगो.*)

स्त्री: व्यक्तित्व की व्यापकता

विवेच्य साहित्य में साहित्यकार ने माधुर्य व्यंजक वैदर्भी–शैली में स्त्री–संसार की व्यापकता को जो स्वर दिया है, वह एक वैदुष्य संवेदनशील स्त्री–रचनाकार की कृति प्रतित होती है। मानव–जीवन में अंतः ऊर्जा अत्यंत रहस्यमय एवं जटिल है। स्मरण रहे मानव का विकास सचेतन परिवेश में होता है। अतः उसके जीवन का प्रत्यक्ष–अप्रत्यक्ष, स्थूल–सूक्ष्म, सरल–जटिल दो विपरीत धाराओं की ओर आकर्षित रहना, स्वाभाविक ही नहीं, अनिवार्य भी

कहा जाएगा।

विद्योत्तमा ने प्राकृतिक दाय को स्वीकार कर के भी उसे अपना नियामक नहीं बनने दिया, वरन् प्रकृतिदत्त उत्तराधिकार में अपनी सृजनात्मक चेतना मिलाकर, उसमें जीवन के रहस्य का समाधान पा लिया। विवेच्य साहित्य की भाषा को भी उसके उर्वर मस्तिष्क एवं दृढ़ बौद्धिक व सांस्कृतिक-आध्यात्मिक संस्कारों ने नए-नए अवतार दिए हैं। उसने अशरीरी ध्वनि को शब्द की सार्थकता में आकार ही नहीं दिया प्रत्युत्, उसे ब्रह्म या शिव की विराट अखण्ड चेतना का पर्याय भी बना दिया है। उनकी कल्पनाशील सृजनशक्ति का परिचय सातों कृतियों में मिलता है।

विवेच्य साहित्य प्रकट करता है कि विद्योत्तमा की बुद्धि और उसका हृदय, पूर्व संस्कारों का दाय सुरक्षित रखने में समर्थ है। संचारिणी दीपशिखा के समान भारत की वाग्देवी, जिसको उद्भासित कर के, फिर अतीत के अंधकार में कहीं छोड़ जा सकी, ऐसा ही व्यक्तित्व विद्योत्तमा का है। विवेच्य साहित्य में जीवन का स्वर है, यहाँ युवा-सौन्दर्य, काम-दर्शन और विलास की प्राचुर्य है। यहाँ अंतः सलिला में स्त्रियों की व्यथा है, स्त्रियों के सरोकार हैं, उनका स्वयं का संस्कार व संसार है तथा भविष्य के प्रति उनकी उत्कंठा और जिजीविषा है।

रचयिता की आस्था

जीवन के रहस्यों को व्यक्त करने के लिए मनुष्य ने जिन भाषा-संकेतों का आविष्कार किया है, वे हृदय और बुद्धि के अनेक स्तरों तक विस्तार पाते हैं। 'आस्था' भी इसी प्रकार का एक संकेत है, पर संकेतित लक्ष्य में यह विविध रूपात्मक है।

विद्योत्तमा का समय शैव धर्म के पुनरुत्थान का है और वह स्वयं उसी धर्म-संस्कृति के प्रति आस्थावान भी है जैसा सभी रचनाओं में मंगलाचरण

स्पष्ट करता है। चिन्तन के क्षेत्र में आस्तिक दर्शन की प्रतिष्ठा हो चुकी थी। यह समय निर्माण का युग था। विद्वानों के द्वारा छलने वाली घटना के उपरांत ध्वंस के बाद नव निर्माण की बेला आती है, तब यह स्वाभाविक है कि मनुष्य की कल्पना, बनने वाले समाज, संस्कृति आदि की समन्वयवादी रेखायें प्रस्तुत करे।

विद्योत्तमा अपनी जीवन-यात्रा के क्रम में अपने अनुभव, कल्पना, चिन्तन आदि के पाथेय को लेकर चलती है। अहंकारी विद्वानों के द्वारा छला जाना भी उसके सकारात्मक चिन्तन को गहराई प्रदान करता है।

इसका एक अभिप्राय स्वीकारोक्ति भी है, जो रचनाकार के द्वारा समष्टि की स्वीकृति है। इसी प्रकार कोई भी स्थिति एकाकी नहीं है, क्योंकि उसे स्थिति-विशेष बनने के लिए स्थितियों की समष्टि में अपने स्वयं का परिचय देना पड़ता है। समष्टि की इकाई होने के कारण विवेच्य रचनाओं के रचयिता के जीवन-दर्शन और आस्था का निर्माण भी समाज विशेष एवं युग विशेष में करना पड़ता है।

विद्योत्तमा के संदर्भ में, साहित्य-सृजन का कार्य, परिवेश, बुद्धि, संस्कार, कौशल, अन्तःकरण की वृत्तियाँ इत्यादि ये सभी उपयुक्तता से सम्पन्न कर देती हैं। वास्तव में रचनाकार भी, परिस्थिति एवं विकास के क्रम में, सामान्य मानव है कि जीवन और परिवेश में अव्यक्त हलचल भी, उनकी अनुभूति में व्यक्त हो जाती है। वास्तव में, अपने सृजन से साहित्यकार स्वयं भी बनता है, क्योंकि उसमें संवेदनायें जन्म लेती हैं, नए सौन्दर्य बोध का उदय होता है और नए जीवन-दर्शन की उपलब्धि होती है। सारांश में जीवन की विविध दृष्टियों से ही रचना की सृष्टि होती है जो साहित्य के माध्यम से समृद्ध होती जाती है।

व्यापक-कोमल कल्पनाओं से संपृक्त भारतीय नारी के जीवन में स्थूल कर्म से लेकर सूक्ष्म बौद्धिक प्रक्रिया हमारी वृहत् रागात्मकता जीवन-कोष के

समीप पहुँचा देती है।

विवेच्य साहित्य साधना से स्पष्ट होता है कि मानव-जीवन की परंपरा, स्त्री के चिन्तन, उनकी जीवन दृष्टि और उनका रागात्मक विस्तार का संयोजन मानव जीवन को उच्च स्तर तक सुन्दर से सुन्दरतम रूप दे सकता है, क्योंकि आभूषणों के रूपान्तरण के कारण, स्वर्ण की महार्धता घट नहीं जाती। अतीत का इतिवृत्तात्मक लेखा इतिहास है, अतः तटस्थता उसका विशेष गुण कहा जाएगा। यह जिन इतिवृत्तात्मक घटनाओं को प्रस्तुत करता है, वे किसी भूमि-खण्ड तथा मानव से सम्बद्ध होने के कारण विशेष प्रकार के संस्कार स्मृति मंडल से घिरी रहती हैं। इतिवृत्त की विविधता और विस्तार हमारी बौद्धिक उपलब्धियों के कोश को अधिक समृद्ध बनाते हैं।

जीवनः दर्शन व व्यवहार

चर्चित रचनाओं में जीवन दर्शन की अभिव्यक्ति विद्योत्तमा की विद्वता का प्रमाण है। बिना गूढ़ ज्ञान, गहन मनन एवं चिन्तन के कोई इस तरह की सारगर्भित युक्तियों को नहीं गढ़ सकता। एक-एक युक्ति में जीवन का सार एवं प्राण तत्व है जो यह स्पष्ट करता है कि रचयिता गंभीर ज्ञान से परिपूर्ण है। साधना एवं संस्कार से ही संभव है। यह ध्वनि देता है एक ऊर्वर मस्तिष्क, परिपक्व व बुद्धिमान बुद्धि का। यह भी प्रतिभासित होता है कि विद्योत्तमा का सम्पूर्ण जीवन प्रकृति, सामाजिक व्यवहार व लोकाचार, स्त्रियों की नैसर्गिक मनोवृत्ति, पशु-पक्षियों का व्यवहार एवं अनेक सूक्ष्म-दृष्टियों से परिपूर्ण था। यहाँ पर कुछ उक्तियों का उल्लेख समीचीन है।

-वसन्त ऋतु में सभी मनोहर/चारुतर मालूम होते हैं। (2.VI, *ऋतु.*)

-कामार्त को यह जानने की चेतना ही कहाँ रहती है कि कौन जड़ है और कौन चेतन? (5, *पू. मेघ.*)

–गुणी के आगे हाथ फैला कर खाली हाथ लौटना अच्छा है, परन्तु नीच से मनचाहा फल पा जाना अच्छा नहीं है। (6, *पू. मेघ.*)

–यदि सच्चे मन से क्षुद्रजनों का भी उपकार किया जाय तो वे अपनी भलाई करने वाले का आदर करने में देर नहीं लगाते। फिर जो इतना उच्च है, उनके विषय में क्या कहना? (17, *पू. मेध.*)

–जिसके हाथ खाली होते हैं उसी को सब दुरदुराते हैं, जो भरा पूरा होता है, उसका सब आदर करते हैं। (21, *पू. मेघ.*)

–स्त्रियाँ हाव-भाव के द्वारा ही अपने प्रेमियों को प्रेम की बात बतलाती हैं। (30, *पू. मेघ.*)

–जो अपने मित्रों के काम करने का बीड़ा उठाता है, वह आलस्य नहीं करता। (42, *पू. मेघ.*)

–जो लोग व्यर्थ का काम करने लगते हैं, उनको ऐसा ही नीचा देखना पड़ता है। (58, *पू. मेघ.*)

–लोगों के पास जो कुछ भी रहता है, वह दीन-दुखियों का दुःख मिटाने के लिए ही होता है। (57, *पू. मेघ.*)

–दूसरों का दुःख देखकर ऐसा कौन कोमल हृदय वाला प्राणी होगा, जो न पसीज जाय। (35, *उ. मेघ.*)

–दुःख या सुख किसी पर सदा एक जैसे नहीं रहते। ये तो पहिए के चक्के के समान कभी नीचे और कभी ऊपर आया-जाया करते हैं। (52, *उ. मेघ.*)

–न जाने लोग यह कैसे कहा करते हैं कि विरह में प्रेम कम हो जाता है। वास्तव में, जब चाही हुई वस्तु नहीं मिलती, तभी उसे पाने के लिए व्यग्रता बढ़ती है और ढेर का ढेर प्रेम आकर एकत्र हो जाता है। (55, *उ. मेघ.*)

–सज्जनों की रीति ही यह है कि जब कोई उनसे कुछ माँगता है तो वे

मुँह से कुछ न कहकर काम पूरा करके ही उसका उत्तर देते हैं।

(57, *उ. मेघ.*)

–भले मानुष से कोई काम करने को कहा जाए तो वह पूर्ण होता है। (61, *उ. मेघ.*)

–जहाँ अनेक गुण हों, वहाँ यदि एक–आध अवगुण भी आ जाए तो उसका वैसे ही पता नहीं चल पाता, जैसे चन्द्रमा की किरणों में उसका कलंक छिप जाता है। (3.I, *कुमार.*)

–महान पुरुष अपनी शरण में आए हुए नीचों पर भी वैसी ही ममता बनाए रखते हैं, जैसी कि सज्जनों के साथ उनकी ममता रहती है।

(12.I, *कुमार.*)

–जैसे भौरों का झुण्ड वसन्त में विकसित अन्य फूलों को छोड़कर आम्र–मंजरियों पर ही मँडराता है। (27.I, *कुमार.*)

–मंत्र से पवित्र हवन की सामग्री को अग्नि के सिवाय और कोई नहीं ले सकता। (51.I, *कुमार.*)

–सच्चे धर्मात्मा उन्हें ही समझना चाहिए, जिनका मन विकार उत्पन्न करने वाली वस्तुओं के बीच में रह कर भी विकृत नहीं होता।

(59.I, *कुमार.*)

–दुर्जन लात खाकर ही सीधे होते हैं, उपकार से नहीं।

(40.II, *कुमार.*)

–अपने हाथ से लगाए हुए विष वृक्ष को भी अपने ही हाथ से काटना उचित नहीं होता। (55.II, *कुमार.*)

–ब्रह्मा की कुछ आदत ही ऐसी पड़ गयी है कि वे किसी वस्तु में पूरे गुण नहीं भरते। (28.II, *कुमार.*)

–जो सुंदरता अपने प्रणयी को न रिझा सके, उसका होना किस काम का? (1.V, *कुमार.*)

–शिरीष के फूल पर भौंरे आकर बैठ जायें तो कोई हर्ज नहीं, किन्तु यदि उस पर पक्षी बैठने लगें, तो वह सुकुमार फूल नष्ट ही हो जाएगा। (4.V, *कुमार.*)

–जो धार्मिक जीवन बिताने में बड़े होते हैं, उनकी आयु का विचार नहीं किया जाता। (16.V, *कुमार.*)

–धर्म के जितने भी कार्य हैं, उनमें शरीर की रक्षा करना सबसे पहला काम है। (33.V, *कुमार.*)

–सज्जनों की पहली भेंट में, सात शब्दों की बात से ही, उनकी मित्रता पक्की हो सकती है। (39.V, *कुमार.*)

–मणि किसी को खोजने नहीं जाता, बल्कि मणि को ही लोग खोजते हैं। (45.V, *कुमार.*)

–इच्छा कहाँ तक पहुँचती है, इसका कोई ठिकाना नहीं है। (64.V, *कुमार.*)

–जो लोग बुरे होते हैं, वे ही उन महात्माओं के अनोखे कामों को बुरा भला कहते है, जिनमें पहचानने की योग्यता का अभाव रहता है। (75.V, *कुमार.*)

–जब किसी का मन किसी में रम जाता है, तब वह किसी के कहने-सुनने पर ध्यान नहीं देता। (75.V, *कुमार.*)

जब किसी का मन किसी में रम जाता है। (82.V, *कुमार.*)

–जब काम बन जाता है, तब उसके लिए किया हुआ कष्ट दुःख नहीं देता। (86.V, *कुमार.*)

–प्रायः स्त्रियाँ अधिक चतुर होती हैं। (32.VI, *कुमार.*)

–आपकी इस कृपा से मैं आज अपने को ऐसा समझ रहा हूँ कि मानो मुझ मूर्ख को ज्ञान मिल गया हो, मैं लोहे से सोना बन गया होऊँ।

(55.VI, *कुमार.*)

–कन्या के सम्बन्ध की बात में गृहस्थ लोग स्त्रियों से ही सलाह करते हैं। (85.VI, *कुमार.*)

–जैसे वसन्त ऋतु में विविधा की कृपा से आम का पेड़ अधिक सुगन्धित होकर सहकार बन जाता है, वैसे ही मदिरा पीने से पार्वती जी की स्वाभाविक सुन्दरता बढ़ गई। (78.VIII, *कुमार.*)

–अपनी प्रशंसा किसको अच्छी नहीं लगती? (9.X, *कुमार.*)

–विपदा के मारे हुए लोगों को कुछ देर रुक कर सोचने की सुधि थोड़े ही रहती है। (35.X, *कुमार.*)

–रत्न तो रत्नाकर से ही निकलता है। (11.XI, *कुमार.*)

–भला कौन ऐसी माता होगी, जो अपने पुत्र के प्रेम में हर्ष विभोर न हो जाती हो? (17.XI, *कुमार.*)

–प्रभु का प्रसाद पाकर कौन अपने को धन्य नहीं समझेगा?

(40.XI, *कुमार.*), (22.XII, *कुमार.*),

प्रभु का प्रसाद पा कर कौन अपने को धन्य नहीं समझेगा।

(32.XII, *कुमार.*)

ठीक अवसर पर कही हुई बात का फल अवश्य मिलता है।

(43.XII, *कुमार.*)

आग्रह से अंधे लोगों को बड़े-बूढ़ों का उपदेश भी अच्छा नहीं

लगता। (26.XV, *कुमार.*)

भले लोगों का संग करने से भला किसका बल नहीं बढ़ जाता।
(51.XV, *कुमार.*)

अच्छी संतान सेवा-शुश्रूषा करके इस लोक में तो सुख देती ही है, परलोक के सुख का भी कारण बनती है तर्पण-पिण्डादि द्वारा। (69.I, रघु.)

यदि भक्त प्रसन्न हो जाएँ तो काम पूरा हो गया ही समझना चाहिए।
(22.II, रघु.)

वायु का जो वेग वृक्षों को जड़ से उखाड़ देने की शक्ति रखता है, वह पर्वत का कुछ भी नहीं बिगाड़ पाता। (34.II, रघु.)

जब शस्त्र से किसी वस्तु की रक्षा हो ही न सके तो इसमें शस्त्र धारण करने वाले का क्या दोष? इससे उस शस्त्रधारी की अकीर्ति नहीं होती। (40.II, रघु.)

हे राजन्! ऐसा लगता है कि तुममें यह सोचने की शक्ति भी नहीं रह गयी है कि तुम्हें क्या करना चाहिए। (47.II, रघु.)

चतुर शिष्य को दी हुई शिक्षा बहुत शीघ्र सफल होती है।
(29.III, रघु.)

रघु यद्यपि अपने वृद्ध पिता से ऊँचें और तगड़े दिखाई देते थे, फिर भी वे इतने विनम्र थे कि कभी भी अपना बड़प्पन नहीं प्रकट होने देते थे।
(34.III, रघु.)

गुणों का सर्वत्र आदर होता है। (62.III, रघु.)

प्रजा को प्रसन्न एवं उन्हें सुख देकर अपना 'राजा' यह नाम सार्थक कर दिया। (12.IV, रघु.)

महात्माओं/महापुरुषों की कृपा प्राप्त करने का एकमात्र यही उपाय है कि

उनकी शरण ले ली जाय। (64.IV, रघु.)

जैसे बादल समुद्र से जल लेकर फिर पृथ्वी पर बरसा देते हैं, वैसे ही महात्मा भी धन को दान करने के लिए ही जुटाते हैं। (86.IV, रघु.)

जैसे सूर्य के रहते अंधेरा नहीं ठहर पाता, वैसे ही आपके राजा रहने पर प्रजा में दुःख कहीं नहीं है। (13.V, रघु.)

चातक/पपीहा भी बिना जल वाले बादलों से पानी नहीं माँगता। (17.V, रघु.)

जल तो आग या धूप की गर्मी पाकर ही गर्म हो जाता है, उसका स्वभाव तो ठंडा ही रहता है। (54.V, रघु.)

अगणित तारों, ग्रहों और नक्षत्रों से भरी रहने पर भी रात तभी 'चाँदनी-रात' कहलाती है जब कि चंद्रमा खिली हुई हो। (22.VI, रघु.)

अपनी अपनी रुचि ही तो है कि किसी को कोई अच्छा लगता है और किसी को कोई भाता है। (30.VI, रघु.)

जब भौंरों का झुण्ड आम के वृक्ष पर पहुँचता है, तब उसे दूसरे वृक्षों के पास जाने की इच्छा नहीं रहती। (69.VI, रघु.)

रत्न और स्वर्ण का सही-सही संयोग हो जाय। (79.VI, रघु.)

मन पिछले जन्म के सम्बन्ध को भली-भाँति पहचानता है। (15.VII, रघु.)

जैसे कि चन्द्रमा को राहु ने ग्रस लिया हो, क्योंकि अज की प्रियतमा इन्दुमती ने क्षण भर के लिए अपने स्तनों की रखी और उस माला को देखा तथा व्याकुल होकर अपनी आँखें बंद कर ली। (37.VIII, रघु.)

तपने पर लोहा भी नरम हो जाता है, तब देहधारियों की बात की क्या

है? (43.VIII, रघु.)

कहीं विष भी अमृत्त और अमृत्त भी विष बन जाता है।

(46.VIII, रघु.)

जो तेजस्वी होते हैं, उनके लिए यह नहीं सोचा जाता है कि वे उम्र में छोटे हैं या बड़े। (1.IX, रघु.)

बड़े बड़े सर्पों पर आक्रमण करने वाला गरुड़ क्या कभी जल के छोटे-छोटे साँपों पर आक्रमण करता है? (27.XI, रघु.)

आग का प्रताप तभी सराहनीय होता है, जब वह समुद्र में भी वैसे ही भड़क कर जले, जैसे सूखी घास के ढेर में जलती है। (75.XI, रघु.)

जब स्त्रियाँ अत्यन्त कामासक्त हो जाती हैं तब उन्हें समय का ध्यान नहीं रहता कि कब क्या करना चाहिए। (33.XII, रघु.)

जैसे कोई व्याकरण लिट्-लुट् आदि लकारों के स्थान पर अस् धातु के बदले भू आदि धातुओं का सन्निवेश कर दे, वैसे ही पराक्रमी राम ने बालि को मार कर सुग्रीव को सिंहासन पर बैठा दिया। (58.XII, रघु.)

समय पर काम में लायी हुई कूटनीति आगे चल कर अवश्य फल देती है। (69.XII, रघु.)

गुरुजनों की आज्ञा में दोष निकालना ठीक नहीं होता।

(46.XIV, रघु.)

*रघुवंशम्*शियों का चित्त परायी स्त्री की ओर आकृष्ट नहीं होता।

(8.XVI, रघु.)

आप लोगों के शस्त्र तो पीड़ितो की रक्षा के लिए है, न कि निरपराधों को मारने के लिए। (11.I, *अभि.शा.*)

जो मिलना होता है वह तो सर्वत्र मिल सकता है। (16.I, *अभि.शा.*)

सुन्दर शरीर पर सब कुछ सुन्दर लगने लगता है। (19.I, *अभि.शा.*)

सज्जनों के मन में जिस बात पर शंका हो, वहाँ जो उनका मन गवाही दे, वही ठीक मानलेना उचित होता है। (21.I, *अभि.शा.*)

चंचल चमक वाली बिजली पृथ्वी तल से नहीं निकला करती।
(24.I, *अभि.शा.*)

जो लक्ष्मी पाने का इच्छुक हो, उसे लक्ष्मी भले ही न मिले, किन्तु जिसे स्वयं लक्ष्मी चाहे वह लक्ष्मी को न मिले, यह कैसे हो सकता है।
(12.III, *अभि.शा.*)

तुम्हारे प्रेम पाश में आबद्ध, मेरे समस्त अंगों को बलवान कामदेव दिन-रात सन्तप्त करता है। (15.III, *अभि.शा.*)

जिन स्त्रियों के पति परदेश चले जाते हैं, उनको वियोग का दुःसह दुःख झेलना ही पड़ता है। (3.IV, *अभि.शा.*)

फल लगने पर पेड़ झुक जाते हैं। नए जल से भरे हुए बादल नीचे आ जाते हैं, और सज्जन लोग धन पाकर नम्र हो जाते हैं। यह परोपकारियों का स्वभाव ही होता है। (12.V, *अभि.शा.*)

पति का अपनी स्त्री पर पूर्ण अधिकार होता है। (26.V, *अभि.शा.*)

जो तमोगुणी होते हैं, वे अच्छे कामों में भी ऐसी भूल कर गुज़रते हैं, क्योंकि यदि अन्धे के गले में कोई माला भी पहनाए तो वह उसे साँप समझकर झटके से उतार फेंकता है। (24.VII, *अभि.शा.*)

पुराने होने से ही न तो सब अच्छे हो जाते हैं, न नए होने से सब बुरे हो जाते हैं। समझदार लोग दोनों के गुण-दोषों की, पूर्ण रूप से विवेचना करके,

उनमें से जो अच्छा होता है, उसे अपना लेते हैं और जिनके पास अपनी समझ नहीं होती है, उन्हें तो जैसा दूसरे समझा देते हैं, उसे ही वे ठीक मान लेते हैं। (2.I, *मालविका.*)

भिन्न-भिन्न रुचि वाले लोगों के लिए प्रायः नाटक ही एक ऐसा उत्सव है, जिसमें सबको एक-सा आनन्द मिलता है। (4.I, *मालविका.*)

सुन्दरता की ओर सबका हृदय आकृष्ट हो ही जाता है।

(I, *मालविका.*)

महारानी से कह देना कि वह बड़ी चतुर, समझदार और शिक्षाग्राहिका बुद्धि से सम्पन्न है। (I, *मालविका.*)

स्त्रियाँ स्वभाव से ही चतुर हुआ करती हैं। (I, *मालविका.*)

आकार से उत्पन्न तथा श्रेष्ठ रत्न-जाति में परिगणित होने पर भी, किसी भी रत्न को स्वर्ण संयोग की आवश्यकता पड़ती ही है।

(18.V, *मालविका.*)

वस्तुत: पुरुष विश्वासपात्र नहीं होते। मैं भी इनकी लोलुप बातों पर विश्वास करके इनके फंदे में फँस जाऊँगी। (III, *मालविका.*)

सिखाने वाले की कला, उत्तम शिष्य के पास पहुँचकर उसी प्रकार विकसित हो जाती है, जैसे बादल का जल समुद्र की सीपों में पहुँचकर मोती बन उठता है। (6.I, *मालविका.*)

जो शत्रु अभी नया-नया राज्यसिंहासन पर बैठा हो और जो पूर्णरूप से प्रजा में अपनी जड़ न जमा सका हो, वह नए रोपे हुए दुर्बल पौधे के समान बड़ी सरलता के साथ उखाड़ा जा सकता है। (8.I, *मालविका.*)

कठिन कार्यों में जब कोई सहायक मिल जाय तो समझ लेना चाहिए कि अब कार्य हो जाएगा, क्योंकि आँखों वाला मनुष्य भी अंधकार में बिना दीपक

के कुछ नहीं देख सकता। (9.I, *मालविका.*)

स्वयं नाटक के भाव ही शरीर धारण करके चले आए है। (11.I, *मालविका.*)

जो कुलवन्ती नारियाँ होती हैं उन्हें यद्यपि अपने पतियों पर सभी अधिकार होते हैं, फिर भी जब उन्हें रुठना होता है तो वे कोई न कोई कारण निकाल कर ही पति से रूठती हैं। (18.I, *मालविका.*)

चतुर मनुष्यों के सहवास से मूर्ख मनुष्य भी चतुर हो जाते हैं जैसे निर्मली के संसर्ग से दूषित जल भी स्वच्छ हो जाता है। (7.II, *मालविका.*)

मद नारियों का अलंकार है। (III, *मालविका.*)

अपने अनुराग से दूसरे के अनुराग को जानना चाहिए। विद्वानों के इस कथन को प्रणाम मानें। (III, *मालविका.*)

पराक्रमी का अलंकार ही 'विनय' होता है। (17.I, *विक्रमो.*)

क्यों कामदेव मुझे शुभ शकुन दिखला रहा है? इस लक्षण से मेरा मन सहसा ऐसा खिल गया है, जैसे मेरी मनोरथ की सिद्धि होने ही वाली हो। (9.II, *विक्रमो.*)

हम दोनों का कामजनित प्रेम समान रूप से ही बढ़ा है। इसलिए तपे हुए लोहे को तपे हुए लोहे से जोड़ देना चाहिए। (15.II, *विक्रमो*)

अपने कर्त्तव्य का पालन करने की शक्ति, अवस्था से नहीं अपितु जाति से ही हो जाती है। (10.V, *विक्रमो.*)

भला बतलाइए वेद का स्वाध्याय करने के कारण जड़ तथा साँसारिक विषय वासना से दूर रहने वाला प्राचीन मुनि (ब्रह्मा) ऐसी सुन्दर आकृत्ति का निर्माण कैसे कर पाता? (10.I, *विक्रमो.*)

यह कोई कामी पुरुष प्रेम तथा कुशलता के संयोग से सबको एक साथ प्रसन्न कर रहा हो। (4.II, *विक्रमो.*)

वसन्त की शोभा ऐसी लग रही है, मानो वह अपने बचपन और जवानी के बीच में आ खड़ा हुआ हो। (7.II, *विक्रमो.*)

जब स्वामिनी ने क्रोध किया है तो दास (सेवक) निरपराधी कैसे हो सकता है? (20.II, *विक्रमो.*)

वास्तव में स्त्रियों की सेवा करना बड़ा ही दुष्कर काम होता है। (1. III, *विक्रमो.*)

(राजा) मनोविनोद की सामग्री के बिना लम्बी रात कैसे कटेगी? (4. III, *विक्रमो.*)

मनस्विनी स्त्रियाँ जब रुठी रहती हैं, तब वे पैरों पर पड़ने पर भी अपने पति की बातों को नहीं मानतीं, फिर बाद में, वे ही अपने व्यवहार से अनेक प्रकार से बहुत पछताने लगती हैं। (5.III, *विक्रमो.*)

शाश्वत चेतना : नाट्य, गीति व काव्य-कला

गीतों का मूलाधार आत्मानुभूत अखण्ड चेतना होता है। गीतों में निर्गुण ज्ञान और सगुण अनुभूति का संतुलन अपेक्षित है। तर्क से परे इन्द्रियों की सहायता के बिना भी, हमारी आत्मा अनायास ही जिस सत्य का ज्ञान प्राप्त कर लेती है, उसकी अभिव्यक्ति में गेय स्वर-सामंजस्य की विशेष भूमिका होती है। वेद-गीतों के विश्व चिन्तन से सन्तों के जीवन-दर्शन तक फैली हुई हमारी गीत-परम्परा, इस आत्मानुभूत ज्ञान का आभारी है। संवेदनीयता में गीत की मर्मस्पर्शिता रहती है, जिसकी सुंदर अभिव्यक्ति इन शब्दों में हुई है।

तत्व की सरल व्याख्या, प्रकृति की रूपात्मकता, सौन्दर्य और शक्ति की सजीवता, लौकिक जीवन के आकर्षक चित्र इत्यादि इन गीतों को बहुत

समृद्ध करते हैं। काव्य का राग जब मौन हो जाता है, तब लोक उस लय को सँभाल लेता है। संस्कृत नाटकों और प्राकृत काव्यों में जो गीत हैं, वे तत्कालीन लोक-गीत ही कहे जायेंगे। यह प्राकृत लोक की भाषा और सरल मधुर शब्दावली के द्वारा, प्रकृति और जीवन के बड़े सहज सुन्दर चित्र को अंकित करती हैं।

भाव की मार्मिकता और अभिव्यक्ति की सरल शैली की दृष्टि से गीतिकाव्य-सौन्दर्य और शक्ति की पूर्णतम अभिव्यक्ति होने के कारण प्रकृति और जीवन का केन्द्र-बिन्दु बन गया है। अतः भावों की सबलता और रूपों की विविधता सफल है। प्रकृति की चेतना व्यक्तित्व, देने की प्रवृत्ति, लोक जीवन में अधिक स्वाभाविक रहती है, इसी से सूर्य-चंद्र से लेकर वृक्ष-लता तक सब एक ओर सजीव, स्वतंत्र अस्तित्व रखते हैं और दूसरी ओर जीवन के संदर्भ में, सापेक्ष स्थिति में रहते हैं। भाषा, भाव, चिन्तन छन्दादि की दृष्टि में सहज, स्वाभाविक जीवनव्यापी मर्मस्पर्शिता और सरलता जान पड़ती है।

काव्य में कला का उत्कर्ष एक ऐसे बिन्दु तक पहुँच गया, जहाँ से वह ज्ञान को भी सहायता दे सके, क्योंकि सत्य काव्य का साध्य है और सौन्दर्य उसकी साधना। इसे विदुषी विद्योत्तमा एवं उनके पति कालिदास के अंतः सम्बन्धों में भी देखा जा सकता है।

साहित्य और सौन्दर्य : जीवन जीने की कला

जीवन कलामय है और कला सजीव। रंग और आकार भिन्न हो सकते हैं परन्तु प्रकृति नहीं। कला नीरस को सरस बनाने में, निराश्रय हृदय को अवलम्बन देने में तथा जीवन के लिए आदर्श स्थापित करने में सदा से समर्थ रही है। हमारे जीवन के उच्च और सुन्दरतम आदर्श कलाकारों-साहित्यकारों की ही कृतियाँ रहीं जो अपनी कल्पनाओं से जीवन-संगीत की सुरीली लय की सृष्टि करते हैं।

दृष्टि पड़ते ही सहृदय में अनन्त भावनायें उमड़ पड़ती हैं, मूर्तिकार इसमें जीवन की विराटता का अनुभव करता है और नृत्यकार इसमें महाकाल के ताण्डव और लास्य की चाप सुन लेता है।

विवेच्य ग्रन्थों में हिमालय सुख–दुःख के अनन्त उच्छवासों में स्पन्दित हो उठता है। उससे जन्म लेने वाली पार्वती अपने तपश्चरण द्वारा ही शिव को वरण करके अपराजेय कुमार को जन्म देती हैं। यहाँ हिमालय साहित्य, कला और तपश्चरण का सहचर रहा है। कला में, मनुष्य का जीवन रागात्मक तथा इतिवृत्तात्मक अनुभूतियों का संघात है। उससे सत्य का ऐसा एक क्रियात्मक और रहस्यात्मक अंश छिपा हुआ है, जो अपनी अभिव्यक्ति के लिए सुन्दरतम साधन खोजता है, इस सत्य का सौन्दर्य में रागात्मक प्रकाशन ही सत्यं, शिवं, सुंदरम् के भाव को चरितार्थ करता है।

जीवन में जो कुछ अमंगलकारी तत्व हैं, उसी में सुन्दर, शाश्वत और कल्याणमय देवत्व को ढूँढ़ने के प्रयास में कला का जन्म और उसकी अभिव्यक्ति में कला की सिद्धि है। इसी से मनुष्य उसके बिना अपने आपको अपूर्ण अनुभव करता है। चर्चित रचनाओं में सभी कथानक सुखांत हैं।

स्त्री–शक्ति व जीवन की गतिशीलता

स्त्री–ऊर्जा के रूप में प्रकृति अर्थात् शक्ति; तथा पुरुष के रूप में शिव चराचर जगत में व्याप्त हैं। यहाँ शिव कल्याण को, वहीं शक्तिरूपा पार्वती सृजन एवं चेतना को प्रतिबिम्बित करती है। चेतना और सृजन का अन्यतम नाम है शिव और शक्ति।

ऊर्जस्विता से व्याप्त होने के कारण स्त्री को देवियों की शृंखला में रखा गया है। देवी/स्त्री का स्थान प्रथम और सर्वोच्च है। ब्रह्मा की प्रथम कृति के रूप में कन्या समादरणीय है। स्त्रियों का सम्मान मातृ रूप में, दुहितृ रूप में, भगिनी रूप में, कान्ता या भार्या रूप में परंपरा से सिद्ध है।

स्वप्नों को सत्य बनाने के क्रम में ही समाज, संस्कृति, कला, साहित्य आदि का विकास हुआ है। स्त्री की चेतना में, चेतना परमाणुओं का जैसा समन्वय है, सभ्यता की व्यापकता में, उन पात्रों के हृदय और मस्तिष्क की वृत्तियों के साथ कार्यों का जैसा अद्भुत सामंजस्य है वही उनकी साधना के राजमार्ग का निर्माण करता है। स्वाभाविक एवं नैसर्गिक प्रवृत्ति से प्रेरित स्त्रियोचित नृत्य, केवल वासना जनित चेष्टाओं में सीमित न होकर जीवन की शाश्वत लय को रूप देता रहा है। यहाँ चित्रकला भी नारी के रूपों के सौन्दर्य और शक्ति के व्यापक सिद्धांत की गरिमा को भूषित कर सकी है। इसी चेतना से अनुप्राणित हमारे काव्य सत् से चित् और चित् से आनन्द तक पहुँचते-पहुँचते तथा सुन्दर से शिव और शिव से सत्य को प्राप्त कर पाए हैं।

विद्योत्तमा के वैदुष्य, सौन्दर्य और शक्ति के इसी यथार्थ को पुरुष ने छला है और खण्डित किया है। अमृत संभाव्य हो सकता है, पर विष तो निश्चित यथार्थ ही रहेगा। यथार्थ से उसके मूलगत आदर्श तक पहुँचने का क्रम, उसकी सामंजस्यमूलक भावना के विकसित रूप पर निर्भर रहा है। एक यथार्थ, दूसरी सामंजस्य भावना का स्पर्श करके ही अपना परिचय देने में समर्थ हो पाता है और यह भावना उस यथार्थ की उपासिका भी है।

विवेच्य काव्यों के अनुसंधान के रूप में स्त्री-पात्रों की सजीवता से अनुभव होता है कि जीवन का मूल्य इसीलिए है कि वह अखण्ड पीठिका पर स्थित है, उसकी सीमा का महत्व इसलिए है कि वह स्वयं रचित साहित्य की सीमातीत आधार-भित्ति पर अंकित है और उसके एक रूप का अस्तित्व इसलिए है कि उनके सृजनशीलता की अपरूपता व्यापक समष्टि में है।

विद्योत्तमा ने जीवन की गतिशीलता के मर्म और उसके विविध सौन्दर्य की अनुभूति को ही प्राप्त नहीं किया, वरन् उस अनुभूति जन्य राग-रस-रंगमयी वैदुष्य को वाणी भी दी है। यहाँ अपरिचित कुछ नहीं है, किन्तु चिर-परिचित ही प्रतिक्षण नवीनता-नूतनता की अनुभूति देता रहता है। *ऋतुसंहारम्* में छ:

सर्गों में ग्रीष्म, वर्षा, हेमन्त, शिशिर और वसन्त का वर्णन है, जो कवि की विशेषताओं का संकेत देता हुआ, उस कृतित्व की शैशव अवस्था को व्यक्त करता है।

मेघदूतम् में कुबेर द्वारा निर्वासित विरही यक्ष का, अलकावासी प्रेयसी कान्ता को मेघ द्वारा भेजा हुआ संदेश है। यह कृति मानो दीर्घ प्रकृति-गीत है, जिसमें चेतनाशील जीवन से जड़ जगत इस प्रकार मिल गया है कि एक की रेखाओं में दूसरा निमग्न हो जाता है। *मेघदूतम्* अनेक दूतकाव्यों की प्रेरणा होकर भी, स्वयं में अकेला ही है। विरही यक्ष भी एकांकी नहीं है, क्योंकि उसे मेघ के रूप में ऐसा आत्मीय मित्र मिल गया है, जिसकी उपस्थिति मात्र उसकी निरूपायता को दूर करने में समर्थ है।

इन रचनाओं में उपमाओं की विशेषता प्रख्यात है, किन्तु इस विशेषता के मूल में कोई चमत्कार न होकर, जीवन और प्रकृति के विविध रूपों में व्याप्त एकता की अनुभूति है। वस्तुतः चमत्कार के अभाव में ही, इन कृतियों का चमत्कार है। वर्षा में न जल की बूंदें असामान्य होती हैं और न सूर्य की किरणें, परन्तु उनका विशेष बिन्दु पर संगम ही सतरंगी इन्द्रधनुष में व्यक्त होता है। यहाँ न जीवन असामान्य है न प्रकृति, परन्तु रचनाकार के जिस दृष्टि बिन्दु पर उनका सम्मिलन होता है, वही चमत्कारिक रंगों में प्रतिफलित हो उठता है। अतः प्रत्येक शब्द चित्र में आकृत्ति की रेखाओं में सत्य स्पन्दित होता है।

पार्वती कठोर तपश्चरण में प्रकृति एक सजगप्रहरी के समान एकाग्र है। निरन्तर चलने वाली आँधी और वृष्टि में, खुले में शिला पर लेटी हुई पार्वती को, रातें विद्युत के नेत्र को खोल-खोलकर इस प्रकार देखती थीं मानो वे उसके महातप की साक्षी हों, ''शिलाशया तामनिकेतवासिनी।।'' महाकाव्यों में *कुमारसंभवम्* में राजकुमारी पार्वती की तपस्या, शिव से उसका परिणय, तथा तारकासुर का वध करने वाले कुमार कार्तिकेय के जन्म की कथा है, जबकि दूसरी ओर *रघुवंशम्* में राजा दिलीप से लेकर अग्निवर्ण तक के शौर्य,

कर्त्तव्य और त्याग से निकृष्ट काम की गाथा है और अन्तिम राजा अग्निवर्ण निकृष्टता की पराकाष्ठा है। धर्म एवं संस्कृति के अंतर्गत, उन्हीं तत्वों को दृष्टि का विषय बनाया गया, जो जीवन को व्यवस्थित गति देने की क्षमता रखते थे। *रघुवंशम्*शियों के जीवन और आचार-क्रम का जो वर्णन है, वह सम्प्रदाय विशेष का न होकर, सबका है, समाज का है, स्त्री का है।

सारांश में, स्त्री-यौवन का विमर्श, मर्मस्पर्शी आद्योपान्त चित्रण, राजसी परंपरा एवं वैभव, अतः कथानकों की सघनता, व्यापकता, स्त्री पात्रों का प्राबल्य, स्त्री मनोवृत्ति का मनोवैज्ञानिक चित्रण, उनकी सक्रियता, सहयोगी के रूप में नैसर्गिक मृदुल प्रकृति का सहगामिनी होना, काम का सांगोपांग वर्णन, पुरुष का आखेट एवं वियोग भरा चित्रण, विचारों की सशक्त गंभीर अभिव्यक्ति, विदुषी राजकुमारी विद्योत्तमा की वैदुष्यपूर्ण सृजनात्मकता का अनुभव करते हैं।

संभोग-आध्यात्म की पराकाष्ठा: एक ओर संभोग से समाधि तक की सभी अवस्थाओं में विभिन्न युवा स्त्री पात्रों की रमणीयता प्रस्तुत साहित्य में अद्भुत है यथा- *कुमारसंभवम्* में शिव पार्वती का संभोग। वहीं दूसरी ओर, निष्ठुर काम का भी वर्णन है; यथा- राजा अग्निवर्ण *रघुवंशम्* में।

सामन्जस्य और आत्म-सम्मान: समय और परिस्थितिजन्य सामन्जस्य बैठाकर रानियाँ, राजकुमारियाँ, अप्सरायें, परिचारिकायें, विदुषी स्त्रियाँ, नायिकायें, सहनायिकायें तथा गणिकायें मधुर वातावरण बनाये रखती हैं, पर जब उनके आत्मविश्वास व सम्मान को आघात पहुँचता है, तब वह अन्याय के विरुद्ध विरोध का स्वर भी उठाती हैं, यही उनका अलंकार होता है; यथा- शकुन्तला के द्वारा राजा दुष्यंत को 'अनार्य' शब्द से संबोधित करना। अनार्य! आत्मनो हृदयानुमानेन प्रेक्षसे...'', यह स्त्री के आत्म-सम्मान को अभिव्यक्त करता है।

श्राप–पश्चात्ताप: श्राप, पश्चात्ताप, त्याग और विरह का मार्मिक चित्रण है; यथा- रति विलाप, यक्षी-यक्ष की विरह-वेदना, शकुन्तला का त्यागपूर्ण जीवन, उर्वशी का श्रापित जीवन, पुरुरवा का बिलखना, अज का हृदय विदारक विलाप, सीता का परित्याग और पार्वती की साधना।

जीवन–मान के लिए माननीया स्त्रियों की कूटनीति: जीवन को सौम्यता देने के लिए कूटनीति एवं मंत्रणा नायिकाओं और सह नायिकाओं के चरित्रों से परिलक्षित होती है; यथा- रानी धारिणी की कूटनीति, पण्डिता कौशिकी व गौतमी का जीवन मूल्यों के प्रति निर्देशन, सखियों की मंत्रणा एवं अनेक अवसरों पर अप्सराओं का सहयोग, एक अद्‌भुत चित्र प्रस्तुत करता है।

वैधव्य: दाम्पत्य जीवन जितना ही सुखमय होता है वैधव्य उतना ही कष्टकर और दुःखद।

सुकोमलता से सिद्धि की यात्रा: यहाँ की स्त्रियाँ सुकोमला हैं, अबला नहीं। सभी नायिकायें विदूषी, गुणवती और रूपवती हैं। कौमार्यकाल स्त्री-जीवन की साधनावस्था है जबकि उत्तरकाल इसकी सिद्धावस्था।

विविध विद्या और ज्ञान: यहाँ ब्रह्मवादिनी ऋषिकाओं के अंतः ज्ञान-विज्ञान का प्रस्फुटित होना, ब्रह्माण्डीय विविध ज्ञान - वेद, उपनिषद्, राजकीय वैभव, कुलीनता, सौम्यता, काम-शास्त्र व लोक-शास्त्र से सातों रचनायें पूरी तरह संवलित है।

सातों रचनाओं में वेद और उपनिषद् के ब्रह्माण्डीय ज्ञान की अनुगूंज है, जो रचयिता विदुषी विद्योत्तमा की साधना, वेदना और बौद्धिक विलास-उल्लास को अभिव्यक्त है। विदुषी विद्योत्तमा अर्थात् उत्तमा विद्या माँ सरस्वती और ब्रह्माण्डीय विविध ज्ञान की प्रतीक बन गई, ''विद्योत्तमा इत्यस्य व्युत्पत्तिः भवति यत् उत्तमा विद्या यस्याः सा अथवा विद्यासु उत्तमा, विद्योत्तमा।।'' अतएव, विदुषी विश्व की प्रथम स्त्री रचयिता के रूप में इक्कीसवी सदी में

स्थापित होती है। सदियों का भ्रम आज ऋषि कृपा, तथ्यों के अन्वेषण एवं उसके समुद्घाटन से विदुषी पुनः जागृत होती है।

।। इति श्री ।।

परिशिष्ट 1:

चयनित छाया चित्रों के आलोक में

(i) तत्कालीन भारतवर्ष

(ii) काशी, उज्जैन तथा हिमालय

(iii) दक्षिण श्रीलंका के मतारा के वे स्थल जो राजा कुमारदास, कामिनी एवं कालिदास से सम्बन्धित है।

(iv) बौधिक अन्वेषण की यह शोधयात्रा

(v) सिंहल साहित्य (श्रीलंका) शोध संदर्भ

(vi) बौधिक अन्वेषण की यह शोधयात्रा

(i) तत्कालीन भारतवर्ष का मानचित्र

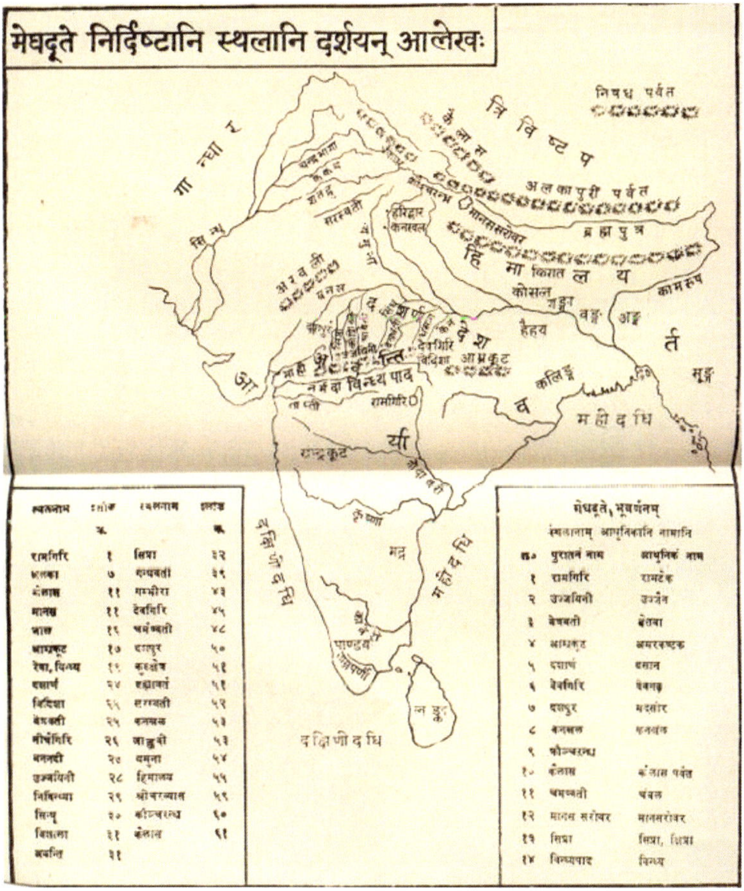

(ii) काशी, उज्जैन तथा हिमालय

भारत की वाचिक और आख्यान परंपरा के अनुसार वे स्थल, जो कालिदास और विद्योत्तमा से संबन्धित थे।

काशी विश्वनाथ

महाकालेश्वर, उज्जैन

उज्जैन में रेखा मोदी, पद्मश्री शोभना नारायण और शोधकर्ता

पर्वतराज हिमालय: श्वेत कमल तथा ओम पर्वत

(iii) **दक्षिण श्रीलंका के मतारा के वे स्थल, जो राजा कुमारदास, कामिनी एवं कालिदास से सम्बन्धित हैं**

कालिदास मार्ग, मतारा, श्रीलंका

कुमारदास मार्ग, मतारा, श्रीलंका

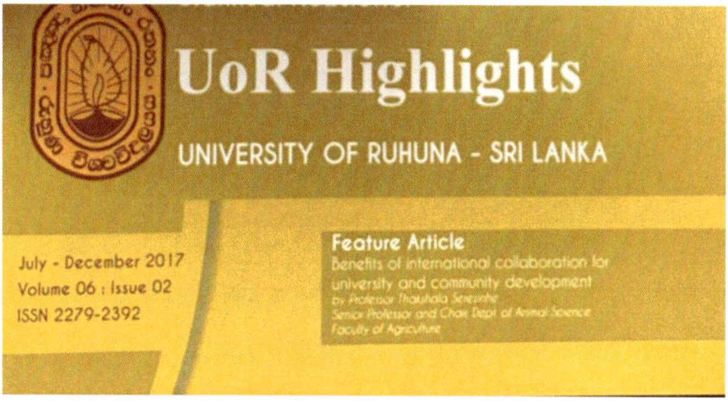
UoR Highlights

UNIVERSITY OF RUHUNA - SRI LANKA

July - December 2017
Volume 06 : Issue 02
ISSN 2279-2392

Feature Article
Benefits of international collaboration for university and community development
by Professor Thakshala Seresinhe
Senior Professor and Chair Dept of Animal Science
Faculty of Agriculture

තක්සලාව

අනුල ද සිල්වාට සම්මානයක්

ඉන්දියාවේ දයාවතී මෝදි ස්ත්‍රී ශක්ති පදනම මගින් ස්ත්‍රීත්වය වෙනුවෙන් තම පෑන මෙහෙය වූ ප්‍රවීණ මාධ්‍යවේදිනී ලේඛිකා අනුල ද සිල්වා මහත්මියට ගෞරව සම්මානයක් ප්‍රදානය කෙරිණි. රුහුණු විශ්වවිද්‍යාලයේ රවීන්ද්‍රනාත් තාගෝර් ශාලාව විවෘත කළ අවස්ථාවේදී මේ සම්මානය, එහි උපකුලපති ගාමිණී සේනානායක මහතා අතින් අනුල ද සිල්වා මහත්මියට පිරිනැමුණ අයුරු.

हमारा प्रतिनिधि मंडल, कुलपति रूहूना विश्वविद्यालय, मतारा, श्रीलंका, (2018)

(iv) श्रीलंका शोध यात्रा

(v) शोध संदर्भ: सिंहल साहित्य (श्रीलंका)

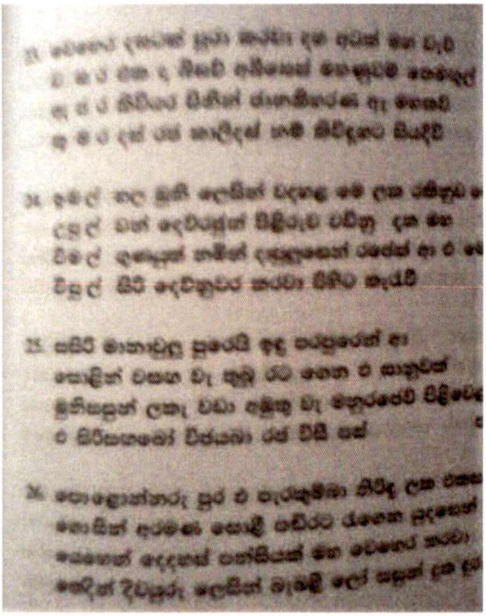

පැරකුම්බා සිරිත

සිරි තිලකසිරි

සංස්කරණය

සීමාසහිත

ඇස්. ගොඩගේ සහ සහෝදරයෝ (පුද්.) සමාගම

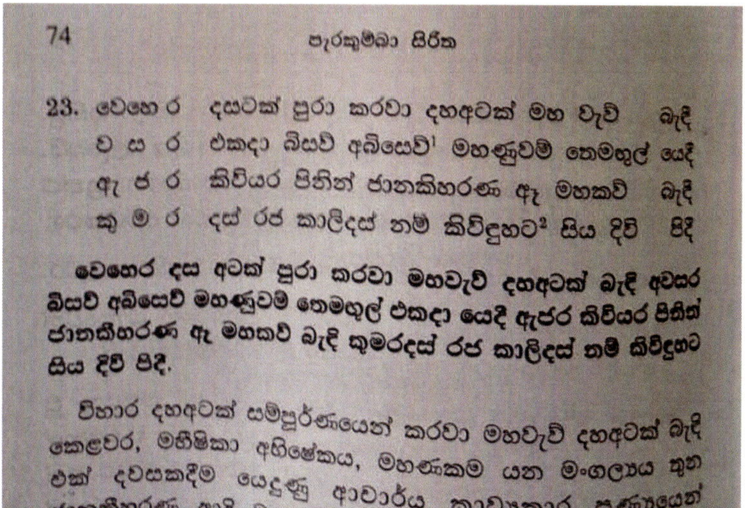

74 පැරකුම්බා සිරිත

23. වෙහෙ ර දසටක් පුරා කරවා දහඅටක් මහ වැව් බැඳි
ව ස ර එකදා බිසව් අබිසෙව්[1] මහණුවම් තෙමඟුල් යෙදි
ඇ ජ ර කිවියර පිනින් ජානකිහරණ ඇ මහකව් බැඳි
කු ම ර දස් රජ කාලිදස් නම් කිවිඳුහට[2] සිය දිවි පිදි

වෙහෙර දස අටක් පුරා කරවා මහවැව් දහඅටක් බැඳි අවසර බිසව් අබිසෙව් මහණුවම් තෙමඟුල් එකදා යෙදී ඇජර කිවියර පිනින් ජානකීහරණ ඇ මහකව් බැඳි කුමරදස් රජ කාලිදස් නම් කිවිඳුහට සිය දිවි පිදී.

විහාර දහඅටක් සම්පූර්ණයෙන් කරවා මහවැව් දහඅටක් බැඳී කෙළවර, මහීෂිකා අභිෂේකය, මහණකම යන මංගල්‍යය තුන එක් දවසකදීම යෙදුණු ආචාර්ය කාව්‍යකාර පුණ්‍යයෙන් ජානකීහරණ ආදි මහාකාව්‍ය බන්ධනය කළ කුමාරදාස රජ් කාලිදාස නම් කවීන්ද්‍රයාහට

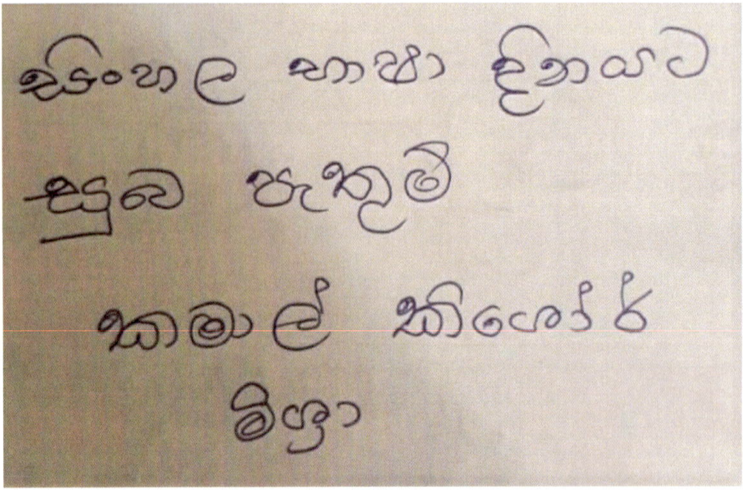

සිංහල භාෂා දිනයට
සුබ පැතුම්
කමල් කිශෝර්
මිශ්‍රා

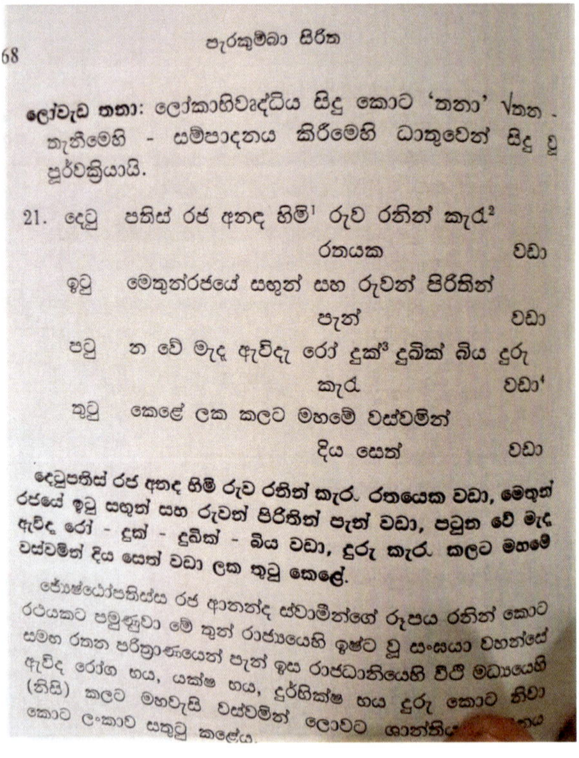

68 පැරකුම්බා සිරිත

ලෝවැඩ තතා: ලෝකාභිවෘද්ධිය සිදු කොට 'තතා' √තන - තැනීමෙහි - සම්පාදනය කිරීමෙහි ධාතුවෙන් සිදු වූ පූර්වක්‍රියායි.

21. දෙටු පතිස් රජ අනඳ හිමි[1] රුව රනින් කැරැ[2]
රතයක වඩා
ඉටු මෙතුන්රජයේ සඟුන් සහ රුවන් පිරිතින්
පැන් වඩා
පටු න වේ මැදැ ඇවිදැ රෝ දුක්[3] දුබික් බිය දුරු
කැරැ වඩා'
තුටු කෙළේ ලක කලට මහමේ වස්වමින්
දිය සෙත් වඩා

දෙටුපතිස් රජ අනඳ හිමි රුව රනින් කැරැ රතයෙක වඩා, මෙතුන් රජයේ ඉටු සඟුන් සහ රුවන් පිරිතින් පැන් වඩා, පටුන වේ මැද ඇවිද රෝ - දුක් - දුබික් - බිය වඩා, දුරු කැරැ කලට මහමේ වස්වමින් දිය සෙත් වඩා ලක තුටු කෙළේ.

ජ්‍යෙෂ්ඨෝපතිස්ස රජ ආනන්ද ස්වාමීන්ගේ රූපය රනින් කොට රථයකට පමුණුවා මේ තුන් රාජ්‍යයෙහි ඉෂ්ට වූ සංඝයා වහන්සේ සමඟ රතන පරිත්‍රාණයෙන් පැන් ඉස රාජධානියෙහි වීථි මධ්‍යයෙහි ඇවිද රෝග භය, යක්ෂ භය, දුර්භික්ෂ භය දුරු කොට නිවා (නිසි) කලට මහවැසි වස්වමින් ලොවට ශාන්තිය [illegible] කොට ලංකාව සතුටු කළේය.

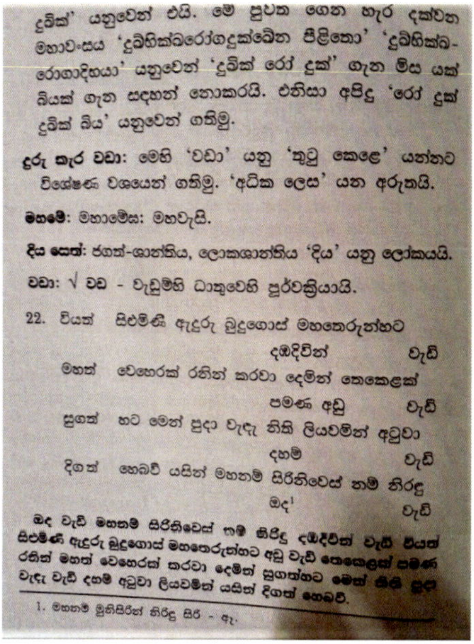

දුබික්' යනුවෙන් එයි. මේ පුවත ගෙන හැර දක්වන මහාවංසය 'දුබ්භික්ඛරෝගදුක්ඛේන පීළිතො' 'දුබ්භික්ඛ-රොගාදිභයා' යනුවෙන් 'දුබික් රෝ දුක්' ගැන මිස යක් බියක් ගැන සඳහන් නොකරයි. එනිසා අපිදු 'රෝ දුක් දුබික් බිය' යනුවෙන් ගතිමු.

දුරු කැර වඩා: මෙහි 'වඩා' යනු 'තුටු කෙළෙ' යන්නට විශේෂණ වශයෙන් ගතිමු. 'අධික ලෙස' යන අරුතයි.

මහමේ: මහාමේඝ: මහවැසි.

දිය සෙත්: ජගත්-ශාන්තිය, ලොකශාන්තිය 'දිය' යනු ලෝකයයි.

වඩා: √ වඩ - වැඩුම්හි ධාතුවෙහි පූර්වක්‍රියායි.

22. වියත් සිළුමිණි ඇදුරු බුදුගොස් මහතෙරුන්හට
දඹදිවින් වැඩි
මහත් වෙහෙරක් රනින් කරවා දෙමින් තෙකෙළක්
පමණ අඩු වැඩි
සුගත් හට මෙන් පුදා වැඳ තිති ලියවමින් අටුවා
දහම් වැඩි
දිගත් හෙබවී යසින් මහනම් සිරිනිවෙස් නම් නිරිඳු
ඔද[1] වැඩි

ඔද වැඩි මහනම සිරිනිවෙස් නම් නිරිඳු දඹදිවින් වැඩි වියත් සිළුමිණි ඇදුරු බුදුගොස් මහතෙරුන්හට අඩු වැඩි තෙකෙළක් පමණ රනින් මහත් වෙහෙරක් කරවා දෙමින් සුගත්හට මෙන් තිති පුදා වැඳ වැඩි දහම් අටුවා ලියවමින් යසින් දිගත් හෙබවී.

1. මහනම් මුනිසිරින් නිරිඳු සිරි - ඇ.

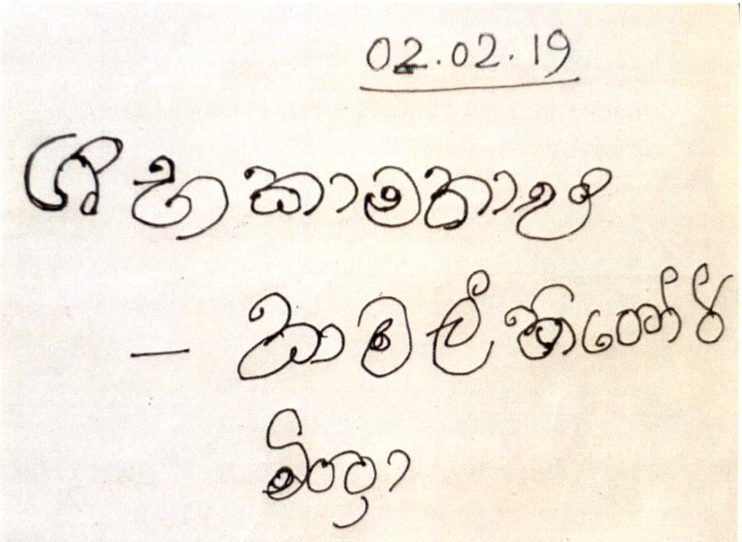

(vi) बौधिक अन्वेषण की यह शोधयात्रा

बौद्धिक-समृद्धि की यह शोध यात्रा प्रस्तुत विषय पर विश्व के भारतविदों-संस्कृतज्ञों से परिचर्चा और बैठकों की झलक

सम्पादित ग्रंथ (2006),
ला.ब.शा.सं.वि., नई दिल्ली

विद्योत्तमा (2007),
मोहन महर्षिकृत नाटक

विद्योत्तमा (2024), पद्‌म विभूषण डॉ. कर्ण सिंह के साथ शोधकर्ता: वैचारिक अनमोल क्षण

'विद्योत्तमा' पर अंतर्राष्ट्रीय संगोष्ठी, काठमाण्डू (2023) स्वामी विवेकानंद सांस्कृतिक केन्द्र, भारतीय दूतावास, नेपाल संस्कृत विश्वविद्यालय, नेपाल

'विद्योत्तमा' शोध विमर्शः महामहिम राजदूत डॉ. रोजर गोपाल, त्रिनिदाद-टोबैको गणतंत्र, नई दिल्ली

'विद्योत्तमा' शोध विमर्शः प्रो. गेराल्डिन फोर्ब्स, विशिष्ट शिक्षण प्रोफेसर एमेरिटा, स्टेट यूनिवर्सिटी ऑफ न्यूयॉर्क

2022 में संस्कृत आयोग के पूर्व अध्यक्ष पद्मभूषण प्रो. सत्यव्रत शास्त्री के साथ रेखा मोदी और शोधकर्ता

विदुषी विद्योत्तमा स्त्री शक्ति सम्मान 2025
श्रीनगर, जम्मू कश्मीर

विदुषी विद्योत्तमा स्त्री शक्ति सम्मान से सम्मानित विशिष्ट विद्वान डा. सुधा रानी पाण्डेय, डा. कमल किशोर मिश्र, चित्रा मुदगल, डा. शोभना नारायण, प्रो. काशीनाथ न्योपाने

● वर्ष : 16 ● अंक : 348 ● मूल्य : 02 रुपया मात्र ● पृष्ठ : 08 RNI No. DELHI/2008/23928
LKS
RNI NO.: DELHIN / 2008 / 23928
www.loktantrakishaan.com
दैनिक लोकतंत्र की शान
दिल्ली से प्रकाशित शनिवार 12 अप्रैल 2025 लोकतंत्र का स्तंभ
लोकतंत्र की शान नई दिल्ली/एनसीआर नई दिल्ली, शनिवार, 12.4.2025 02

कुलपति प्रो श्रीनिवास वरखेड़ी ने संस्कृत–पाली–प्राकृत के वैश्विक विद्वान प्रो. काशीनाथ न्यौपाने को राष्ट्रीय पुरस्कार मिलने पर बधाई दी

लोकतंत्र की शान-प्रो अजय कुमार मिश्रा, संयोजक, मीडिया प्रकोष्ठ, आईकेएस प्रकोष्ठ अधिकारी एवं जन संपर्क अधिकारी, सीएसयू, दिल्ली

केंद्रीय संस्कृत विश्वविद्यालय (सीएसयू), दिल्ली के कुलपति प्रो श्रीनिवास वरखेड़ी ने संस्कृत–पाली–प्राकृत के वैश्विक विद्वान प्रो काशीनाथ न्यौपाने को राष्ट्रीय पुरस्कार मिलने पर बधाई देते कहा है कि कि यह हमारे सीएसयू परिवार के लिए बहुत ही गौरव की बात है कि सीएसयू के प्रकाशन निदेशक, प्रो काशीनाथ न्यौपाने को स्त्री शक्ति – द पैरालल फोर्स द्वारा आयोजित राष्ट्रीय महिला सम्मेलन, दिनांक 9 अप्रैल 2025 को एसकेआईमांमा, श्रीनगर में "विदुषी विद्योतमा स्त्री शक्ति सम्मान 2025 "से सम्मानित किया गया। प्रो वरखेड़ी ने आगे यह भी कहा है कि प्रो. न्यौपाने न केवल संस्कृत, पाली और प्राकृत भाषाओं और बौद्ध दर्शन तथा उसकी तन्त्र विद्या के लब्धप्रतिष्ठ विद्वान हैं , बल्कि भारतीय ज्ञान परंपरा (आईकेएस) तथा शास्त्र संरक्षण तथा संवर्धन में महनीय योगदान दिया है । यही कारण है कि उनके वैदुष्य को वैश्विक मान्यता मिली है और भारत सरकार के निर्देश के आलोक में उन्होंने नेपाल संस्कृत विश्वविद्यालय से सीएसयू में चेयर ,आईकेएस विजिटिंग प्रोफेसर के रूप में नियुक्त किया गया है । स्त्री विमर्श को लेकर उनका भारतीय दृष्टिकोण से चिन्तन भी महत्वपूर्ण है । पाली साहित्य तथा दर्शन के प्रख्यात दार्शनिक आचार्य धर्मकीर्ति जिन्होंने पाली साहित्य और उसके दर्शन को शिखर पर पहुंचाया उनकी बहुचर्चित पुस्तक प्रमाणवार्तिक(2022 ई.) का प्रो न्यौपाने ने प्रथम बार समग्र रूप में हिन्दी भाषा में अनुवाद किया जो 'स्वोपज्ञवृत्तिः के नाम से चर्चित है और उन्होंने ही इनकी ' मनोरथनन्दी ' टीका भी लिखी है। यह प्रकाशन पाली साहित्य तथा दर्शन के इतिहास में मील का पत्थर प्रमाणित हुआ है । प्रो वरखेड़ी ने कहा है कि यह सम्मान प्रो न्यौपाने की जीवनपर्यंत समर्पित विद्वता और भारतीय भाषा तथा उसके दर्शन ज्ञान परंपरा में योगदान देने की पुष्टि करता है। अतः यह पुरस्कार न केवल प्रो. न्यौपाने को गौरवान्वित करता है, बल्कि केन्द्रीय संस्कृत विश्वविद्यालय की प्रतिष्ठा को भी समृद्ध करता है। ध्यातव्य है कि प्रो न्यौपाने केन्द्रीय संस्कृत विश्वविद्यालय, दिल्ली में अपने कार्यभार संभालने के पूर्व नेपाल संस्कृत विश्वविद्यालय, काठमाण्डू में बौद्ध दर्शन के प्रोफेसर के रूप में सुप्रतिष्ठित रहे हैं और इसी विश्वविद्यालय के बौद्ध अध्ययन विभाग के संस्थापक आचार्य भी रहे हैं और यहीं पर रिसर्च डायरेक्टर के पद का भी निर्वहन किया है । साथ ही साथ अमेरिका, चीन, यूरोप के अनेक विश्वविद्यालयों में विजिटिंग प्रोफेसर के रूप में भारतीय विद्या का उन्नयन किया है । इस अवसर पर प्रो वरखेड़ी ने यह भी उल्लेख किया कि यह उपयुक्त समय है कि हम विदुषी विद्योतमा स्त्री शक्ति सम्मान से सम्मानित, विद्योतमा पर ऐतिहासिक और आकादमिक दृष्टि से एक अति महत्त्वपूर्ण कृति के लेखक , संस्कृत विभागाध्यक्ष, कलकत्ता विश्वविद्यालय, कला और संस्कृति पर जिनके अनेक ग्रन्थ प्रकाशित हैं तथा प्रसिद्ध अभिलेखविद् डॉ. कमल कुमार मिश्र के प्रति भी आभार व्यक्त करता हूं जिन्होंने इस सम्मान समारोह में प्रो काशीनाथ न्यौपाने के अलंकरण के अवसर पर प्रशस्ति पत्र का वाचन किया ।

2015 में संस्कृत आयोग के अध्यक्ष पद्मभूषण प्रो. सत्यव्रत शास्त्री की अध्यक्षता में, 'विद्योत्तमा' विषय पर राष्ट्रीय संगोष्ठी: भारतीय विद्या भवन, नई दिल्ली